죄의식과 욕망

강박신경증과 히스테리의 근원

Ⅰ Antoine Vergote 저 · 김성민 역 Ⅰ

학지사

| 역자 서문 |

이 책은 벨기에의 사제이며 정신분석가인 앙투안 베르고트(Antoine Vergote)의 *Dette et Désir: Deux axes chrétiens et la dérive pathologique*(Paris: Seuil, 1978)를 번역한 것이다. 직역하자면 『빚진 감정과 욕망: 기독교의 두 축과 정신병리의 연원』이 될 테지만, 『죄의식과 욕망-강박신경증과 히스테리의 근원-』이라고 제목을 바꿔 달았다. 그 이유는 이 책에서 저자는 기독교인들에게 자주 나타나는 정신병리인 강박신경증과 히스테리가 잘못된 죄의식과 욕망에서 나온다고 거듭 주장하기 때문이다.

베르고트에 의하면 기독교의 대표적인 종교언어는 죄의식과 욕망인데, 그것은 기독교인들이 하는 기도의 내용을 보면 잘 알 수 있다. 사람들은 기도할 때, 먼저 자신의 죄를 사하여 달라고 청한 다음 그들의 욕망을 채워 달라고 기도한다. 그것은 매우 자연스러운 현상이다. 사람들은 능력이 제한된 존재로서 많은 것들을 필요로 하며, 그것들을 얻기 위해서는 죄를 지을 수밖에 없기 때문이다. 그런데 진정한 죄의식은 인간이 무한한 하나님 앞에서 느끼는 실존적 깨달음에서 나오는 당연한 결과이고, 욕망은 물질로 된 인간이 수많은 결핍(le manque)을 경험하기 때문에 피할 수 없는 인간의 조건이다. 그러나 사람들은 그 앞에서 무능을 절감하고, 때때로 그런 인간의 조건을 거부하려고 한다. 그는 신처럼 완전하고, 전능하게 되려고 하는 것이다. 그때 찾아오는 것이 강박신경증과 히스테리다. 강박신경증이란 죄를 지을 수밖에 없는 인간이 하나님처럼 죄를 짓지 않으려고 할 때 생기는 증상이고, 히스테리는 무력한 피조물이 하나님처럼 전능해지고 하나님을 동일시하려는 병이다. 그래서 그리스 신화에서 인간의 가장 큰 죄는 교만(hybris)이라고 하였고, 교만에 빠졌던 인간에게는 언제나 죽음이 찾아왔다.

베르고트는 가톨릭 사제이자 종교학 교수인 동시에 프로이트 학파의 정신분석가이기도 하다. 그는 종교와 정신분석학에 관해서 수많은 저술을 남긴 한편 임상가로서 정신분석에 종사하였다. 그래서 그는 과거의 문서들은 물론 살아 있는 인간문헌을 통해서 종교와 정신에 관한 여러 가지 현상들에 대한 날카로운 통찰을 피력하였다. 그가 이 책에서 말하려는 것은 분명하다. 정신분석적으로 볼 때 일부 종교현상들 가운데 정신병리적인 것이 많으며 그것들은 치료받아야 하지만, 정신병리학만으로는 설명할 수 없는 초자연적인 실체의 개입이라고 할 수밖에 없는 신비현상들도 존재한다는 것이다.

사실 종교체험이나 신비주의 같은 종교현상들은 종종 정신병리적인 것으로 오해받으며, 어떤 정신병자들은 신비가를 가장(假裝)하기도 한다. 종교와 정신병리는 모두 의식의 한계를 벗어나는 무의식의 세계에서 일어나는 현상으로, 자크 라캉(Jaques Lacan)의 용어로 말하자면 상상계에 속해 있기 때문이다. 그러나 진정한 신비주의를 정신병리로 몰아서는 안 된다. 왜냐하면 진정한 신비주의는 아직 의식화가 이루어지지 않은 세계를 향해서 나아가는 정신의 신비적인 길(la voie de la mystique)이며, 생명(la vie)이 추구해 나아가는 길이기 때문이다.

베르고트는 이 책에서 종교의 영역에서 나타나는 대표적인 정신병리인 강박신경증과 히스테리를 정신분석적으로 분석하면서, 그것이 진정한 신비주의와 어떻게 다른지를 규명하기 위해 수많은 자료들을 다루었다. 그는 일부 무책임한 종교인들처럼 모든 것을 신앙의 문제로 돌리지 않고, 인간의 지성으로 할 수 있는 만큼 치열하게 고찰한 다음 더 이상 알 수 없는 현상만을 초자연적인 차원의 작용으로 돌렸던 것이다.

중세에 어떤 신경증들은 악마의 작용으로 간주되었지만 현대에 와서는 정신분석적으로 설명되었듯이, 어떤 신비현상들 역시 인지(人智)가 발달하면 또 다른 방식으로 설명될 수 있을 것이다. 무의식(無意識)이란 개념이 본래 우리 의식이 알 수 없는 모든 것들의 총합이기 때문이다. 그럼에도 불구하고 우리는 이 세상에는 인간의 이성으로 도저히 파악할 수 없는 초자연적인 차원도 있지 않을까 하는 생각을 떨쳐버릴 수 없다. 왜냐하면 인간의 의식은 무의식에 비해서 엄청나게 제한적이기 때문이다. 그러므로 우리는 그 현상들 앞에서 C. G. 융이 말했던 종교적인 태도인 religere, 즉 '주의 깊게 고찰하고 신중하게 고려하는 태도'를 보여야 한다. 그러지 않으면 그 현상들이 유한한 것으로 환원되거나, 알 수 없는 엄청난 힘에 휩쓸려 형체도 없이 사라져 버릴 것이기 때문이다.

베르고트는 이 책에서 S. 프로이트와 J. 라캉의 개념들은 물론 수많은 철학자, 종교학자, 인문학자들의 사상을 개진하였기 때문에 읽기가 쉽지는 않을 것이다. 그러나 각 문장을 곰곰이 씹어 보면, 모든 문장에 매우 깊은 사색이 들어 있음을 알 수 있을 것이다. 또한 저자가 현대의 무신론적인 사회에서 진정한 기독교의 모습을 찾으려는 사람들에게 흔들리지 않는 기반을 제공하고 있음을 알 수 있다. 이 책은 영어로도 번역되었는데, 영어 제목은 *Guilt and Desire: Religious Attitudes and Their Pathological Derivatives* (New Haven and London, Yale University Press, 1978)이다.

베르고트도 말했듯이, 정신치료에 종사하는 사람들은 잘못된 신앙적 태도가 문제되거나 신앙의 회복이 정신치료에 도움이 되는 경우를 많이 보게 된다. 그런 의미에서 이 책은 종교학자들뿐만 아니라, 정신치료자들에게도 많은 도움이 될 것이다. 더구나 기독교에 대한 신뢰가 땅에 떨어진 우리나라 사회에 이 책이 작은 반향이라도 일으킬 수 있다면 이 책을 번역한 충분한 보상이 될 것이다.

2009년 8월

月汀

| 저자 서문 |

죄의식과 욕망. 이 두 단어에는 뭔지 좀 이상하고 마음을 불편하게 하는 공통점이 있다. 우리에게 이 단어들이 그렇게 낯설지는 않지만, 그것들은 이성(理性)이 굳게 쌓아 놓은 지반을 흔들려고 한다. 우리는 이 두 단어의 뜻을 잘 알고 있다. 하지만 그것들은 우리 정신의 상상계(想像界)[1]를 들쑤시고 다니고, 그에 따라서 우리 마음속에 있는 무질서는 흔들거린다.

사람이라는 피조물의 기원은 잘 알 수 없고, 우리가 사는 현재와 멀리 떨어져 있다. 사람들은 그 자신의 존재를 위한 기반이 되지 못하고, 원천도 되지 못한다. 모든 사람들은 그의 실존을 선물처럼 받았고, 그 선물을 가지고 앞으로 더 나아가도록 부름받았으며, 더욱더 앞으로 나아가는 과정에 있다. 그에게 종교적 믿음이 있든지

1) 상상계(l' imaginaire): 자크 라캉(J. Lacan)의 정신분석 용어. 라캉은 지그문트 프로이트(S. Freud)가 인간의 정신을 이드, 자아, 초자아 등 정신내면의 구조로 나누어서 보았던 것과 달리, 인간의 바깥에서 여러 가지 문화적인 현상으로 나뉘는 것으로 보았다. 라캉은 바깥으로 펼쳐지는 인간의 정신계를 상상계, 실재계, 상징계로 나누었는데, 상상계는 환상이나 상상 등이 작용하는 세계이고, 실재계는 실재하는 것들이 작용하는 세계이며, 상징계는 언어나 문화 등의 상징으로 이루어진 세계다. 그런데 상상계는 인간의 상상력이 펼쳐져서 만드는 모든 세계이면서, 동시에 정신병 환자들이 꿈꾸고, 증상을 나타내는 세계이기도 하다(역자 주).

없든지 간에, 그는 삶의 관리인일 뿐만 아니라 인간성 자체의 수호자라는 사실을 잘 알고 있다. 그는 자신에게 부채감을 집요하게 상기시키는 자를 침묵시키기 위하여 자신의 기원을 완전히 잊어야 하는지도 모른다. 그의 가깝거나 멀거나 궁극적인 그 시원(始原)을 말이다. 그는 이런 순결한 상태에 도달하기 위해서 그 자신을 인간 공동체로부터 벗어나게 해야 하는지도 모른다. 그다음에 그는 그가 이 외로운 자유 속으로 날아왔던 행적에 대한 기억까지 지워야 할 것이다. 왜냐하면 그의 존재의 가장 내밀한 부분을 통해서 이루어지는 말이나, 힐끗 보기나, 타인을 응시하는 것은 그에게 인간성, 그리하여 신성이나 그에게 주어진 유산들을 생각나게 하기 때문이다. 그런데 그는 그 유산들에 빚지고 있고, 담보물로 잡혀 있으며, 의무지어진 요원(要員)이다. 모든 사람들은 그에게 주어진 이 부채를 받아들여야 한다. 그렇지 않으면 죄의식은 그에게 어떤 방식으로든지 그 대가를 요구하고 강압할 것이다.

어떤 사람이 자기 자신과 평온한 상태에서 조화를 이루지 못하면, 잠자던 그의 실존에 고통이 찾아와 바늘로 콕콕 찌르는 것 같은 상태가 된다. 그에게 욕망이 치솟아 올라와서 그의 현재 상태와 그가 아직 도달하지 못한 상태 사이에 깊은 도랑을 만드는 것이다. 그때 그는 체념적인 태도를 가지고 살거나 그에게 다가오는 여러 가지 쾌락에 자신을 내맡기면서 살게 된다. 그러나 그는 아무리 노력하더라도 모든 욕망을 제거한 무욕(無慾)의 상태에 도달하기란 여간 어려운 일이 아니라는 사실을 알게 된다. 그를 매혹시키는 대상을 뛰어넘어서, 또 그의 현재 상태를 보완해 줄 수 있을 것 같은 대상을 뛰어넘어서 어떤 현존이 다가와 그를 사로잡는 것이다. 그가 처음 깨달았던 순간부터 언어는 그에게 열정을 불러일으키면서 그의 존재에 충격을 주었고, 그가 자기 자신을 향해서 나아갈 때 그가 지원받을 수 있는 내면의 요새를 그에게서 빼앗아 갈 것이다. 훗날 그의 삶에서 사랑의 말들은 최초의 행복한 상태에 대한 지워버릴 수 없는 기억을 일깨우는 듯한 약속을 그에게 해 줄 것이다. 욕망은 사람들에게 오디세이 같은 삶을 시작하게 한다. 우리가 태어났던 토양으로 돌아가려는 희망에 고무되어, 욕망은 우리를 새로운 미래를 향하여 내던지는 것이다. 종교적 신비주의가 그 원천을 찾는 것은 이 욕망에서다.

죄의식과 욕망은 인간 실존의 두 가지 기본적인 차원을 나타낸다. 따라서 이 두 주제는 종교와 정신분석의 핵심을 이룬다. 구체적인 인간의 실존 속에서 이 두 차원은 종교적인 분야에서든지, 아니면 보편적인 인간의 삶의 영역에서든지 상호 교차한다. 그럼에도 불구하고 그것들은 우리가 분리시키지 못하지만 구분해야 하는 두 가지 다른 영역에서 나타난다.

칸트는 인류가 보편적으로 묻는 질문을 다음과 같이 요약하였다. 인간은 무엇을 알 수 있는가? 인간은 무엇을 해야 하는가? 인간은 무엇을 바랄 수 있는가? 이 가운데 첫 번째 질문은 이성(理性)의 이론적 관심에서 나온 것이며, 나머지 두 질문은 사람들이 자신의 실존에 대해서 생각할 때 직면하는 실제적인 관심에서 나온 것이다. 칸트가 제기한 이 공식들은 사람들이 품고 있는 이 의문들에 철학적인 답변을 어느 정도 해 주지만, 인간의 구체적인 삶에서 죄의식과 욕망이 부과하는 실제적인 힘은 그 질문들을 시급히 답변되어야 하는 질문으로 바꿔 놓는다. 사람들이 필요로 하는 것은 실제적인 삶을 위한 방식이기 때문이다. 사람들에게 최초의 기억이 생기기도 전에 죄의식이나 욕망과 관계된 특별한 경험은 그의 존재의 가장 밑바닥에 있는 본능의 층에 깊은 자국을 남긴다. 그 후 종교적 담론들은 사람들에게 생명의 기원을 밝히고 신(神)의 목적을 환기시키면서 부채감을 심화시키고 욕망의 힘을 재촉한다.

정신분석과 종교에 대한 연구는 이 질문들에 대한 답변을 해 준다. 그것은 한편으로는 개인의 실제적인 삶의 요청에서 나온 것이고, 다른 한편으로는 사람들의 정신체계에 새겨진 것인데, 그것들은 상호작용을 하면서 연락망을 구축하고 있다. 이 책은 정신분석과 종교학의 광범위한 관점과 달리, 좀 더 제한된 범위에서 이루어진다. 종교가 반드시 다루어야 하는 내적 긴장과 피할 수 없는 갈등을 다루기 때문이다. 그 갈등은 종교의 핵심을 차지하고 있으며, 종교를 이끌어 가고, 앞으로 더 나아가게 한다. 그런데 신앙인들은 두 가지 과잉 위에 서 있다. 하나는 무의식적 의미의 과잉이고, 다른 하나는 숨겨진 의미의 과잉이다. 무의식적 의미의 과잉은 그의 의도에도 불구하고 그에게 다가오고, 숨겨진 의미의 과잉은 신적인 것이 드러나는 것 속에서 그가 무엇인가를 깨달을 때 다가온다. 진정한 신앙은 이 긴장을 떠맡을 것이다. 그러나 믿음의 외적 의도가 아무리 정당할지라도 인간 존재의 뿌리를 건드리는 이 갈등에는 덫과 망상이 가득 차 있고, 그에 따라 종교의 길은 혼돈되고 위험하기 마련이다. 다른 모든 인간의 일들처럼 신앙은 무력감에 빠지거나, 병리적인 굴레 속으로 들어가고, 종교인들의 가장 선한 행동과 의도까지 왜곡시키게 된다.

이 책은 여러 가지 정신병리 현상에 대한 분석을 다룬다. 나는 정신분석이 그렇듯이 이 현상들을 정신기관의 내적 논리를 검토하면서 다루려고 한다. 나는 이 작업을 통하여 신앙의 목표를 모호하게 하는 무의식의 자료들을 드러내고, 신앙인들로 하여금 신의 소명을 따르지 못하게 하는 장애물들을 들춰내기를 바란다. 내가 여기서 신앙의 여러 가지 다른 병리현상을 다루는 것은 하나의 근본적인 목적 때문이다. 나는 건강한 종교생활에 필수적인 구조적 의미가 무엇인가를 규명하려는 것이다. 나의 의도를 명확하게 하기 위해서 메를로퐁티(M. Merleau-Ponty)의 말을 인용하려고 한다. "말이란 그 앞에 정면으로 드러난 의미를 통해서가 아니라 옆으로 비낀 측면을 통해서 이해되어야 한다."[2] 종교병리 현상에 대한 해석은 사람들의 신앙생활을 구성하는 '측면적 함의(含意)'를 밝혀 준다. 그러므로 우리는 올바른 신앙생활을 방해하는 정신의 갈등을 규명함으로써, 사람들을 자의적으로 만들고 혼돈에 빠지게도 하지만 우리 존재의 가장 깊은 곳에 영향을 미치기도 하는 충동이 어떤 것인가 하는 점을 이해할 수 있다.

제1부에서 나의 의도와 관계된 원리에 대해서 밝히고, 정신분석과 신앙에 관한 두 개의 담론이 어떻게 전개될 수 있는가에 관해서 언급한다. 하지만 여기서 정신분석과 신앙이라는 두 가지 원리를 통합하거나 그것들이 인간 실존의 문제에 관해서 어떻게 이론적으로 공통된 대답을 하는지에 대해서는 살펴보지 않을 것이다. 오히려 나는 이 책에서 이 두 분야에 대한 분석이 타당하다는 사실을 주장하려고 한다. 한편으로는 정신분석의 이론과 경험을 참고하고, 다른 한편으로는 의미에 관한 종교적 체계를 참고하려는 것이다. 나는 우리의 해석 작업에 도움이 되는 것이 무의식적인 관념과 문화적이고 종교적인 표상을 묶는 것이라는 사실을 암시한 적이 있다. 이러한 순환 작업이 또 다른 복잡한 문제를 제기하기도 하지

2) Merleau-Ponty, *Résumés des cours 1953-1960*, Annuaire du Collège de France, p. 169.

만, 나는 그 기본적인 주제를 끄집어내려고 했던 것이다.

제2부와 제3부에서는 이 책의 제목으로 제시한 두 차원에 관해서 살펴본다. 죄의식과 욕망은 매일매일의 삶이나 문화나 종교에서 그 병리적인 체계를 드러내고 있다. 사람들이 강박신경증과 히스테리 같은 두 가지 기본적인 신경증에 사로잡히고, 그 신경증들이 죄의식과 욕망이라는 두 가지 기본적인 심리기제를 따라 형성되는 것은 우연한 일이 아니다. 사실 사람들은 살면서 병리적인 세력에 사로잡히기 쉽다. 사람들은 쉽게 어떤 정념(情念)에 사로잡히곤 하는데, 그것은 그럴 만해서 그런 것이다. 그렇다면 그것은 그를 시험하게 되고—유리피데스가 말했던 것처럼—사람들은 그 시험을 통해서 무엇인가 배울 것이다. 우리가 사람들에게 다가오는 이 시험과 그것이 사람들에게 가져다준 결과를 분석하면, 우리 삶과 신앙에 과연 어떤 힘이 작용하는지 알게 될 것이다. 어떤 사람이 종교적으로 다른 사람들이 그전까지 도달했던 한계를 뛰어넘는다면, 그것은 그가 인간이 여태까지 연마했던 지점을 뛰어넘도록 부름받은 것이다. 우리가 병리현상 속에서 아주 나직한 소리로 들려오는 언어를 더 잘 듣고, 밝혀지기를 기다리는 고통의 진정한 의미를 규명하려면 그 병리현상의 후미진 구석들을 샅샅이 살펴보아야 한다. 우리에게 운명적으로 다가오는 이 신호들의 힘으로 우리 몸과 마음을 되살리기 위해서도 그렇다.

| 차 례 |

역자 서문 / 3
저자 서문 / 7

제1부 서론

01 종교와 정신병리: 기준 … 19

1. 역사적 조망 … 19
2. 객관적 측정에 대한 환상 … 37
3. 심리학적인 기준 … 44
4. 정신원인론 … 56
5. 종교병리에 대한 해석 … 68
6. 정신원인론과 상징의 효과 … 73
7. 개인의 삶과 정신적인 형태 … 84

제2부 악에 대한 의식과 죄의식이라는 미궁

서론: 맥락 … 91

02 죄책감에 의한 종교적 신경증 … 99

1. 그 표출들 … 99

2. 기원과 구조 … 107
3. 비현실적인 듯한 질문들 … 129
4. 부록: 고약한 강박관념 … 133

03 죄책감에 의한 집단신경증 … 143
1. 의심스러운 충동과 억압된 충동 … 145
2. 완전에 대한 자기애의 역설 … 154
3. 율법주의 또는 사랑의 보장을 위한 포기 … 163
4. 거울 속에 있는 듯한 하나님 … 170
5. 진정한 죄의식과 상상적인 죄의식 … 175
6. 양심의 소리로부터 고백의 말로 … 185

04 제의 속에서 깨끗하지 않다는 느낌과 부채감 … 195
1. 제의의 의례화와 마술적 행위 … 197
2. 정(淨)과 부정(不淨)이라는 이중성으로 변환된 거룩한 것과 부정한 것의 대립 … 222
3. 희생의 빚: 자기상해인가 상징적 교환인가 … 240

제3부 욕망과 종교적 사랑의 실패 및 고통

05 욕망: 정신적 원천과 기준 … 251
1. 종교적인 욕망과 사랑 … 251
2. 정신적 원천과 그에 따르는 위험 … 258
3. 판별 기준 … 274

06 히스테리: 욕망을 구조화시키는 순간들과 반복되는 실패 … 281

1. 이상화, 억압, 좌절된 욕망의 예배 … 285
2. 정감과 자기애착 … 295
3. 동일시의 위험 … 305

07 사례연구 … 313

1. 아빌라의 테레사와 신비적인 기쁨: 에로티시즘의 전위인가 리비도의 승화인가 … 313
2. 반대되는 관점: 에로틱한 신비주의자들 … 334

08 환상과 음성 … 343

1. 환각 … 346
2. 황홀경 속에 나타나는 신경증적 환각 … 353
3. 신비주의에 나타나는 비전과 말들 … 364
4. 민중종교에 나타나는 비전과 말들 … 373

09 악마의 형상 … 409

1. 신비적이고 엑스터시적인 사로잡힘과 악마에게 사로잡힘 … 410
2. 악마에게 사로잡혔다고 생각되는 현상 … 425
3. 버려진 상태의 경험 … 450

결론: 유보와 반복 … 469

찾아보기 / 476

Part

1 서론

01 종교와 정신병리: 기준

01
종교와 정신병리: 기준

1. 역사적 조망

서구 근대 합리주의의 영향을 받지 않은 문화권에서 정신병리는 종교적인 방식으로 해석되었다. 하지만 그런 태도는 현대사회에서 지배적인 여러 가지 의학 개념에 젖어 있는 사람에게는 유치하거나 이상하게 여겨진다. 그러나 그렇게 '마술적' 이거나 '미신적' 으로 생각하는 사람들의 마음 밑바닥에는 '정신질환' 을 인간 실존의 근본적인 차원에서 바라보려는 지각(知覺)이 들어 있는 것 같기도 하다. 왜냐하면 그렇게 생각하는 문화에는 인간을 전체성이라는 견지에서 고찰하고, 종교에는 병리적이고 비정상적인 것으로 변질될 수 있는 부분이 있다는 어떤 상징체계를 공유하기 때문이다. 하지만 과학적 사고가 정신병리와 종교 사이를 갈라놓은 이래 정신치료에 신화적인 언어를 대입시키는 일은 이제 없어졌다. 이제는 오히려—근대 실증주의자들의 편협함을 극복하고— 정신질환 속에 인간적인 의미에서 과연 무엇이 들어 있는가 하는 것을 다시 찾아보아야 할 지경까지 되었다. 요즘 민족정신의학(ethno-psychiatrie)이 다시 대두되는 데서도 알 수 있지만, 고대문명은 우리에게 많은 시사점을 던져 준다. 종교생활과 정신질환의 관계에는 과학적으로 미숙한 문명에서 보았던 것보다 훨씬 더 미묘한 어떤 관계가 내포되어 있는 것이다. 이 두 영역 사이의 밀접한 연계는 인문과학이 그 어떤 관점에서 연구할지라도 인정되어야 한다.

이제 고대종교에서 정신병리 현상을 어떻게 해석했는지 간단하게 살펴보자. 정신적 혼란은 매우 인간적이고 으스스한 것이기 때문에 정신병리 현상은 종래 신이나 조상의 영이나 악령에 사로잡힌 것으로 간주되었다. 그런 문화적인 상황 속에서 그런 것들에게 사로잡힌다는 것은 자연히 선택받은 징표이거나 잘못을 저지른 것에 대한 처벌일 수밖에 없었다.[1] 그 후 원시기독교는 정신질환을 악마론적으로 살펴보는 경향을 더욱 진작시켰으며, 그것은 기독교의 유일신론적인 관점 때문에 더욱더 강화되었다. 기독교에서 구원의 메시지가 사람들은 본질적으로 자유롭다는 사실과 자유인으로서의 결단을 요구하기 때문에, 유일신론은 상서롭거나 해를 끼친다는 영(靈)이나 악마에 대한 사고로 가득한 원시 세계관을 비신화화할 수밖에 없었다. 기독교에서는 사람들에게 영향을 주는 초자연적인 세력은 하나님의 영과 그에 대적하는 영밖에 없다고 생

1) J. Pouillon, "*Malade et Médecin: le même et/ou l'autre? Remarques ethnologiques*", *Incidences de la psychanalyse, Nouvelle Revue de psychanalyse*, 1970, 1. pp. 76-98.

각했던 것이다. 그래서 하나님의 영은 사람들의 의식을 고취시키고, 치유시키며, 구원의 비의(秘意)를 깨닫게 하는 반면, 사람들에게 일어나는 모든 불합리한 것들은 악령의 소행으로 돌려졌고 악마론적으로 해석되었다.

복음서의 이야기들은 이런 해석을 뒷받침해 준다. 복음서 기자들에 의하면 그리스도 자신이 그 시대의 유대교적 신앙을 채택했음을 알 수 있는데, 그 신앙은 창조론적 신앙을 심화시키면서 잘못된 것들을 악마론적으로 해석하는 것이었다. 하나이며 유일한 하나님의 피조물로서 인간은 자기 자신의 힘만으로는 살지 못한다. 사람들은 그들의 존재 근거를 허무는 악령의 힘에 사로잡힐 것이 두려웠기 때문에 언제나 그들에게 생명력을 부여하는 창조주에게 속해 있다는 신앙을 가져야 했던 것이다. 그것은 마음의 혼란으로 고통받는 사람들이 창조 질서와 조화를 이루지 못하는 데서도 잘 나타난다. 그러므로 우리는 사람들을 전복시키고 소외시키는 세력이 그들을 사로잡아 그들 속에서, 또 그들을 통하여 수많은 것을 파괴한다는 결론을 내릴 수 있다. 정신의학이 이직 나타나지 않았을 때, 하나님을 모든 생명과 질서의 창조주라고 믿는 신앙은 필연적으로 인간의 이성에 위배되는 모든 현상들을 만악(萬惡)의 아버지 때문이라고 할 수박에 없었던 것이다. 따라서 그리스도의 치유사역은 그 시대 사람들에게 그가 이 세상에 온 목적은 악을 물리치려는 것이라는 믿음을 심어 주었다. 복음서들은 그리스도가 악령에 사로잡힌 사람들을 해방시키는 신적인 능력을 가지고 있다고 선포했던 것이다. 따라서 모든 사람들은 그를 믿으면 하나님과 다시 결합되고 이성(理性)과 건강을 되찾게 된다. 그러나 기독교와 원시종교의 차이점은 이때 구마(驅魔) 제의가 전혀 필요 없다는 사

실에 있다. 기독교에는 하나님 말씀의 권위가 필요했을 뿐이다.[2)]

고대종교에서는 사람들이 악령에 사로잡히는 것을 금기의 위반이나 주위 사람들의 실수 때문이라고 해석하였다. 따라서 치유 제의들은 언제나 자신의 범법을 시인하고 고백하며 그다음에 회복시키는 행위들로 이루어졌다.[3)] 그래서 그 제의들은 사람들에게 자유가 허용되었다고 믿는 사람들을 놀라게 하였다. 그러나 악령에 사로잡힌 사람들에게 어느 정도 책임이 있다고 생각하는 사람들은 그들의 무질서한 행위가 그들이 어떤 잘못을 저질렀기 때문이라고만은 생각하지 않았고, 정신병이 그들의 개인사(個人史)와 관계가 있다고 생각하였다. 그렇게 될 때 구마(驅魔) 제의는 치유의 제의로 되지 않을 수 없었다. 우리는 이 점에 관해서 마지막 부분에서 다시 언급할 것이다.

서구 사회에서는 정신질환을 다시 악마론으로 해석하면서 많은 신앙인들을 악마와 비밀동맹을 맺었다는 이유로 잔인하게 박해한 적이 있었다. 중세 말과 문예부흥기 동안 기독교는 악마가 마술사들과 이교도들을 통하여 기독교를 전복시키려 하였다고 믿었던 것이다. 그래서 그들에게 범죄 혐의가 씌워졌고, 중형이 선고되었다. 그 무렵 교회는 분열되었고 성부 하나님을 제대로 믿지 못하게 되었는데, 사람들은 악마와 마술사들을 더욱 두려워하게 되었다. 그

---

2) 예를 들어, 막 1:23-27, 5:1 이하, 9:14-17과 마 7:28 이하, 12:44, 눅 4:39, 13:11-16을 보라.

3) E. Corin & G. Bibeau, "De la forme culturelle au vécu des troubles psychiques en Afrique. Propositions Méthodologiques pour une étude interculturelle du champ des maladies mentales", *Africa, Journal of the Intern. African Institute*, vol. 45, 3, 1975. pp. 280-315.

래서 교회는 민중들에게 그들을 대적하여 싸우라고 하였다.[4)]

그 무렵부터 과학은 정신질환을 악마론적으로 해석하지 않았고, 그런 생각들을 비신비화하였다. 일찍이 의학의 아버지인 히포크라테스(Hippocrates) 역시 그런 생각들과 싸웠는데, 그는 정신질환을 기질적(organique)으로 해석해야 한다고 주장하였다. 하지만 그의 주장은 소수의 사람들에게만 받아들여졌으며, 정신질환을 의학적으로 해석하는 것은 17세기에 와서야 이루어졌다. 하지만 이때도 정신병을 완전히 인간적인 것으로만 생각했던 것은 아니다. 그러나 한 가지 명심해야 할 것은 근대 이후 정신과학이 고대의 종교적 설명을 완전히 비신비화함으로써 정신병에 있는 특별한 인간적인 의미까지 상실시켜 버렸다는 점이다. 그런 한계를 극복하게 된 것은 프로이트(Sigmund Freud)의 천재성 덕분인데, 그는 정신병을 너무 엄격하게 과학적으로만 설명하는 것이 부당하다고 주장하였고, 정신병을 고대사회에서 그렇게 해석했던 것에 숨겨진 의미가 담겨 있다는 사실을 새롭게 환기시켜 주었다.[5)] 사실 정신적으로 병이 든 사람은 그 자신의 의지를 거슬러서 행동하게 하는 또 다른 세력에 사로잡힌 것인데, 그것은 초자연적인 세력이 아니라 정신적인 세력이며 인간적인 세력이기도 하다. 그러므로 원시종교 현상들을 심리학 언어로 해석할 때, 우리는 악마론 속에 숨어 있는 정신적 실재를 상징적으로 해독할 수 있게 된다. 그것들은 위장된 욕

---

4) M. de Certeau, *L'Écriture de l'histoire*, Paris, Gallimard, 1975. pp. 249-250, 298.

5) 이와 같은 관점에 따라 『꿈의 해석』 제1장에서 꿈에 대한 '해석' 의 필요성을 분명하게 진술하였는데, 거기에서 프로이트는 꿈에 대해 과학과 대척점에 있었다. 그러나 아이러니하게도 『꿈의 해석』 초판의 프랑스어 번역판 제목은 프로이트의 뜻과 달리 『꿈에 대한 과학』이다.

망이나 불안, 또는 검열 때문에 의식에서 사라진 책략들이다. 그러므로 비틀거리는 듯한 정신병 증상들을 악마론적으로 해석하는 것은 그것을 종교적인 이미지로 바꿔 부르는 것이라고 할 수 있다. 예를 들어, 15세기 말부터 '마술사의 망치' 라고 불린 저 유명한 정신병은 악마에게 사로잡힌 것 같은 정신병 증상들을 많이 담고 있는 것이다.

프로이트에 의해서 확립된 정신적 해석은 고대사회의 그것처럼 인간적 해석을 지향한다. 그러나 정신병이 종교적 현상이 아니라 정신적 현상이라면, 정신병을 모두 종교적으로 해석할 수만은 없지 않은가? 또한 정신장애들이 초자연적 세력에 사로잡힌 것 같은 모습을 보인다면, 그것은 초자연적 요인들에 대한 믿음이 정신병리학과 같은 체계를 가지고 있기 때문이 아닌가? 그렇다면 여러 가지 정신병리들을 다루었던 종교 역시 정신병리학이라는 새로운 학문의 해석 대상이 될 수 있을 것이다. 그런 이유 때문에 어떤 종교인들은 정신분석을 경계한다. 그들은 정신질환을 이미 확립된 과학체계 속에서 해석하는 유기체적 정신의학을 더 편안하게 생각하는 것이다. 그것은 그들이 계속해서 사람을 '심령론적인' 존재로 생각할 수 있게 하기 때문이다.

오직 과학만이 진리의 문제에 대해서 발언할 수 있다고 끊임없이 주장했던 프로이트의 실증적 확신은 그가 종교를 심리학적으로 해석하는 것에도 커다란 영향을 미쳤다. 그에게 있어서 무엇보다 중요한 것은 그가 종교를 정신분석학적 관점에서 해석하게 되자, 고대사회에서 정신의 병리를 종교적으로 해석했던 것의 의미가 밝혀졌다는 사실이다. 프로이트가 정신과 임상체험이나 문화인류학에 대한 연구를 통해서 그의 해석을 발달시켜 나갈수록, 그는 한 사람의 정신병리와 인류 전체의 문화사 사이에 밀접한 관계가 있다는 사실을 더 명확하게 알게 되었던 것이다. 따라서 우리는 한 개인의 정신병리는 인류 전체의 장애가 그를 통해서 표출된 것이라고 말할 수 있다. 고대사회에서 질병을 종교적인 관점에서 해석했던 것에는 어떤 진리가 숨겨져 있고, 종교는 사람들이 겪는 여러 가지 정신적 사건들로부터 사람들을 지켜 왔던 상징체계였던 것이다.

이제 우리는 정신분석학의 관점을 살펴보려고 한다. 왜냐하면 정신병리를 정신분석적으로 고찰함으로써 정신분석학이 종교와 정신건강 사이, 좀 더 넓게 말하면 문화와 정신병리 사이에서 제기되는 질문들에 어떻게 대답하려고 했던가를 살펴보는 것이 중요하기 때문이다.

프로이트에 의하면 종교는 인간의 집단적인 신경증이다. 그런데 이 금언은 매우 잘 알려져 있는 만큼 오해받는 금언이기도 하다. 우리는 이 금언이 제기하는 문제의 핵심을 포착하기 위해서 이 금언보다 덜 언급되는 또 다른 금언을 살펴보아야 한다. "강박신경증은 개인종교가 반쯤은 희극적인 모습으로, 또 반쯤은 비극적인 모습으로 위장(僞裝)되어 나타난 것이다."[6] 이 말은 종교와 신경증의 차이에 관해서 명확하게 설명하지는 않지만, 이 두 현상은 프로이트가 보는 관점에서 인간의 가장 근본적인 문제 가운데 하나인 죄의식을 해결하려는 '유비적' 시도라는 사실을 잘 보여 준다. 사실 죄의식은 인간에게 피할 수 없는 실재(réalité)다. 그것은 사람들이 받아들여야 하고, 아무 벌도 받지 않고 거기서 빠져나갈 수 없는 것이기도 하다. 그래서 종교는 사람들에게 필요한 무의식적인 의

6) S. Freud, "Actes obsédants et Exercices religieux", 1908, *L'Avenir d'une illusion,* Paris, PUF, 1971. p. 86.

지처를 제공하면서 사람들을 죄의식으로부터 벗어나게 한다. 종교란 강박신경증의 가장 고통스러운 승화(sublimation) 가운데 하나인 것이다.

우리는 이 자리에서 프로이트가 문화의 불만이라는 개념이나 '과학적 신화' 라는 개념을 언급하면서 인류의 역사가 시작될 무렵 행해진 부친살해 때문에 인간의 본성에 보편적으로 상처가 생겼다고 주장한 것을 토론하려고 하지는 않는다.[7] 하지만 그것을 살펴보는 것은 대단히 중요하다. 그는 정신병리에 관한 이론을 전개하면서 지금까지 인류가 문화를 통해서 극복하려고 했지만 실패했던 질병의 해결책을 정신건강과 행복을 증진시킴으로써 해결할 수 있다고 암시하기 때문이다. 프로이트가 그 자신을 선택받은 백성들이 정신분석이라는 입문식을 통하여 정신건강으로 이끌어 가는 새 시대의 모세라고 자처하는 것이 순전히 반종교적인 표징이라고 할 수만은 없다. 그는 지금 사람들이 도저히 이룰 수 없는 정신적 완전에 도달하려는 추구를—근본적으로 무신론적인 관점에서—향해서 나아가도록 부추기고 있기 때문이다.

그러므로 정신건강의 문제는 반드시 한 개인의 신경증의 문제만이 아니다. 그에 관한 프로이트의 입장을 요약하기 위해서 우리는 헤겔이 말한 '인간은 병약한 동물' 이라는 말을 좀 바꿔서 말할 필요가 있다. 우리는 정신병리에 대한 프로이트의 분석에서 기대했던 것 이상의 것을 보게 되는데, 그 이미지는 괴상망측한 운명에 사로잡혀서 당황해하고, 그가 바라던 행복과 건강으로 가지 못하

7) "참된 신앙인은 신경증적 정서의 위험에 빠지지 않고 더 높이 있게 된다. 그들은 보편적인 신경증을 채택하면서 개인신경증에 빠져드는 것을 피할 수 있는 것이다." S. Freud, *L'Avenir d'une illusion*, Paris, PUF, 1971. p. 62.

는 인류의 모습이다. 그런데 프로이트는 후기 저작들에서 기독교는 인간의 삶에 주어진 이 근본적인 진리를 명확하게 설파하였다고 주장하였다. 하지만 그것은 죄와 구속(redemption)이라는 종교언어를 통해서이고, 프로이트에게는 그것들이 다만 하나의 상징이었을 뿐이다.[8] 따라서 그것들은 인간의 문화와 정신이 겪는 극적인 곤경을 드러내기는 하지만 동시에 모호하게 만든다. 그 곤경을 하늘나라라는 영사막 위에서 일어나는 일로 바꿔놓았던 것이다.

그러나 그의 추종자들 대부분은 프로이트와 달리 그 질문을 아주 실제적인 측면에서 다루었다. 그들은 사람들에게는 건강한 성생활과 현실에 대한 좀 더 나은 적응이 필요하다고 주장하였다. 하지만 그들 역시 인류가 당면한 정신질환의 기초에 대한 인류학적 연구는 거의 하지 않았다. 사실 그들은 인본주의자들의 비위나 맞추면서 정신질환이 제기하는 정말 본질적인 질문에 대해서는 답변하려고 하지 않았던 것이다. 오늘날 정신분석 수련을 받은 이들 역시 과학의 유용한 측면만 보여 주면서, 프로이트가 고뇌하고 추구했던 사색으로부터 방어벽을 치는 것은 마찬가지다. 그래서 어떤 이들은 프로이트학파 사람들이 처음부터 학문적 중립성을 표방하면서 종교적인 문제에 대해서 중립적인 태도를 유지하려고 했던가 하고 의아해한다. 알다시피, 프로이트는 정신분석학이 세계관이 아니기 때문에 종교적 주장에 대해서는 가치판단을 하지 말아야 한다고 강조했으며, 그것은 모든 분석가에게 정신치료의 규범이 된다. 그러나 프로이트는 정신병리 이론가 가운데 한 사람이었다.

8) 예를 들어, 프로이트가 푸트남에게 보낸 편지에도 그와 같은 것이 나와 있다. E. Jones, *The Life and Work of S. Freud,* II. New York, Basic Books. pp. 416-418.

정신병리 현상들은 종교적인 생각에서 비롯된 사건들과 깊은 관련이 있기 때문에, 프로이트는 정신병리의 진정한 의미를 규명하는 것이 정신분석학의 과제라고 생각할 수밖에 없었다.

한편, 다른 정신분석가들은 프로이트 이후 정신분석 이론, 그리고 문화에 대한 정신분석의 사이, 즉 정신질환과 문명의 불만 사이에 있는 모호한 경계선들을 지워 버렸다. 그들은 사람들이 그들의 내면에 있는 종교적인 본성과 화해하지 않는 한 그들의 병이 근치(根治)될 수 없다고 생각했던 것이다. 그들에게는 종교적 본성이 모든 욕망과 상징적 창조의 원천이자 기원이기 때문이다. 그들은 그들이 정신건강을 그 본래적인 종교적 맥락으로 돌려놓았다는 점에서 정당하다고 믿었다. 하지만 그들은 프로이트와 달리 인간의 비정상적인 일탈은 인간에게 깊이 잠재해 있는 근본적인 죄의식 때문이라고 생각하지는 않았다. 그들은 오히려 사람들이 절대적인 의미를 찾으려 하고 신적인 영(靈)과 절대적으로 하나가 되려는 신비적인 욕망을 가지고 있기 때문이라고 생각하였다. 그들에게 그 욕망이 좌절될 때 그들은 깊고 근본적인 불만을 가지기 때문이다. 프로이트는, 신비주의는 사람들이 이드가 가진 본래적인 실체와 직접적으로 접촉하려는 욕망 때문에 생겨났다고 주장하면서, 신비주의를 낭만적이며 생기론적인[9] 관점에서 해석하였다. 프로이트에게 있어서 유일신이며 아버지로서의 하나님에 대한 신앙은 종교의 본질적 요인인데, 그것은 처음에는 부친살해에서 생긴 죄의식으로부터 비롯되었다. 그러다가 그것은 문화적으로 '신령화되었

9) 생기론(生氣論)은 생명현상은 물질의 기능 때문에만 생기는 것이 아니라 생명의 원리 때문에 생기는 것이라는 주장(역자 주).

고' 불가피하게 모든 '문화적 단념(斷念)들' 의 기반이 되면서 일반적인 죄의식으로 인식되었다. 하지만 프로이트의 이런 사상에 동의하지 않는 사람들은 모든 종교적인 유산을 심리학 속에 편입시키려고 하였다. 그들에게 있어서 종교의 본질은 신비적 충동들이 만든 갈라진 틈새인데, 그것은 유한한 존재인 인간이 불안을 달래려고 만든 울타리다. 사람들이 그의 존재의 밑바닥에 나 있는 균열을 뿌리째 뽑으려고 한다면, 그들은 어떻게 키르케고르(Søren Kierkegaard)가 "죽음에 이르는 병" 이라고 부른 것으로부터 도망칠 수 있을 것인가? 프로이트가 인간 정신의 전체성을 부정했다면, 다른 이들은 인간의 정신에 종교적인 궁극성이 있다고 주장하는 절대성에 대한 욕망, 또는 하나님에 대한 욕망이 정신병리의 핵심에 자리 잡고 있다고 주장하는 것이다. 그렇게 주장하면서 그들은 종교가 정신치료에 공헌할 수 있다고 종교를 끌어들인다.

이제 종교 영역과 정신건강 영역 사이의 경계를 허물려고 하는 사람들의 주장을 간단하게 들어 보자. 프로이트의 최초의 제자였다가 나중에 반대자가 된 융(C. G. Jung)은 종교언어와 상징이 인간의 정신 구조에 좋은 영향을 많이 미친다고 생각했는데, 그는 그런 생각을 심리학에 많이 도입하였다. 그는 정신적 완성을 추구하는 사람들은 그의 삶을 전체적으로 직조(織造)하는 원형적인 종교적 산물을 그의 삶에 통합시켜야 한다고 생각했다. 그러나 역설적이게도 종교언어를 이렇게 심리학적으로 옮겨 쓴 결과 융이 말한 하나님은 심리적인 하나님으로 바뀌어서, 신앙인들은 그 하나님을 그들의 기도와 예배의 대상이 아니라고 생각하게 되었다. 이러한 융의 심리신비주의는 거대한 신비적 원천이 다시 터지기를 고대하는 제3열에 있는 신학자들과 기독교인들에게 종종 종교적 열정을 불러일으키기도 하였다. 또한 프로이트와 더 가까웠던 매더(Maeder) 같은 사람들은 종교적 신앙이 정신치료에 도움이 된다고 확신하였지만, 그것은 환자들이 신앙을 그들의 실존을 확고히 하고 그들의 삶 속에 화해시키려고 할 때만 그렇지, 그것을 심리학적 언어로 환원시켜서는 곤란하다고 생각하였다.[10)]

근래 전개되는 '반정신의학' 운동 역시 사람들에게 종교적인 차원은 어떤 형태로든지 자기실현을 이루려는 사람들에게 도움이 되지, 단순히 하나의 변덕스러운 산물이 아니라고 재차 강조한다. 노만 브라운(Norman Brown)[11)]은 프로이트의 저작 속에서 프로이트 자신의 합리주의와 현대문화 속에서 발견되는 기술적 합리주의를 비판할 수 있는 전거(典據)를 많이 찾아내었다. 그러면서 그는 예술과 신비종교는 사람들에게 놀이와 합일과 행복의 경험을 진작시켜야 한다고 주장하였다. 그것은 인간 정신의 제일 앞부분을 지배하는 형상이기 때문이다. 이 점에서 브라운과 비슷한 랭(R. D. Laing)은 수많은 정신분열병 환자들은 일종의 '초월 체험' 을 하고, 그 체험은 그들을 다른 사람들이 알지 못하는 실존의 차원으로 안내한다고 주장하였다.[12)] 정신병은 현대문명이 억압하고 정신과의사들이 그 의미를 감추려는 신비적 메시지를 드러낸다는 것이다.

---

10) Maeder, *Studien über Kurzpsychotherapie,* Stuttgart, E. Klett, 1963, e.a. pp. 146-147.

11) N. Brown, *Life against Death. The Psychological Meaning of History,* London, Routledge & Kegan, 1959. pp. 3-76. Trad. fr. *Eros et Thanatos*, Paris, Denoël, 1972. pp. 13-100.

12) R. D. Laing, *The Politics of Experience and the Bird of Paradise,* Harmondsworth, Penguin, pp.108-119. cf. Chr. Delacampagne, *Antipsychiatrie. Les Voies du sacré*, Paris, Grasset, 1974.

또한 우리는 '인본주의 심리학' 의 창시자인 A.매슬로(A. Maslow)도 생각할 수 있는데, 그는 자기 자신을 신비 체험에 내줄 수 있는 역량은 자기실현을 할 수 있는 사람들에게 꼭 필요한 특성이며, 정신건강에 필요불가결한 힘이라고 주장하였다.[13] 간단하게 말해서, 동양의 신비주의와 신비사상은 서양에 들어와서 정신건강에 대한 개념을 확장시켰을 뿐만 아니라 수많은 정신치료자들이 그들의 진료에 다양한 형태의 종교 체험을 통합하게 했던 것이다.[14]

과거에 많은 정신의학자들이 신비주의는 과학적인 차원에서 볼 때 신뢰할 수 없는 것이라고 고발한 것이 이제는 더 이상 보편적인 주장이 아니다. 신비현상은 죄의식과 마찬가지로 다르게 해석될 수 있는 것이다. 그렇다면 신비주의는 인간의 이성과 감각에 스스로를 드러내면서 동시에 감추는 존재에 대한 지울 수 없는 현존의 체험이라는 말인가? 신비 체험은 미친 사람들이 하는 체험이라고 하지 않았던가? 그렇지 않다면, 그것은 사람들이 할 수 있는 범위 내에서 가능한 가장 고차원적인 영적 교류라는 말인가? 이제 우리는 신비현상들이 종교의 환상적인 영역에 속해 있다는 전제 아래, 더 이상 이 질문들에 대한 답변을 하지 않고는 지나갈 수 없게 되었다. 신비현상들은 종교의 핵심을 차지하고 있기 때문이다. 성경을 보아도 예언자들의 메시지와 복음서 이야기 속에서 초자연적인 비전(vision)이나 음성은 신앙이 표현되고 전파되는 수단이 되었다.

---

13) A. Maslow, "Self-Actualizing People: A Study of Psychological Health", E. Clark, *The Self-Explorations in Personal Growth,* New York, Van Nostrand, 1956; *Toward a Psychology of Being, ibid.,* 1962(*Vers une psychologie de l'être*, Paris, Fayard, 1977).

14) R. Masters & J. Houston, *Mind Games,* Delta Book, Dell Publishing Co., New York, 1972.

하지만 우리는 이 자리에서 신비현상이 종교적으로 옳은지 아닌지를 따지거나 그 심리적 특성은 무엇인지를 판단하려고 하지 않는다. 우리는 그것들을 나중에 고찰하려고 한다. 그때 가능하다면 그것들이 히스테리나 정신분열병과 분명하지 않지만 어떻게 연관되어 있는지도 규명할 것이다. 예를 들어, 정신분열병은 부정적이기만 한 현상인가? 아니면 그 속에 그것이 없다면 생존의 한계에 도달한 사람이 더 이상 버티지 못하게 되는 절대적인 현존을 품고 있는 현상이 아닌가? 하는 점을 살펴볼 것이다. 신비현상은 어떤 사람에게는 병적인 공상에 불과한 것이지만, 다른 사람에게는 이성이 잠자고 있는 상태에서, 또는 감각이 조는 상태에서 벗어나 영적 각성이 일어나게 하는 현상이기 때문이다. 하지만 모든 사람들에게 신비 체험을 향한 정신적 성향이 있기 때문에 정상과 병리 사이의 한계는 과연 무엇인지 난처하게 만들기도 한다.

종교와 정신병리 사이에 모종의 교환관계가 있다는 사실은 부정할 수 없다. 정신병리학의 전제가 사람들에게 정신이 실재한다는 것이기 때문에 정신병은 단순히 비정상적인 현상일 뿐만 아니라 모든 사람들이 맞서 싸워야 하는 질병이며, 정신건강의 범위 역시 명백하게 병리적인 현상으로부터 그런 증상 없이 완전히 자기실현을 하고 자신의 삶과 화해한 이상적인 상태에 이르기까지 폭넓게 펼쳐진다고 말해야 한다. 종교와 정신병리가 이렇게 상호 의존적인 관계에 있기 때문에 정신병리는 악의 기원에 대해서는 물론 진정으로 건강한 것이 무엇인지에 대한 설명, 그리고 인간의 실존에 대한 종교적 해석을 요청받는다.

그래서 종교와 정신병리 사이의 역사적 관계를 고찰하려는 우리의 연구는 그 관계들로부터 다음과 같은 근본적인 질문을 하게 한다. 이 장의 나머지 부분에서 우리는 다음과 같은 질문을 살펴보고 앞으로 이어질 연구의 서론 역할을 맡도록 하려고 한다.

① 우리는 정신병리학의 출현이 어떻게 그 이름에 걸맞게 종교와 정신병리 사이의 관계를 다양한 각도에서 관찰할 수 있게 했는지에 관해서 살펴보았다. 수많은 사람들은 종교가 정신건강에 도움이 되고 또 필요하다고 여러 가지 각도에서 주장해 왔다. 그들의 주장 사이에는 차이점도 있지만, 종교의 목표가 사람들에게 그들의 본래적인 모습을 찾게 하고, 다양한 상처에 치료제를 제공한다는 점에서는 일치한다. 기독교는 현대과학의 눈부신 발달을 보고 있지만, 여전히 성령이 상처난 것들을 치유하고, 비틀어진 것을 바로 펴며, 불모의 땅에 풍요를 가져다주십사 기원한다. 그러나 이 책이 신학적 연구가 아니라 심리학적 연구이기 때문에 우리는 연구 도중에 만나는 종교적 확신에 대한 판단은 하지 않을 것이다.

② 오늘날 종교적인 믿음이나 진술이나 세의적 행동은 하나님의 행위를 중재하는 것이 아니라 한 사람의 문화적 행위나 주관적 시향의 모태로 간주되는데, 그럴 경우 인문과학은 종교가 정신건강에 어떤 영향을 미치는가 하는 질문에 답변해야 한다. 여기서 간단하게 종교는 많은 사람들이 신경증에 걸리지 않게 한다는 프로이트의 말을 상기해 보자. 그것이 사실이라면, 그런 임상적 관찰은 지금 모든 문화권에서 종교와 정신건강 체계 사이가 분리되어 있기 때문에 인간의 삶이 매우 궁핍해 있다는 사실을 보여 준다. 다른 의미에서, 융을 비롯한 일단의 반정신의학파의 대변인들은 사람들에게 종교적 차원이

없다면 그들은 내면적으로 위험에 봉착할 수밖에 없다고 주장한다. 그러나 우리는 이 주제에 관하여 여기서 더 이상 논의하지는 않겠다.[15] 다만 여기 포함된 질문들은 너무 복잡해서 어느 한 가지 결정적인 해결책을 도출할 수 없다는 사실만 밝히려고 한다. 엄밀하게 말해서, 그 질문들은 '답변될 수 없는 문제'인 것이다. 특히 그 질문이 어떤 구체적인 개인과 관계될 때, 그것은 무의미해진다. 왜냐하면 종교는 일반적으로 정신건강을 위한 필요조건도 아니고 한 사람이 신경증에 걸리는 것을 방지해 주지도 않기 때문이다. 그 문제는 사회 전체적인 관점에서 접근해야 하고, 그런 범위 안에서 종교가 한 사람에게 어떤 영향을 미치는가 하는 관점에서 다루어져야 하는 것이다.

종교는 문명에 어떤 특색을 부여하는가? 지극히 세속화된 현대문화는 정말 그 자신을 거듭나게 하고, 무규범 상태로부터 구원해 줄 방도를 찾을 수 없다는 말인가? 신비주의에 대한 욕망이 사람들에게 본질적인 것이라면, 그 욕망을 무시하는 것은 어느 정도까지 사람들에게 좋지 않은 영향을 미치는가? 이런 질문들은 인간의 욕망과 고뇌를 심각하게 고려하는 심리학이라면 당연히 제기해야 하는 것이며, 우리는 그에 관해서 계속 고찰해야 한다. 그러나 그 어느 답변도 추론적인 것이지 최종적인 것은 아니다. 그 답변은 문화인류학과 사회학 그리고 심리학이 만나는 지점에서 도출되어야 한다. 각각

15) 다양한 주제에 대한 토론을 위해서는 H. Fortmann, *Als ziende de Onzienlijke*, vol. 3b, *Religie en geestelijke gezondheid*, Hilversum, P. Brand, 1968. 참조.

의 학문들은 다만 그 주제에 관해서 다른 학문들이 궁리하는 것들을 미리 제안하기 때문이다.

③ 정신건강이란 과연 어떤 것인가 하는 질문이 제기되면, 그로부터 무한한 문제들이 쏟아져 나온다. 정신적 안녕에 대한 전망이 아무리 광범위하고, 악의 궁극적인 뿌리가 어떤 것이라고 할지라도 이 세상에는 정말 병적인 것이라고 할 수밖에 없는 실존의 양태가 존재하는데, 정신병리학은 그것을 고찰하면서 발전해 왔다. 그런데 우리가 집단신경증은 개인신경증을 단순히 집단적인 차원에서 살펴보려고 전치(轉置)시킨 개념이라는 사실을 감안한다면, 그것을 정신병리학적으로 다른 것과 구분할 수 있는 한계와 윤곽은 과연 어떤 것인가 하는 점을 살펴보아야 한다. 그러므로 우리의 첫 번째 과제는 정신병리와 건강 사이를 가르는 명확한 일련의 기준을 설정하는 것이다. 그런데 그 기준은 그것이 적용되는 실재보다 단순하지 않다는 사실을 명심해야 한다. 예를 들면, 우리가 어떤 것이 정상이라고 규범적으로 판단하는 것이 온당하지 않다고 배제했다면, 반드시 우리의 기준을 인간의 외적인 삶의 표상에서부터 이끌어 내야 한다.

④ 정신병리학이 어떻게 인간 정신의 부정적인 측면을 다루는지 보여 주기 위해서, 정신병리학은 이미 변질된 인간의 정신적 삶이 병리적인 조건 속에서 어떻게 진행되는지 추적하는 방식으로 연구되어야 한다. 왜냐하면 인간의 정신적 삶은 그 단초에서부터 변화무쌍하게 발달하고, 정신병의 원인은 그 자체가 고도로 정신적인 것이기 때문이다. 따라서 나는 정신병리를 종교적으로 해석하면서 심리학의 언어로 바꿔 말하는

것에 찬동한다. 그리고 정신건강과 정신질환 사이에 뚜렷한 경계가 없으며, 부정적인 것들은 실존적이고 치유적인 실재가 개입되면 곧 긍정적인 것으로 변화된다는 사실을 설명할 수 있는 것은 정신원인론뿐이라고 확신한다. 더구나 우리는 임상에서 사람들에게 정신이 실재하며 인간의 정신은 꽃피울 수도 있고 침체에 빠질 수도 있다는 사실을 확인하고 있다.

⑤ 그렇다면 종교의 병리적 양상도 정신원인론으로 귀착시킬 수 있는가? 종교병리를 심리학적으로 재해석하는 것은 어느 정도까지 타당할 수 있는가? 나는 모든 것을 다 종교적으로 해석하거나 반대로 모든 것을 다 심리학적으로 해석하려는 태도는 상상계적인 것이라고 말하고 싶다. 이런 태도는 우리에게 심리적인 것과 종교적인 것 사이의 고리에 대한 질문을 하게 하면서 정신원인론에 대한 개념을 확장하게 하는데, 그 둘은 모두 문화적인 현상이다. 정신원인론이 여기에서 효과적이라는 주장은 심리적인 것과 사회적인 것 사이에 인과관계가 있다는 주장을 배제하지 않는다. 오히려 개인의 병리에 대한 해석은 언제나 우리를 그 사람을 형성시켰고 그 사람에게 여러 가지 자극을 주었던 그의 가족 구조와 사회적 환경으로 이끌고 간다. 종교적 표현과 실행 역시 문화적 관계망에 속해 있는데, 그것은 우리에게 정신건강을 증진시키거나 병리적 조건 속으로 빠져들게 한다. 그런데 이런 관찰은 우리에게 종교 자체에 우리를 더 고약하게 만드는 어떤 원리가 있는 것이나 아닌가 하고 묻게 한다. 만약에 그렇다면 우리는 이 원리들을 우리의 심리학적 기준에 직면시켜야 한다.

2. 객관적 측정에 대한 환상

나는 '객관적 측정' 이라는 말을 어떤 개념이나 도구를 나타내는 말로 사용할 텐데, 그것은 어떤 특별한 증상이나 현상이 어떤 기능의 외적으로 주어진 표준화된 규칙으로부터 벗어나는 정도를 측정하여 병리적인 것이란 과연 어떤 것인가를 결정하게 한다. 예를 들면, 다음에 나오는 것처럼 순전히 주관적인 기준을 다루거나, 진단을 위한 객관적인 지반을 마련하는 듯한 개념들이 그것이다. 사회규범이라는 개념, 적응이라는 개념, 최초라는 추론, 경험적으로 입증할 수 있는 실체로서의 현실이라는 개념들이 이에 해당한다. 그의 행동이 그가 속한 집단에 의해서 인정된 바를 따르지 않는 개인, 그가 사는 사회에 적응하지 못하는 사람, 실제적인 것과 그렇지 않은 것 사이를 구별하지 못하는 사람들은 모두 이 기준에 따르면 병든 사람이라고 해야 할 것이다. 그러나 '어떤 것이 병적인 것이다.' 라고 판정하는 것은 관념의 덫에 걸릴 수도 있나. 그것은 언제나 그 개념들을 자신의 욕구와 목적에 따라서 차용하는 사람들에 의해서 끊임없이 변화하는 인류학을 전제로 하기 때문이다. 그러나 그것은 공표되지 않았지만 그 밑바닥에 깔려 있기 쉽다.

'비정상' 이라는 단어는 일종의 가치판단으로 주어진 상황과의 관계 속에서 내려진다. 따라서 이때 채택된 규범은 정신에 외재적인 것으로서, 그 원천은 사회가 제정한 법이 된다. 다른 말로 법은 개인들이 그들의 관계를 조절하거나 그들의 삶과 행동을 통제할 때 따라야 하는 모범을 제시하는 것이다. 그렇다면 우리는 어떤 것이 병리적인 것이라고 판정해 줄 수 있는 사회규범을 어디서 찾을 수 있는가? 만일 우리가 사람들의 행동을 통계적으로 나눠서 그 평균치를 가지고 판단한다면, 개인의 독특성을 병적인 것으로 환원시키는 우를 범하게 될 것이다. 그런 접근은 대단히 어리석은 일이며, 더 나아가서 창조적으로 무엇인가를 새롭게 시도하려는 사람들—그것이 정신건강의 표지이고 사회적 선에 기여하는 것임이 분명할지라도—은 통계적으로 그리고 사회적으로 볼 때 '이상한 사람' 으로 취급받는다. 개인적인 시도는 사회 전체에 아직 알려지지 않은 가능성을 열어 주지만, 그것은 또한 상식(常識)에 무엇인가 의심을 불러일으켜 불안을 조성하기도 하는 것이다.

이런 종류의 모호성은 적응이라는 단어에도 해당된다. 적응은 본래 사회적 규범이라는 생각에서 나온 것이기 때문에 그 개념은 사회적 요청에 대한 순응을 정신건강의 표준이라고 주장하여 결국 경직된 모델을 정신건강의 이상적인 모습이라고 제시하는 것이다. 근래에 어떤 이들이 '정신 질환' 의 영역에서 채택해서 쓰는 '비상(非常, déviante)' 이라는 말을 존경과 품위라는 미명 아래 대부분 특별한 사회적 조건과 정치적 지향에서 나온 가치판단이라는 점을 강조하면서 질적인 차이를 부각시키고 있다. 이런 맥락에서 우리는 견해 차이를 비정상적인 것이라고 거부하고, 세뇌라는 정신과 요법을 사용하여 다루려는 전체주의 시대의 망령을 떠올리지 않을 수 없다. 그럼에도 불구하고 적응이라는 단어가 창조성과 변증적인 관계에서 쓰인다면 그 단어는 정신치료에 여전히 의미가 있고, 그렇게 사용되어야 한다.[16] 정신의 건강이나 건전성에 대한 그 어느 평가도 불가피하게 사회적 현실을 인지하느냐 그렇지 못하느냐

16) 뒤케르는 통합, 자율성, 적응, 보통사람이라는 개념에 대해서 날카롭게 분석하였다. cf. F. Duyckaerts, *La Notion de normal en psychologie clinlque*, Paris, Vrin, 1954.

하는 것을 감안하는 것이다. 환경에 제대로 적응하려면 사람들은 현실을 어떻게 바라보고, 새로운 경험을 하기 위해서는 현실을 어떻게 운용하는지 알아야 하는 것이다.

그러므로 현실을 객관적으로 주어진 실체라는 관점에서 병리를 파악하려는 것은 너무 단순한 태도다. 왜냐하면 어떤 것이 실재하고 어떤 것이 실재하지 않는지, 어떤 것이 일어날 만하고 어떤 것이 일어날 만하지 않은지를 판정하는 것은 궁극적으로 무엇인지 모르기 때문이다. 많은 사람들은 어떤 특정한 순간에 현실이 변환되는 것을 체험한다. 그전까지 보이지 않고, 객관적으로 입증할 수도 없었으며 그때까지 일어날 것 같지도 않았던 현실이 일상적인 현실을 변환시키고 그것을 또 다른 각도에서 지각하게 하면서 밀도 있게 들어서는 것이다. 섬망(delirium) 환자들은 이와 비슷한 초현실의 분출을 경험한다. 그러나 그런 것은 종교적 회심, 철학적 깨달음, 시적 영감에서도 생겨난다. 프로이트는 그의 놀라운 명석함으로 『환상의 미래』에서 종교는 환각(hallucination)이 아니고 환상(illusion)이라는 결론을 내렸다. 종교는 과학이 아무리 해도 증명하거나 반박하지 못하는 현실을 욕망이라는 힘으로 모든 사람들이 공유하고 있다는 사실을 다시 강조했던 것이다. 프로이트는 결코 종교라는 현실의 존재를 부정하지 않았다. 그러므로 그에 따르면 종교는 그것이 우리 욕망의 환상인 한, 글자 그대로 정신병리의 영역에 속하지 않는다. 그의 실증주의적인 태도는 예술과 종교를 몽상적인 위안을 주는 것이라고 생각하여 현실이라는 관념을 과학지식의 단순한 차원으로 밋밋하게 환원시켰지만, 그는 그의 철학사상과 들어맞지 않는 신앙을 병리적인 것이라고 판정할 권리는 없다고 생각하였다.

환상과 환각 사이의 구분은 종교를 하나의 문화적이고 제도적인 현상이라고 생각할 때보다 한 사람의 특별한 종교 체험을 분석하려고 할 때 더 문제가 된다. 어떤 사람이 종교적 소명 때문에 감동하거나 어떤 말씀이 지닌 신비한 힘에 매혹당하거나 혼란스러워질 때 그가 가지고 있던 기존의 확신은 영향을 받는 것이다. 그에게는 그전에 지각하지도 못했던 삶에 대한 전혀 다른 관점이 기존의 현실관을 뒤엎어 버리는 것이다. 그는 때때로 매우 깊은 영적 무질서에 의해 위협받을 수도 있다. 종교적으로 수치감을 느끼거나 종교적 정숙에 대해서 다시 한 번 더 생각해 볼 수 있는 것이다. 그때 그의 내면에서는 몽상적인 비전에 굴복하지 않을까 하는 두려움이 꿈틀거린다. 그와 같은 혼돈은 그가 현실을 향해서 나아가는 기준을 잡는 데 갈등을 불러일으킨다. 그때 한 사회에서 같이 공유하는 믿음의 외적 지표들은 그렇게 독특하고 개인적인 체험에 아무것도 말해 주지 못한다. 그때 그 자리에서는 상상적, 환상적, 영적 비전과 광기의 분출 사이에 있는 불확실한 경계선이 더욱 흐릿해진다. 그러므로 정상적인 것과 병리적인 것 사이를 구분하기 위하여 여기에서 현실에 관한 전통적이고 인식론적인 원칙을 다시 말하는 것은 어리석은 일이 되고 만다.

여러 문화들 사이에서 발견되는 다양한 변이는 우리에게 어떤 것이 현실적인 것이고, 적응이란 과연 무엇이냐 하는 것을 판정하는 기준이 더 이상 타당하지 않다는 사실을 말해 준다.[17] 예를 들어, 능력을 얻어서 물질세계와 골치 아픈 감정적인 문제들로부터 벗어나려고 악마와 계약하는 것은 우리 문화에서 정신병적인 망상

17) Duyckaerts, *ibid.*, p. 139 s.

으로 치부될 것이다. 그러나 이 세상에서 일어나는 많은 일들이 악마의 소행이라고 믿던 시대에 그것은 '미친 것' 으로까지는 생각되지 않았고, 신경증적인 일탈 정도로 이해되었을 것이다. 프로이트 역시 「17세기 귀신론과 신경증」이라는 논문에서 하이츠만이 살았던 시대의 종교적 맥락을 감안하여 그가 미쳤다고 생각하지 않았다.[18] 마찬가지로 우리는 무속신앙이 그의 구체적인 문화적 맥락 속에서 발달해 온 것이기 때문에 그들의 제의와 이상한 것 같은 믿음을 병적인 표지로 간주할 수 없다. 그러나 어떤 사람이 그런 것을 제도적인 맥락 밖에서 연출한다면, 그런 믿음체계는 탈선이 되고 만다.[19] 같은 이유에서 우리는 사도 바울이 하늘에까지 다녀왔던 비전(그는 그가 몸을 입고 갔다 왔는지 아닌지에 대해서는 말하지 못하였다)을 병리적인 것이라고 진단하지 못한다.[20] 그러므로 우리는 여기서 한 사회의 믿음과 한 개인의 내면적인 삶을 구성하는 믿음체계라는 두 가지 수준을 구분해서 생각해야 한다.[21] 바깥에서 볼 때, 어떤 행동들은 그것이 아무리 주어진 문화의 상징체계와 잘 들어맞는다고 할지라도 이상하거나, 심지어 병적으로 보이는 것이다.

그렇다면 우리는 병적인 것에 대한 기준을 순전히 상대적인 것

18) S. Freud., *Gesammelte Werke* XIII, 315-353. tr. fr. *Essais de psychanalyse appliquée*, Paris, Gallimard, 1952. pp. 213-254.

19) L. de Heusch, "Cultes de possession et Religions initiatiques de salut en Afrique", *Religions de Salut,* Bruxelles, Université libre de Bruxelles, 1962.

20) 베네딕트는 '정상' 이라는 것이 문화에 따라서 상대적인 것이라는 사실을 강조한다. R. Benedict, *Wtittings of Ruth Benedict. An Anthropologist at Work,* London, Secker & Warburg, 1959. pp. 262-283.

21) *II Corinthiens,* 12, 2-4.

이라고만 해야 하는가? 그렇지는 않다. 그것은 얼핏 피상적으로 보는 것보다 상당히 보편성을 띠기 때문이다. 광기라는 개념에는 지금 거기서 작용하는 힘이 과연 무엇인가 하는 것이 각 사회의 관념에 따라서 다르게 나타나지만, 모든 문화에는 귀령(鬼靈)이 자아내는 여러 가지 무질서를 치료하는 수단 역시 제공한다는 사실은 모든 사회에는 그 사회 나름대로의 규칙과 질서를 가지고 건전한 것과 미친 것을 구분하는 방법이 있다는 사실을 보여 준다. 우리가 미친 것을 악한 영이 침입해서 생기는 것으로 해석하든지, 아니면 영이 어떤 사람을 사로잡아서 그가 잃어버렸고 아직 얻지 못한 정체성을 깨우치려는 것으로 해석하든지 커다란 차이는 없다. 병든 사람은 어쨌든 그의 삶과 행동이 그 공동체를 지배하는 중요한 상징과 들어맞지 않기 때문에 그렇게 판단되는 것이다.[22]

그러므로 우리는 현실에 대한 적응이라는 관념이 항상 유효하다고 말할 수 있다. 적응이라는 관념은 행동을 그의 문화적 맥락 안에서 하는 것이다. 그러므로 외부 사람들을 놀라게 하는 비전, 사로잡힘, 의례, 믿음은 그 공동체의 믿음체계에 따라서 평가되어야 한다. 문화체계는 단순히 경직된 실체만은 아니다. 그러므로 우리가 그것들도 변화될 수 있다는 생각을 한다면, 현실이라는 관념과 적응이라는 관념은 정신질환과 건강을 구분하는 좋은 기준이 될 수밖에 없다. 그런데 지난 시절들을 뒤돌아보면, 개인적인 일탈은 그 나름대로의 삶에서 나온 것이라는 생각이 든다. 헤겔이 말했듯이, 세계사는 그 나름대로 판단을 내리는 것이다. 윌리엄 제임스(William James)는 원시적인 종교 체험은 병리적인 특징을 가지고

---

22) M. -C. et E. Ortigues, *L'Œdipe africain,* Paris, Plon, 1973. p. 180.

있는 영적 흥분이라고 생각하였다. 그리고 그는 어떤 종교 체험의 의미를 제대로 판정하기는 대단히 어려운 일이라서 "나무는 그 열매를 보고 판단할 수 있다."고 덧붙였다.[23] 우리는 여기서 예수님이 그의 가족들에게 이상한 인상을 주었을 것이라는 사실을 떠올리지 않을 수 없다. 예수님은 그가 살던 사회에서 규정한 가족에 대한 의무를 담당하지 않았고, 마치 계시를 받은 예언자처럼 그전에 들어보지도 못했던 이상한 메시지를 선포하니까, 그의 가족들은 그가 '미쳤다' 고 생각하여 강제로 그를 집으로 데려가려고 했던 것이다.[24] 그러므로 우리가 새로운 의미를 창출하고 새로운 질서를 수립하려는 이런 시도들이 언제나 있을 수 있다는 사실을 받아들인다면, 우리는 어느 한 가지 규범을 신비화하여 그것으로 하여금 어떤 경우 어떤 행동이 '정상적인 것' 이고 어떤 행동이 '비정상적인 것' 이라고 독단적으로 판단하게 하는 역사적 과정 위에 올려놓을 수는 없다.

이 모든 것을 생각해 볼 때, 현실이라는 관념과 적응이라는 관념을 단순히 사회규칙을 지키고 경험적으로 검증할 수 있는 사실로 축소시키지 않고, 인간 실존의 실제적인 순간과 그것들을 형성한 구체적인 문화 형식들 안에서 판단해야 한다. 여기서 중요한 것은 사람들이 현실이나 사회와 관계를 맺는 방식이다. 객관적인 규칙을 벗어나는 것들을 질적인 측면에서 살펴보아야 하는 것이다.

23) W. James, *L'Expérience religieuse,* Paris, Felix Alcan, 1933. p. 19.
24) 막 3:20-31.

3. 심리학적 기준

우리의 작업에 심리학적인 기준은 커다란 도움이 된다. 다시 말해서 인간의 심리적 기구 자체인 내재적 기준이 필요한 것이다. 인간의 정신을 연구하는 학문으로서 심리학은 객관화할 수 있는 학문이다. 심리학은 본래 사람들이 다른 사람이나 세계와의 관계를 통해서 그의 본성을 실현하려고 할 때 그가 그 자신과 맺는 관계를 개념화한다.

여기서 우리는 인간 지식의 영역에 정신병리학이 출현하면서 가져다준 변이를 생각해 보아야 한다. 종교가 정신병리를 악마의 힘이라는 외부적인 세력이 사람들에게 작용해서 생긴 결과라고 해석하는 반면, 심리학에서는 사람이란 매우 다양하게 배열될 수 있게 만들어진 존재라고 주장하기 때문이다. 당연히 인간의 정신 구조는 외부의 영향을 쉽게 받을 수 있는 체계로 이루어져 있다. 그러나 심리학의 공헌은 정신의 구성요소와 그 변환을 지배하는 인간 정신의 내적 관계를 규명했다는 점에 있다. 심리학은 그전에는 인간의 지평을 넘는 현실과의 관계라고 생각했던 현상을 인간의 정신 영역 안에 있는 세력과 의미체계 사이의 관계로 해석했던 것이다. 이 점은 인간의 정신 전체를 지배하는 법칙이 있다는 사실을 인정하는 것이 된다. 나는 이 근본적인 가정을 받아들인다. 그러나 심리학을 다만 하나의 의학적 언어의 유희로 환원시키고, 심리학이 다만 정신병리를 종교적으로 해석했던 중세 시대의 산물을 대체한 것이라고 주장하는 스자츠(Szasz)의 입장에는 반대한다.[25] 스자츠는 히스테리아가 말로 다할 수 없는 것을 몸으로 대신하는 의

사소통의 형태라고 주장한 점에 있어서는 옳았다. 그것은 프로이트가 제안했던 해석이기도 하다. 그러나 정신분석은 히스테리에서 나오는 행동이 암시하는 의미를 구체적인 단어, 즉 그 행동이 대체하려는 단어를 이해하려고 하며, 어떤 것이 그 단어를 말하지 못하게 하는가를 규명하려고 한다.

우리가 일단 정신이라는 현실을 받아들이면, 우리는 매우 다양한 체계로 형성되어 있는 정신을 지배하는 원리가 무엇인지 구체적으로 규정해 나갈 수 있다. 정신건강의 기준이라고 흔히 일컬어지는 것은 다음과 같은 두 가지 개념이다. 하나는 통합(intégration)이고 다른 하나는 자율성(autonomie)이다. 통합이란 정신을 구성하는 체계들이 얼마나 그 서열에 따라서 구조적으로 질서 있게 구성되어 있는가 하는 것을 가리킨다. 따라서 모든 정신병리는 일종의 해체라고 할 수 있는데, 그때 정신의 중요한 요소들은 정신생활에 무엇보다도 필요한 지도력의 통제를 벗어나 있다.[26] 한편, 자율성이란 환경에서 주어지는 여러 가지 영향 속에서도 스스로를 하나의 생물학적 단위로 유시할 수 있는 정신의 특성이다. 그런데 우리는 모든 정신질환에서 그를 소외시키는 의존성이 여러 가지 형태로 나타나는 것을 볼 수 있다.

그럼에도 불구하고 어떤 것이 통합된 것이고 어떤 것이 자율성을 이룬 것인지 판정하는 기준은 매우 모호하다. 정신의 내용이 완

25) *The Myth of Mental Illness. A Critical Assessment of the Freudian Approach,* London, Secker & Warburg, 1962(tr. fr., *Le Mythe de la maladie mentale,* Paris, Payot, 1977).

26) 골드스타인은 Gestalt라는 단어를 차용하면서 병리란 본질적으로 무질서한 행동, 즉 재난적인 행동을 가리킨다고 주장하였다. K. Goldstein, *La Structure de l'organisme,* Paris, Gallmard, 1952.

전히 통합된 상태에서 균형을 이루려면 안정되지만 경직되고 정태적인 체계가 있어야 하고, 완전한 자율성은 그의 주위, 더 나아가서 그의 삶 자체와 대부분의 교환을 끊어야 할 것이기 때문이다. 그러나 건강한 정신생활에는 '신진대사'가 필요하고, 그동안 효과적이었던 외부의 도움들이 규칙적으로 변화되어야 한다. 그러므로 자율성과 통합은 사람들의 정신적 삶을 구성하는 여러 가지 기능적 요소와 그의 환경 사이에서 일어나는 긴장과 교환을 특징으로 하는 형식원리인 것이다. 한편, 우리의 구체적인 삶 속에서는 다음 네 가지 활동이 필요하다. 그 활동들을 통해서 사람들은 그의 몸과 문화라는 테두리를 벗어날 수 없는 인간의 실존이 이루어지기 때문이다. 그것들은 일하는 것(travailler, work), 언어를 통한 의사소통(communiquer par le langage, language), 사랑(aimer, love), 즐기는 것(jouir, enjoy or pleasure)이다. 이 네 가지 기능은 인간의 삶에서만 찾아볼 수 있는 특징이고, 그 가운데 어느 하나라도 할 수 없거나 심리적으로 심각하게 금지되어 있으면 그것은 정신질환의 표지(標識)다.[27] 이 네 가지 개념은 인류학 전체를 담고 있는데, 인류학이 발달하면 정신병리학을 올바르게 설명할 수 있는 준거체계가 만들어질 것이다. 그러므로 지금 어떤 사람이 통합되었다거나 자율성을 이루었다고 하는 말 속에는 아직 그렇게 다 되지 못한 것들이 남아 있을 수 있다. 더구나 우리는 이 개념들 속에서 문화적인 맥락을 벗어나지 못한 다양한 변이를 찾아볼 수 있다. 그러므로 나는 여기에서 이런 유형의 인류학이 정신건강의 기준이라고 제시하는

27) 프로이트의 저작들에도 이와 같은 견해들이 많이 표현되어 있다. cf. S. Freud, *Gesammelte Werke* X, XI 등.

것이 어떤 반향을 불러일으킬 것인가 하는 점만 지적하고자 한다.

사람들은 일을 통해서 그에게 주어진 자연환경을 변화시키고, 특히 그 자신의 욕구를 충족시키려고 한다. 일을 함으로써 사람들은 유아적인 의존성에서 벗어나고, 다른 사람과의 관계에서도 심리적 자율성을 확인하게 된다. 그러므로 심리적인 문제 때문에 일을 하지 못하는 것은 자기 보존이라는 본성적인 경향에 위배되고, 심리적이고 지적으로 성숙한 인간이 될 수 있는 기대라는 권리에 속하는 자율성에도 위배된다. 일을 통해서 인간의 영과 물질 사이에 교환이 일어나기 때문에 일은 단지 기초적인 욕구를 충족시켜주는 기능 이상의 것을 한다. 사람들은 아직 실존으로 나타나지 않은 조건들이 드러날 수 있는 계획을 수립하고, 그에게 주어진 재능으로 그 계획을 실현시킴으로써 우주를 인간화하며, 생각에 머물러 있던 것을 실제로 만든다. 일은 사람들을 사로잡고 숙달을 요구하기 때문에 일하는 과정에는 어떤 종류의 열기가 들어오기 쉽다. 그 열정은 그렇게 사람들을 사로잡기 때문에 사람들에게 그의 에너지를 최대한 다 쓰게 만든다. 그 열정은 어떤 지점에서 사람들을 소외시키는가? 이 질문에 대한 대답은 두 가지 관점에서 주어질 수 있다. 우리가 정신의 건강을 인간의 모든 가능성을 균형 있게 발달시키는 것으로 생각한다면, 일에 대한 열정은 병적인 것으로 간주될 수밖에 없다. 정신병리적인 관점에서 볼 때 일에 대한 과도한 열정은 무질서한 결과를 가져올 수 있는 것이다. 또한 어떤 사람이 좌절된 욕망을 억압하고, 일을 하지 못하게 하는 은밀한 작업이 이루어지고, 또 다른 욕망들도 일어나지 않는다면, 그에게 인격의 균열이 생겼고, 그에게는 병이 생겼다고 말할 수 있다.

통합과 자율성이라는 두 가지 정신건강 기준과 더불어 일할 수 있는 역량 역시 종교병리를 구분하는 기준에 포함시켜야 한다. 어떤 사람이 종교적 관심의 과잉 때문에 일을 할 수 없게 되었다면, 그의 종교적 열정은 의심스러운 것이 되고 만다. 그러나 종교적 동경을 억압하거나 제거할 만큼 일하려는 열정이 강한 것은 병리적인 것이 아니다. 종교적 욕구는 사람들이 억압한다고 해서 처벌받지 않는 본능의 영역에 속해 있지 않기 때문이다. 그러나 값없이 주어지는 모든 가치들을 억압하면서 종교적인 관심을 모두 부인하고 우울증적으로 모든 것을 금지하기만 한다면, 그것은 명백하게 병적인 것이라고 해야 한다.

다음으로 언어가 정신의 증상을 드러낼 수 있다는 사실은 별로 놀라운 일이 아니다. 하지만 언어의 사용이 단순하게 정신의 상태를 나타낸다고만 말하는 것으로는 충분하지 않다. 왜냐하면 한 사람이 그를 둘러싼 세계는 물론 다른 사람들 앞에 그 자신을 드러내는 것은 언어가 가진 상징의 기능을 올바르게 사용함으로써 이루어지기 때문이다. 그래서 사람들은 흔히 문화적 기호(記號)를 가지고 그들이 사는 공간을 표현하고, 사람과 사물의 세계가 그 독특성을 드러내도록 표상한다. 이런 것들을 감안하면서 사람들은 언어를 통하여 자기 자신을 주체로 자리매김하고, 그의 목소리로 그 자신을 세상에 드러낸다. 그러므로 언어의 과도한 왜곡은 주체들 사이에 공동의 세계가 없고 친교가 부족하다는 사실을 나타낸다. 그런 언어들을 분석해 보면 신비 체험의 망상적인 특성을 드러내는 경우가 많다. 반면에 어떤 사람의 언어가 지극히 공리적인 기능만 드러내거나 일차원적인 것이라면, 그의 언어는 방어와 억압의 기제에서 나온 정서적 빈곤을 드러내는 것이다.

정신질환자들은 흔히 서로 반대되는 두 가지 언어 사용법을 따른다. 그들은 다른 사람들이 전혀 알아들을 수 없는 언어를 사용하거나, 전통적인 언어법칙을 너무 경직되게 따라가는 경우가 많다. 그러므로 모든 사람들은 언어를 올바르게 사용하기 위해서 본능적인 삶이 언어법칙을 따라서 형상화되고 구조화될 필요가 있다. 그 과정에서 사람들은 언어의 주체로서 언어체계에 그들의 상상력과 욕망을 들여놓아야 한다. 그때 언어활동이 제대로 이루어지지 않거나, 언어활동에 주체가 개인적으로 참여하지 못한다면, 언어는 단지 말해질 뿐이고 그 자체로서 하나의 증상이 되고 만다.

언어의 형식적인 특성은 두말할 것도 없이, 종교적인 측면에서 볼 때 모든 언어는 말하는 사람이 그가 처해 있다고 생각하는 상황에서 나온 의도를 따르기 마련이다. 그것은 종교가 아무리 공식적인 특성을 띠고 있을지라도 마찬가지다. 예를 들어, 어떤 사람이 외적으로는 기독교의 준거체계를 따르지만 그가 말하는 것이 그의 신앙의 특수한 맥락만 주장할 경우, 그는 지적으로 문제시될 뿐만 아니라, 무의식적으로도 어떤 균열이 생겼다고 해야 한다. 사실 언어의 문제에 대해서 연구할 수 있는 자원은 매우 다양하다. 여기서 우리는 어떤 사람이 사용하는 언어가 그가 의미하려는 종교적 현실과 일치하는지 아닌지 하는 문제를 끄집어낼 수도 있다. 그의 종교 현실은 그의 언어를 통해서 특별한 의미를 나타내는 것이다. 그러나 그 현실은 보편적이고 소통 가능한 현실이기 때문에 언어의 법칙을 따라야 한다. 그러므로 어떤 사람의 종교언어가 다른 사람과의 관계에서 보편적인 의미를 따르지 않거나, 언어의 구조를 근본적으로 깨뜨리거나, 사람들이 상상하는 현실과 들어맞지 않는다면, 우리는 그것이 종교의식의 병적 산물이라고 해야 할 것이다.

프로이트가 지적했듯이 사랑할 줄 아는 것은 정신건강의 또 다른 징표다. 사랑이라는 단어는 그 의미를 단순하게 정의할 수 없기 때문에 그것이 포괄하는 범위는 사랑의 구체적인 체험이 각양각색인 만큼 다양하다. 하지만 사랑의 기본적이고 지속적인 특성은 의사소통을 하고 하나가 되려는 욕망이라고 할 수 있다. 그러나 의사소통이라는 말이나 하나가 된다는 말은 단순하지도 않고 명확하게 정의할 수도 없다. 플라톤(Plato)의 『향연』 이래 수많은 철학자들은 사랑의 신비에 대해서 파헤치고, 사랑의 이상적인 이미지를 제시하려고 하였다. 왜냐하면 사랑은 인간의 실존에 근본적인 것이지만 무엇인지 명확히 알 수는 없는 것이기 때문이다. 그런 의미에서 사랑은 진리에 동의한다거나 윤리적으로 올바르다는 것만큼 인간의 삶에서 근본적인 것이지만 알 수도 없는 것이다. 다시 말해서 의사소통을 하고 하나가 되려는 욕망으로서 사랑은 무한한 욕망이며, 그 내용을 비워버리고 사랑 자체에 그 자신을 내던지는 것이다. 사랑은 또한 사랑하려는 욕망이 되어 그 안에 있는 빈 공간에 자리잡으려는 것이다. 사랑이란 사랑하려는 욕망과 사랑받으려는 욕망으로 되어 있다. 그리고 그것이 욕망인 한 사랑은 그것이 도달할 수 있는 궁극적인 확실성이나 완전성이 무엇인지 알 수 없는 하나의 움직임이다.[28] 사랑은 그것이 가진 불확실성과 불완전성에도 불구하고 사람들에게 의사소통을 하게 하고 합일되게 하는 능력이며, 그것이 잘 되지 않을 때 그것을 되살려내고, 그 안에서 기쁨을 찾고, 다른 사람에게 기쁨을 주게 하는 힘이다.

28) 궁정 시인 조프레 뤼델(Jaufré Rudel)의 다음과 같은 탄식을 생각해 보라. "이 사랑으로 하여 나는 그녀를 따라갔으나, 그녀가 어디론가 사라져 다시 돌아오고 말았네."

사랑에 관한 그 어떤 고찰도 흔히 들을 수 있는 일반적인 지침에 불과할 수 있지만, 사랑하지 못하는 것은 그 자체로서 하나의 부정적이며 쉽게 눈에 띄는 특성이다. 사랑하지 못하는 데서 오는 고통은 사랑하려는 자연스러운 욕망에서 나온 고통 같지만, 사실은 사랑이 왜곡된 데서 오는 아픔이며 불모의 갈등과 파괴적인 의심에서 오는 아픔이다. 사랑하려는 욕망은 흔히 그 주체를 속인다. 어떤 사람에 대한 열정적인 집착은 왜곡되고 뒤틀린 사랑을 그 안에 감춘 것일 수 있으며, 가장 고상하고 가장 자비로운 의도는 그 주체도 모르는 사이에 질투 어린 증오의 가면일 수도 있다. 다른 사람들과 감정적인 결속을 맺을 수 있는 자신의 역량이 얼마나 되는지 알기 위해서, 우리는 소위 사랑이라고 부르는 것을 다른 사람과의 구체적인 관계 속에서 살펴보아야 한다. 사랑이란 단지 선의(善意)만 가지고 되는 역량이 아니기 때문이다. 다른 사람의 특수성을 참지 못하는 권위주의적인 태도, 도무지 만족할 줄 모르고 끊임없이 자기에게만 주의를 기울여달라는 요청, 다른 사람을 신뢰하지 못하고 계속해서 의심하는 태도, 다른 사람의 현존 때문에 그를 상상 속에서 한없이 거대하게 보았다가 그와 반대로 한없이 실망하면서 왔다 갔다 하는 도저히 없어지지 않는 동요— 이 모든 것들은 하나의 징표로서 내면에 사랑하는 역량을 만들지 못하게 하는 요소들이다. 이때 그 주체는 그에게서 느껴지는 어떤 잘못된 표지들을 보고 그의 내면에 다른 사람들과 의사소통을 하고 하나가 되려는 욕망과 그것을 실현하려는 욕망 사이에 어떤 왜곡이 있다는 사실을 알게 된다. 정신치료 과정에서 사람들의 정신에 있는 사랑의 영역에 무엇인가 잘못되어 있는 것을 추적해내는 것이다. 그러므로 사람들이 도저히 참을 수 없다고 말하는 고통들은 모두 그의 내면에 사랑할 줄 아는 능력이 왜곡되었기 때문에 생겨난다고 할 수 있다.

프로이트 이래 많은 학자들은 사람들에게 사랑이 어떻게 발달하는지 분석했는데, 그들은 우리가 정신건강과 정신의 질환을 나누는 기준으로 사랑이라는 지표를 채택한 것을 옳다고 인정할 것이다. 왜냐하면 사랑의 욕망이 아무리 본성적이고 보편적인 것이라고 할지라도, 사랑 자체는 우리 몸의 즉각적인 산물이거나 정서적인 충동만은 아니기 때문이다. 사랑이란 우리 의식과 무의식 사이의 수많은 우여곡절을 거친 다음에 비로소 가능해지는 것이다. 우리는 여기서 인간의 정신이 어떤 과정을 거쳐서 변환되는가 하는 것을 다루려고 하지는 않는다. 다만 사랑은 본능이 아니라 전일적 자아(Gesamt-Ich)에 성본능이 개입하는 것이라는 프로이트의 가정을 상기하려고 한다.[29] 이 말은 사랑의 심리학이 본능과 본능의 다양한 파생물 및 그 곁가지에 대한 연구는 물론, 주체의 본성과 형성에 대한 연구도 포괄할 수 있다는 사실을 보여 준다. 따라서 사랑의 능력에 대한 계발은 그것을 포함하는 다른 모든 심리학 연구들과 더불어 결코 끝나지 않는 작업임이 명백해진다. 그러나 이 연구의 목적은 사람들에게 완전한 사랑이라는 결코 이룰 수 없는 짐을 지우려는 것이 아니다. 다만 우리는 정신병리의 장(場)을 살펴보면서, 여러 가지 이유 때문에 다른 사람들과 관계를 제대로 맺지 못하는 사람들 역시 정신적 동요의 특별한 징표라는 사실과, 그 결렬은 다른 사람들과 의사소통을 하고 하나가 되려는 욕망의 반작용이라는 사실을 제시하려고 한다.

---

29) S. Freud, *Pulsions et Destins des pulsion,* Métapsychologie, p. 40. 여기에서 Gesamt-Ich는 전일적 자아로 번역되었다.

네 번째 기준인 즐길 줄 알고 기쁨을 얻을 수 있는 역량은 좀 더 조심스럽게 접근해야 한다. 그 역량은 사람들이 쾌락으로 향하려는 몸을 부여받은 감정적인 존재이고, 사람들은 그의 지적, 의지적, 영적 활동을 통해서 본성적으로 기쁨을 이끌어 내려는 존재이기 때문에 더욱더 중요한 역량이다. 아리스토텔레스(Aristotle)는 싱싱한 꽃과 같은 건강하고 행복한 젊은이에게 기쁨과 쾌락은 어디서나 필요하며, 그들은 끊임없이 그것을 얻으려고 노력하고, 삶에서 오는 고통의 균형추로 삼는다고 주장하였다. 기쁨과 고통은 모두 다 설명하기 어렵지만 인간이 본성적으로 타고난 것이고, 인간의 실존에 필요한 것이기도 하다. 쾌락을 얻는 유형이 다양하기 때문에 어느 하나가 이상적인 것이라고 말하기는 어렵다. 쾌락이 인간의 삶에서 그렇게 근본적인 측면을 나타내기 때문에, 사람들은 행복을 추구하는 과정에서 쾌락을 증가시킬 수 있는 온갖 수단을 찾으려고 한다. 그런데 행복은, 아리스토텔레스에 의하면, 인간의 모든 노력의 궁극적인 목표다. 우리가 비록 행복의 실현이 정신건강의 기준이라고 생각할 정도로 그렇게 순진하거나 낙관적이지 않지만 그와 반대되는 것, 즉 즐길 줄 모르는 것은 반박할 여지도 없이 병리의 증거가 된다. 사람들은 그것이 어떤 활동이든지 간에 그의 활동을 통해서 그것을 그의 진정한 활동으로 만들고, 그것을 통해서 그 자신을 발견하기 위하여 어떤 형태로든 기쁨을 누려야 하는 것이다. 하지만 기쁨의 원리는 언제나 삶에 대한 쾌락주의적 관점을 내포하지 않는다. 왜냐하면 기쁨은 그 행해지는 활동의 특별한 유형에 따라서 서로 다른 형태를 보이기 때문이다. 예를 들어, 인간의 활동에는 몸으로 하는 기능, 사고 활동, 성적인 사랑, 일, 종교 등 매우 다양한 것들이 있다.[30] 사람들은 다른 쾌락을 더 깊게 하든지, 더 나은 종류의 기쁨을 얻으려고 어떤 형태의 쾌락을 포기할 수도 있는 것이다. 하지만 그런 포기는 병리적인 것이 아니라 기쁨을 더 크게 하는 데 반드시 필요하며, 쾌락을 포기하는 데서 오는 고통을 참아내는 능력은 정신건강에 실제로 중요한 역할을 한다. 그러나 고통이 모든 기쁨을 배제시킨다면 그것은 정신체계가 아주 심각하게 교란되어 있음을 가리키고, 그 사람의 행동은 아무 기쁨도 얻지 못하도록 심각하게 금지되어 있음을 드러낼 것이다.

즐길 줄 아는 능력을 가졌다는 것은 그가 언제나 쾌락만 찾는다는 사실을 가리키지 않는다. 오히려 그 반대일 수 있다. 사람들은 기쁨을 포기하면서 더 건강해질 수 있는 것이다. 그래서 정신건강은 기쁨을 포기할 줄 아는 사람이 그에게 주어진 재능을 기쁘게 받아들일 줄 아는 능력이라고 말할 수 있다. 사람들이 집중된 상태에서 쾌락을 강박적으로 추구한다면 그들은 다른 쾌락을 맛보지 못하게 되고, 값없이 주어지는 기쁨을 모르게 된다.

종교의 영역에서 이 기준은 한 사람이 이 세상이나 종교적인 사람들과 관계를 맺는 방식에 적용해 볼 수 있다. 사람들이 종교생활을 하면서 기쁨을 느끼지 못한다면, 그것은 그에게 어느 정도 정신적 상처가 있다는 말이 된다. 더구나 그 사람이 의무감이나 책임감 때문에 종교생활을 한다면, 그것은 종교의 특별한 목표와도 맞지

30) 카스토리아디스-올라니에(P. Castoriadis-Aulagnier)는 수많은 임상적 경험과 이론적 작업의 바탕에서 놀이의 경험은 한 사람에게 그의 정신적 기능이 제대로 작동하게 하는 조건이라고 주장하였다. 예를 들어, 생각을 즐기는 것은 '어떤 것을 바라거나' '생각하기를 바라는 행동' 에 선행한다는 것이다. cf. Castoriadis-Aulagnier, *La Violence de l'interprétation. Du pictogramme à l'énoncé,* Paris, PUF, 1975.

않는다. 종교는 본래 인간의 실존을 생명의 신적 원천과 관계시켜 다시 태어나게 함으로써 실존의 범위를 확장시키려는 데 목적이 있기 때문이다. 기독교는 어떤 경우에든지 구원과 자유의 메시지를 선포한다. 나는 이것이 모든 종교적 신앙의 원리라고 말하고 싶다. 왜냐하면 모든 종교는 사람들을 그보다 더 크고 자비로운 신비와 통합하려는 목표를 가지고 있기 때문이다.

인간적인 차원에서는 물론 종교적인 차원에서도 과도하게 즐거움만 찾으려고 하거나 쾌락을 추구한다면 그것은 좋지 않은 성향을 드러내는 것이다. 그것은 진정한 기쁨을 체험하는 데 필요한 자기 포기에 걸림돌이 되기 때문이다. 어떤 종류의 신비적 황홀경은 고통을 한껏 추구하고 동시에 고양된 기쁨의 감각이 뒤섞여 있어서 결코 일반적인 것이라고 말할 수 없는데, 그것은 당연히 정신병리적인 것이라고 말할 수밖에 없다.

지금까지 언급했던 것들이 보여 주듯이, 이 네 가지 기준은 서로 분리된 것이 아니라 끊임없이 상호 침투해 들어간다. 그 기준들은 인간 실존의 네 가지 차원을 드러내는 것이다. 스스로 실현되는 욕망으로서 사랑은 특별히 기쁨의 감각으로 나타나는데, 그 이유는 사랑이 타자의 사랑스러운 현존은 물론 그것을 사랑하는 것에서 기쁨을 느끼기 때문이다. 사랑이 열정적이고 마법에 걸린 듯한 매혹 때문에 마비되지 않을 때, 그것은 사랑이 주는 자기 신뢰와 의미 덕분에 사람들이 작업을 완수하는 데 도움을 줄 수 있다. 한편, 일은 리비도에 의한 결속에 뿌리를 둔 다른 사람들과의 연대 속에서 이루어진다.[31] 그 관계는 중심이 없는 결속이기 때문에 전체 구

31) S. Freud, *Malaise dans la civilisation,* GW, XIV, 499-500; trad. fr. Paris, PUF, 1971. pp. 73-74.

성원들을 사랑의 열정에 사로잡히게 하지는 않는다. 그런데 정신 건강의 기준이 되는 이 특징들은 우리들의 정신적인 삶의 한 부분만을 나타내기 때문에 그 특성에 대한 판정은 정신의 전체가 고려될 때까지 유보되어야 한다. 다시 말해서 인간 실존의 이 네 가지 장(場)에서 본능은 그곳을 가로지르고, 거기서 파생된 것들을 느끼게 하며, 문화적인 기표(signifiant)[32]를 따라서 '나는 할 수 있어.' 라고 하는 것과 '나는 원하고 있어.' 라고 말하는 것을 실현하는 것이다. 사람들을 번거롭게 하는 필요성과 창조하는 기쁨은 일 속에서 결합된다. 그래서 일은 같은 언어를 사용하는 공동체 안에서 행해지게 된다. 사랑 역시 관계를 맺고 본능적으로 기쁨을 얻으려는 목적을 이루려고 한다. 그때 언어는 사람들에게 그들의 관계를 식별하게 하면서 관계의 틀을 제공해 준다. 종교 역시 본능적인 삶 속에 담겨진 약속을 붙들고 있어야 한다. 그러나 종교는 본능적인 의도가 기대하는 새로운 가능성의 지평을 열어야 하지만 근본적인 변형을 통해서 그것을 이루어 간다.

4. 정신원인론

정상이라는 기준에는 이미 인간의 정신이 본능과 문화의 상징적 형식과 의미가 만나는 지점에서 생겨난다는 의미가 함축되어 있다. 종교가 본능을 가진 인간의 육체와 아무 관련이 없는 것같이

---

32) 기표(signifiant): F. 소쉬르가 말한 언어학 용어로서, 우리가 '바다' 라고 말할 때 우리에게 들리는 청각 영상이다. 여기서 베르고트는 기표를 어떤 것을 나타내고 드러내는 표상이라는 의미로 사용하였다(역자 주).

보이지만, 종교는 사실 고통스러운 체험이나 우연성으로부터 나오는 한 몸에 뿌리박고 있다. 또한 종교가 삶과 죽음의 의미를 찾으려고 하고, 행복해지려는 욕망을 따라서 움직이며, 인간의 열정을 통제하거나 변환시키려고 하기 때문에 더욱더 그러하다. 종교의례에서 작용하는 기호들은 그것들이 몸과의 관계를 보여 주고, 육체적 본능에서 나오는 은유들—재탄생, 결합, 가시지 않는 갈증, 희생의 음식, 깨달음—은 종교적인 담화를 통해서 전개된다.

본능적인 육체와 문화적인 의미를 정신적으로 융합하는 일에는 각 사람들을 그 기원(起源)으로까지 이끌어 가는 겹겹이 쌓인 중첩된 역사가 담겨 있다. 인간의 정신은 그 형성 과정이 그렇기 때문에 그 역사적인 원천을 망각하곤 한다. 이성은 정신적 이상(異常)을 설명하면서 그것을 의지의 행사에서 나온, 쉽게 식별될 수 있는 원인의 탓으로 돌리곤 하는 것이다. 그러면서 자연히 정신의 고고학(archéologie de la psyche)에는 별로 중요성을 부여하지 않는다. 현대사회에 들어와서 신체기관의 기능들이 많이 밝혀지고, 의학적 발견으로 철학적 이원론이 팽배해짐에 따라 사람들은 점점 더 그런 풍조에 물들어서 이제 정신의 모든 이상들을 기질적인 원인 때문이라고 생각하는 것이다. 실제로 섬망이나 정신적 혼돈이나 어떤 종류의 우울증을 치료하는 약물의 놀라운 효과는 그런 실병이 기질적인 문제 때문이라는 사실을 보여 주기는 한다. 그러나 그것만이 유일한 요인은 아니다. 그 병들은 기질적인 원인과 정신적인 원인이 상호작용하면서 생긴 것이라고 보아야 한다.

정신의학에서 근래에 들어와 정신질환을 순전히 기질적인 문제로만 설명하는 것이 난관에 부딪히고, 인간에게는 아무리 해도 생물학적으로 설명할 수 없는 의미의 차원이 있으며, 그것의 손상을 기질적인 황폐 때문이라고 환원시킬 수 없다는 인식이 증가함에 따라서 요즘 정신질환을 사회학적으로 설명하려는 경향이 생겼다. 그래서 우리는 그전에 기질적인 정신과의사임이 틀림없던 사람이 이제 사회학파에 속하여 반정신의학자로 돌아선 것을 많이 보게 된다. 물론 인간의 성격 형성과 해체에 사회가 영향을 미치는 것은 틀림이 없다. 사람들의 구체적인 상황은 불가피하게 사회적인 것이기 때문이다. 사람들이 삶을 시작할 때부터 그에게 어떤 행동을 해야 한다고 역할 범위를 규정하고, 그가 어떤 사람이 될 수 있다고 결정하는 것은 대체로 그에게 주어진 문화체계다. 인간 실존의 모든 움직임들, 예를 들어, 성(性)이나 다른 사람과의 의사소통 방식이나 심지어 종교까지도 그 사회에서 제도적으로 이루어진 연락망(聯絡網)을 따라 이루어지며, 갈등에 빠지기 쉬운 이해관계에 영향을 미치면서 사람들이 추구하는 의미와 가능성의 방향을 제시하고 제한하는 것이다.

그렇다면 한 개인의 정신병리 드라마는 그것보다 큰 사회적인 드라마의 결정체일 수 있는가? 이 문제에 대해서 우리는 이렇게 질문할 수도 있다. 우리가 사람들의 내면에 존재하는 강력한 힘을 감안하지 않고 어떻게 사회에 대해서 이해할 수 있겠는가? 정신병리를 사회학적인 원인으로 환원시키는 것은 정신병리를 사회적 현실에 직접적으로 전이시켜 놓는 것으로서, 모든 병리를 기질적으로 설명하려는 것과 똑같이 단순하고 단선적인 원인론의 반복밖에 되지 않는다. 사회적 재난이 한 개인의 드라마의 단순한 확대가 아닌 것은 개인의 불운이 사회적 재난의 단순한 결과가 아닌 것과 같다. 더구나 같은 사회적 조건 아래 사는 사람 중에서도 어떤 사람은 사회를 효과적으로 변화시키려고 하는가 하면, 다른 사람은 정신적

으로 혼란에 빠져 있다.[33]

사람들은 그를 둘러싸고 있는 문화사(文化史)와 사회적인 상황 속에서 역사적으로 그에게 주어진 그 자신의 공동체를 만나는데, 그것은 그로 하여금 그에 맞는 행동이나 맞지 않는 행동을 통하여 그에게 여러 가지 수단을 사용하게 하고, 그 의미를 해석하게 하며, 그 간극(間隙)과 모순에 직면하도록 한다. 아이들은 수많은 세력들과 타오르는 불로 뒤얽힌 선(線)이 가로지르는 작은 사회라는 장(場)에 갇혀서 자연적으로는 도저히 행복한 통합을 이룰 수 없는 힘과 경향에 포위되어 갈등하고 있다. 그에게 지금 사는 현재를 맞이하게 하는 이 역사는 그가 그의 부모와 사랑하는 이들은 물론 실망을 안겨주는 일들과 특별한 관계를 맺게 하는 것으로서, 그에게 매우 특별한 것이 아닐 수 없다. 그는 처음에 잠시 반응을 보이지 않았지만 다시 곧 역사에 참여하게 하는 이 사건들에 대하여 그의 충동에 반응하면서 그 자신도 알지 못하는 사이에 그가 앞으로 만나게 될 수많은 일들과 사건들에 대한 준비를 하게 되는데, 이 모든 것은 계속되는 문제 제기와 그에 내한 반응과 그것을 받아들이거나 방어하는 과정이다. 그는 이런 사건들을 계속해서 만나면서 그 결과로 그의 독특한 개인성을 형성하게 된다. 그러므로 그의 정신은 능동적인 의미에서나 수동적인 의미에서나 계속되는 '입문식' 이라고 해도 과언이 아니다. 어린아이 때 생기면서 그의 우주를 만드는 초기의 '나' 와 그의 주체성은 서로가 서로에게 영향을 주면서 작용하는 것이다.

한 사람이 먼저 살았던 것들로 이루어진—인간의 조건에 내재해

33) H. Blumenberg(et als), *Schizophrenie und Familie,* Frankfurt/Main, 1969.

있는—그의 심리적 실재[34]는 우연한 요소들로 이루어졌는데, 그것은 그의 삶 어디서나 마찬가지다. 객관적인 사실들을 나열하는 것이 더 편안하기 때문에 이론을 따지는 이성은 한 사람의 독특한 역사성에 내포된 심오한 우연성을 쉽게 동화시키지 못한다. 더구나 그의 역사성은 그가 생리적으로는 물론 사회적으로도 그의 본성적 환경을 통제하려는 일에 신경을 쓸수록 그의 자긍심에 타격을 가한다. 그들의 본성과 관심 때문에 순수이성이나 실천이성은 그의 심리적 실재를 별로 인정하지 않는다.

우리는 우리 정신이 과거의 역사에 따라서 결정되는 것을 가리켜서 '정신원인론'이라고 부른다. 왜냐하면 우리 속에 있는 역사적인 과거는 우리에게 열려 있는 실제적인 가능성은 물론 우리 발목을 붙드는 한계까지 규정하기 때문이다.

우리는 모든 정신치료 기법이 우리가 표현하는 것들을 대상으로 작동하고 있음을 보여 주기 위해서 다른 많은 형태의 정신요법들을 검토할 필요가 있다. 그것들은 몸에 대한 표현, 이상(理想), 쾌락, 금지, 위험, 인간의 운명, 상호 주체적인 공간에 대한 표현들이다. 인간의 정신은 지난 날 그 위를 스쳐간 모든 경험들이 다양한 인상들을 기록해 놓은 감성적 실체인데, 그것은 우리 정신이 과거의 사건들에 의해서 형성되었다고 믿거나 아니거나 간에 마찬가지다. 어떤 정신요법은 과거에 있었던 일들을 다루기보다 사람들이 현재 경험하는 것에 초점을 맞추려고 한다. 그것은 그의 현재는 그 사람이 알지 못하지만 그 원천이 과거에 둔 표상들로 이루어져 있

34) 그것이 실제로 존재하고 있는지 어떤지와 관계없이 어떤 사람이 그것이 존재한다고 믿는 것(역자 주).

을지라도 마찬가지다. 우리 '생각들'이 아무리 우리 의식의 가장자리 부분에 달려 있지만, 그것들은 주체의 가장 깊은 체험의 한 부분에 속해 있다. 사람들은 그것을 순전히 지금 그 자신을 둘러싼 것들로부터 받는 메시지라고 생각해서는 안 된다. 왜냐하면 그 메시지를 만드는 상황이 아무리 특별할지라도 그 메시지는 그 주체가 이미 받기로 되어 있는 의미와 연상들을 그 속에서 읽을 수 있도록 사전에 결정되었기 때문이다. 사람들은 그를 둘러싸고 있는 담화(談話)들과 그가 다른 사람들과 맺는 관계의 형태를 결정하는 제도적인 관계망들로부터 그 요소들을 취하는데, 그것은 그의 독특한 주체성을 만든 깊은 구조에서 도출된다. 이러한 주관성, 즉 의미를 탐구하고 의미를 탐구하려는 단서를 찾으려는 마음의 결합은 우리가 타고난 '욕구와 충동'의 기계적인 정신기구 때문만으로 볼 수 없다. 오히려 그것은 우리의 특별한 감수성을 형성하고, 지금의 정신과 지금 정신이 욕망하는 것들을 형성하게 한 우리 경험의 긴 역사의 저장고에서 나온 것이다. 그러므로 현재에 대한 과거 사건들의 영향이나 그것의 무게를 부정하는 것은 어린이들이 흔히 하는 수많은 질문들과 거기에서 나온 행동들은 물론, 어린이의 지각 범위에 대해서 인식하지 못하는 것이다. 이러한 접근은 한 사람의 삶이 무소부재하고 투명한 자기(self)라는 점으로부터 비롯된다는 사실을 규명하려는 시도가 환상적이고, 무익하고, 모순된다는 가정에서 나온 것이다. 이때 자기는 순수한 주체, 즉 역사나 운명에서 벗어난 주체라는 꿈의 불합리한 육화(肉化)에 불과한 것이다. 정신이 그의 역사에 깊이 뿌리 내린 것, 또한 정신이 그의 역동적인 표현으로 지속적으로 작용하여 만들어 낸 인과론적 결과에 뿌리 내린 것들은 정신병리를 만들어 내지 않는다. 정신원인론은 금지에서는 물론 창조적 활동에서도 발견된다. 정신원인론은 기쁨을 누리는 역량이나 그것을 잃어버리는 장면에서 모두 찾아볼 수 있고, 어떤 일을 부드럽게 감내하는 곳에서나 장애를 만나서 투사가 이루어지는 곳에서도 찾아볼 수 있다. 또한 사랑의 결속이 이루어지는 곳에서나 그것이 불가능한 곳에서도 발견되고, 우리의 삶을 확장시키는 곳에서나 위축시키는 곳에서도 발견된다. 이처럼 정신병리는 어떤 특별한 표상이 과거의 일들에 작용하여 같이 결합되어 나타나는 방식에 달려 있지, 어느 한 가지 공식이 그 원인이나 원천이라고 주장할 수는 없다. 정신의 표현이 모두 병리적인 것은 아니지만, 모든 정신병리는 표현에 의해서 알 수 있다. 우리는 모든 형태의 정신병리에서 좌절을 찾아볼 수 있는 것이다. 그러나 좌절 자체는 정신병리가 아니라 인간 실존의 한 부분이다. 어떤 사례에서 과도한 좌절감이 원인인 것처럼 보여도, 우리는 아직 그것이 그 사람의 삶에 어떤 영향을 미치고, 어떻게 싸우고 있는지 설명하지 못한다. 그러나 어떤 경우에도 과도한 쾌락은 과도한 고통처럼 병인적(病因的)이다. 그러나 여기서도 문제되는 것은 그 강도인데, 그것은 상당히 주관적이고 상황에 따라 달라진다.

심리적 실재가 원래 그런 본성을 가졌기 때문에 병의 원인은 쉽게 파악되지 않는다. 정신병리를 나타내는 각각의 증례들은 그 사람에게 기록된 모든 경험의 연락망 때문이며, 그 연락망은 우리를 정신적 외상으로까지 이끌어 간다. 이 외상은 그에게 그런 전체적인 특성을 가진 연락망이 있다는 사실을 확증해 주고, 그의 세계관을 더 공고하게 하는데, 그 세계관은 여태까지 그 주체에게 유용한 역할을 해 왔다. 모든 정신질환은 복잡한 과거사 때문에 생기고, 모든 병리적인 매듭은 거기에서 풀리든지 묶이게 된다. 그러므로 그가 살았던 뛰어넘을 수 없고 갈등적인 상황은 그 매듭을 다시 묶고 더 강화시킨다고 할 수 있다.

정신병리를 정신결정론적인 관점에서 이해하는 것은 갈등을 그 주체의 현재의 상황 속에서 파악하는 것이다. 그러므로 정신병리의 원인이 과거에 있느냐 아니면 현재에 있느냐 하고 경직되게 따지는 것보다 더 잘못된 태도는 없다. 과거는 현재 속에서 여전히 작용하고, 현재는 과거에 의해서 변화되기 때문이다. 그래서 전이는 정신분석적 치료에서 어디서나 효과적인 현상이 된다. 전이에서 생기는 모든 것들은 현재의 실제적인 상황 속에서 과거가 다시 실연(實演)되는 것이다. 그러므로 정신분석에서 일어나는 전이는 정신적인 삶 일반의 한 전형이 된다. 사랑이나 종교적 융합이 가진 전이적인 본성은 그 두 가지에 병리적 특성을 나타내게 하거나 그렇지 않을 수 있다. 왜냐하면 프로이트가 지적했듯이, 정신분석 과정에서 작용하는 전이—사랑은 실제로 사랑이기 때문이다. 우리가 생각할 수 있는 그 어떤 사랑이나 욕망이 우리가 그전에 했던 감정적 경험의 보넬을 따라서 생기지 않겠는가?

그런데 이 말은 전이에 의한 사랑이 환상 속에서 이루어지는 것이 아닌 한 반복 강박과 똑같은 것이라는 사실을 말하는 것은 아니다. 왜냐하면 그런 환상 속에서는 서로를 원하는 두 주체가 서로를 매혹하고 거기에 반응하지 못하도록 하는 기제가 있기 때문이다. 반복 강박이라는 말은 어떤 사람의 정신사에 어딘지 막혀 있고, 갈등 상황에 창조적으로 적응하지 못하며, 현재에 무엇인가를 요구한다는 점에서 병리적이다. 하지만 그 주체가 의심에 마비되지 않고, 공포증에 사로잡히지 않으며, 피해망상 때문에 전전긍긍하지 않고, 심각한 우울증으로 무력해 있지 않다면, 그는 그의 삶을 살

수 있을 것이다. 그러나 그가 치러야 하는 대가는 엄청나서, 그는 막다른 골목에 처하게 되고 실패가 명백하여 고통이 불가피하다. 그는 자주 그가 자기 안에 사로잡혀 있으며 외로운 운명에 처해 있다고 생각하는 것이다. 그래서 그가 거기에서 빠져나오거나 거기에 의미를 부여하려면 무슨 말을 해야 할지 배워야 한다고 생각한다. 왜냐하면 의미란 의미를 향하여 나아가게 하고, 그것을 감당하게 하는 것이기 때문이다. 그러나 자기 자신을 표현하지 못하여 심리적으로 병든 사람은 그가 자기를 표현하려면 언제나 무엇인가가 방해하여 자기를 표현하지 못하게 하고, 그렇게 하는 원천과 의미가 그의 내면에 숨겨져 있다는 사실을 경험적으로 안다. 말해져야 하는 진정한 단어들이 아직 말해지지 않았고, 과거의 기억들을 지워서 담은 병리적인 문서함에 감추어져 숨은 것이다.

정신병리에서 똑같은 갈등은 끊임없이 반복된다. 그것은 몇 가지 형태로 나타나는데, 어떤 종류의 일을 수동적인 태도로 자꾸 피하다가 결국은 분노가 폭발하여 그르치게 되거나, 불합리한 어떤 내적 금제(禁制)와 그에 동반된 감각을 어쩔 수 없이 따르고, 그것으로부터 벗어나기에는 그가 너무 무력하다는 느낌을 가지게 되며, 쾌락을 따르려는 욕망과 곧바로 그에 대한 참을 수 없는 혐오가 반복되는 것이다. 이 모든 경우에서 사람들은 그의 행동과 마음을 지배하는 산만하지만 끊임없이 파고드는 내용이 엄습해오는 것을 느끼는데, 그것들은 무엇이라고 말할 수 없을 정도로 고통을 자아내며 그에게 밀려온다.

하지만 갈등이 없는 것이 정신건강의 표지는 아니다. 개인적으로 고통을 받지 않으려면 혼란을 자아내는 요청을 피하면 되기 때문이다. 그러나 그렇게 하면 사람들은 그의 욕망이 가진 생동력까지 고갈시키게 된다. 때때로 사람들은 그들이 닫아놓은 개인사를 다시 열게 됨으로써 병에 걸리기도 하는데, 사람들이 아주 크게 성공한 다음 병이 나는 것은 그 때문이다. 한 사람의 개인사나 사회사와 마찬가지로 정신사도 그의 현재 모습과 그가 바라는 모습의 사이, 그가 지금 하는 것과 그가 하기를 바라는 것 사이의 다른 경계선을 오가며 조절해야만 역동성을 유지할 수 있다. 나는 정신건강의 징표인 내적 평안을 모든 갈등을 잠재운 어두운 고요와 동일시하지 않는다. 오히려 나는 자기방어가 너무 심하여 스스로 조화를 이루고 있다는 거짓된 감각 속에 빠진 종교의 병리적 자기만족을 지적하려고 한다. 정신건강은 사람들이 극복하려고 하지만 극복하지 못하여 병에 걸리기도 하는 서로 반대되는 요소들 때문에 끊임없이 교란받는다. 종교 역시 내면의 대극적(對極的) 요소들 사이를 오가는데, 정말 살아있는 신앙은 그 요소들과 끊임없이 씨름하며 그에 대한 새로운 응답으로 생기는 데서 온다.

인간 정신에 있는 갈등적 성향은 정신을 종종 병들게 한다. 사람들은 그 어떤 행동 영역에서도—성적인 행동, 윤리의식의 영역, 다른 사람과의 관계 영역, 종교 영역—그것들이 조화를 이루면서 발달하는 궤도를 찾지 못한다. 인간의 삶이 출발하는 처음 순간부터 아이들은 사랑의 상실, 자존심의 타격, 신체적 허약 등과 같은 시련이 있을 수 있다는 사실을 배워야 하는 것이다. 그러므로 그가 새로운 경험으로 제대로 넘어가려면 너무 과도한 쾌락에 탐닉하지 말아야 한다. 절망은 그가 가진 다른 사람들에 대한 신뢰심을 시험하고, 그는 질투가 오가고 소외의 위험이 도사린 경쟁의 장에서 그의 동료들과 더 잘 결속하기 위해서 그 자신을 주장하는 방법을 배워야 하는데, 어떤 경우 그가 그 결속을 깨뜨릴 수도 있다. 정신분석에서 우리는 정상적인 사람과 병적인 사람을 만나면서, 어린아이를 바깥에서 관찰하는 것보다 더 자세하고 구체적으로 아이들이 자신의 정체성을 형성하고, 다른 사람은 물론 이 세상과 관계를 맺는 데 일어나는 여러 가지 우여곡절들을 살펴볼 수 있다.

사회학자인 에밀 뒤르켐(Émile Durkheim)은 그가 전사회적인 특성이라고 생각했던 생물학적이고 이기적이며 무정부적인 성향을 가진 사람들을 사회화시키려면 어느 정도 강압성을 띠어야 한다고 주장하였다. 프로이트 역시 억압은 단순히 바깥에서 주어지는 기제가 아니고 정신의 내면에서 이루어지는 부정(否定)으로서, 사람들은 결국 그것을 통하여 자기에게 어떤 행동을 부과하여 변환을 가져오게 한다고 주장하였다.[35] 그러나 여기에서 실패하면, 사람들은 살아남기 위하여 그의 정신적 존재의 어떤 부분을 손상시키게 된다. 정신병리란 사람들이 자기 방어를 위해서 그에게 가하는 위해(危害)인 것이다. 복음이 명하는 것도 같은 방식이다. 너의 손이 죄를 짓게 하거든 그것을 잘라 버려라. 왜냐하면 손 하나만 가지고 생명에 들어가는 것이 두 손을 가지고 죽음에 던져지는 것보다 낫기 때문이다. 그러나 정신병리를 일으키는 자기상해는 상징적인 것이 아니라 사실적인 것이다. 또한 그것은 주체가 그것을 인정하거나 거기에 의미를 부여하기 전인 그의 정신적 삶에서 가장 이른 시기부터 일어난다.

정신병은 부정적인 현상이지만, 의료인들이 생각하듯이 단순히 기질적인 결여 때문에 생기는 것만은 아니다. 더구나 그것은 억압적인 문화가 조장하기는 하지만, 단순히 사회적 억압의 결과만도

---

35) *A propos de la dynamique du transfert,* GW VIII, 364-365.

아니다. 주체는 스스로에게 해를 입히며, 계속해서 그렇게 하곤 한다. 모든 정신치료자들은 환자가 치유에 저항하는 것은 그가 병에서 나오려는 욕망만큼 강하다는 사실을 경험했을 것이다. 이때 자기상해의 주체는 투명하게 스스로 존재하는 의식이 아니라 정신 전체인데, 거기에는 서로 충돌하는 여러 가지 열정과 성향들이 내포되어 있고, 그것들은 그를 그 주위에 있는 것들과 관계 맺게 한다. 그런데 그것들이 언어의 영역에 들어오면, 자아나 자아이상, 초자아, 결국에는 윤리적 양심 같은 다양한 정신적 요인들을 만들어 낸다. 그러나 우리는 자기상해를 하려는 의도를 잘 알아볼 수 없다. 우리가 그 의도를 알아차리려면 그것을 의식적인 '나'로 가져가지 말고 전체 체계로서의 정신적 변환을 생각해야 한다. 다시 말해서 정신을 그 요소들이 서로 서로 영향을 주며, 이루어지는 움직이는 전체로 생각해야 하는 것이다. '정신원인론'이라는 말의 의미를 정확하게 이해하려면 정신체계에서 자기상해가 이루어지는 역동적인 결과를 살펴보아야 한다. 정신 스스로 자기 병의 원인이 되는 것이다. 정신의 본능적인 힘은 주체의 통일성을 어느 수준에서 보호하고 그가 최상의 것이거나 그에게 가장 알맞은 것이라고 생각되는 쾌락을 유지하려는 소망에 의해서 운용된다. 따라서 정신병리에 의한 고통은 꿈과 마찬가지로 소망 충족 때문에 생기는 것이다.

정신병리의 본성은 부정적인 것이 긍정적인 것을 대체하는 것이다. 하나의 정신체계로서 주체는 그의 궁극적인 복지를 확보하기 위해서 자기 자신에게 상해를 입히는 것이다. 주체가 자기에게 고통을 부과하기 때문에 그는 어떤 방식으로든 스스로를 통제할 수 있고, 어느 정도까지 그가 여태까지 형성되었던 과정을 재정의할 수 있다. 그것은 그가 지금까지 살았던 중요한 시점들을 다시 추적함으로써 이루어지는데, 그 과정에서 그는 자기에게 상처를 입히고 또 입혔던 것이다. 정신분석의 치료 기술은 이 반복 강박의 매듭을 체계적으로 푸는 데 있다. 다른 치료 방법도 마찬가지로 정신이 스스로에게 상처를 입힌 표상을 다루지만, 여기서는 그 어느 것도 정신 위에 역사적으로 새겨진 내용을 활성화시키지 않는다. 여기서 나는 정신치료의 이론적 절차를 다루려고 하지 않는다. 다만 정신병리의 이중적인 측면에 대해서 언급하는 것으로 족하다. 하나는 자기상해이고, 다른 하나는 그것이 제거되었지만 계속해서 그렇게 할 수 있는 잠재적인 가능성이다.

5. 종교병리에 대한 해석

인간의 정신에 새겨진 종교적 의미는 우리에게 '정상'을 판별할 특별한 기준을 제공하고 있는가? 이 물음에 내포된 원인론은 종교의 질서에 속한 것인가? 아니면 정신의 질서에 속한 것인가? 그렇지 않으면 어떤 때는 이렇게 나타나고 다른 때는 저렇게 잘못 나타나는 것인가? 종교적 표상은 정신을 교란하는가? 아니면 치유하는 효과를 나타내는가? 그러면 우리는 좀 더 일반적인 질문을 할 수 있는데, 정신치료는 종교에서 비롯된 표상과 영적인 힘에 도움을 요청할 수 있는가?

우리는 정신건강과 병리의 두드러진 표지들을 살펴보면서, 그것들이 종교생활은 물론 정신의 일반에도 똑같이 작용하고 있음을 살펴보았다. 나의 이런 확신이 내린 결정의 의미를 잘 알고 있는

데, 그것을 객관적인 이유들을 대면서 정당화시킬 수는 없다. 우리가 정신생활의 건강 여부를 측정하는 데 적용하는 기준과 종교생활의 여러 가지 형태들을 구분하는 데 사용하는 기준 사이의 유사성이 있다고 주장한다면, 그것은 종교가 인간의 정신생활에 상당히 큰 영향을 미치고 있음을 암시하는 것이다. 또한 그것은 종교가 정신생활에 새로운 의미를 부여하기 때문에 종교는 정신의 내적인 구조와 함께 발달한 관계를 따라서 판단되어야 한다는 사실도 암시한다. 그러므로 우리는 종교를 정신의 논리체계로 파악해야 하고(그것이 psycho-logy이다), 신앙은 인간적인 것과 신적인 것의 결합을 위해서 부름받았다는 사실을 파괴하는 그 어떤 단절도 배격해야 한다. 이 사실은 우리들로 하여금 우리가 신봉하는 바로 그 원리를 반대하는 어떤 종파들을 포함하여 종교의 여러 가지 형태들을 임상적인 눈으로 보게 한다. 어쨌든 한 가지 사실은 분명하다. 종교의 정신병리라는 관념 자체는 인간의 현실에서 새로운 가능성을 열지 않는 그 어떤 종교 형태도 비판한다는 것이다. 그런데 새로운 가능성을 연다는 말은 인간의 정신에 잠재해 있는 긍정적인 신비적 기능을 어렴풋이 살펴보는 것을 의미하지 않는다. 그런데 나는 종교와 정신체계 사이를 뒤얽히게 하지 않으려는 의도를 가지고 있지 않으며, 그것을 조장하지도 않으려고 한다.

내가 그 위에 서서 종교에 대한 나의 심리학적 기준을 확장시키며 정당화하는 기반은 종교에 대한 특별한 개념을 제시한다. 종교가 스스로를 모든 생명의 원천으로 제시하는 한, 종교는 바깥에서 밀고 들어오는 어떤 것이나 지상의 현실에 반대되는 어떤 것으로 생각할 수 없다. 종교가 마치 역사적 조건과 모든 사람들이 따라야 하는 심리적 법칙을 깨버릴 수 있는 것인 양 할 수 없는 것이다. 종교는 그 자신의 내용과 역동성을 제시하지만, 동시에 인간성이라는 개념을 전제로 하여 사람들의 이성과 마음과 의지에 말을 건다. 종교는 신앙을 통하여 사람들에게 인간성을 뛰어넘으라고 주장하는 것이다. 왜냐하면 사람들은 그 자신만으로는 종교가 제시하는 것에 미치지 못하기 때문이다. 그러나 인간성 자체는 인간의 삶과 긴밀한 관계에 있는 새로운 관계를 여는 데 필수적인 전제이다. 종교적인 정신병리는 특별히 종교와 인간의 실존 사이의 서로 합의된 원리가 어느 정도까지 합치되지 않는가 하는 것을 검토하는 데 존재한다. 종교는 삶의 다른 형태들처럼 퇴폐에 어느 정도 면역되어 있다. 그러므로 종교의 원천은 물론 종교 역시 정신병리적으로 분석되어야 한다. 종교의 궁극적인 원천에 대해서 동의하지 않는다고 할지라도, 우리는 종교가 드러내는 모든 특징들과 종교가 제안하는 삶의 양태들을 고려해야 한다.

기독교에 관한 한, 우리는 바울이 그렇게 했듯이 기독교의 초자연적인 측면에 대한 것을 정신체계의 본성에 비추어 살펴봄으로써 가장 잘 고찰할 수 있다. 바울에 의하면, 정신건강의 특성과 진정한 신앙이 성취해야 하는 조건 사이에는 놀라운 유비 관계가 있다. 바울은 그때 많은 사람들이 종말이 임박한 것으로 믿었지만, 아무것도 하지 않으면서 그리스도의 종말론적 도래를 게으르게 기다리는 사람들을 질책하였다.[36] 바울은 자기는 아무것도 하지 않으면서 다른 사람 덕으로만 살려는 신앙은 거짓된 신앙이라고 경고하였던 것이다. 그는 또한 예언적인 영감의 불에 열렬하게 달은 고린도 교회 교인들에게 성령으로부터 나오는 그 어떤 영감도 알아들을 수

36) 살전 3:6 이하.

있는 언어로 해석될 수 있으며, 공동체를 세울 수 있어야 한다고 가르쳤다.[37] 언어가 의사소통의 능력을 잃어버리고 영감에서 나온 표지들이 보편적인 의미를 주지 못한다면, 그것은 영감을 받은 신앙이라는 미명 아래 신비술적인 세력이 그 사람을 사로잡은 것이기 때문이다. 우리는 한편으로는 사랑의 능력과 기쁨 사이의 연관성에 대한 바울의 선포와 다른 한편으로 '성령의 열매'—평안, 기쁨, 사랑—에 관한 바울의 선포를 인정하지 않을 수 없다.[38] 평안은 내면의 정서적 영역에 있는 여러 가지 성향들이 하나님의 현존에 대한 순종 때문에 통일을 이룰 때 얻어진다. 그것은 사람들을 갈갈이 찢으려는 정신적 세력을 통합하는 것과 같은 것이다. 기쁨 역시 정서적인 측면에서 볼 때 사람들이 그 자신, 이 세상, 또한 그의 실존의 원천과 깊은 조화를 이루고 있을 때 얻어진다. 하나님의 영이 그의 내면에 거주하도록 함으로써 사람들은 믿음을 가지고 하나님의 나라를 미리 맛볼 수 있는 것이다. 하나님의 주권이 이렇게 이 세상에서 펴지는 것은 앞으로 그것이 완성되는 단초가 된다. 참된 믿음은 그것이 가져다주는 기쁨에 의해서 보증된다. 결국 한편으로는 사람들이 그것을 통하여 하나님의 계시된 속성에 참여할 수 있는 사랑과, 다른 한편으로 프로이트가 그 안에서 에로스의 표시를 보았고, 신비한 생명의 힘과 죽음의 세력이 싸우고 있음을 발견했으며, 특별히 정신건강의 징표라고 말했던 사랑의 능력은 같이 가는 것이다.

그런데 내가 정신건강의 기준과 신앙의 특성 사이에 밀접한 관

37) 고전 14:14.

38) 갈 5:22.

계가 있다고 해서 곧바로 진정한 신앙이 아닌 것을 모두 병적이라고 주장하는 것은 아니다. 이 둘 사이의 구분은 심각한 문제를 제기하며, 가장 어려운 문제이기도 하다. 나는 사실 이 책 전체를 통해서 그것을 규명하려고 한다. 신앙의 차원에서 기행(奇行)과 자기기만은 종종 문화적 맥락에서 기인하는 경우가 많다. 예를 들어, 코린트 사람들을 사로잡았던 비교(秘敎)에 대한 매혹은 그들로 하여금 황홀경을 가져다주는 영감을 동경하도록 했다. 마찬가지로, 오늘날 기술의 효율성을 추구하는 풍조에 대한 반동으로 생긴 비합리성의 분출은 모든 종류의 오순절 교파의 열기로 나타났고, 때때로 그것은 바울이 진정한 신앙의 징표라고 주장했던 의사소통의 가능성을 희생시켰다.

신앙의 규범에 비추어 볼 때 거기서 벗어난 행동이 항상 병리적인 것은 아니다. 하지만 진정한 신앙의 두드러진 특징이 정신건강의 기준에서 벗어나지 않는다는 점에서 신앙의 내적 규범에서 벗어나는 그 어떤 차이도 우리에게 병리적인 경사(傾斜)가 있지 않은가 하는 점을 생각하게 한다. 그래서 우리는 이런 차이들을 지적인 측면에서만 살펴보려고 하지 않는다. 신학의 관점이 그 기반이나 내용에서 인류학의 관점과 같지 않지만, 정신병리라는 측면에서는 관계되는 것이 많다. 그 둘 사이에 있는 차이점을 뛰어넘어 두 가지 다른 가능성이 있는 것이다. 집단적인 현상인가, 아니면 개인적인 특수성인가 하는 질문이 그것이다. 어떤 사람들에게서 지역적인 또는 역사적인 집단성 때문에 그 종교의 내적 규범과 충돌하는 종교생활이나 체험의 양식이 나타난다면, 그것의 병리적인 본성은 그 특별한 문화적 구조나 맥락에서 찾아보아야 한다. 그러나 그 어떤 판단도 여기서 말한 심리학적 규범을 참조한 다음에 내려야 한다. 여기서 따라오는 것이, 그것을 집단적인 단위에 적용시킨다면 '병리적' 이라는 말은 유비적일 수밖에 없게 되는 것이다. 다시 말해서 문화적이고 종교적인 분위기는 한 개인이 자신의 잠재능력을 실현시킬 기회를 감소시키고 개인적인 병리를 조장한다는 것이다. 똑같은 원리가 한 사람이 종교적인 규범과 다른 행동을 하는 것에도 적용시킬 수 있다. 우리는 종교적인 차이가 그 사람의 특별한 정신적 혼란에서 생겼을 때에만 그 경우가 병리적인 것이라고 판단할 수 있는 것이다.

6. 정신원인론과 상징의 효과

정신적인 차원과 종교적인 차원은 어떻게 정신의 병과 건강에 영향을 미칠 수 있는가? 종교가 신앙인들의 삶을 인도하는 근본적인 진리라고 믿는 사람들은 종교적인 병리 현상의 본질이 종교적인 것이기 때문에 그 치료 역시 성령의 인도에서 생긴 종교적인 요인에 의한 것이어야 한다는 믿음을 가지고 있다. 성령의 구원하는 능력에 의한 일종의 종교적 교육, 즉 올바른 교육이 되어야 한다고 생각하는 것이다.[39] 그들은 정신질환을 유대-기독교적인 맥락에서 해석하고 설명하면서, 정신치료에 심리적인 기술을 사용하는 것은

39) 목회임상교육의 창시자인 안톤 보이슨은 치유는 본질적으로 종교적 특성을 가진 상담으로 이루어져야 한다고 주장하였다. A.T. Boisen, *Religion in Crisis and Custom. A Sociological and Psychological Study,* New York, Harper, 1955. *Out of Depths, ibid.,* 1960. 중립적인 특성을 가진 치료법, 특히 프로이트에 기반을 둔 요법에 대한 그의 불신은 그가 여러 차례 종교적 망상 때문에 발작을 일으켰던 그 자신의 매우 굴곡이 많았던 개인사에 기인하고 있다.

하나님에 대한 신앙의 부족을 나타낸다고 주장한다. 이런 일방주의적인 입장은 성서를 문자 그대로의 의미대로 해석하고 인간 현실의 또 다른 차원에 자율성이 있을 수 있다는 입장을 배격하는 근본주의적인 교회에서 발견된다. 이와 똑같은 일방주의적인 심령론은 심리학과 과학 일반의 응용을 불신하는 일부 가톨릭교회에서도 발견된다.

하지만 다른 사람들은 인류학적인 원리에 입각하여 인간의 구체적인 실존은 인간의 정신과 다양한 본능에서 나온 종교성의 통합체와 불가분의 관계에 있다는 입장을 견지하고 있다. 그러므로 정신의 병은 드러난 것이건 억압된 것이건 간에 언제나 종교적인 맥락을 지니고 있으며, 정신건강은 필연적으로 그의 종교적 운명을 전제로 하고 명확하게 하는 방식으로 나아가고 있다. 더 나아가 모든 정신치료가 충분히 효과를 발휘하려면 정신치료는 정신의 과정과 정신 구조의 일부인 정신의 표상들 위에서 이루어져야 한다. 정신치료자와 종교지도자의 과업이 같은 사람 안에서 동시에 이루어져야 하는 것이다. 정신활동의 이 두 질서의 축은 서로 구분되기는 하지만 너무 밀접하게 연계되어 있어서, 우리는 어거스틴이 철학에 기반을 두고 말한 것을 빌려서 이런 종류의 심리학을 정의할 수 있다. 진정한 종교는 진정한 심리학이고, 거꾸로 진정한 심리학은 진정한 종교라는 것이다. 융과 다임(W. Daim),[40] 카루소(I. A. Caruso),[41] 프랭클(V.

40) *Depth Psychology and Salvation,* New York, Unger, 1963; *Transvaluation de la psychanayse. L'Homme et l'Absolu,* Paris, Albin Michel, 1956; Umwertung der Psychoanalyse, Wien, Verlag Herold, 1951.

41) *Existential Psychology,* New York, Herder & Herder, 1964.

Frankl)[42] 같은 종교적 실존주의자들은 스스로의 방식으로 이런 관념을 따라서 실천한 그 분야의 대표자들이다.

나는 종교가 너무 심리학적 환경이라는 그물에 직접적으로 얽혀 있어서 종교병리는 항상 정신원인론 때문에 생긴다고 확신한다. 나의 이런 확신은 임상경험에서 나온 것이며, 신학적 추론은 물론 신학적 경험에 바탕을 둔 이론적 해명에 의해서도 입증될 수 있다.

나의 입장은 심리학과 '영적인 차원' 을 따로 떼어놓거나 동일시하려는 것이 아니다. 나는 이원론을 따르지도 않고, 심리학적인 것이나 영적인 것 하나만 취하는 일원론을 따르지도 않는다. 나는 그 둘은 모두 둘 사이의 차이를 말하고, 그 차이를 지켜 나간다고 주장하려고 한다.

우리가 심리적 실재를 우리의 출발점으로 삼는다면, 거기에서 두 면을 보기 때문이다. 프로이트가 적절하게 지적했듯이 본능이 가진 역동성은 그것이 인간의 정신에 역동적인 작업을 하기 때문이다. 사람들은 본능의 내면적 요청을 어느 정도 충족시키면서 그것이 만들어 내는 긴장을 완화시키는 수단을 찾아내야 하는 것이다. 그러나 사람들은 맹목적으로 짐을 부려놓듯이 욕구를 충족시킬 수 없다. 왜냐하면 아이들은 삶을 처음 시작할 무렵부터 문화적으로 결정된 대상들, 의미들, 상호 주체적인 관계들, 언어로 규정되는 좌표(座標)의 연락망에 갇혀 있기 때문이다. 그러므로 우리는 그것을 형성시킨 문화적 맥락과 무관한 인간의 본능에 대해서는

42) Aerztliche Seelsorge, Wien, Fr. Deuticke, 1946. cf. 겝자텔은 로고테라피의 위험성을 강조하는데, 그 이유는 영혼을 돌보려는 치유자가 환자의 의지로부터 치유를 하기 때문에 치유에 방해된다는 것이다. cf. V. von Gebsatell, *Prolegomena einer medizinischen Anthropologie,* Berlin, Springer, 1954. pp. 350-351.

생각할 수조차 없다. 그것이 성본능이건, 지배본능이건, 집착본능이건 간에 그 본능들은 단지 자연적인 힘만은 아니다. 그 안에 중층적으로 쌓인 의미체계는 그에게 이미 그 본능을 충족시키거나 고통에 빠지고 불만족하게 하는 전략을 수립하게 한다. 그러므로 우리는 본능이 가진 강력한 에너지가 강요하는 정신적 노력과 함께 문화가 인간의 정신에 부과하는 노역을 감안해야 한다.

그런데 그것은 본능과 의미를 추구하는 문화 사이에서 여러 차례 벼려진 다음 우리에게 다가온다. 이 이중적인 노역은 주체가 그의 정신 구조를 변환시키고 새롭게 구성하는 과정으로 이끄는데, 그것은 사람들에게 신체적인 골격이 형성되는 것처럼 그에게 동일시의 체계가 생기고, 초기에 다른 사람들과 이루었던 결속에서 벗어나거나 환상에서 깨어나고, 본능을 통제하며, 도덕적 양심을 발달시키는 과정으로 이루어진다. 이런 과정을 거쳐서 사람들은 새로운 의미를 깨닫고, 과거의 관심은 변하게 된다. 미를 추구하려는 일들, 사회를 개선시키려는 열망, 사랑의 이상을 찾아나서는 삶, 민족주의적 운동 등은 그가 가치를 두고 있는 것이 무엇이냐에 따라서 그의 삶을 전개시킬 것이다. 이 모든 분야는 그가 에너지를 끌어내는 본능의 형성 과정에 뿌리를 내리고 있다. 그래서 그는 그것을 따라서 의미의 새로운 방향을 찾아갈 수 있으며, 욕구 충족의 원천을 변화시킬 수도 있다. 종교적인 지향도 다른 모든 문화적인 실재들과 마찬가지로 인간의 정신생활에 속하는 것이다. 그것 역시 승화와 정신화를 통해서 본능을 충족시켜 기쁨과 쾌락을 얻으려는 작업인 것이다.

이 문제를 다른 각도에서 보면, 종교가 서 있는 기반을 부정하는 것은 종교를 자의적으로 만든 사상체계로 환원시키는 격이 되는

데, 그것은 마치 종교를 인간의 삶과 아무 상관이 없는 독립된 일련의 제의 행위에 불과한 것으로 보는 것이나 마찬가지다. 그러나 사실은 그렇지 않다. 왜냐하면 그 어떤 종교에 대한 피상적인 관찰이라도 종교 제의를 하게 하는 인간의 깊은 본성이 살아 숨쉬기 때문이다. 그 제의들은 우리 몸의 기본적인 상징체계를 밖으로 끌어내 실연하면서 우리 몸에 있는 의미의 봉인을 떼어내는 것이다. 그래서 사람들이 흔히 '종교 감정' 이라고 말하는 것은 이유가 있는 것이다. 그런데 그 감정들은 의존하고 보호를 받는다는 감정, 죄를 느끼고 화해했다는 감정, 신비적인 열정과 거룩한 것을 체험했다는 감정들로 나타난다. 왜냐하면 종교는 사람들에게 정신의 힘을 불러일으키고, 그것을 부추겨서 하나님에게 다가가게 하며, 존재의 좀 더 넓은 범위와 접촉하도록 하기 때문이다. 정신 전체는 그것이 일이나 사랑의 한 부분인 만큼 종교의 한 부분인 것이다.[43)]

종교적인 신앙에 미치는 정신치료의 효과와 인간의 정신을 형성하는 데 영향을 주는 종교적인 행동은 모두 종교와 정신의 한계가 무한하다는 사실을 보여 준다. 프로이트가 '늑대-인간' 에서 관찰하고 있듯이, (종교의 과장된 강박적 의식 같은) 이런 병리적인 현상들과 달리, 이 사례에서 종교는 개인의 교육에 포함되기 때문에 그의 모든 목적을 달성했다고 말할 수 있다. 종교는 성충동을 승화시키고 사람들에게 안전한 포구를 마련해 줌으로써 그것을 제한한다. 또한 종교는 가족관계의 중요성을 낮추고, 인류라는 큰 공동체로 다가가게 함으로써 소외의 위협으로부터 개인을 보호한다. "길

43) 종교인류학자 빅터 터너는 본능과 문화적 기표 사이에서 작용하는 제의의 상징에 관해서 예리하게 분석하고 있다. V. Turner, *The Forest of Symbols. Aspects of Ndembu Rituel,* Ithaca & London, Cornell University Press, 1967. pp. 29-30.

들여지지 않고 두려움에 묶인 아이는 사회화되고, 행동을 잘할 수 있게 되며, 교육을 받을 수 있게 되는 것이다."[44] 우리는 이 사례에서 그 아이에게 있어서 하나님이 아버지를 대체하고 있지만, 그 아이가 다시 불신자이면서 그의 아버지를 대체하는 학교 선생님의 영향 아래 들어가면서, "그 아이의 경건성은 아버지에 대한 그의 의존성과 함께 수면 아래 잠기게 된다."[45]는 사실을 지적해야 할 것이다. 우리는 종교가 단지 고백된 믿음의 총합으로 이루어졌을 뿐만 아니라, 우리의 본능적인 삶의 형태와 대상을 형성하고, 재구조화하며, 조절하는 특성에 대해서 연구할 필요가 있다. 우리는 종교와 심리학이 서로 서로를 침식하는 것을 지켜보면서 E. 존스(Ernest Jones) 같은 분석가들이 왜 정신분석학이 종교에 대한 모든 것을 설명할 수 있다고 주장했는지 이해할 수 있는 것이다. 그들은 신앙인들이 종교적인 의미에 대해서 생각할 때 정신분석학은 '철학적인' 진리라고 판단하게 했다.[46] 종교가 인간의 정신에 침입해 들어가는 것과 정신의 유전적 발달이 종교에 상호 영향을 미치는 것은 종교가 '문화적 적응' 과정 중에 있는 집단들에 도움을 주는 '신진대사' 기능과 비슷하다고 할 수 있다.[47]

우리는 종교와 정신이 결합되어 있다는 바탕 위에서 종교만 가지고서는 — 아무리 종교의 진정한 가치가 축적되어 있다고 할지라도 — 종교 나름대로의 기호와 메시지를 가지고 사람들을 병으

44) *Cinq Psychanalyses,* Paris, PUF, 1954. p. 414.

45) *Ibid.,* p. 376.

46) *Zur Psychoanalyse der christlichen Religion,* Leipzig-Wien, Int. Psychoan. Verlarg, 1928. pp. 7-13.

47) 이 점에 대해서 랑테나리는 주제를 더 발달시켰다. cf. V. Lanternari, *Les Mouvements religieux des peuples opprimés,* Paris, Maspero, 1962.

로부터 해방시킬 수 없다. 종교가 치유의 능력을 발휘하는 것은 새로운 갈등 경험이 사람들에게 과거에 있었던 반목에 대해서 다시 깨닫게 할 때뿐인데, 그것은 우리가 예술작품도 때때로 심리적 불행을 극복하게 하는 데 도움이 된다는 사실을 생각하면 별로 놀라운 일이 아니다.[48] 그래서 우리는 경험을 통해서 종교가 과거 삶의 오랜 과정에서 형성된 정신적 혼란을 없애는 데 그렇게 효과적이지 않다는 사실을 잘 알고 있다. 더 나아가서 종교가 이 왜곡들을 반복할 뿐만 아니라 분극화시키고 강화시키는 경우도 있다. 하지만 그와 동시에 모든 질병은 그것이 불행한 것이기는 하지만, 사람들을 심각하게 위협하는 재난이기 때문에 그에게 꼭 필요한 하나의 치유 과정이라는 사실을 덧붙여야 한다.

사람들이 정신질환을 종교적으로 해석했던 것처럼 초창기의 치료 형태도 종교적인 것이었다. 인간의 정신과 종교가 이렇게 상호 의존되어 있기 때문에 치료는 효과적일 수 있었다. 우리는 레비스트로스(Claude Lévi-Strauss)를 따라서 이런 체제를 '상징적' 치료법이라고 부를 수 있다.[49] 인류학에서 인간의 몸이나 과거나 주관적인 감정 영역에 속한 에너지와 표현에 담긴 다의적 과정을 언급하는 것을 프로이드는 처음 응축(condensation)이라는 단어로 표현하였다. 인류학은 그 현상을 우주적이고 종교적인 의미의 질서체계 안에서 재구성하는 것이다. 우리가 사는 사회를 고태적 사회의

48) 프로이트는 그에게 진료를 받은 시인 괴츠에게 그의 창조적인 시작업은 그가 문제를 극복하는 데 많은 도움을 줄 것이라고 하였다. B. Goetz, "Souvenirs sur S. Freud", *La Psychanalyse. Recherches et Enseignement freudiens de la Société française de psychanalyse*. no. 5, Paris, PUF, 1959.

49) *Anthropologie structurale*, Paris, Plon, 1958. pp. 205-226.

단순한 문화적 변이로 볼 수 없기 때문에, 현대문명은 이 원시적 상황을 더 이상 돌이킬 수 없을 만큼 새롭게 변화시킨다. 기독교에서 비롯된 그 전과 전혀 다른 새로운 사고방식과 거기서 유래된 인간의 말과 몸에 대한 새로운 관계는 새로운 인간 유형을 만들어 냈던 것이다. 역사가 이렇게 진행되자, 사람들이 알지 못하는 사이에 인간 존재의 깊이에 어떤 변화가 생겼는데, 20세기가 시작되면서 임상심리학이 출현한 것이다. 그것은 놀랄 만한 사건이었다.

나는 이것이 언제나 그렇게 있었던 인간적 현실의 한 측면을 단순하게 발견한 결과라고 생각하지 않는다. 오히려 그것은 사람들이 그 자신과 세계에 대한 관계를 변화시킴에 따라서 인간의 정신에 그 자신은 더 자율적인 존재라는 사실을 명확하게 인식시킨 사건이었다고 생각한다. 그러나 그것은 의심할 나위 없이 위험할 수도 있는 생각이다. 하지만 그전과 달리 지금은 사람들이 그 어느 때보다 그 자신을 하나의 주체로 경험한다는 사실을 도저히 반박할 수 없게 되었다. 사람들은 그 자신에 대해서 더 주의를 기울이게 되었고, 그의 내면에 있는 공허를 망각하면서 그 자신에 대한 의식을 잃지 않으려고 싸우게 되었다. 게다가 그런 유형의 현대인들이 생긴 결과, 소포클레스의 『일리아드(Iliad)』 같은 작품이나 셰익스피어의 작품, 도스토에프스키의 작품이 나오게 된 것이 아닐까? 하고 생각한다.

어떤 독자들은 종교병리를 이렇게 역사적이고 정신적으로 해석하는 것을 신뢰하지 못할 수도 있다. 그러나 우리는 경험적으로 그런 병리현상은 그 안에서 작용하는 원인 유형으로 보아서 정신적인 병리가 틀림없다고 생각한다. 그러므로 그런 병리현상에 대한 치료는 그 밑에 있는 종교적인 이상에서 나온 구조와 표상들을 처치하는 치료 기법이 되어야 한다.

정신요법들에 아무리 여러 가지 종교적 배경이나 세속적인 방식들이 있을 수 있지만, 이런 종교병리의 치료 과정에는 반드시 신앙이 들어가야 한다. 그러나 종교적 신앙이 정신치료의 과정을 이끌었던 정신적 층으로부터 자극을 받고 거기서 풀려나오는 것이라는 생각은 여전히 신앙과 정신적인 것 사이의 관계를 이원적인 입장에서 바라보게 한다. 왜냐하면 그에게 정신이 있는 만큼 그는 정신적인 존재이고, 그의 모든 활동들이 자기 반성을 통해 변화되는 만큼 그의 정신은 그가 실제로 맺는 관계의 윤곽을 만들기 때문이다. 더구나 사람들에게 자신의 삶을 지시하게 하는 종교적 표지들은 언제나 그들이 정서적으로 지각하거나 경험하는 것들보다 더 많은 의미를 담고 있다. 그리고 인간의 발달을 이루게 하고 기대하게 하는 이 종교적 기호들 속에서 사람들은 여태까지 기대하지 못했던 의미의 거대한 창고를 찾아볼 수 있다. 그러므로 치료가 신앙에 대한 새로운 헌신을 통해서 생기는 것은 당연한 일이다. 그렇지 않으면 치료는 환자를 그가 전에 가졌던 신앙으로 다시 인도한다고 말할 수도 있다. 또한 우리는 정신치료가—그것이 치료자의 생각과 전혀 상관없이 일어나지만—환자들이 그전에 매우 경직된 형태로 가졌던 믿음을 완전히 포기하게 한다고 말할 수도 있다.

이 과정에서 생기는 매우 복잡한 요인들은 거기에서 어떤 결과가 생길지 예언하지 못하게 하고, 그 다음에도 거기에서 생긴 과정에 대해서 충분한 설명을 이끌어 내지 못하게 한다. 때때로 분석은 환자들이 종교에 대해서 격렬하게 가졌던 종교에 대한 모호하고 부정적인 집착을 없애 주고 종교에 대한 적대감을 극복하게 한다. 또한 분석은 사람들이 종교에 맹목적으로 순종했던 태도도 벗겨

주는데, 그것은 두려움에 기반을 두었던 것으로 그의 안에서 종교에 대한 반항을 키워 갔던 것이다. 정신치료가 사람들에게 자유와 진리를 증진시켜 주는 것은 당연한 일이지만, 정신치료가 정말 그렇게 한다면, 신앙인들은 정신치료를 통해서 인간의 노력으로는 도저히 도달할 수 없는, 지상을 벗어난 영역에 대한 신앙을 약화시키지 않을 것이다. 다른 한편, 우리는 종교적 신앙이 심리법칙에 너무 종속되어 있거나, 그에 따라서 결정된다고 생각하지 말아야 한다. 다시 말해서 신앙은 심리법칙에 의한 어떤 초구조적인 것에 불과한 것이라고 생각해서는 안 되는 것이다. 무엇보다도 먼저 나는 정신질환이 그 어떤 경우에도 변함없이 강하게 환자의 종교생활에 침입해 들어간다고는 생각하지 않는다. 나는 어쨌든 종교와 정신 사이의 결정론적인 관계를 밝힌 그 어떤 것에 관해서도 알지 못한다. 더 나아가, 내가 이미 강조한 바 있지만, 종교적인 준거(準據)는 인간 실존의 다른 영역들에 있는 모든 기표(記標)들과 마찬가지로 자율적이고 일관성이 있는 것이라고 생각한다. 우리들에게 사회적인 관계에 의한 치료와 말에 의한 치료를 가능하게 하는 것은 특별히 이 의미체계에 존재하는 자율성이다.

우리는 환자의 종교적 관심에 대한 치료자의 침묵이 때때로 그들로 하여금 환자의 삶에 있는 근본적인 측면을 보지 못하게 하는 잘못이 아닌가 하는 생각을 한다. 만일 환자들이 병에 걸림으로써 선과 악의 본성과 그 자신의 기원과 운명에 대해서 더 본질적인 질문을 깊이 있게 묻는다면, 치료자들은 어떻게 종교적인 질문이 제기하는 이 심각한 고민에 대해서 답변하지 않고 지나갈 수 있을까? 게다가, 종교적인 것 같지 않은 환자들까지 종교적인 질문에 관심을 가지고 있는 경우가 많다. 또한 정신치료에서 종교적인 문제를 제외한 모든 삶의 문제들에 대해서는 상세하게 이야기하라고 하지만, 종교적인 문제에 대해서는 그렇지 않아서 환자들이 놀라게 된다는 연구 결과도 있다.[50)]

물론 그들의 이런 침묵을 정당화할 수 있는 이유는 많이 있다. 비종교인인 치료자가 종교에 대한 그의 회의를 환자에게 전달하지 않으려고 하거나, 그에게는 순전히 심리적인 문제들이 환상적으로 반영된 듯이 보이는 생각에 아무 흥미도 느끼지 못했기 때문일 수도 있다. 다른 한편, 종교인인 치료자 역시 그가 환자에게 종교적으로 영향을 끼치려고 한다는 인상을 주지 않으려고 할 수도 있다. 정신치료가 신앙에 대한 개인적인 권리를 마땅히 존중하고 지켜주어야 하는 다원화된 사회에서 정신치료는 치료자가 잘 알려진 중립적인 태도를 가지고 환자의 권리에 대해서 매우 신중하게 임할 것을 요구하기는 한다. 그러나 그런 것들은 마치 속이 빈 것 같은 태도다. 그런 것들을 넘어서, 치료자들이 어떤 특별한 형태의 삶을 살려고 하는 환자의 의지에 부응하여 도움을 주지 않으려고 하는 것은 반치료적인 태도라고 할 수 있다. 그러나 분석적 치료가 환자의 머릿속에 떠오르는 것들을 자유롭게 말하도록 격려하기 때문에 이런 어려움은 정신분석 치료에서 그렇게 많이 나타나지 않는다.

---

50) Ph. Woollcott, "The Psychatric Patient's Religion", *Journal of Religion and Health,* 1(1962). pp. 337-349.

7. 개인의 삶과 정신적인 형태

우리의 분석을 인도해 줄 원리와 범주들을 찾으려는 것은 정신생활과 종교생활 사이에서 만나는 지점에 있는 것들이다. 우리는 종교병리의 형태에 대해서 이해하기 위하여, 그것을 한정하고 있는 이중의 참조체계를 따라 그 현상들을 해석해야 한다. 다른 한편, 우리는 종교적 표현의 맥락 역시 감안해야 하는데, 그 주체의 행동과 체험 내용을 그의 종교체계의 전체적인 맥락 속에서 해석해야 한다. 사실 모든 종교는 기호와 언어적 연쇄로 이루어진 연락망을 제공하는데, 그 연락망은 다른 사람들에게도 삶의 의미를 찾아서 살게 해 준다. 정신병리가 그 어긋난 부분을 드러내는 것은 이 구조적인 연락망과의 관계 안에서다. 그런데 그것은 정신병리가 의미의 기반 가운데 하나를 없애 버리기 때문에 더욱더 그렇게 나타난다. 이처럼 종교적인 병리는 개인적인 특성을 띠면서 나타난다. 모든 종교에 너무 유착되면 특이해지는데, 그때 그 사람은 그에게 그런 태도를 부추기는 표상들이 주는 무엇이라고 설명할 수 없는 조화감에 사로잡히게 된다. 그러나 각 사람들에게 개인적인 표상에서 벗어나 그 기호들 사이에서 균형을 이루게 하고, 그런 가운데서 그의 삶을 살게 하는 것은 '일상적인 것으로' 객관적인 종교의 기표, 즉 믿음의 공동체가 표상하는 기표(記標)의 전체적인 움직임이다.

그래서 종교병리에 대한 해석은 이중의 준거체계를 따라서 이루어지고, 그 준거점은 종교생활을 매개하고 발견하는 기표들 위에 있다. 우리가 이 기표들 사이에서 일어나는 내적인 관계에 대해서 검토할 때, 우리는 사람들이 어떻게 그가 가진 종교적 우주의 요소들을 구성하고 있는가를 알 수 있다. 다른 준거점은 병리현상의 개인적인 성격 위에 기초를 두고 있는데, 이 현상들은 그 병리를 구성하는 특별한 의도에 따라서 해석되어야 한다. 그때 이 측면은 그것을 아주 개인적이고 특별한 병리로 만드는 운동을 규명함으로써 해석되어야 한다. 그 병리현상들은 그 사람에게서 나타나기 때문에 불합리하게 보이지만, 그들에게는 어떤 의미를 나타내고 있다. 그 의미들은 비록 그가 직접 만든 것은 아닐지라도 사람들은 거기에 묶여 있고 강제되어 있다고 느낀다. 그러므로 우리는 그것이 잘못된 해석이라고 생각한다. 그것은 어떤 종교적 요소가 그의 정신체계 안에서 자기상해의 도구로 작용했던 것이다.

"그러므로 이해하는 것은 단순히 지켜보는 것이 아니다. 이해한다는 것은 그 사건의 중심에 있는 필요한 이유를 간파하는 것이다."[51] 사람들은 종교적인 의도를 가지고 객관적으로 인정되는 의미를 추구하려고 하지만 그것은 병리적인 양상을 보인다. 그때 그는 그를 사로잡는 더 강한 이유에 사로잡힌 포로이며, 무엇인가 잘못 해석하게 된다. 이런 상황에서 사람들이 어떤 범위까지 신앙의 신정성을 잃지 않을 수 있는지 알 수 없다. 그 사람이 말하는 것이나 의도하는 것으로 나타나는 종교적 표현의 많은 부분에서 진정성이 사라지고 무의식의 기능적인 대체로 되는 것은 틀림없는 사실이다. 종교적인 정신병리는 정신적인 자기상해에 의한 종교적 자기상해인데, 종교적 자기상해는 정신적 자기상해에 의해서 비롯

51) L. Binswanger, *Erfahren, verstehen, deuten in der Psychoanalyse. Ausgewählte Vorträge und Aufsätze,* vol. II, Berlin, Franke Verlag, 1955. pp. 67-80.

된다.

종교병리에 필요한 조건은 그렇게 많지 않기 때문에, 우리는 종교병리 현상의 숫자를 손꼽아 볼 수 있다. 사실 종교병리 현상은 일반적인 정신병리의 중요한 증후와 비슷하게 분류된다. 종교적인 의미가 심리적인 동기와 불가피하게 연계되어 있기 때문에 그 둘 사이의 상관성은 놀라운 일이 아니다.

나는 이 작업을 종교적인 영역에서 나타나는 두 가지 중요한 신경증인 강박증과 히스테리에 대한 연구로 제한하려고 하는데, 강박증과 히스테리는 각각 인간의 실존과 종교의 기본적인 차원에 영향을 미친다. 신경증이 사람들의 운명의 중심에 새겨져 있기 때문에 나는 사람들의 종교생활에도 그럴 수밖에 없을 것이라고 생각한다. 신경증이란 사람들이 세상을 비뚤어지게 파악하고 있다는 절박한 진리를 드러내는 현상인 것이다. 그러므로 신경증이 만들어 낸 변이에 대한 분석은 우리들로 하여금 그가 그의 종교적인 의도를 실현시키려는 것과 그 과정에 대해서 충분히 이해할 수 있게 한다. 이것이 나의 근본적인 관점이고, 내가 이 연구를 통하여 이끌어 가고 조정해 나가려는 것이다. 그러므로 병적인 죄의식과 심리적으로 빚을 진 것 같은 생각은 서로가 서로의 속성을 규명해 주는 심리적 예증이 될 것이다. 같은 방식으로 나는 의례(ritual)를 의례주의(ritualism)로 만들고, 상징계에서의 부정을 상상계에서의 부정으로 만들며, 관계의 희생을 실제적인 희생으로 만드는 것이 무엇인지 규명하려고 한다. 또한 나는 욕망에 대해서 다루는 제2부에서 신비주의의 병리적인 왜곡에서 다시 나타나는 억압된 자료들을 규명하면서 그것들이 승화의 과정에서 완수되는 작업들과 어떻게 연결되는지에 관해서 살펴볼 것이다. 이 작업에서 부분적으로 신비 체험과 관련된 현상의 유형에 대한 검토도 할 수 있을 텐데, 그 안에는 인간의 종교적인 환상과 체험이 뒤섞여 있다. 그 현상은 비전(vision)을 보았다거나, 무엇엔가 사로잡혔다거나, 마귀에 대한 믿음 등이다.

병리의 유형론은 우리에게 정신병리에 관한 추상적인 그림만 제공하지만, 그럼에도 불구하고 그것은 왜 그러한 기전이 생겼고 그 기전이 왜 특정한 질병의 형태로 계속해서 나타나는지, 즉 그 병리의 의미와 과정에 대해서 알게 해준다. 이를 토대로 해서 생각하면 사람들은 무한하게 복합적이고 비전형적인 존재들이다. 심리학적으로 볼 때 우리는 모든 정신병리 현상들이나, 심지어 우리의 일반적인 정신생활 가운데서도 병리적인 것이라고 지적할 만한 형태들을 무수하게 찾아볼 수 있다. 그래서 나는 정신원인론은 우리에게 어떤 병리를 하나의 중요한 원인으로 귀결시키게 하지 않는다는 사실을 다시 강조하려고 한다. 그 결과, 그 어떤 구체적인 해석도 분석적이고 추론적인 것이라고 말할 수 있게 된다. 그럼에도 불구하고 우리는 분석을 통해서 주체가 택했던 매우 다양한 길들과 그가 정기적으로 다시 밟았던 길들, 그리고 그가 원하지 않았지만 앞으로 계속해서 무한히 다시 택하게 될 길들을 알 수 있게 된다. 그러므로 이런 작업은 그의 정신의 특별한 여정이 어떤 것인지 알 수 있게 하는 자료를 제공해 준다. 수많은 실재 가운데서 분석이 지적한 유형은 그 주체가 하게 될 많은 관계의 윤곽을 보여 주는 것이다.

정신치료자들은 환자가 하는 말이나 담화에 집중하고, 거기서 파생되는 것들과 과도하게 결정되는 것에 관심을 기울인다. 그러나 그는 그것에 그의 이론적인 전제를 적용시키려고 하지는 않는다. 이런 말의 소용돌이를 통해서 그는 심리적 유형 덕분에 그가 그런 개념 훈련이나 이론적인 훈련을 받지 않았더라면 간파하지 못했을 중요한 요소들을 파악해 낸다. 병리의 전형을 간파할 줄 아는 능력과 그것을 구체적인 상황에서 찾아내려는 순진한 호기심을 결합하는 것이 치료자의 기술이다. 우리는 이 문제에 대해서 깊이 생각해 보아야 하는데, 인간의 정신은 우연한 사건들이 그냥 막 쌓여서 생긴 것은 아니다. 우연한 사건들은 의미의 질서에 의해서 정리될 흔적을 남긴다. 나는 한 주체(sujet)의 특별한 과거사의 전형적인 조각들을 끄집어냄으로써 정신병리적인 이상에서 발견되는 인간적이고 종교적인 측면을 드러내려고 할 것이다. 의심할 바 없이 정신병리학은 판단을 내리지만, 그것은 결코 비난하거나 의심하려는 의도에서가 아니다. 그와 정반대로 정신병리학은 끊임없이 거기에서 벗어나기 위해서 잘못된 의식의 가면을 벗어 버리려는 열광주의를 비신화화(非神話化)하려고 한다. 정신치료는 쓸데없는 고통의 매듭을 풀어 버림으로써 어떤 사람에게 파괴를 가져온 갈등이 다른 사람에게는 그와 다른 운명의 일부분을 형성하게 했는지 보여 줄 수 있다. 사람들에게 열정과 의미와 활동의 과정은 보편적인 것이다. 종교의 정신병리학에 관한 이 연구는 종교가 오늘날을 사는 모든 사람들에게 치유의 참된 원천이 된다는 사실을 보여 줄 것이다. 그리하여 신경증이라는 불운을 겪는 사람들에 대한 연구는 인간의 삶과 종교적인 삶을 이끌어 가고, 때때로 위해를 가하려고 위협하는 움직임들을 파악하는 데 필요한 빛을 던져 줄 것이다.

Part 2

악에 대한 의식과 죄의식이라는 미궁

서론: 맥락

02 죄책감에 의한 종교적 신경증

03 죄책감에 의한 집단신경증

04 제의 속에서 깨끗하지 않다는 느낌과 부채감

서론: 맥락

왜곡된 양심(la mauvaise conscience)의 병리학은 기독교만의 문제가 아니다. 기독교가 비록 사람들에게 종종 죄의식을 자아내게 하지만, 사람들이 그와 똑같은 정도로 죄의식을 극복하게 하기도 한다. 그러므로 기독교에서 실수하는 것을 병적인 것으로 생각하는 것은 기독교가 그것을 기독교적인 의미의 맥락에서 보고 있다는 것을 의미한다.

기독교는 스스로 구원(salut)의 종교를 표방한다. 그 어원인 salvus라는 단어는 궁극적인 행복만 약속하는 것이 아니라 현재의 실존이 모두 회복되게 하는 것이라는 의미가 있다. 그러므로 구원의 약속에는 사람과 사회에 가해진 상처가 이미 가셨고 스러졌다는 의미가 내포되어 있다. 성서에서는 이 상처를 죄라고 부른다. 사람과 하나님에 대한 위반으로서 죄는 개인과 공동체에 질병과 같은 작용을 한다. 독일어에서 구원이라는 단어는 인간의 영혼에 대한 치료뿐만 아니라, 더 일반적인 의미에서의 치료(heilen, helen)를 의미한다. 우리는 제1장에서 원시기독교 공동체에서는 구원을 정신적인 측면에서의 회복뿐만이 아니라 신체적인 치유까지 포괄하는 것으로 생각했다고 말한 바 있다. 사람들이 죄를 지으면, 파괴적이고 혼돈을 가져오는 세력이 사람과 사회에 들어온다. 그런데 성서는 이런 세력이 우주나 사람들의 몸이나 열정(la passion) 안에 있다고 생각하지 않는다. 여기서 우리는 이원론적인 설명을 찾아볼 수 없다. 우리가 말하는 악의 세력에 대한 담론은 신비적 담론이다. 그것은 악의 근본적인 실재를 우리가 알 수 있는 어떤 존재에 귀착시키지 않고 상징적인 수단을 통해서 설명한다. 심지어 악마적인 유혹자라는 관념도 우주를 이원론적인 설명에 내재해 있는 경멸로부터 지키려고 나온 것이다. 그 관념은 사람들이 과격한 악의 유일한 요인이 되지 않게 하려는 것인데, 그것이 없었더라면 사람은 그 악에 전적인 책임을 져야 했을 것이다.

그러나 기독교에서 말하는 구원의 메시지는 죄로부터 인간의 해방과 하나님과의 결속을 통한 회복만 선포하는 것으로 그치지 않는다. 그리스도의 말씀을 통한 하나님의 현현은 사람들에게 자기 자신을 벗어나는 경지에 도달하고 풍성한 삶을 얻을 수 있는 수단을 제공해 주는데, 이 풍성한 삶은 기독교에서 사람들이 성령에 의해서 하나님처럼 되는 것이다. 그럼에도 불구하고 구속(救贖)이라는 개념은 여전히 죄로부터의 구속이라는 의미를 내포하고 있다.

기독교에는 한 가지 역설이 있는데, 그것은 기독교가 죄로부터의 해방과 율법으로부터의 구원을 말하면서, 동시에 율법의 요구를 강조하며 죄에 대한 감각을 예리하게 한다는 점에 있다. 그러므로 구원으로의 부름은 회심으로의 부름을 불러일으킨다. 그때 사람들은 이 절대적인 심급(審級) 앞에서 그의 외모나 지위와 관계없이 '그의 속마음을 깊이 헤아리며', 마치 칼로 도려내듯이 선으로부터 악을 분리하는 방식으로 응답한다. 헤겔(F. Hegel)이 강조하였듯이, 기독교가 인간을 그 자신의 실존적인 결단 앞에서 책임적이고 자유로운 존재로 규정하였다는 점에 있어서 기독교는 근대의 원천이 된다.[1] 그런데 해방은 사람들을 악으로부터 강제로 떼어내려는 외부의 힘이나 제의적인 기술로 벗어나려는 내적인 힘으로 얻어질 수 없다. 하나님은 스스로를 해방시키려는 사람을 해방하시는 것이다. 하나님의 능력은 사람의 능력과 결합되지, 그 어느 것과도 대체되지 않는다.

기독교는 죄를 고백하는 것이 죄로부터 해방되는 조건이라고 주장하면서 사람들을 병적인 죄의식, 임상적으로 말하자면 강박신경증 앞에 드러낸다. 그런데 그것은 때때로 정신질환의 가장 극단적인 형태, 즉 죄에 대한 강박이라는 정신병적인 죄의식 앞에 노출시키게 된다. 이렇게 기독교에는 '내가 잘못을 저질렀구나.' 하고 생각하게 하는 병리적인 면이 있다는 태생적인 취약점이 있다.

그런데 우리는 임상경험을 통해서 한편으로는 잘못에 대한 병리적인 감각이 신앙인에게만 있는 것이 아니라는 사실을 확인하고, 다른 한편으로 종교적인 형태를 띤 강박증도 보편적인 심리법칙을 따라서 형성된다는 사실도 알고 있다. 그러므로 정신병리의 정신적 본성이 중요한데, 그것은 강박증이 어떻게 종교적인 양심에 스며들고, 기독교인들이 죄를 시인할 때 그것이 어떻게 무의식에 있는 표상들과 얽히게 되는지 이해하게 해 준다.

물론 죄라는 단어는 잘못이라는 단어보다 무겁게 느껴진다. 그

1) F. Hegel, *Grundlinien der Philosophie des Rechts*, § 124.

것은 무엇이라고 명확하게 파악할 수 없는 생각처럼, 사람들로 하여금 도저히 다 신비화할 수 없는 타자 앞에서 개인적인 책임을 지지 않을 수 없게 한다. 우리가 죄의식에서 생긴 신경증의 모습을 명확히 드러내고, 그것이 억압에 의한 것이 아님을 밝혀야 하는 것은 그 때문이다. 그러므로 어떤 사람들이 죄라는 개념 대신 잘못이라는 개념을 씀으로써 사람들을 무거운 짐으로부터 벗어나게 하고, '바로잡을 수 있으며', 그 자신을 '뛰어넘을 수 있다'고 생각하는 것은 이해할 수 있는 일이다.[2] 사정이 그렇기 때문에 그와 반대되는 것 역시 오직 말에 의한 것이라고 생각할 수 있다. 이제는 기독교도 인간성의 발달사와 보조를 맞추어 그 자신을 뛰어넘어야 한다. 잘못은 신앙이라는 한 개인의 내면관계 안에서 그 나름대로의 차원을 차지하고 있다. 사람들은 그의 실존적인 응답을 가장 본질적인 방식으로 하나님 앞과 그 자신의 앞에서 해야 하는 것이다. 그때 죄라는 단어가 무겁게 느껴진다면, 인간의 운명적 과제인 자기 자신을 뛰어넘는 일은 윤리적인 책임이 된다. 그 책임은 타자를 위한 존재로서의 우리 가슴 한복판에 새겨 있고, 우리는 어떻게 살고 있는지 살펴보아야 하는 것이다.

사람들은 때때로 아주 순진한 꿈에 고무되어 모든 것을 금지하고, 비난받을 만한 것들을 모두 비난하며, 현존하는 율법에 대항하여 새로운 율법을 제정하기도 한다. 그러나 오직 무정부주의자들만 이 세상의 선악을 뛰어넘을 수 있으며, 병리적인 양심의 위험을

2) L. 플람은 "Religions de salut"에서 사람들은 그와 같은 경쾌한 방식으로 재빠르게 죄의식으로부터 벗어날 수 있다고 죄의식에 관한 문제를 상대화시킨다. "Religions de salut", *Annales du Centre d'étude des religions,* 2, Université libre de Bruxelles, 1962. p.219 s.

피할 수 있을 것이다. 그러나 그렇게 하려면 그는 모든 욕망도 거부할 수 있어야 한다. 왜냐하면 라캉(J. Lacan)이 지적했듯이 즐기라는 명령도 초자아에서 나온 것이기 때문이다. 이 세상에서 왜곡된 양심(편안하지 않은 양심)의 문제를 없앨 수 있는 것은 불교밖에 없는데, 불교가 그럴 수 있는 것은 모든 욕망에서 벗어나기를 가르치기 때문이다. 어쨌든 인본주의가 성행하고 인간의 해방에 대한 담론이 광범위하게 퍼진 현대 사회에서 왜곡된 양심의 문제를 피하기는 어려운 일이다. 여태까지 이렇게 도덕적인 비난이 편만하고 요란했던 적은 없었다. 그것은 인류의 요청의 대변인을 자처하는 대중매체에 의해서 확산되고 있다. 그가 다른 사람에게 사회의 모든 악을 뒤집어 씌워서 그를 비난함으로써 왜곡된 양심으로부터 벗어나지 않는 한 그는 한시도 편하지 않을 것이다.

그럼에도 불구하고 죄라는 단어는 한 사람이 다른 사람을 비난하는 것보다 더 의심스러운 내적 검열을 불러일으킨다. 물론 죄라는 단어는 왜곡된 양심의 짐을 다른 사람의 어깨에 얹게 하는 투사적인 태도를 취하게 한다. 종교는 죄의 실재를 확인함으로써 모든 사람은 하나님 앞에서 열려 있는 책이며, 그 어떤 거짓말로도 그 책의 내용은 흐려지거나 지워질 수 없다고 주장한다. 사람들은 어떻게 그런 근본적인 정의 앞에 불려 나와서 '공포와 전율'을 느끼지 않을 수 있을 것인가? 프로이트는 죄의 감각을 가장 날카롭게 느끼는 사람은 가장 경건한 신앙인이라는 사실을 자주 강조하였다. 종교의 최종적인 목표가 기본적으로 사람들에게 만연된 이 특별한 악에 대한 승리에 있을지라도 프로이트는 종교가 사람들을 죄의식으로부터 해방시킬 수 없다는 결론을 내렸다.[3)]

---

3) S. Freud, *Malaise dans la civilisation* (tr. fr.). Paris, PUF, 1971. p. 82.

우리가 기독교에서 말하는 의미의 장 전체를 살펴보면, 기독교는 언제나 선한 양심과 왜곡된 양심, 기소와 변호, 검열과 허용, 거부와 향유 사이에 미묘한 균형을 제시하고 있음을 알 수 있다. 그러나 균형을 맞추는 것은 이 양극단 사이에서 중용을 취하는 것이 아니다. 오히려 하나님과 인간 사이의 관계사를 이루는 요소들을 복합적인 통일체 속에서 잘 유지시켜 나가는 것이다. 그런 모습은 부활절 밤에 부르는 찬송가에서 찾아볼 수 있는데, 찬송은 그 역사의 의미가 '다행스러운 잘못(heureuse faute)' 이라고 외친다.

병적인 죄의식은 윤리적인 양심과 문화에서 고취하는 욕망이 새겨진 상황에 따라서 서로 다른 형태를 취한다. 왜냐하면 죄의식은 단지 의무감에 의해서만이 아니라 초자아의 요청에 의해서도 불러일으켜지기 때문이다. 우리는 이 사실을 의무와 허용 사이의 긴장관계에 있는 통일체를 가지고 설명할 수 있다. 도스토예프스키는 하나님이 계시지 않는다면 모든 것은 허용된다고 결론지었다. 반면에 라캉은 하나님이 계시지 않는다면 어느 것도 허용되지 않는다고 하였다. 이 두 말은 서로 반대되는 것임에 틀림없는데, 그 기준은 복합적인 두 개의 가능한 입장을 나타낸다. 어떤 사람에게 하나님의 죽음은 모든 금지가 해제된 도시의 축복을 약속할 것이다. 그러나 다른 사람에게 그것은 신앙도 법률도 없는 야만적인 세상을 알리는 것이 될 것이다. 니체와 솔제니친 같은 사람들은 이런 꿈과 악몽에 대해서 살펴보았다. 사람들이 그 자신에게 주어지면, 즉 고아 같은 실존에 처하면 그들은 그 자신에게서 권위를 찾게 된다. 그때 그에게는 선악의 기반이 되는 권위가 아무것도 금지하지 않는다. 마찬가지로 욕망과 향락을 인증할 수 있었던 권위는 그에게 아무것도 허용하지 않을 것이다. 금지와 허용은 상호 연관적인 것이다. 허용은 존재하게 하는 것이다. 그것은 사람들에게 권리를 부여하고 주체에게 자율성을 보장한다. 사람들은 종교적인 참조가 사라짐으로써 생기는 불확실성의 결과가 어떤 것인지 알 수 있을 것이다. 하나님 앞에서의 책임감처럼—그 방식은 다르지만—'예'와 '아니요'의 기초가 되는 말씀이 근원적으로 부재할 때 도덕적 양심에 병리가 생기게 된다. 우리는 이런 현상이 서로 반대되는 두 방향에서도 생기는 것을 보는데, 그 둘은 때때로 합쳐져서 강압적인 모순을 만들어 낸다. 사람들은 한편으로는 인류의 유토피아적인 이상을 따라서 자기 자신을 뛰어넘으려는 부름에 이끌려 시지푸스 같은 과업을 감행한다. 그것은 그에게 이상적인 담론으로 주어지고, 그는 그것을 자신의 존재 의무로 삼게 된다. 다른 한편, 사람들은 자기 실현의 일환으로 행복해지기를 강조하면서 쾌락의 담론에 빠지기 쉬운데, 그것은 그를 항진된 상태로 이끌어 가고 또 자신이 아무것도 아니라고 정죄하게 하기도 한다.

종교적인 신앙에도 두 개의 날이 있다. 그것은 사람들에게 내면적인 자유를 주고, 양심을 편안하게 하는 요소가 있다. 하나님의 용서, 예수 그리스도 안에서 보이신 그의 인간성, 신실한 사랑의 약속, 보이지 않는 기다림, 아무리 작은 선행에도 주의를 기울이시는 태도(지극히 작은 자에게 물을 준 사람은…) 등은 신앙인들을 안심시킨다. 사람들은 도량이 큰 하나님의 관용에 고취되어서 스스로에 대해서 참는 것을 배우게 된다. 하지만 이 세상에는 하나님보다 더 비판적이어서 다른 사람의 어깨에 왜곡된 양심의 짐을 지우는 사람이 있는데, 하나님은 그에게 가서 그의 짐을 가볍게 해 주신다. 그러나 기독교 메시지에는 왜곡된 양심을 자극하는 요소들도 있다. 하나님의 심판은 개개인의 운명과 인류의 역사를 굽어보는 것이다. 그것은 사람들의 마음의 비밀을 꿰뚫고 들어가는데, 거기에는 증오라는 괴물과 파괴적인 폭력성이 산다. 두 가지 종류의 이신적 현현(顯現), 사람들을 안심시키는 부드러움과 거룩하게 되기를 요청하는 태도(성서적인 언어로 표현하자면, 하나님의 정의는 사람을 그 정의로 재단하고, 사람들을 판단한다) 사이를 이론적으로 통합할 수 있는 방법은 없는 듯하다. 여기서 하나님과 인간 사이에 있는 이 미묘한 긴장을 깊이 다루지는 않지만 그것을 인간의 양심을 종교병리적으로 살피는 데 특별한 준거체계로 삼으려고 한다.

02
죄책감에 의한 종교적 신경증

1. 그 표출들

의학적이거나 심리학적 병리학에서 증상에 대해 기술할 때, 사람들은 그들이 항상 원인론에 대해서 이해하는 것과 눈에 띄지는 않지만 그 원인이 되었으리라고 생각되는 구조에 대하여 이해하는 것에 따라 다양한 현상들을 늘어놓는다. 우리가 지금 다루는 문제에 있어서 증상에 대한 우리의 독해와 그 기전(mécanismc)에 대한 분석을 이끌어 가는 것도 프로이트가 강박신경증이라는 이름으로 처음 말했던 그 정서의 상태다. 같은 시기에 정신과의사였던 자네(P. Janet)는 그와 거의 비슷한 병리적인 실체를 구분했는데, 그는 그것을 신경쇠약이라고 불렀다. 그 이유는 그가 거기에는 생리적인 문제에서 비롯된 정신의 쇠약이 문제라고 생각했기 때문이다.

프로이트가 이 정서 상태와 같은 것이라고 말했던 독일어 단어

Zwangsneurose는 그것을 프랑스어로 번역한 '강박신경증' 이라는 말보다 훨씬 더 이 병리적 실체에 대해서 올바르게 묘사하고 있다. 강박신경증이라는 표현에는 환자를 '사로잡고 있는' 생각들이 담겨 있기 때문이다. 즉, 의심스러운 마음이라든지, 열등감이라든지, 해를 당하지 않을까 하는 두려움 등이 담겨 있다. 충동이라는 단어인 Zwang은 환자들의 정신생활 전체를 특징짓는데, 그들은 그들의 내면에 있지만 의식이 잘 알지 못하는 어떤 낯선 강압 아래 놓여 있는 것이다. 그들은 그들이 원하지 않는 생각에 포위되어 있을(사로잡혀 있을) 뿐만 아니라, 불안을 느끼지 않으려면 강박적으로 어떤 행동을 해야 한다는 압력을 받는다(라틴어로 compellere라는 단어의 뜻). 그때 그들은 이상한 감정을 느끼는데, 그것은 그때의 상황에 맞지 않거나 거기에서 벗어난 감정으로, 무엇인지 이상한 힘이 그들을 그들의 의지와 상관없이 이끌어 간다는 느낌이다.

사람들이 죄의식(la culpabilité)—자신에게 무엇인가 잘못이 있다는 느낌—을 항상 느끼는 것은 아니다. 대부분의 강박신경증에서 그 감정은 치료 과정에서만 드러난다. 그것이 프로이트로 하여금 그런 신경증의 특성을 죄의식이라는 무의식적 감정이라고 설명하게 했던 점이다. 프로이트는 나중에 감정이란 그 본성상 의식에 의해서 인식되는 것이기 때문에 그 설명이 잘못 정리된 이론이라는 사실을 알았다. 하지만 강박관념이 종교적인 형태를 띠면 그것은 본질적으로 하나님 앞에서 죄가 있다는 피할 수 없는 감정이 어느 한 부분 결정(結晶)을 이루게 된다. 병증이 드러나는 모습들 사이에 있는 이런 근본적인 차이는 사람들이 잘못했을 때 느끼는 종교적 신경증은 그 원천을 그 밑에 있는 문제들로부터 끄집어낸다는 사실을 알려 주고 있다.[1] 하나님은 다른 곳에서는 사람들을 격분시키기도 하는 갈등을 그에게 모으는 하나의 기표(le signifiant)다. 그러므로 도저히 극복할 수 없는 하나님 앞에서의 죄의식은 주제가 하나밖에 없는 망상 비슷한데, 그 사람도 모르지만 그와 비슷한 다른 모든 심리적 요소들은 거기 모여들고 또 거기서 퍼져 나간다. 이런 종류의 죄의식은 망상과 마찬가지로 치유를 위한 노력과 현재 문제가 되는 것들을 은폐하고 있다.

여기서 망상(le délire)이라는 말은 은유로 작용하는 것임이 틀림없다. 종교적인 강박관념은 망상과 비슷하고 그 증상이 가장 심각하여, 사람들이 소위 병적인 강박관념이라고 부르는 것은 강박관념과 망상 사이에서 왔다 갔다 하는 것이다. 그러나 종교적 세심증(細心症)은 어떤 경우에나 거의 망상이 아닌가 하는 인상을 준다. 왜냐하면 종교적 세심증은 때때로 웃음이 터져 나오게 하기 때문이다. 프로이트가 반쯤은 희극적이고 반쯤은 비극적이라고 말했던 엉뚱한 망상의 겉으로 드러난 모습은 종교적 강박증에서 발견된다. 그러나 그들의 말을 들어 보면, 우리는 그들을 사로잡고 있는 불안을 발견할 수 있다.

종교적인 죄의식에서 발견되는 불안은 잘 알려져 있다. 우리는

---

1) 프로이트는 *Malaise dans la civilisation*과 다른 책들에서 "강박신경증에서 죄의식은 의식에 강제적으로 밀고 들어온다."고 주장하였다. 하지만 우리는 개인적으로 그때 문제가 되는 것은 잘못한 것에 대한 의식적인 감정이 아니라, 그 사람이 의식하지 못하는 잘못을 피하고 바로잡아야 한다는 걱정에 지배받고 있는 행동이라는 확신에 도달하였다. 하지만 우리는 종교를 집단적인 강박신경증으로 해석한 프로이트의 해석은 그 대신에 의식과 강박관념의 차이를 없앤 것이 아닌가 하는 질문을 하게 된다. 다시 말해서 종교는 사람들이 무엇인가 잘못했다는 생각이 들 때마다 그 생각을 억압하고, 죄에 대한 정서적 의식을 의무에 대한 강박으로 바꿔 버린 것이 아닌가 하는 것이다.

그것이 가진 강박적 특성을 밝혀내기 위해서 한두 가지 예만 들어도 좋을 것이다. 그 경우 우리가 주의를 기울인다면, 강박적인 신경쇠약 환자들의 겉으로 드러난 증상은 그들에게 무엇이 부족한 것이 아니라, 사실은 그들을 무능하게 만드는 어떤 강력한 것이 그 안에 들어 있는 징표라는 사실을 발견하게 된다. 왜냐하면 그는 항상 그에게서 빠져 나가려는 적과 어둠 속에서 싸우고 있기 때문이다.

아주 양심적인 사람의 경우를 살펴보겠다. X 씨는 대학을 나온 40대 미혼 남성으로 매우 활동적이며 전문직에 종사하고 있었는데, 지나치게 일을 많이 하는 경향이 있었다. 그는 때때로 어떤 일을 하려고 열정적으로 달려들었지만, 곧 거기에서 아무 의미도 발견하지 못하는 경우가 많았다. 그는 편두통과 내장기관의 고통 때문에 의사들로부터 치료를 받았다. 그런 고통 가운데서 결국 사람들은 그의 고통에는 정신신체적인 문제가 있다는 결론을 내렸다. 하지만 그가 정신적으로 너무 약해져 있어서 그에게 정신분석은 무리이므로 받지 말라고 하였다. 그럼에도 불구하고 그는 정신분석의 도움을 받았는데, 건강을 되찾을 수 있었다.

그는 수년 전부터 '죽을 죄' 를 짓지나 않을까 하는 불안에 시달렸다. 어떤 때 그는 매일 사제를 찾아가서 자신의 죄를 고백했고, 때로는 하루에 두 번씩이나 사제를 찾아간 적도 있었다. 다행히 그가 찾아갔던 사제는 사태를 명확하게 보았고, 그에게 정신치료자를 찾아가라고 하였다. 그는 모든 것을 가지고 그의 양심을 괴롭히는 재료로 삼았던 것이다. 그때 성적인 생각이 지배적이었고, 그것들은 미궁 속과 같은 의문으로 그를 이끌어 갔다. 그는 어느 날 상점에 들어갔는데, 거기에서 그의 동료의 부인을 만났고, 그 여인이 얼굴도 예쁘고 목소리도 아름다우며 미소도 매혹적이라서, 그녀를 찬탄하지 않을 수 없었고, 탐내지 않을 수 없었다. 그는 그녀를 바라볼 때마다 그녀를 바라지 않을 수 없었는데, 예수 그리스도의 말씀에 의하면 그것은 죄를 짓는 것이었다. 그렇다면 어떻게 그녀를 바라지 않을 수 있는가? 그는 그녀를 바라보는 것은 자기도 모르게 그녀를 바라기 때문이라는 사실을 알았다. 그래서 그는 그의 마음을 다해서 아주 명료하게 그녀를 바라는 마음으로 그녀를 바라보기를 바랐다…. 그러나 옷은 여자들이 남자들로 하여금 그네들을 바라라고 입는 것이 아닌가? 도발하라고 하는 것이 아닌가? 옷이라는 것이 몸의 형체를 감추고 다만 상상만 하게 하는 것인데, 어떻게 그녀들을 바라보면서 옷을 벗기지 않을 수 있을 것인가? 그녀들을 바라지 않으려면 남근도 여근도 없는 상태, 즉 성이 없어져야만 한다. 그런데 어떤 말들이 강박적인 리듬을 타고 그에게서 떠나지 않았다. '어머니의 치부' 라는 말이 그의 머릿속에서 빛의 띠처럼 빙글빙글 돌면서 끊임없이 선회하고 있었던 것이다. 그것들은 서로 단절된 단어들로서 그림도 그려지지 않았지만 문제성을 지니기는 마찬가지였다. 그는 그 생각들이 말도 되지 않는 것이라는 사실을 잘 알고 있었으며, 그가 그렇게 하는 것이 스스로도 우스웠고, 하나님이 그가 그런 욕망을 가졌다는 이유만으로 영원히 치벌하리라고는 생각하지 않았다. 그러나 다른 한편, 그런 생각은 그가 그의 편에서 스스로를 변호하려는 생각만은 아닐까? 그러니 어떻게 이런 생각들을 따를 수 있을까? 오히려 그의 양심의 소리처럼 들리는 그의 불안을 신뢰해야 하는 것이 아닌가? 하는 생각도 들었다.

여기에는 또 다른 논리적인 대안이 있는데, 하나는 모든 것을 죄라고 생각하는 것이고, 다른 하나는 아무것도 죄가 아니라고 생각하는 것이다. 그 앞에서 그는 '돼지가 될 것인지, 아니면 얼간이가 될 것인지' 선택해야 한다. 그는 상상적인 욕망을 충족시키고 자위하기 위해서 강박적으로 '죄를 저질렀을 때' 외에는 단 한시도 마음의 평화를 느끼거나 인간으로서의 자긍심을 느끼지 못하는 것이다. 그는 기독교 도덕에서 말하는 무의미한 요청들에 반발심을 느끼지만, 너무 신앙적이어서 그것들을 거스르지 못하고, 그의 죄를 인정하고 고백하지 않을 수 없었던 것이다. 그러나 그가 지은 죄들을 매일매일 세지 않았다면, 그는 일주일만 지나가도 그가 어떤 죄를 지었는지 알지 못했을 것이다. 더구나 그는 다른 사람들 앞에서 즉시 그의 죄를 고백하지 않으면, 그 사이에 또 다른 죄를 짓지 않았다고 안심하지도 못하였다. 그러므로 그 사이에 있는 지극히 짧은 시간이 가장 위험한 순간이었다.

수년 동안 회오리바람같이 그를 괴롭혔던 따지기 좋아하는 버릇은 그의 몸과 영혼을 피폐하게 했던 엄청난 불안의 일부분만 보여주었을 뿐, 그 모든 것에 대해서는 거의 알려 주지 않았다. 하지만 그것은 적어도 그의 상상력이나 정서를 지배하는 불가사의한 충동이 어떤 것인지 알게 해 주기는 하였다. 또한 그것은 그를 끊임없이 엄습하는 성적 충동의 아우성을 들려 주었는데, 그는 그런 모든 성적 욕망으로부터 순결하게 되기를 바라고 있었다. 그런데 정신분석의 '자유' 연상이 구멍을 열어 놓자마자 흘러들어 온 것은 모든 종류의 성적 표상의 물결이었다. 경험이 많은 분석가들은 이미 예견할 수 있듯이, 금방이라도 터질 듯한 폭력성과 사람을 죽일 것 같은 분노와 다른 사람들을 괴롭히려는 가학적인 성향은 전전긍긍하는 그의 양심의 성벽 뒤에 어떤 악마가 숨어 있는지 즉시 드러내게 하였다. 그는 군대생활을 할 때, 경기관총을 가지고 어리석은 쾌락을 맛보았을 때와 총검술을 하면서 짚으로 만든 인형을 찌를 때 외에는 행복했을 때가 한 번도 없었다. 그 밖의 시간은 언제나 양심의 문제를 느끼거나 신체적인 불평을 호소하였다.

종교적 고뇌가 없으면 강박신경증 환자들은 다른 모습을 보인다. 우리는 그런 모습을 Z 씨에게서 찾아볼 수 있다. Z 씨는 어떤 강좌에 등록했는데, 그녀는 공부를 열심히 하려고 했지만 그 강좌에 참석하지 못했다. 그러다가 그녀가 강좌에 참석해서 강의를 듣고 중요한 것들을 필기하려고 했을 때, 그녀는 그 어느 것도 놓치고 싶지 않아서 요약을 할 수 없었다. 그녀는 정말 중요한 것만 요약하려고 몇 차례 시도했지만 다른 것을 기억하지 못할지 모른다는 두려움이 엄습해 왔다. 그래서 모든 것을 적으려고 했지만 그것도 불가능해서 아예 필기하려던 작업을 모두 포기할 수밖에 없었다. 그러나 그녀는 모든 것을 제대로 이해했는가? 어떤 것들은 빠져나가지 않았나? 하는 생각이 들었다. 그리고 그녀는 같은 구절을 무수히 반복해서 들어도 그녀가 제대로 들었는지 확신할 수 없었다. 그녀가 그렇게 계속해서 확인하자, 자기도 모르게 꿈 같은 상태에 빠져들었고, 제대로 듣고 있는 것인가 하는 생각 때문에 불안해졌다. 그 상태에서 그녀는 녹음테이프가 그녀의 귀를 간지르는 것 같은 생각이 들었고, 어떤 음성이 들리는 듯하였다. 우리는 여기서 강박신경증의 전형적인 증상들을 찾아볼 수 있다. 의심, 확인, 의심을 쫓아버리려는 의례화된 행동 및 그것들을 통해서 얻어지는 전위되고 은폐된 쾌락 등이 그것이다. 여기서 죄의식의 부재를 특히 주목할 수 있다.

강박신경증 증상을 더 이상 묘사하는 것은 불필요할 것이다. 독자들은 전통적인 책들에서 임상 관찰을 통해서 얻은 수많은 증상들을 볼 수 있을 것이다. 그 증상들을 살펴보면, 정신적인 반추, 우유부단, 확인하는 성향, 무의미해 보이는 제의, 우스꽝스런 행동, 지나치게 공손한 성격, 틀에 박힌 말과 행동, 범죄를 저지르지 않을까 하는 집요한 두려움 등이 있다. 여기서 우리에게 중요한 것은 강박관념이 종교적 형태를 띨 수 있다는 점이다. 이 경우 사람들을 사로잡는 것은 잘못인데, 의심하고 그에 대해서 심사숙고하는 것은 도덕의 질서에 속해 있다. 그래서 두려워하는 것은 하나님을 향한 도전이라고 말할 수 있다. 그리고 틱 장애에서 나타나는 우스꽝스러운 행동은 기도 속에 끼어 들어가는 외설스러운 말과 같다. 한편, 강박신경증에서 나타나는 자꾸 확인하는 수단이나 의례주의는 종교적 제의와 같은 형식을 취한다. 다른 경우에서 죄의식은 중요한 증상이 아니다. 그것은 의식적인 삶에서는 거의 드러나지 않을 수 있으며, 치료 과정에서만 나타나는 경우도 많다. 증상론에서 나타나는 이런 차이점은 사람들을 속일 수 있으며, 특별히 종교적인 문제라고 믿게 하는 경우도 많다. 물론 종교적인 것이 문제가 되는 경우도 많다. 그러나 구원에 관한 종교적 담론과 관계없는 병이 있을 수 있다는 사실은 강박적인 종교는 그 원천을 종교적이지 않은 갈등으로부터 끌어내고, 거기서 종교는 다만 그 갈등을 간접적인 방식으로 표현하는 수단을 제공할 뿐이라는 사실을 말해 준다. 그러나 종교가 무의식 안에서 행해지는 그와 비슷한 내용과 구조를 제공하지 않으면 갈등을 그렇게 전환하게 할 수는 없을 것이다. 하여간 그와 비슷한 점은 두 가지 축을 가지고 있는데, 하나는 정신병리론에서 강박신경증은 인간의 보편적인 질문을 제기한다는 사실이며, 다른 하나는 종교는 정신질환과 비슷한 점이 있다는 사실이다. 이런 유사성 때문에 종교는 반정신의학적인 입장을 취하는 경향이 있으며, 정신의학은 종교를 정신의학화하려고 한다.

2. 기원과 구조

1) 무의식의 앎

사람들이 고백이나 화해를 위한 종교 제의에서 아무리 자신의 잘못을 고백해도 세심해진 양심은 달래지지 않는다. 그가 버스에 무임승차했던 것같이 지극히 작은 잘못들까지 모두 고백했을지라도 그에게는 아직도 모든 것을 고백했다는 느낌이 들지 않는 것이다. 더구나 그가 더 나아질 수 없을 것 같다는 생각이 들기 때문에, 그의 죄는 언제나 온전히 다 고백되지 않은 듯한 느낌이 들기도 한다. 그는 진실을 고백하면서 그가 거짓말쟁이처럼 생각되는 것이다. 그러므로 자기에게 좋은 성품이 있다는 것을 확인시키려는 고백자는 그가 하는 거짓말의 공모자가 되면서 자기 자신을 거짓말쟁이로 만들게 된다.

양식을 가진 사람들의 눈에 '반쯤은 희극적으로 보이고, 반쯤은 비극적으로 보이는' 이런 행동은 어느 모로 보든 강박적인 행동이지 하나님의 심판을 받은 행동이 아니다. 이제 어떤 일을 그만두지 못하는 증상 또는 한번 시작한 일은 아무리 이상하게 보일지라도 끝까지 물고 늘어지는 증상에 관해서 잠시 살펴보도록 하자. 거기에 이제 더 이상 아무 의미가 없을지라도 마찬가지다. 예를 들어, 어떤 사람은 어떤 책의 의미를 모두 다 파악하기 위해서 같은 책을 수십 번이나 읽었으면서도 또 읽곤 한다. 그렇지 않으면 그 사람은 책을 읽다가 중간에 그만두지 못하거나 처음 읽기 시작한 책은 끝까지 읽어야 할지도 모른다. 여기에도 어떤 이상한, 그들도 알지 못하는 의지가 그들의 행동을 지배하고, 그들을 잘못에 빠지게 하는 듯하다. 도덕적이고 종교적인 불안에서는 그가 잘못을 저질렀다는 느낌이 지배적인 반면, 다른 경우에서는 모든 것이 그가 완수해야 하는 의무를 중심으로 해서 이루어진다. 그러나 그것을 생략한다고 할지라도 큰 일이 생기지는 않는다.

그렇다면 책을 마지막 줄까지 읽어야 한다는 강박적인 의무감은 어디서 오는 것인가? 또한 실제로는 그렇지 않을지라도 그렇게 세심한 사람은 왜 자기가 영원한 죄를 지었다고 죄의식을 느끼는 것일까? 이 두 경우 모두 불합리하지만 같은 의미 요소를 겨냥하고 있는 행동이 있는데, 그 요소는 잘못과 율법이다. 프로이트의 개념을 거부하는 임상가들은 이 정서의 불합리한 특성에 관심을 기울이고, 그것을 생리적인 것과 심리적인 것 사이의 부조화나 심리적인 무능을 가져온 기질적인 결핍(le déficit organique) 때문이라고 설명한다. 하지만 우리는 개인적으로 정신분석 이론만이 이 모든 것들을 제대로 설명해 줄 수 있을 것이라고 생각한다. 말하자면 불합리한 것들은 모두 어떤 의미의 연락망(連絡網) 밑바닥에서 작용하고 있으며, 강박적인 힘의 반대편에는 정신적으로 약한 것들과 무능한 것들이 자리 잡고 있다는 것이다. 이렇게 보면 사로잡힌 것 같다는 생각이나 정서적으로 중립적인 생각은 별로 다른 생각이 아닌 듯하다. 그래서 분석치료 과정에서 신경증 환자들이 마음대로 말하도록 내버려두면, 우리는 연상의 고리가 천천히 만들어지는 것을 보게 된다. 그런데 그 고리의 밑바닥에는 무의미하기 짝이 없는 표현이 무수하게 깔려 있다. 더 나아가서 정서적으로 중립적인 생각에는 본래 아주 강한 정서와 충동들이 실려 있었지만 이제는 중립화되었고, 충동적인 힘만 좀 위험한 요소로 남아 있는 듯이 보인다.

아무리 자신의 잘못을 고백해도 평안을 얻지 못하는 사람은 그에게 잘못이 있다는 사실을 안다. 그러나 그것은 의식적인 것이 아니고, 그를 사로잡는 죄의식을 인식하는 것도 아니다. 그가 거짓말을 하는 것을 아는 의식은 그가 진실이라고 생각되는 것을 말하지 못하게 하고, 무의식에 깊이 뿌리박은 진실이 아닌 것을 말하게 한다. '나는 거짓을 말한다.'[2]라는 언술로 표현된 자크 라캉의 분석은 순전히 논리적인 관점이나 언어학적인 관점에서 볼 때 모순 같지만 병적인 죄의식에서는 잘 들어맞는다. 지금 고백하는 언술의 주체는 고백의 구절들 속에서 형상화되는 언술되는 주체와 (전적으로) 일치하지 않는 것이다. 그때 주체는 분열되고, 고백의 말은 의식적 언술과 다른 듯한 무의식으로부터 나온다. 우리가 앞에서 예를 들어서 말했던 사람은 치료를 하기 전과 하는 동안에 때때로 그런 분열을 경험하였다. 그래서 그가 '정말 누구인지 의식하려고' 노력하자, 그는 '무의식적으로 되었다.' 그는 그가 무(le néant)로 흘러 들어가는 듯이 느껴졌던 것이다. 그것이 가장 혹독한 경험이었고, 그는 그 사실을 이해할 수 없었다. 그는 그 일에 대해서 어느 누구에게도 감히 말할 수 없었다. 그가 그 자신에게 집중하려는 순간, '나는 나에게 낯선 사람이다.' (Je est un autre)[3]라는 느낌이 드

2) J. Lacan, *Écrits,* Paris, Seuil, 1966. pp. 800-801.

3) Je est un autre에서 나(Je)에 해당하는 1인칭 동사는 본래 suis인데, 라캉은 3인칭 단수인 est로 쓰면서 '내가 나에게서 3인칭인 타자로 느껴진다.' 는 분열 상태를 나타내려고 하였다. 영어로 표기하자면 I is an other가 될 것이다(역자 주).

는 것은 도대체 무슨 일인가? 그의 앞에 서 있는 다른 존재는 그가 거짓말을 하는 것을 알지 않을까? 그로 하여금 정신분석을 받게 했던 '나는 누구인가?' 라는 질문은 지적인 강연의 주제가 되는 철학적 의문과는 거리가 멀었다. 그 의문은 그의 바깥에서 들어온 것으로서 무의식적인 삶과 관계되는 질문이었다. 그러므로 그 어떤 종교적인 메시지나 철학적인 사상도 그를 안심시켜 주는 대답을 할 수 없었다.

여기서 무의식과 강박신경증에 관한 모든 정신분석 이론을 설명하려고 하는 것은 우리의 의도가 아니고, 그것은 이 책의 한 장(章) 전체를 다 들어도 충분하지 않을 것이다. 또한 우리의 해석을 모두 입증하려고 해도 분석치료 전체를 상세하게 설명해야 할 것이다. 정신분석이 설명하는 것들을 그 자신의 체험이나 독서나 실습을 통해서, 또는 그 세 가지를 합한 것을 통해서 다시 밟아 가지 않는 사람들은 우리가 무의식에 부여하고 있는 힘이나 의미를 인정하는 데 주저하게 될 것이다. 나는 이 연구를 통해서 죄가 있다고 느끼는 양심의 병리학과 죄의 고백 사이에 있는 유사성과 차이점 및 그 둘 사이의 교환체계를 파악할 수 있는 빛이 주어졌으면 한다.

2) 무의식적인 잘못

베르그송이 말한 다음과 같은 구절은 왜곡된 양심의 신경증에서 그 정당성이 입증된다. "금단(禁斷)의 열매에 대한 기억은 인류의 기억에서 그렇듯이, 우리 모두의 기억에서도 가장 오래된 것이다. 우리는 이 기억이 우리가 회상하기를 좋아하는 다른 사람들에 의해서 은폐되지 않았다면, 이 기억을 알아차릴 것이다…. 우리가 그것을 명백하게 생각하지는 않지만, 우리는 부모님과 선생님들의 뒤에 어떤 엄청난 것 또는 무한한 것이 있다는 사실을 느낀다. 그것은 그들의 중재를 통하여 우리를 무거운 중량감으로 억눌러 왔다."[4)]

그 기억은 억압되었기 때문에 이미 사라졌지만, 강박증적인 실존은 그 기억 때문에 드리워진 그림자 아래서 이루어진다. 그것이 특히 어디에서 일어난 것인지 하는 기억을 더듬어 찾을 필요는 없다. 신경증 환자들이 다시 기억해 낼 수 있는 잘못은, 그것이 심각한 것이든지 아니면 사소한 것이든지 간에 끊임없이 계속되고, 도저히 정복할 수 없으며, 피할 수 없는 위반의 구두점에 불과한 것이다. 그것은 그에게 금지를 넘어서게 하는 충동적인 위반이었던 것이다.

'금지' 니 '위반' 이니 하는 말들은 자칫하면 두 가지 오해를 불러일으킬 수 있다. 우선 그것은 유아시절의 일화를 추적해서 그것들이 모두 신경증의 원인이라고 설명하는 수다스러운 정신분석에서 찾아볼 수 있고, 다음으로 루소(Jean Jacques Rousseau)에게 영감을 받은 사회학에서도 찾을 수 있는데, 그 사람들은 억압 이론을 주장하고 잘못됐다는 감정을 너무 엄격한 금지 명령 탓으로 돌림으로써 모두 다 이해했다고 생각한다. 그러나 똑같은 갈등과 똑같은 금지 명령이 어디에서나 똑같은 결과를 가져올 수 없고, 금지를 너무 하지 않는 것은 금지가 너무 많은 것과 마찬가지로 신경증을 유발한다는 사실은 잘 알려져 있다. 어린아이들이 사는 상황은 본

---

4) H. Bergson, *Les Deux Sources de la morale et de la religion,* Paris, PUF, 1941. p. 1.

래 갈등적인 상황이다. 그들의 야생적이고 충동적인 정동은 그들을 난폭하게 만들게 된다. 그들을 둘러싸고 있는 정서적인 관계는 불가피하게 수많은 단절들 속에 놓여 있는 것이다. 교대로 나타나는 어머니의 현존과 부재는 그들에게 논리적으로 설명될 수 없으며, 그것은 그들에게 유기나 거부로 체험된다. 어머니와 아버지는 그들을 둘러싸고 있지만, 동시에 바깥으로 내몰기도 한다. 그 후 아이들은 언어의 세계로 들어가면서 의미의 질서에 접하게 되는데, 그 세계는 아이들에게 좀 거친 면이 있다. 왜냐하면 아이들은 아직 말로 표현되지 않는 것들을 언어계에 어떻게 표상해야 할지 모르기 때문이다. 아이들의 우주에는 수많은 모순이 존재한다. 그런데 그 모순은 그들이 사랑하는 사람들과 바라는 것들 속에 살면서 그들의 욕망에 정감(情感)이 덧입혀져서 더 커지게 된다.

모든 아이들이 똑같은 위기를 겪지만, 모든 아이들이 신경증에 걸리는 것은 아니다. 신경증의 원인을 규명하려는 것은 불필요하다. 신경증에는 너무 많은 요인들이 관여하고, 그것들이 뒤섞여서 작용하여 어느 하나가 신경증의 결정적인 요인이라고 말할 수 없기 때문이다. 우리가 할 수 있는 것은 아직 해결되지 않고 숨겨져 있는 어떤 갈등이 신경증과 병적인 죄의식에 남아 있는가 하는 점을 이해하는 것뿐이다.

강박신경증을 분석해 보면, 우리는 무의식의 금지가 성적 충동을 자극하고 무의식에 계속해서 남아 검열을 한다는 사실을 알 수 있다. 하지만 이 사실은 성욕이 지금까지 침묵을 지켜 왔다거나 충동이 성의 영역에서만 작동한다는 것을 의미하지 않는다. 오히려 성욕이 무의식의 수많은 표상들과 뒤얽혀서 사람들이 무슨 일을 하거나 매일매일의 삶의 과제를 수행하는 데 금지 명령을 내려서 고통당하는 것이다. 그러므로 신경증 치유의 전략은 갈등을 성적으로 중립적인 생각이나 행동에서 떼어놓음으로써 환자들을 폭발의 중심부에서 멀리 떨어지게 하는 것에서 시작된다. 그러나 이 문제에 있어서 종교적 신경증은 문제가 더 깊어진다. 왜냐하면 종교는 열린 지평에 있는 성적인 문제들을 하나님의 명령이라고 여겨지는 율법의 문제로 끌어가기 때문이다. 그래서 종교적 신경증은 훨씬 더 불안한 것으로 되고 만다.

금지 명령은 아이들의 상황에서도 입력된다. 아이들의 몸이 여기저기 분산되어 있는 수많은 향락(jouissance)을 향하여 깨어나는 것과 함께, 부모들 사이에서 오가고, 부모와 그들 사이에서 오고 가는 욕망의 신호들은 아이들에게 욕망을 심어 놓는다. 아이들은 동성 부모와 동일시하면서 리비도적인 측면에서 이성 부모 쪽으로 향하게 된다. 그러나 아이들은 그들에게 하나의 모델로 제시되는 그렇게 가깝고 예외적인 관계를 받아들일 입장이 아니다. 이때 아이는 그의 내면에서 일어나는 일들을 의식적으로 인식하지 않는다. 다만 갈등적인 입장에 내한 관념이 그의 내면에 기록되고 지워지지 않는 흔적의 체계 안에 만들어질 뿐이다. 막(幕) 뒤에서 그들에게 때때로 건네지는 말들이 간접적인 것이기는 하지만, 그들은 정서적 체험과 그 표상을 금지 명령과 함께 아식 언어적으로 만들어 표현하지는 못하지만 몸으로 살고 있다. 그것들은 아이들 속에서 말해지고 경험되는 것이다. 그는 그가 느끼는 것을 적극적으로 말하지 않고 생각하지도 않는다. 그는 아직 어느 사람과 관계되는지 정해지지 않은 그의 욕망이나 금지와 관계되는 표상들을 억압할 수 있다. 그런데 우리가 강박신경증 환자에게서 보는 것은 서로 반대되는 관념들에 대한 억압이 성공하지 못했고, 쓸데없이 그것을 하나의 일로 만들어 버렸다는 사실이다. 그러므로 신경증은 억압된 욕망과 검열을 하고 억압을 하는 관념에 대한 끊임없는 싸움인 것이다. 프로이트는 1924년 초자아라는 단어를 쓰면서, 그가 항상 보아 왔던 것을 명료하게 언술하였는데, 자아의 한 부분은 무의식적인 것으로서 충동을 관찰하고, 충동에 명령을 내리며, 금지하고 방어하는 데 목적이 있다는 내용이었다. 자기보존의 본능과 자기애(narcissisme)는 너무 폭력적인 충동이 들어오지 못하도록 보호벽을 세움으로써 거기에 도움을 준다. 초자아는 그의 내용과 형식을 그가 만나는 모델과 그가 듣는 담론으로부터 얻는 것이다. 그러면서 자아는 그렇게 형성된 초자아를 그의 성격이나 신체적 특성을 따라서 그것을 넘겨받을 수 있는 사람에게 전해 준다. 그러나 다른 사람에게 그를 좌지우지할 수 있는 권력을 부여하는 존재는 주체 그 자체다. 주체는 그의 무의식의 창고에 새겨진 검열과 명령 전체를 다른 사람에게 투사하는 것이다. 그런데 우리가 앞에서 말했던 종교적인 신경증의 경우, 하나님이 심판자의 형상으로 나타나는데, 그 모습은 옛날부터 내려오는 갈등이 그의 내면에 생길 때 형성된다.

3) 사랑과 죽음의 서원

사랑과 미움으로 뒤섞여진 양가감정은 강박신경증의 핵심이다. 갈등은 이율배반의 감정을 띠면서 더욱 내면화되고, 미움을 억압하면서 그렇지 않은 것처럼 자신을 숨긴다. 왜냐하면 양가감정이란 본래 사랑과 미움이 정상적으로 병존하는 것이 아니라, 그 둘이 분리된 것이기 때문이다. 미움을 간직하고 또 극복하기 위해서 사랑은 미움을 억압하면서 지니고 있다. 그때 억압된 미움은 밑에서부터 불타게 된다. 사랑의 운동조차 미움을 끊임없이 일깨우며, 미움을 정복하고, 미움에 자극받지 않으려고 아무리 노력할지라도 미움을 예리하게 만들 뿐이다.

오이디푸스적인 의미에서 부모가 라이벌이 된다는 유명한 도식은 사회심리학의 기본적인 논리 속에서 이런 갈등을 잘 설명해 주는데, 그것조차 미움을 억압하는 것이 어떤 것이고 미움이 얼마만큼이나 사랑 속에 녹아들 수 있는지는 설명하지 못한다. 그러므로 사람들이 어떻게 엄격한 초자아에 그렇게 강박적으로 집착하는지에 대해서 알려면, 사랑과 미움 사이에 있는 복잡한 관계를 분석해야 한다.

사랑에는 요구가 많다. 부모들은 아이들의 욕망에 대한 응답으로 그들에게 욕망을 심어 주면서, 그들의 내면에 아무리 해도 만족할 줄 모르고 선물을 요구하는 강력한 질투의 방아쇠를 당겨 놓는다. 아이들은 부모와 같이 살기 때문에 그들이 느끼는 모든 괴로운 경험들은 그들에게 마치 사랑이 부족해서 생기는 것처럼 여겨진다. 그들에게 몸이 아프다든지, 부모님이 없다든지, 다른 동기들과 부모의 사랑이 나눠든지 하는 모든 것들은 부모가 자기를 사랑하지 않기 때문에 그런 것으로 느껴지는 것이다. 아이들은 심지어 행복을 느낄 때도 사랑이 부족하다고 생각한다. 그래서 가족들과 나누는 정서의 장(場)에 속한 금지 명령 역시 그들이 바랐던 권리가 거부되는 것으로 느껴진다. 또한 아이들은 리비도적인 측면에서 발달하기 때문에, 그의 몸의 여러 가지 기능들을 통해서 얻어지는 쾌락은 성적인 특성을 띠지 않을 수 없다. 그것은 역동적으로 작용하는 쾌락의 뒷받침을 받으면서 스스로 추구되는 자율적인 쾌락으로 자리매김하는 것이다.[5] 욕망은 오이디푸스적인 동일시 때문에 이성의 부모에게 집중된다. 그때 미움을 그 안에 내포한 사랑은 미움을 두 배로 만들고, 부모의 거부는 금지의 의미를 지니게 되는데, 이때 금지는 사랑을 동반하면서 모든 리비도의 표상들에 덧씌워지게 된다. 이성 부모는 이미 다른 부모와의 관계 때문에 금지되는 것이다. 그래서 동성의 부모가 그의 입장에 따라서 라이벌로 여겨지고 그에게 특별히 적대감을 불러일으킨다면, 그 적대감은 오이디푸스적인 갈등에서 볼 때 부차적인 것이라고 할 수 있다. 가정이라는 정서적인 구조 안에서 이루어지는 금지 명령은 아이들의 욕망에 대한 거부를 율법이나 권리라는 특성을 띠게 한다.

처음에는 한계를 모르고 이루어지던 사랑이 시간이 지나면서 수많은 거부와 거리감을 나타내게 된다. 이런 부침(浮沈)은 아이들에게 하나의 법칙처럼 새겨지는데, 그 이유는 아이들이 어느 사람이나 그들과의 관계를 인식할 때 동일시하는 언어가 거기에 인간의 질서에 마땅히 따라야 하는 형태와 힘을 부여하기 때문이다. 그 법칙은 아이들의 미래와 그들이 앞으로 자유롭게 맺을 사랑의 관계를 통하여 이루어질 개인적인 삶을 촉진하게 된다. 특히 그들이 가까이 했던 사람들과의 만남에서 느꼈던 거리감과 근친상간 관계에 대한 거부는 아이들로 하여금 새로운 삶의 길을 향하여 나아가게 한다.

이런 상황 속에서 양가감정이 생기는데, 그것은 아이들이 법적인 질서를 인식하면서 더욱 발달하게 된다. 아이들은 인간관계가 아이를 낳거나 성적인 것으로만 이루어지는 것이 아니라 더 인간

5) J. Laplanche, *Vie et Mort en psychanalyse,* Paris, Flammarion, 1970. pp.17-43.

적으로 되어야 한다는 것을 인식하게 된다. 이렇게 하면서 아이들은 사람들이 그에게 기대하는 바를 따라 살게 된다. 그는 '율법'을 내면화하는 것이다. 율법이라는 추상적인 단어는 모든 부인(否認)의 요청들을 규정하고 모아 놓은 말인데, 그것은 인간적인 질서와 사람들이 그것을 따라 살고 거기에 동의하기를 요구하는 삶의 모범에 반하는 모든 관계를 금지하는 것이다. 이런 금지와 요청의 내면화는 사람들이 맺는 정서적인 관계의 특성을 결정한다. 어른들이 어린아이였을 때 이름도 모르면서 겪었던 일들을 다시 기억에 떠올릴 때, 으레 거기에 거룩한 것이라는 의미를 부여한다. 여자들은 그것을 아버지와의 관계에서 겪었다고 확인하는데, 아버지는 그녀에게 거룩한 존재다. 또한 남자들은 같은 단어를 그가 어머니와의 관계에서 가졌다고 기억하는 감정에서 쓴다. '거룩하다'는 말은 이 감미로움과 존경, 가까움과 당연히 멀리해야 하는 대조적인 어떤 것을 말한다. 프로이트와 함께 우리는 이 감정 안에서 거룩하다는 말의 고태적 의미를 찾을 수 있다.[6)]

사람들이 아무리 율법을 내적으로 개인화할지라도 지나친 욕망을 가지거나 그것이 좌절되는 경험을 하지 않을 수 없으며, 정서적으로 집착하는 대상에게 계속해서 미움의 감정을 품게 된다. 그러므로 신경증을 유발할 수 있는 갈등의 요인은 모든 사람에게서 찾아볼 수 있다. 하지만 분명한 것은 신경증은 사랑과 미움 사이의 갈등이 아주 심할 때 생긴다는 것이다. 그 갈등을 완화시키는 요소들은 많이 있으며, 대부분의 경우 그 요소들은 서로 뒤섞이게 된다. 어머니의 따뜻한 사랑의 부족과 과잉, 가정적인 환경에서나 형

---

6) S. Freud, *Lerrte à Fliess* du 31.5.97.

제자매 관계에서 또는 애도의 자리에서 나오는 더 강한 체질적인 공격성, 과도한 엄격성이나 지나치게 허용적인 태도들은 모두 뒤섞여서 나오는 것이다. 모든 공격성에서 특히 부성적 금지를 떼어서 생각해 보면, 그것은 두 가지 의미에서 미움을 강화시킨다. 한편으로 금지는 부당하게도 사람들에게 자제하려는 본능이 나오지 못하도록 좌절시키고, 다른 한편으로는 그보다 훨씬 더 강한 사랑의 관계 속에 빠져들게 하면서 미움이 완화되지 못하게 한다. 이렇게 되면서 사람들은 미워하는 모든 행동들 속에 죄의식이 젖어들게 한다. 사람들이 이미 사랑의 거절이나 상실에서 느꼈던 미움에 더 큰 미움의 감정을 덧붙이는 것이다. 이에 따라 미움은 점점 더 커지게 된다. 하지만 미움의 감정이 너무 격해지면 미워하는 사람 자신이 해를 받으며, 그가 다른 사람들과 맺는 사랑의 관계까지 위태롭게 된다. 그러므로 살기 위해서는 미움을 억압해야 한다. 정신치료 과정에서 미움은 오랫동안 저항하다가 어느 순간 뛰쳐나오게 된다. 그때 사람들은 미움이 그들을 파괴하려는 것과 그들이 정신의 건강을 유지하기 위해서 얼마나 오랫동안 그것들을 억압하고 있었는지 알게 되는데, 그 대가가 신경증이다. 엄밀하게 말해서 모든 양가감정에는 자아방어 기제 때문에 억압된 미움과 진한 사랑이 함께 존재한다. 그래서 우리는 모든 강박신경증의 경우에서 양가감정이 그 핵심을 구성하고 있는 것을 본다. 주체가 가진 정신에너지의 많은 부분이 끊임없이 계속되는 내적인 갈등 때문에 소진되는 것이다.

신경증 환자들이 자기도 모르면서 항거하는 금지 명령에 내적으로 얼마나 깊이 사로잡혀 있는지 이해하기 위해서, 우리는 사람들이 금지 명령을 빈 블랙 박스의 형태로 물려받지 않고 거기에 사랑의 열정도 함께 불어넣었다는 사실을 알아야 한다. 신경증 환자들은 다른 방법으로는 도저히 표현할 수 없는 본능적 에너지를 금지 명령에 옮겨 놓는 것이다. 예를 들어, 그의 어머니를 몹시 바라는 소년은 그의 욕망에 담긴 힘을 그 위험한 욕망을 방어하려는 반작용 위에 옮겨 놓을 수 있다. 그래서 그 작업은 그의 어머니에 대한 사랑이 얼마나 큰지에 따라 그에게 내적인 요구를 증가시키게 된다. 그는 그가 사랑의 최초의 대상에 집착하고 있는 만큼의 힘을 가지고 그의 초자아를 사랑한다. 이제 그의 내면에서는 절대적인 도덕적 순수성이 만들어지는데, 그것은 사랑의 탐욕이 그를 삼키려고 하는 것만큼 그를 삼키려고 한다.

우리의 연구는 강박증이 형성되는 과정 전체를 설명하지는 않는다. 독자들은 많은 임상 연구와 이론 연구들에서 그것들이 설명되고 묘사된 결과를 찾을 수 있을 것이다. 우리는 여기서 다만 종교적인 신경증을 이해하는 데 필요한 정도의 설명만으로 제한하려고 한다.

4) 종교의 양가성

종교적인 강박신경증의 경우 양가감정은 상당한 정도로 하나님과 종교제도 위로 전이(轉移)된다. 공격성은 괴상망측한 행동과 사람들에게 불안을 느끼게 하는 이상한 생각 속에서 간접적으로 그 모습을 드러내는 것이다. 그렇게 나타나는 것들 앞에서 당사자들은 어찌할 바를 모르지만, 다른 사람들은 놀랍게도 농지거리를 주고받을 수도 있다. 어떤 사람은 예수님이 십자가에 매달린 모습을 보고 예수님이 발가벗고 계신 것을 상상할 수 있고, 다른 사람은 성찬식을 하면서 예수님의 성기를 씹는 것을 상상할 수도 있다. 앞에서 말한 바 있는 생각이 많았던 사람은 방귀를 예수님 상이나 마리아 상에 대고 뀔까 봐 방귀도 뀌지 못하였다. 교리교육 시간에 들었던 '신성모독' 이라는 말이 그를 사로잡았고 그에게 공포심을 불러일으켰던 것이다. 그는 자기도 모르는 사이에 그런 생각을 하면서 그가 상상하는 무시무시한 범행의 모습을 구체적으로 담아 넣고, 이상한 생각들을 실제로 펼쳐 보였다.

이 모든 현상 속에서 우리는 위반의 은밀한 향락(享樂)을 보는데, 그 안에는 징계를 받으려는 쾌락이 숨어 있고, 그것은 피학대음란증을 연상시킨다. 우리는 당분간 그런 행동들을 성도착증이라고 부르지는 않는데, 그 이유는 이 작은 쾌락의 불꽃을 담은 억압이 쾌락의 불을 크게 일으키려는 장치가 아니기 때문이다. 게다가 그 동요의 순간은 그 후 치료 과정에서 두려움의 빛을 잃게 된다. 하지만 공격성을 지닌 이 쾌락은 언어를 통하여 그 주체를 사로잡으면서 살해할 것 같은 미움을 불러일으킨다. 그 환자들에게는 여전히 신앙심이 깊이 남아 있지만, 그들은 불공정한 하나님에 대한 그들의 불만을 수줍게 속삭이거나 폭발적으로 수다스럽게 외치면서 터뜨린다. 이때 종교는 그들이 벗어 버려야 하는 굴레가 되고, 죄는 사람들의 양심을 지배하려는 탐욕스러운 사제들이 만든 책략이 된다. 그것은, 그들이 아직 읽지 않았겠지만, 니체의 다음과 같은 쓰라린 절규에 반향을 울리게 한다. "죄는 병든 영혼의 역사 속에서 가장 중요한 사건으로 지금까지 남아 있는데, 그것은 우리가 종교를 이해할 때 가장 고약한 책략의 탑이 된다."[7] 거울 앞에서

7) F. Nietzsche, *La Généalogie de la morale* (Tr. fr.), Paris, Mercure de France, 1908. III, 20.

사람들은 벌거벗고, 그들의 성기를 그들의 모습이 비쳐진 뒤에 있는 신의 상을 향하여 곧추 세우고 있는데, 그 모습은 그들이 짜릿한 쾌감을 느끼면서 감히 부정해 버린 하나님에 대한 분노를 생각나게 한다. 이상하게도 그 모습은 프로이트가 말한 '쥐 인간' 이 했던 동작을 연상시킨다. 이런 반항은 정신치료의 초기에 잘 이해할 수 없는 기원을 통하여 간접적인 방식으로밖에는 말해지지 않는다. 그들은 하나님과 교회를 향해서 고래고래 소리지르려고 하는 것이다. 그들의 이런 소망은 거친 정동을 풀어 냄으로써 치유받으려는 것처럼 들리지 않는가? 비명을 있는 그대로 지름으로써 치료하는 그 방법 말이다. 환자가 처음 보였던 저항이 풀어질 때, 그는 자유롭게 된다. 하지만 환자가 믿는 종교를 존중할 줄 아는 치료자가 그의 신성모독적인 태도에 분개하지 않고, 또 거기에서 복합적인 쾌락을 느끼지 않으면서도 그를 인정해 준다면 그것은 더 쉽게 이루어질 수 있다. 그러나 이런 부르짖음이 그들의 고통을 누그러뜨리기는 하지만, 그들을 완전히 해방시키지는 못한다. 그러므로 그는 미움으로 열어 놓은 길 속에서 양가감정을 풀기 위해 노력을 기울여야 한다. 왜냐하면 사랑이 미움을 정복하기를 바라면서도 미움을 버리지 못하고 있다면, 미움 역시 사랑을 지탱해 주는 열정적인 집착이기 때문이다.

율법을 대하는 태도 역시 양가성을 나타내고, 양가성의 의미를 보여 준다. 사람들이 성적인 정동(émotion)을 금지하는 하나님의 율법과 그 율법의 정당한 표상이 아닌 것들에까지 열정적으로 집착하는 것이다. 사람들은 때때로 율법을 극단적인 한계로까지 밀어가고, 율법에 과도하게 복종하면서, 율법이 가진 자의적이고 독재적인 성격을 드러내며, 율법을 우스꽝스럽게 만들곤 한다. 그런데 그 과정은 들뢰즈(Gilles Deleuze)가 분석한 것처럼 피학대음란증과 비슷한 모습을 나타낸다. "…사람들이 율법에 내포된 모순적인 특성을 드러내는 것은 율법을 아주 꼼꼼하게 지킴으로써 오히려 율법이 금지하고 내쫓아내려는 무질서를 야기하는 것을 통해서다. 사람들은 율법을 문자 그대로 지키려고 하면서 율법의 우선적이며 궁극적인 특성을 도외시하는데, 그것은 마치 율법이 본래 우리에게 금지된 쾌락을 율법 안에 지니고 행사하는 것처럼 보인다."[8]

강박신경증 환자들은 피학대음란증 환자들처럼 처벌을 당하면서 쾌락을 즐기려고 율법을 우회적인 방식으로 사용하지 않는다. 또한 그들은 율법을 위반하면서 느끼는 쾌락을 맛보려고 합리적인 전략을 쓰는 철학자들의 논리도 따르지 않는다. 그들은 오히려 율법을 꼬치꼬치 따져 가며 지키려는 고집스러운 노력으로 대체하면서 이미 율법으로부터 거리를 떼어 놓고 치유받으려고 한다. 그들은 율법을 뒤집어엎는 모순에 가득 찬 결과를 불러일으키는 것이다. 이 역설적인 태도는 겉으로는 율법을 충실히 따르지만 속으로는 무의식의 반란이 성숙하고 있음을 드러낸다. 그러나 그 역설적인 모습 속에서 우리는 모순으로 가득 찬 율법은 병적인 상상력이 만들어 낸 괴물에 불과한 것이라는 사실을 알게 된다. 그 순간, 율법에 내재한 환상적인 힘들은 풀려 버린다. 물론 이렇게 밤과 낮이 바뀌는 전환의 순간이 있는 것은 틀림없다. 그때 그 요청이 무한한 율법은 사람들을 변태적인 쾌락으로 이끄는데, 그들은 율법을 더 지키려고 하지만 사실은 율법을 위반하면서 이상한 만족감을 느끼

8) G. Deleuze, *Présentation de Sacher Masoch. Le Froid et le Cruel,* Paris, Minuit, 10/18, 1972. p. 89.

게 된다. 그 순간 양가적 특성을 띤 그들의 의식은 피학-가학적 향락의 무대가 된다. 그러나 강박적인 태도의 특성은 이와 다르다. 강박신경증 환자들은 그가 율법에 전이시킨 사랑을 가지고 전심을 다하여 율법에 집착하는 것이다. 그래서 그는 언제나 바랐지만 한 번도 그렇게 되지 못했던, 완전히 사랑하고 완전히 사랑받으려는 욕망을 충족시키려고 한다. 그러나 율법은 그를 사로잡고, 그에게 무한한 요청을 하는데, 그것은 그가 그 자신에게 마주 서게 하는 것이다.

앞에서 우리가 분석했던 본능의 상자에 담긴 양가성에 대해서 상기해 보라. 내면화된 금지는 사랑 안에 선천적으로 내재한 공격성을 강화시키는 사랑의 형태를 띠는데, 그 공격성을 심하게 억압하면, 그것은 상징적으로 율법적 질서를 대표하는 입장에 서 있는 부모에 대한 미움으로 변환된다. 그래서 사람들은 미움의 감정을 지배하기 위해서 율법을 극단적으로 지키려고 하면서, 위험할 수도 있는 자유의 아무리 작은 움직임이라도 침묵시키고, 극도로 율법에 복종하려고 하며, 사랑은 전체적인 것이라는 사실을 확증하려고 한다. 사람들의 내면에서 이런 무의식적인 대화가 진행되기 때문에 그들은 어떤 것이 적법한 것이고 어떤 것이 불법적인 것인지 율법을 설정한 이에게 시시콜콜하게 물어 가면서 지키려고 한다. 그들은 사랑 때문에 자기에게 엄격한 법전을 요구하면서 그들을 공격하는 것이다. 이것은 도덕적인 신학자가 비판을 위해서 비판하는 버릇이 있을 때 곧잘 빠지는 함정이다. 우리는 집단적인 종교적 신경증을 분석할 때 이 점에 대해서 더 깊이 다룰 텐데, 사람들은 처음 자유를 얻을 때 입법자를 합리성이라는 미궁으로 끌고 가면서 일부러 공격한다는 사실을 여기서 밝혀도 될 것이다.

그러므로 자기의 잘못에 대한 병적인 불안과 자기가 충분히 회개하지 않았다는 감정은 다음과 같이 설명될 수 있다. 그 주체는 그가 그의 앞에 율법에 대한 미움과 반항심과 그것을 위반하려는 욕망을 지니고 있음을 무의식적으로 아는 것이다. 그는 끊임없이 경계 상태에 머무르면서 그가 아직 완전히 파악하지 못한 것을 고백하려고 하는 것이다.

5) 하나님으로의 전이

양심이 예민한 사람은 그들의 아주 작은 잘못, 특히 성적인 잘못을 끊임없이 추적하는 하나님의 눈길 아래 사는데, 그러는 바람에 그들은 하나님으로부터 도망치지도 못하고, 그들의 자연스러운 욕망들까지 내쫓게 된다. 시편 139편에서 기쁨에 겨워 읊은 노래를 죄의식으로 괴로워하는 사람들은 두려움 속에서 속삭인다. "야훼여, 당신은 나를 샅샅이 살펴보셨으니, 나를 환히 알고 계십니다. 내가 앉아 있거나 서 있거나 당신께서는 다 아십니다…. 당신은 내게 당신의 손을 얹어 주셨습니다." 강박적인 사람들에게 있어서 하나님이 그들을 아는 것은 결코 호의적인 친밀성이 될 수 없고, 하나님의 손은 불한당을 현장에서 체포하는 손이 된다. 그 역시 그의 영에 빛이 되는 하나님과 그를 살게 하시는 하나님의 선을 찬양해야 한다는 사실을 잘 안다. 그러나 그런 고백은 그에게 하나의 의무이며, 그 의무는 더구나 지킬 수 없는 것이다. 그보다 먼저 그는 밝은 빛 아래서 걸어야 하며, 왜곡된 양심에서 벗어나 사랑할 줄 알아야 한다.

하나님의 얼굴을 피도 눈물도 없는 심판자의 얼굴로 만들면서 얼어붙게 하는 이는 누구인가? 그리고 그것은 일반적으로 받아들여진 확신에 반하는 것이 아닌가? 하지만 강박신경증 환자들이 생각하는 하나님이 전제적인 심판자라는 사실을 생각하면 문제는 금방 풀린다. 그들은 하나님을 두 가지 상반되는 언어로 말하고, 그것을 고백하지 않을 수 없는 것이다. 하지만 좀 더 많이 '깨달은' 사람이 그 언어를 그의 말로 풀어 주려고 한다면, 그들은 그들을 비웃는다고 생각할 것이다.

지금까지 종교적인 내용을 가진 강박신경증 환자들의 가슴 속에 있으며, 그들의 신앙의 모습을 특징짓는 무의식적인 양가감정을 분석하였다. 그런데 문제는 그들의 강박신경증의 주제가 왜 하나님을 중심으로 해서 이루어지는지를 해명하는 것이다.

여기에서 주목해야 할 것은 하나님이라는 기표(le signifiant)는 그 위에 금지된 사랑과 율법을 위한 사랑을 끌 수 있다는 사실이다. 사람들은 종교 담론 속에서 하나님에게 정신분석학에서 구분하는 두 가지 형태의 사랑을 집중시킨다. 하나는 대상애(l'amour d'objet)인데, 그것은 타자와 하나가 되려는 사랑으로 타자에게 참여하면서 자신의 실존을 확장시키려는 사랑이고, 다른 하나는 동일시적 사랑(l'amour d'identification)인데, 그것은 모범과 욕망과 금지를 따름으로써 자아를 변환시키고 자아를 고양시키려는 사랑이다. 사람들은 교육을 받으면서 하나님에 대해서 배우고, 사랑의 이 두 가지 양태를 하나님에게 옮겨 놓는다. 처음 어머니에 대해서 집착하는 마음이 특별히 짙었다면, 그것은 하나님을 그의 욕망의 완전한 대상으로 삼으면서 하나님을 찾는 신비적인 추구를 낳을 수 있다. 어머니에 대한 초기의 집착이 하나님에게 전이되는 것은 한편으로는 최초의 대상인 어머니와의 관계가 어떤 방식으로든 단절되었기 때문이고, 다른 한편으로는 이 긴밀한 관계가 위험하기 때문이다. 그러나 우리는 초기의 이 긴밀한 집착이 다음과 같은 두 가지 기능 때문에 율법으로도 똑같이 전이되는 것을 보게 된다. 율법은 주체가 최초의 관계를 끊고, 그 관계를 부모의 의지를 따라서 당연히 그래야 하는 관계로 변환시켜 계속 유지하도록 한다. 최초의 대상과의 관계가 얼마나 강하고 집요한 것인지는 어떤 사람의 경우 그 단절을 받아들일 수 없어서 신체적으로는 물론 심리적으로도 커다란 고통을 받는 예에서 찾아볼 수 있다. 우리는 거기에서 스존디(L. Szondi)가 강한 쾌락의 증후군이라고 부른 것을 보게 되는데, 그것은 최초의 관계가 난폭하게 억압될 때 생기는 증상들이다.[9]

이런 전이는 은유적 변환이라는 긍정적인 의미에서 볼 때, 삶을 변환시키기보다 집어삼키려는 괴물 같은 초자아를 왜 하나님에게로 실어 나르는지 아직 설명해 주지 않는다. 하지만 그 과정은 어쨌든 종교관계를 형성하는데 있어서 있을 수 있는 과정이다. 왜냐하면 종교는 공상으로 가득 찬 갈등을 상징으로 이루어진 질서계로 옮기면서 오이디푸스 콤플렉스로부터 벗어나게 하는 것이 그 본성이기 때문이다. 그러므로 위에서 말한 과정은 종교적 강박관념을 형성하는 데 필요한 조건이 된다. 이제 우리는 몇 가지 관찰에 근거하여 사람들이 무시무시한 하나님 상을 만드는 것은 종종 아버지의 상징이 없을 때라는 가정을 세워 나가려고 하는데, 거기에는 두 가지 이유가 있다. 우선 지워졌거나 실추된 아버지 상은 항상 현존해야 하는 상징으로서의 율법을 설정하지 못하게 한다. 왜냐하면 아버지가 비워 놓은 공간은 전능하신 아버지(le pére tout-

9) Szondi, *Triebpathologie,* vol. I, Bern, H. Huber, 1952. pp. 375-376.

puissant)에게 가정이라는 배열 속에서 아버지가 담당해야 하는 기능을 대신 짊어지도록 요청하기 때문이다. 그다음에, 죽어 버린 욕망을 나타내는 거세되고 어두운 상으로서의 아버지는 하나님으로부터 허락받은 향락의 권리를 주장하는 남성의 모델 대신 욕망을 거부하라는 메시지를 전파하기 때문이다. 더구나 종교적인 분위기가 일반적으로 성욕을 수상하게 보기 때문에, 의식적인 관념은 더욱더 하나님에게 초자아의 기능을 전이시키게 한다. 무의식에서 하나님을 초자아 상으로 전이시키고 죽어 버린 아버지와 무의식적으로 동일시하는 기전들은 합쳐져서 하나님을 박해자이며 심판관이라고 생각하게 한다. 그래서 종교에서 아무리 하나님이 그렇지 않다고 설명하거나 그렇지 않다는 메시지를 전해 주어도 소용이 없다.

종교적으로 전이를 일으킨 사람의 초자아가 작용하여 하나님을 찬양하는 경우는 거의 없다. 사람들에게서 신경증은 어릴 때 단초를 보이고, 사춘기 무렵에 짙게 나타났다가, 어른이 돼서 뚜렷이 보이게 된다. 그런 사람들에게는 어린 시절의 종교생활에서부터 특별히 강조된 관념이나 의례화된 행동들 속에 강박적인 것들이 찍혀 있기 마련이다. 그럼에도 불구하고 종교가 베푸는 것들은 대부분의 경우에 있어서 사람들의 삶을 지배하고, 유아기의 강박신경증에 부분적이고 일시적인 치유 효과를 나타내기도 한다. 어린 아이들의 성격이 나아지고 사회화되는 것은 그것을 입증하는데, 프로이트가 제시했던 '늑대-인간'은 좋은 예다.[10)]

사람들은 이렇게 신경증적인 문제를 종교적인 문제로 호도함으

10) S. Freud, *Cinq Psychanalyses,* Paris, PUF, 1954. p. 374.

로써 부분적으로 해방을 맛보지만, 그것은 결국 종교에 대한 거부로 이어진다. 그런 사람들의 특징은 종교를 대표하는 사람들에게 특별히 요구하는 것이 많다는 점이다. 그들은 별로 중요하지도 않은 교리들이 모호한 채로 남아 있는 것을 참지 못한다. 그래서 교리나 제의가 조금이라도 다르게 표현되면 곧 신성모독이라고 생각하고, 하나님에 대한 신앙의 부족 때문이라고 비난한다. 그들은 신앙과 율법의 진리를 조목조목 따지기 때문에, 그들이 가진 '체계'에 조금이라도 틈이 생기면, 그것은 곧 그들의 억눌려 있던 의심에 커다란 구멍을 뚫어 놓게 된다. 또한 그들은 스스로 안전하다고 생각하지 않기 때문에, 그들에게 종교를 잘 믿지 못하게 하는 상황이 부과하는 자기애적인 상처에 대단히 민감하다. 그들이 그때까지 쌓아 놓은 종교에 대한 무의식적인 미움은 종교를 반대하는 적수들을 불러일으키는 것이다. 그래서 그들은 함정에 빠졌다는 회한 속에서 종교와의 관계를 끊기도 한다. 그래서 어떤 사람들이 자극한 종교에 대한 미움은 사실은 아직도 완화되지 않은 초자아에 대한 그들의 고집스러운 싸움의 또 다른 모습이 아닌가 하는 생각이 든다. 우리는 심지어 하나님이나 내세에 대해서 전혀 믿지 않는 사람이 죽은 다음에 하나님으로부터 보복을 당할까 봐 두렵다는 말을 들은 적도 있다.

3. 비현실적인 듯한 질문들

강박신경증 환자들은 전이 때문에 다소 혼돈되어 있기는 하지만, 그들에게서 신경증적인 죄의식은 근본적으로 종교적인 질문을 하게 한다. 따라서 정신치료는 그들로 하여금 수많은 환상적인 표상들 속에서 자기 자신을 찾게 해 준다. 그래서 우리는 강박신경증 환자들이 진리와 올바름을 강박적으로 추구하는 것에서 강박신경증 역시 환자들이 그들의 삶을 그 요청에 맞추려고 했던 의도가 실패한 데서 생긴 것이 아닌가 하고 생각한다.

강박신경증 환자들이 가진 진실을 고백하려는 강박적인 욕망은 그들이 언제나 제기했던 삶의 근본적인 선택에 대한 질문으로 이끌어 간다. 그들은 그들이 순전히 일관되기를 바라지만, 그들이 선택한 것이나 행동이 순수하지 못하다는 사실을 날카롭게 지각하는 것이다. 그러므로 그들의 욕망을 모호하게 만드는 무의식적 원인이 무엇이든지 간에 순수에 대한 그들의 욕망은 도덕적이며 종교적인 명령이라는 특성을 잃지 않는다. 기독교인들은 그리스도만이 순수한 자 중에서 가장 순수한 자라는 인간적인 범례를 채용하면서 그 자신을 부인하는 것을 정당화한다. 그것은 사람들이 궁극적으로 도달해야 할 이상이 아닌가? 우리는 여기서 개인의 실존적인 선택의 수준에서 문화인류학의 중요한 주제로까지 높이 올려 진 것을 보게 되는데, 그것은 얼룩 또는 흠이라는 주제다. 순수에 대한 욕망이 그에게서 떠난 적이 한 번도 없지만, 강박신경증 환자들이 진심으로 그렇게 되려고 했던 적도 없다. 그들은 한편으로는 사람들이 본래 충동을 가진 존재가 아닌 것처럼 의도의 순수성을 그 자신에게 당연하고 또 실현 가능한 것으로 부과하지만, 다른 한편으로는 몸과 욕망의 즉각성을 따르도록 하면서 비스듬하게 나아가 결정적인 순간에 그들의 실존을 통합하지 못한다. 강박신경증 환자들은 그들이 바라는 순수의 길로 나아가려고 하지 않는다. 왜냐하면 그들은 순수함으로 곧장 나아가려고 하기 때문이다. 무의식적인 욕망과 거기에서 나온 미움을 억압하려는 자아의 균열은 주체로 하여금 그의 자아가 의도하는 자아와 열정에 사로잡힌 자아로 분열되어 있다는 사실을 받아들이지 못하게 한다. 그들은 무의식에서 나오는 것들을 집요하게 경계하면서 그들이 과거에 순수하게 하지 못했던 것들을 지나치게 생각하느라고, 앞으로 순수하게 처리할 방도를 찾지 못하는 것이다.

강박신경증 환자들의 관심을 지배하는 두 번째 중요한 생각은 '빚진 감정' 이다. 그들에게서 혼돈된 생각들이 풀어지고, 불안의 내용들이 사라지면 어떤 생각이 떠오르는데, 거기에 대해서는 그 어떤 합리적인 논의도 불가능하다. 그 생각은 모든 쾌락을 하나님이 가져가 버렸다는 생각이다. 양식 있는 사람들, 즉 신학자들이나 굳건한 신앙을 가진 사람들은 하나님에 대해서 그렇게 생각하는 것을 황당하다고 할 것이다. 하지만 그런 생각은 그들에게 강압적으로 느껴지고, 그들을 꼼짝달싹하지 못하게 한다. 그들은 쾌락을 누림으로써 인간의 충만한 경지에 도달하든지, 아니면 참된 존재인 진정한 실재로서의 하나님을 사랑하든지 둘 중의 하나를 선택해야 하는 것이다. 사람들은 쾌락을 너무 짙게 느끼면, 하나님이 설 자리가 없어진다고 생각하는 듯하다. 신앙을 가지면, 하나님만 그들의 실존에 유일한 존재가 되어야 한다고 생각하는 것이다. 그들은 모든 것을 하나님에게서 받았으므로, 하나님에게 무한한 빚을 졌다고 생각한다. 그러나 사람들이 즐겁게 살려면 그런 생각을 버려야 한다. 빚진 감정을 잊어버려야 하는 것이다. 쾌락은 사람들을 그 자신에게 가둬 두면서 하나님께로부터 온 것들을 잊어버리게 한다. 여기서 우리는 신앙인들이 종종 한탄하는 소리를 상기하게 되는데, 그들은 행복한 순간에는 하나님 생각이 도무지 나지 않는다고 하는 것이다.

이 두 가지 주제, 즉 순수성에 대한 향수와 도무지 해결할 수 없을 것 같은 빚진 감정에 대한 감각은 모든 종교 문제의 본질에 속한다. 그래서 강박신경증 환자들이 품는 의문의 핵심을 뚫고 들어가면, 그들은 순수한 것과 더러운 것, 쾌락과 빚진 감정이라는 이율배반에 부딪히게 되며, 그 모순은 그들을 신경증적인 고통보다 더 깊은 고뇌 속으로 몰고간다. 그런 모순은 그들에게 어떤 일을 하지 않을 수 없게 하고, 그 과정에서 그들이 가진 종교적 확신의 본질을 규명해야 내적 인격을 발달시킬 수 있다. 여기서 우리가 이 책의 첫 번째 장에서 말했던 사실을 확인할 수 있다. 정신치료의 절차는 그 사람의 종교적 전거(典據)를 건드리지 않을 수 없다. 정말이지, 정신치료는 신경증을 유발시키는 환자의 신앙을 뒤흔들고, 그가 새롭게 옮겨갈 수 있는 기반을 마련해 주며, 알 수 없을 듯한 양가적인 말들을 던지면서 그들이 거기에 대해서 억압하든지 저항하게 하는 것이다. 한 마디 더 덧붙이자면, 정신치료는 사람들이 무의식적으로 사용해 왔던 종교적인 의미를 드러낼 뿐만 아니라, 종교 영역에 있던 이율배반을 폭로하고 올바른 신앙을 통하여 그것들을 극복하고 하나님과 살아있는 관계를 맺을 수 있게 하는 것이다.

정신치료는 병적인 죄의식과의 관계에서 진리에 이중적인 방식으로 접근한다. 먼저 정신치료는 사람들이 억압한 것들로부터 쾌락을 누리려는 욕망의 표상들을 벗겨 내고, 거기 연결되어 있는 죽이고 싶도록 미워하는 마음을 드러낸다. 그다음에 치료는 진정한 종교적 의미를 열어 보이고, 그것이 전체적인 상황 속에서 다시 살아 움직이게 하며, 분명하게 드러나는 것들이 모두 믿을 만한 것은 아니라는 사실을 일러 주면서, 종교적 의미 그 자체가 무엇인지 들여다보게 한다. 왜냐하면 신경증에서 종교적 의미는 종종 무의식적인 갈등을 덮어 버리고, 갈등 역시 종교적 의미를 모호하게 만들기 때문이다.

그러므로 정신치료 과정에서 '모든 것을 말하는 것' 과 종교생활에서 하는 참회의 고백을 동일시하는 것은 잘못된 일이다. 죄의 고백은 본질적으로 그 자신과 하나님을 일치시키겠다는 참회인 것이다. 신경증에서도 그런 일치가 이루어지는데, 그것은 맨 마지막에 종교적인 의미와 무의식적인 표상들이 뒤얽혀 있던 것들이 풀리면서 생긴다. 미셸 푸코(M. Foucault)가 그랬듯이, 정신분석을 죄의 고백의 연장선 위에 놓고 생각하는 것은 무의식의 표상들을 주체가 받아들이기 거부한 지식이나 잘못된 신앙처럼 생각하는 것이다.[11] 그런데 정신치료 과정에서 성에 대한 '담론을 하는 것' 은 의료행위의 권위를 이용하여 성욕을 통제하려는 것이 아니다. 오히려 그것은 신경증 환자들이 자기 자신도 알지 못하는 동기에 의해서 스스로를 통제하려는 것으로부터 성욕을 해방시키는 효과가 있다. 거기에는 '알려는 어떤 동기' 도 없다. 왜냐하면 신경증에는 무

11) M. Foucault, *Histoire de la sexualité*. Tome I, *La Volonté de Savoir,* Paris, Gallimard, 1976. p. 91.

의식적으로 아무것도 알려고 하지 않음으로써 인간의 실존으로부터 모든 충동을 제거하려는 기제가 들어 있기 때문이다. 정신치료에서 중요한 것은 언어를 통하여 비밀이나 성 이론들을 늘어 놓는 것이 아니다. 신경증에서 성욕이나 사람들을 죽일 것 같은 폭력성은 언어가 그 존재를 별로 인정하지 않아서 멀리 떨어져서밖에는 파괴력을 드러내지 않기 때문이다. 종교언어가 인간의 의미의 영역에서 사람들이 가진 본능을 배제시키려고 한다면, 그것은 근본적인 부채감과 잘못을 분리시키고, 진정으로 심판하는 하나님과 박해하는 고약한 하나님을 분리시킴으로써 종교가 본래 가진 의미부여의 능력을 잃게 하는 것이 되고 만다.

종교적인 강박신경증에 대한 분석이 제대로 이루어지려면, 그것은 모든 강박신경증에 있지만 특히 여기서 문제가 되는 종교적인 의미가 가진 특성을 고찰해야 한다. 예를 들면, '완벽주의' 에서 무의식적인 바리새주의의 측면을 고찰하고, 도덕적인 피학대음란증에서도 의례주의의 측면을 고찰해야 하는 것이다. 우리는 그것들에 대해서 집단신경증을 다루면서 살펴볼 텐데, 그 이유는 그것들이 의식과 무의식의 경계선에 위치해 있어서 어떤 종교적인 상황에서는 병적인 죄의식을 불러일으키는 데 지배적으로 작용하기 때문이다.

4. 부록: 고약한 강박관념

아주 고약한 강박관념이란 강박신경증의 증상에서 정신병적인 구조가 언뜻 나타나고, 그것이 확인되는 질병을 말한다. 다음에서 말하는 한 가지 예는 정신병적인 강박관념과 신경증의 차이점을 보여 준다. 어떤 사색적인 여성 수도자는 떨쳐 버릴 수 없이 반복되는 의심과 괴이한 행동 때문에 정신과 진료실에 찾아왔다. 그녀의 뻣뻣한 몸과 고정되어 있고 구슬퍼 보이는 눈초리는 충격적이었다. 그녀는 곧 자신의 문제에 대해서 이야기했는데, 그녀는 복음서의 내용들을 철저하게 지키려고 했지만 그것이 불가능했다고 말하였다. 그녀는 그 어디에서나, 또한 한 번도 가난과 순종과 고행을 전적으로 수행하지 못했다고 하였다. 그녀의 소명은 진정한 소명이 아닌 듯하였다. 그녀의 선택은 우연한 것이었고, 그녀는 결혼할 수도 있었기 때문이다. 그 증거로서, 수녀원에 들어오기 전 그녀는 어떤 남자를 만났었고, 그에게 사랑을 느꼈으며, 그가 그녀에게 청혼했다면 그녀는 결혼할 수도 있었다. 또 복음적인 삶을 살려면 수도생활이 필요할 것이라고 생각했지만, 그녀는 또 다른 가능성을 발견했다. 그녀가 자신의 소명에 대해서 의심을 품기 시작했던 것은 그녀가 선교를 위해서 다른 나라에 가서 미사를 마친 다음 '카르멜(Carmel)회' 에 대해서 들은 다음이었다. 그때까지 그녀가 카르멜 회에 대해서 아는 것이라고는 그 전 해에 그녀가 읽은 리지외의 성녀 테레사에 관한 어렴풋한 기억 이외에는 거의 없었다. 그러므로 '카르멜' 이라는 말이 리지외의 성녀 테레사로부터 오는 것이 아니라면, 하나님으로부터 오는 공적인 명령이 틀림없는 것이라고 그녀는 생각하였다. 카르멜적인 삶을 살려는 선택은 그녀 자신이 한 것이 아니라, 진정한 소명에 대한 그녀의 응답이라고 생각했던 것이다. 하지만 그녀에게는 완전히 복음적인 삶을 사는 것이 불가능한 듯이 보였다. 더구나 복음적인 요청은 모순된 것이기도 하였다. 결국 문제는 한편으로는 그녀의 삶에서 어떻게 순종과 신실성을 통합시키는가 하는 것과, 다른 한편으로는 그녀의 장상들도 허락하지 않는 전적인 가난과 자비를 어떻게 실행하는가 하는 문제였다. 그렇다면 명상과 자비라는 서로 화해될 수 없는 이 두 가지 요청을 어떻게 동시에 따를 수 있을 것인가? 또한 그녀는 어떻게 두려워하지 않고 최후의 심판을 맞을 것인가? 하는 생각이 떠나지 않았다. 그러다가 그녀는 그녀가 선교 사역을 하는 가운데서 일을 제대로 처리하지 못했다는 것을 알고 있었고, 그녀가 했던 실수와 이상한 행동들 때문에 소환되리라고 생각하였다. 그러면서 그녀는 일이 그렇게 된 것에 대한 이유를 부분적으로는 그녀의 태만 때문에, 그러나 전적으로는 복음서에 있는 모순에서 비롯된 풀 수 없는 갈등 때문이라고 생각하였다. 또한 그녀는 수녀원에 들어오기 전 어떤 여자친구와 '짙은 감정적인 관계' 에 있었지만, 그것이 죄라는 사실을 알지 못했다고 고백하였다. 그녀가 그것이 죄라는 사실을 깨달은 것은 수녀원에 들어와서 3년째 되는 해에 있었던 도덕신학 시간이었다. 그때 그녀는 불안을 심하게 느껴서 그것을 고백했고, 고해성사 시간마다 사책하였다. 그런데 요즘에는 그것 때문에 불안하지는 않다고 말하였다.

우리는 이 헛수고 같은 예에서 보편적인 의미나 생각을 벗어나는 것들과 종교적인 허구 속으로 도망가는 감상(la sentimentalité) 밖에 보지 못하지만, 신경증에 관한 가설은 말할 수 있을 것이다. 이 경우 강박신경증에서 볼 수 있는 증상들이 보이는데, 그것들은 똑같은 것을 자꾸 곱씹는 버릇, 지극히 예민한 양심, 결정을 내리지 못하는 태도, 하나님의 심판을 두려워하는 불안 등이다. 하나님이 기적처럼 음성을 직접 들려주시면서 그에게 전할 것이라는 소명에 대한 생각은 자연히 종교적인 망상의 핵심을 떠올리게 한다.

그런데 강박신경증은 우리가 그 심리적인 맥락을 유심히 살펴보면 어떤 특별한 의미를 보여 준다. 위에서 말한 인물은 아무것도 할 수 없는 듯이 보인다. 그녀는 자신이 병에 걸렸다고는 전혀 생각하지 않는다. 그녀는 매우 단조롭게 자신의 소명에 대한 의심을 반복하고 있으며, 모순되는 요청과 도저히 완벽하게 만족시킬 수 없는 불가능 앞에서 당황하는 모습을 반복해서 보인다. 그녀는 사태를 좀 더 명료하게 볼 수 있도록 도움을 청하는 듯하다. 사실 그녀는 그녀와 관계된 모든 것들을 소홀히 하면서 시간과 공간을 벗어나 다른 것들과 단절된 채 그녀의 생각 속에 갇혀 있는 것이다. 말하자면, 그녀는 명료하지 않은 생각의 안개 속에 영원히 삼켜진 것이다. 그녀의 정신 상태와 감정의 상태에는 아무 변화도 없다. 그녀는 다른 사람들과 만날 때 마음속에 따뜻함을 전혀 느끼지 못하고, 말을 할 때도 음조의 변화가 없으며, 그녀의 감정을 표현하는 동작도 찾아볼 수 없다. 하지만 거의 미이라같이 경직된 그녀의 몸은 그녀에게서 깊은 불안이 그녀를 거의 죽음의 경지로까지 몰아넣고 있다는 사실을 보여 준다.

그녀가 이렇게 심각한 병증을 보이기 전에 강박적인 증상들을 보였다는 사실은 의미 있는 일이다. 그녀는 동성애적인 관계를 맺은 다음 그것을 고백해야 한다고 심각하게 불안해하고 걱정했으며, 시시콜콜한 것들까지 반복해서 고백해야 한다고 강박했던 것이다. 그 후 그녀는 무가치감과 무력감에 빠져서 헤어나지 못했는데, 그 느낌은 그녀의 자기 이미지 형성에 영향을 미쳤다. 기독교 복음이 서로 반대되는 명령을 내리기 때문에 이 세상에서는 악의 운명론이 자란다. 우리는 위에서 말한 예에서 하나님이 불가능한 요청을 한다고 하나님을 고발하는 양가감정을 찾아볼 수 없다. 그녀는 하나님에게 율법에 관해 물으면서 전혀 유연성을 보이지 못하고 있으며, 심판을 피할 수 없다는 생각에 당황하기만 하였다.

그녀의 병에는 서로 반대되는 두 개의 축과 더불어 정신분열이 있었던 것이 틀림없다. 자기애와 지나친 겸양이 있는 것이다. 정신병적인 자기애는 모든 것을 드러낸다. 그녀는 자비로워야 하고 가난한 사람들을 돌보아야 한다는 의무감에 사로잡혀서, 그녀에게 맡겨졌지만 이제 더 이상 가능하지 않아 생각으로만 이루어지는 시점에서도, 모든 관심을 극도로 가난해야 한다는 걱정에 쏟아 부었던 것이다. 우리가 살펴보았던 종교적 망상의 핵심에는 그녀가 보이는 침울한 침묵과 하나의 생각에 매달려 있는 편집증적인 반성의 뒤에는 그것이 궁극적으로 어떤 결과를 낳을지 하는 생각을 분명하게 드러낸다. 그녀는 특별히 부름을 받았다고 느꼈던 것과 달리, 그녀의 삶은 점점 더 비열한 이기주의에 빠져들었다. 아무것도 소유하지 않고, 자신의 의지도 가지지 않았으며, 그것들을 무화시키려고 몸과 마음까지 주면서, 아무것도 바라지 않으려는 근본적인 욕망은 결코 개인적인 의지가 아니었다. 그것은 그녀에게 지워지고, 그녀가 받아들여야 하는 필요성이었다. 몸을 배제하는, 그녀 존재의 경직성은 그것을 증언한다. 그녀에게 있어서 몸은 죽음을 가져오고, 감염시키는 악이었다. 우리는 여기에서 폰 겝자텔(V. E. Gebsattel)[12]과 스트라우스(E. Strauss)[13]의 분석을 생각하지 않을 수 없다. 그녀에게서 몸의 세계는 구역질과 공포의 세계, 시체가 썩는 것 같은 반(反)-세계였으며, 본질적으로 더럽고 비열한 범죄

12) V. E. Gebsattel, *Prolegomena einer medizinischen Anthropologie,* Berlin, Springer, 1954. p. 74 s.

13) E. Strauss, *On Obsession,* New York, Coolidge Foundation, 1948. pp. 10-15.

의 세계였다. 그녀가 스스로에게 하는 유일한 비난인 그녀의 게으름에서 우리는 정신분열의 수동성에 대한 그녀의 거부를 읽는다. 그녀는 도덕적으로 보이는 게으르다는 단어를 그녀가 정말 죄책감을 느껴서 발음하는 것 같지 않았고, 그렇게 말함으로써 그녀의 무력한 수동적 상태에 주관적인 의미를 부여하려는 것 같았다. 그녀에게 있어서 몸은 죽은 것이기 때문에 그녀는 내성적인 수동성 속에서 살고 있는 것이었다.

강박신경증의 전형적인 증상으로서 그녀가 보이는 두 가지 모습인 복음서의 서로 반대되는 명령에 대한 계속적인 반추와 그것을 종교적으로 수행하면서 나타내는 경직된 태도는 그녀가 붕괴된 현실의 일부분을 간직한 기표(signifiant)를 꽉 붙잡으려는 방식의 하나다. 어떤 사람이 그런 경우에서의 강박관념을 '정신분열을 덮고 있는 이불' 이라고 표현한다면, 그것은 올바른 진단이다. 그 증상들이 신경증처럼 보이지만, 그것은 신경증이 아니기 때문이다. 그때 그것을 신경증 치료처럼 생각하고 치료한다면, 실패하고 만다. 때때로 사람들이 강박신경증을 잘 낫지 않는 끈질긴 질병이라고 말한다면 그 때문이다. 정신치료가 증상에만 초점을 맞춰서 행해질 때, 망상은 더 심해지는 것이다. 왜냐하면 '정신분열을 덮고 있는 이불' 은 여기에서 환자가 그 증상을 통해서 현실의 일부분을 복구하고, 현실감을 완전히 잃지 않도록 구원하려는 수단이기 때문이다. 여기에서 강박관념의 기능은 신경증에서의 그것과 근본적으로 다르다. 우리가 살펴보았듯이, 신경증의 경우 증상은 억압된 본능을 계속해서 억누르려는 전략이었기 때문이다. 강박행동은 이차적인 과정을 사용함으로써 그 충동을 통제하려고 하는데, 그것은 언어의 질서에 속해 있다. 즉, 사람들은 감정을 그것보다 덜 위험해 보이는 표상에 환유적으로 옮겨 놓거나, 증상을 세세한 것들로 펼쳐 놓거나, 삶을 의례화하는 것이다. 그러나 고약한 강박관념의 경우 똑같은 과정은 그보다 훨씬 더 근본적이고 불안한 다른 위험에 대해서 자신을 보호하려는 것으로 나타난다. 그것은 현실감을 상실하여 전적으로 벗어나지 않으려고 하는 것이다. 앞에서 말했던 우리의 환자가 쓸데없이 같은 생각을 자꾸 했던 것도 사실은 사라져 버리려는 세계의 고삐를 다시 붙들고 지키려는 안간힘이었다. 그녀는 가난, 자비, 순종이라는 서로 분리된 단어들을 움켜쥐고 있었는데, 그것들은 절대적으로 받아들이기만 하면 모두 의미 있는 실존을 살게 하는 기호(signe)들이었다. 그러나 그것들은 그녀에게 아무 실제적인 의미도 없는 기호였다. 그것들은 그녀에게 현실세계와 아무 연관도 맺지 못하는 불가능한 명령들로 주어졌기 때문이다. 그러면서 그것들은 처음의 거부를 반복했고, 그녀가 참을 수 없는 공포를 느꼈던 신체적인 실재와의 간극(間隙)을 계속해서 넓혀 갔다. 그러나 그것들은 계속해서 추상적인 기호로 작용하면서 그녀를 그것보다 더 위협적인 불안으로부터 방어하게 하였다. 즉, 그녀의 자아가 현실에서 완전히 소멸되지 않도록 해 주었던 것이다.

이렇게 슬프고 자아중심적인 종교적 담화는 우스꽝스러운 한 편의 드라마의 모습으로 그녀의 존재의 뿌리를 파고 들어가서 그녀의 종교적 실존의 의미를 건드리면서 전개되었다. 그녀는 절대적으로 순수해야겠다는 강박적인 생각과 외설스러운 것들이 드러나면 어떻게 하나 하는 두려움 속에서 지냈던 것이다. 신경증적인 질문들은 이 틈 사이를 뚫고 들어와서 그녀에게 물음을 던지게 하였다. 그러나 이 정신분열병 환자는 이 질문에 올바르게 답변하기에는 너무 이른 나이부터 이 질문에 시달려서 결국은 순수해야 한다는 절대적인 기표와 저주받은 그녀의 육체가 날카롭게 분열될 수 밖에 없었다.

이 경우와 같이 실존의 경계에서 일어난 일을 좀 더 잘 이해하기 위해서 우리는 의도하지 않게 고문을 다룬 실록(實錄, documentaire)을 본 다음, 일시적으로 인격이 분열되었던 어떤 사람의 이야기를 해야 할 것 같다. 그 실록은 '동물들의 잔인성' 에 대한 기록을 방영하다가 갑자기 아마존에서 아메리카 원주민들을 사냥하는 필름을 보여 주었다. 사람들은 수십 명의 원주민들을 땅 위에 때려눕히더니, 그 가운데 한 사람을 붙잡아서 모든 수단, 방법을 가리지 않고 고문하였다. 사람들은 그를 기둥에 묶어서 채찍질을 하고 고문을 하고는 마침내 혀를 뽑아 버렸다…. 이 모든 것은 고함소리와 웃음소리 속에서 이루어졌다. 이 사람은 그 실록을 보고 인간의 근본적인 악에 충격을 받았는데, 그 행동에 대해서는 어떤 심리학적 설명도 불가능한 것이었기 때문이다. 거기에는 보편적인 추악함이 모든 것을 지배하고 있었고, 인간성 전체에 스며들어 있는 것처럼 보였다. 왜냐하면 그 사람들은 다른 사람들과 다를 바가 하나도 없었으며, 범죄를 저지른 다음에도 법의 보호를 받으면서 아내와 아이들을 데리고 지극히 정상적인 삶을 살았기 때문이다. 그 사람은 상영이 끝난 다음에도 경악과 망연자실 속에서 그 방을 떠나지 못했고, 며칠 동안 물건을 만지거나 음식을 먹거나 잠을 자지도 못했으며, 다른 사람들이 그를 쓰다듬는 것도 견디지 못하였다.

그 사람은 자신의 신체가 갈갈이 찢겨져서 구역질이 나는 듯한 느낌 속에서 그 실록의 몇 장면에 사로잡혀서 몇 시간이고 그에 관한 이야기만 하였다. 그에게는 욕망이라는 말처럼 문화를 더럽히는 단어들은 구역질나고, 공허하고, 피상적인 것같이 느껴졌다. 그는 신앙인이 아니었지만, 그 순간 그가 증언해야 하는 것은 종교적으로밖에 그 의미가 다 설명될 수 없다고 생각하였다. 그것은 마니교의 전형적인 이원론으로밖에 설명될 수 없었던 것이다. 그가 조각 조각난 몸을 다시 추스르는 데는 오랫동안의 심리학적 작업이 필요하였다. 그러나 그는 사람들이 보통 견딜 수 없는 악에 대한 기억을 결국 잊어버리고 만다는 사실을 알고 있었지만, 이 세상에 존재하는 이 추악한 현실을 망각할 수가 없었다. 우리는 사람들이 보통 아무것도 알려고 하지 않고 자기기만 속에서 살기를 바란다는 사실을 잘 알고 있다. 신앙인들은 그와 같은 경우, 고통이 극도에 도달했을 때 "아버지, 저들을 용서하여 주시옵소서. 저들은 그들이 무슨 일을 하는지 모르고 있습니다."라고 기도했던 어떤 사람처럼 용서를 함으로써 그 사건에 의미를 부여할 수 있을 것이라고 생각한다. 그러나 그런 경우 용서받지 못한다면, 그 악은 어떻게 속죄받을 수 있을 것인가? 그러므로 우리는 언젠가 용서받아야 한다고 바랄 수밖에 없다.

아리스토텔레스가 '다른 종(種)으로의 이행'이라는 은유로 말한 적이 있듯이, 여기에서도 다른 경우에 쓰인 말이 쓰일 수 있다. 우리가 앞에서 말했던 것과는 다른 의미일 테지만, 악은 도저히 이해할 수 없는 것이며, 도무지 무엇이라고 말할 수 없는 근본적인 무의미다. 악은 평범한 인간의 얼굴에 느닷없이 그 모습을 드러내는 것처럼, 눈에 보이는 실재의 숨겨진 얼굴처럼 나타나고, 모든 몸과 대상들 속에 들어가 이 세상의 비열한 본체처럼 그 모습을 드러낸다. 다른 방식으로 의미를 전달하는 단어들은 은유의 능력과 가치를 잃어버린다. 몸은 해체되고, 언어는 언어 속에 처음부터 내재해 있던 충성스럽지 못한 모습을 드러내는 것이다.

우리의 증인은 정신분열이 아니었고, 의사소통을 하는 세계와 다시 관계를 수립할 수 있었다. 하지만 사람들은 다른 사람들과 같이 살던 세계를 뒤흔들고, 그에게 자살까지 생각하게 했던 경험이 어떤 흔적을 남겨 놓지 않았을까 하는 의심을 하기도 한다. 그러나 편집증적인 정신분열병의 경우, 우리는 이렇게 일찍부터 시작된 망상적인 계시는 환자들을 구체적인 현실과 의미를 가진 언어로부터 결정적으로 분리시켜 떨어뜨려 놓는다고 생각할 수 있다. 그렇게 저주받은 세상에 대해서 D. H. 로렌스(D. H. Lawrence)는 다음과 같이 읊었는데, 이것은 그에게 불안이 엄습할 때 썼던 것이다. "발달하는 것 가운데 그 어느 것도 탯줄처럼 우리에게 묶여 있는 것은 없다. 아니다. 그 줄과 우리 사이에는 깊은 심연이 있고, 그것과 우리는 서로 다른 차원에서 산다. 그대가 할 것은 아무것도 없다. 그대는 그 사이를 이어 주는 고리를 결코 찾을 수 없을 것이다."[14)]

종교적인 내용을 가진 강박신경증 환자들에게 종교가 고치기 힘든 강박관념으로 변환되는 것은 이미 오래전부터 생긴 과정이다. 상당히 긴 시간 동안 그가 하는 종교적 담화를 들어 보면, 그에게서 종교와 강박관념 사이에는 매우 밀착된 관계가 있다는 사실을 찾아볼 수 있다. 그가 말하는 종교적 기표들은 신체적인 현실을 의미 있는 실존과 연결시키지 못하고 있다. 오히려 그가 말하는 것을 들으면 그를 야단치는 저 세계의 메시지만 듣게 된다. 그 메시지들은 그런 단절 때문에 궤도에서 벗어나, 결국에는 하나의 단순한 기호로 변하여 무한하게 깜빡거리기는 하지만, 그들을 현실과 아무 접촉도 하지 못하게 하고 순수함 속으로 던져 버리고 만다.

14) D. H. Lawrence, *Matinées mexicaines,* Lyon, Confluences, 1945. p. 19.

03 죄책감에 의한 집단신경증

옛날이나 지금이나 크든지 작든지 기독교 공동체 가운데서 죄의식, 특히 성적인 문제와 관계된 죄의식에 너무 집착해서 마치 종교적인 강박신경증에 걸린 것처럼 느껴지는 경우가 있다. 우리는 그런 현상들을 말할 때 집단신경증이라는 단어를 쓰는데, 그 단어를 처음 사용한 것은 프로이트였다. 어떤 이들은 프로이트가 그런 종류의 종교를 우리가 지금까지 다루어 왔고 이 장(章)의 마지막 부분에서 더 언급하게 될 이유 때문에 집단신경증이라는 용어를 사용했다는 사실을 기억해야 한다. 그러나 나는 이 단어를 좀 더 제한적인 의미, 특히 어떤 유형의 기독교에 의해서 종교적으로나 병리적으로 왜곡된 경우에만 사용하려고 한다. 왜냐하면 그 경우 메시지들은 자신의 죄를 의식하라고 강조하고, 메시지의 주된 목적 역시 죄와 끊임없이 투쟁하라는 데 초점이 맞춰져 있기 때문이다. 죄에 대한 이런 강조는 사람들에게 이상한 열정을 불러일으켜 그들을 잘못된 길에 빠뜨리게 한다. 또한 기독교의 본래적인 의미체계에 불균형을 초래하고, 신앙의 행보를 경직시키며, 신앙적인 태도를 바꿔 버리기도 한다. 올바른 종교의 기준에서 볼 때, 왜곡된 모습을 보이는 것이다. 그런 현상은 앞에서 우리가 말했던 심리학적인 관점에 비춰 보아도 강박신경증의 병리적인 모습에 가까운 것이다. 하지만 아무리 본능을 심하게 억제하고 불안해할지라도 그것이 종교심을 불러일으키는 무의식적 억압의 영역에 있지 않은 경우도 많다. 그렇다면 어떻게 실제적인 인간의 모습을 이렇게 잘못 인식할 수 있으며, 종교적인 메시지 가운데서 그와 똑같이 본질적인 다른 요소들을 무시하고 어떤 요소들만 두드러지게 강조하는 태도를 이해할 수 있을 것인가? 엄밀하게 말하자면, 신앙을 죄에 대한 강박관념과 지나치게 결부시키는 것이 신경증이라고 말할 수는 없다. 그러나 억압된 것들이 어느 날 우리가 위에서 분석했던 것과 같은 증상을 나타내면서 보복하는 듯이 드러나는 것을 생각한다면 충분히 받아들일 수 있는 일이기도 하다. 그런 문화적 · 종교적 좌표의 병적인 모습은 사람들에게 쓸데없고 무익한 고통을 가져다줄 뿐만 아니라 신경증을 예방하기는커녕 조장하는 경우가 많기 때문이다.

여기서 우리의 판단과 분석은 좀 더 신중해질 수밖에 없다. 그리고 우리는 우리 눈에 일탈로 보이는 현상들을 정당화하면서 기독교를 우리와 다르게 해석하는 사람들의 반대에 부딪치기도 한다. 우리의 연구가 어떤 것이 질병인지를 판정하려는 것이 아니기 때문에, 우리에게 있는 기준은 삶에 변화를 가져오는 신앙과 질병으로의 전이 사이의 확실한 경계선을 추적할 수는 없다. 우리가 여기에서 하려는 것은 집단신경증을 구성하는 요소들 사이의 관계를 관찰하는 것과, 그것을 고찰할 수 있는 심리학적이고 종교적인 도구를 마련하는 것이다.

1. 의심스러운 충동과 억압된 충동

대부분의 사람들은 여러 가지 책이나 그동안의 종교 교육이 성(性)을 배제하고 폭력을 억압하는 방식으로 자기 자신과 싸우고 절제하는 것을 찬양해 왔다고 기억한다. 특히 성욕에 대해서는 준엄한 불신이 내려져 왔다. 그래서 사람들은 신앙에 의한 성실성과 지혜의 실천 과정에서 자신의 양심을 성찰하면서 자기 자신을 들여다보고 성적인 공상을 몰아내고, 자기가 육체적인 충동과 야합하는 것을 엄하게 경계한다. 어떤 집단에서는 성의 문제에 관한 한 그 어떤 작은 죄도 있을 수 없다는 도덕주의적인 생각이 신학적 전통의 권위를 물려받아서 엄격하게 적용되기도 한다. 그 어떤 상상에 의한 동조도 죄라고 낙인찍히는 것이다. 그래서 우리는 어떤 때 자기가 성적인 이미지에 사로잡혀서 죄를 지었는지 찾아내려고 양심의 고통을 겪는 사람들의 모습을 충분히 상상할 수 있다.

성에 관해서 이렇게 과도하게 죄의식을 강조하는 태도는 그것 자체가 진정한 신경증이 아니라면, 사람들의 양심에 의심과 불안을 자아내게 하는 역설적인 이중구속이 된다.[1] 두 가지 태도와 두

1) 그레고리 베이트슨(Gregory Bateson)이 정신분열증 환자에게서 특징적으로 나타난다고 주장했던 이중구속적(double bind) 상황은 막다른 골목에 닥친 것 같은 신경증 환자의 역설적인 갈등에서도 똑같이 해당되는 듯하다. P. Watzlawick, J. Helmick-Beavin, D. Jackson, *Une logique de la communication* (tr. fr. *Pragmatics of Human Communication*, New York, Norton & Cy, 1967), Paris, Seuil, 1972. pp. 187-232.

가지 언어 사이에 심각한 모순이 있을 때, 죄책감이라는 타협의 산물을 낳을 수밖에 없는 궁지에 빠지게 되는 것이다. 한편, 교육자들은 성에 관한 모든 언어는 성을 항상 현존하게 하고 의미 있게 한다는 사실을 잘 알고 있다. 그래서 사람들은 성에 관해서 말을 하지 않음으로써 성을 실재하지 않게 하려고 노심초사해 왔다. 사람들은 성에 관한 아이들의 호기심에 대답하지 않았으며, 어쩔 수 없이 설명할 때에도 성에 관한 것들을 그 이름으로 부르지 않으면서 말했던 것이다. 다른 한편, 이렇게 침묵을 지키면서 성에 관해서 부인(dénégation)하는 것과 달리, 사람들은 도덕적인 담론을 할 때는, 세세한 것들까지 검사하도록 자극한다. 그때 성은 사람들의 양심에 커다란 수수께끼같이 달라붙게 되고, 죄라는 이름의 강력한 힘을 가진 어두운 형상으로 변하게 된다. 그리하여 이 기억들은 사람들의 마음에 상처를 주면서 '죄(péché)'라는 이름으로 무거운 짐을 지우게 한다.

기독교인들이 성에 대해서 강박관념을 가지게 된 데에는 여러 가지 원인이 있다.[2] 수도원 전통은 모든 신앙인들에게 동정(la virginité)에 대한 이상을 고취시켰고, 법률가들은 도덕에 대한 생각을 주입시키면서 엄격한 금지 규정을 만드는 데까지 나아가게 하였다. 영육 이원론과 결합된 합리적인 철학은 의심할 나위 없이 영(靈)은 사회적 목적을 위해서 육(肉)을 지배하고 육을 이용하는 도구로서의 육체(corps-instrument)라는 사상을 진작시켰는데, 이 경우 육체는 출산을 위한 도구로서만 의미 있게 된다. 또한 우아함을

2) M. Foucault, *Histoire de la sexualité*. Tome I. *La Volonté de savoir*, Paris, Gallimard, 1976. pp. 25-30.

강조하는 문화는 육체적인 것들을 멸시하고, 그것들이 자연스럽게 나타나는 것을 막았다.[3] 문화의 표면에 있는 이 모든 요인들은 무의식에서 작용하는 것들 속을 파고들게 하였다. 그래서 사람들에게 성욕은 무의식적인 기억에 흔적을 남겨 놓는 갈등들과 초기의 억압들을 통해서 밖에는 형성되거나 변환되지 않는다. 그래서 순수한 열락의 정원(庭園)에 관해서 선포하는 그 어떤 예언자도 인간의 성욕이 왜곡된 양심의 그림자 없이 전개될 수 있다고 말하지 않을 것이다.

사람들이 성욕에 대해서 죄의식을 과도하게 강조하면 병리적인 결과를 낳을 수밖에 없는데, 그것은 특히 성욕이 무의식적 관념들과 결부되고 반작용을 일으킬 때 더 그렇다. 더구나 부모가 자신의 욕망과 관계된 삶을 제대로 누리지 못하거나, 그들의 명령과 금지가 죄의식에 관한 종교적 분위기를 부추기면 신경증을 더욱 잘 일으키게 된다. 더 일반적으로 말하자면, 죄의식을 강조하는 풍조는 사람들에게 감정적인 삶을 불신하게 하여 빈약하게 만들고, 창조력을 질식시키며, 사람들의 실존을 더 어둡게 한다. 특별히 우리의 주제와 관련시키자면, 그런 풍조는 무엇인가를 두려워하고 자꾸 피하게 하는 종교적 삶의 스타일을 조장하고, 종교를 문화적인 것들과 분리시키게 한다.

사실 성욕을 억제하고 부인하는 태도는 부분적으로 인간의 모든 충동들을 제한해서 생각하는 성향과 결부되어 있다. 그런 맥락에

3) 엘리아스는 예절의 법칙에 대한 연구를 통해서 사람들은 르네상스 이래 육체와 육체적인 표현에 대해서 거리를 두었다고 주장하였다. N. Elias, *La Civilisation des mœurs,* Paris, Calmann-Lévy, 1973. trad. *Ueber den Prozess der Zivilisation,* 1939.

서 볼 때, 공격성 역시 똑같이 강력하게 배제되는데, 성욕을 경계하는 태도가 더 용의주도하게 이루어지고, 그에 관한 이야기들이 더 많은 상상력을 불러일으킨다. 하지만 모든 공격성을 비난하는 교육은 좀 더 조용하게 사람들에게 죄의식을 심어 주고, 그에 따라서 사람들에게 좋지 않은 영향을 끼친다.[4] 그런 교육은 종종 인간 정신의 역동적인 원천으로까지 내려가는데, 그 이유는 인간의 모든 행동을 펼치는 데 필요한 본질적인 힘인 자제(自制)하는 본능이 상처 받기 때문이다.

성욕과 공격성에 대해서 죄의식을 가지게 하는 것은 본능적인 것이다. 집단적인 신경증의 경우 본능은 좀 의심스러운 것이다. 어떤 것을 보았을 때 즉시 야만적이고 모호하며 위험하게 느껴지면, 사람들은 그 앞에서 긴장하고 그것을 바로잡으려고 한다. 슈레버(Schreber) 판사[5]의 아버지는 슈레버가 그의 몸에 대해서 경계하게 했는데, 그것은 나중에 그를 자신의 몸과 완전히 분리되게 하였고, 수많은 상상의 조각들을 불러일으키게 하였다. 그러나 죄의식에 대한 강조는 폭력성과 본능적인 쾌락의 둘레에 그것들을 억제하는 도덕의 울타리를 만들지, 결코 그것들이 문화적인 작업을 하도록 이끌어 가지 않는다. 사람들이 성욕을 그렇게 의심스럽게 여기는 것은 성욕이 사람들의 입장에 따라서 가장 예민하게 드러나기 때문이다. 쾌락을 추구하는 욕망인 리비도로서 성욕은 그 자신의 본래적인 실존을 주장하려고 한다. 죄의식에 대한 강조는 삶의 모든

---

4) F. Dolto, "Comment on crée chez l'enfant une fausse culpabilité", *Trouble et Lumière. Études carmélitaines,* Paris-Bruges, Desclée De Brouwer, 1949. pp. 43-56.

5) S. Freud, *Malaise dans la civilisation,* Paris, PUF, 1971. p. 98.

영역에서 자율성에 대한 열망을 억압하는데, 죄의식이 특히 억압하는 것은 성욕, 공격성, 사상의 자유에 대한 자율적 열망이다. 그러므로 성욕과 폭력성의 억압은 한군데로 모인다. 더구나 성욕이 사람들에게 죄의식을 더욱 내면화시키는 것은 성욕이 위반될 때 공격성도 같이 위반되기 때문이다. 죄책감은 본래 외부세계로 나갔던 공격성이 자기 자신에게로 되돌아오고, 사랑과 우정의 관계가 깨진 것으로 경험될 때 생긴다. 그래서 성욕과 공격성을 이중적으로 억압하는 것은 매우 해롭다. 그것은 정신 안에서 모든 본능적인 삶을 정죄하기 때문이다.

모든 교육은 세심한 작업이다. 그런데 본능은 그 자체로 무규범적이고 공동생활을 하는 데는 잘 맞지 않도록 요청하는 것이 너무 많다. 모든 문명은 프로이트가 '문화를 위한 거부'라고 부른 것을 지불해야 하는 것이다.[6] 언어생활에 참여하는 것은 이미 본능을 규칙적인 원리에 따르도록 하고, 무엇인가를 거부하면서 내적인 거리를 두었다는 사실을 의미한다. 사람들이 보편적인 기호의 질서로 나아가는 것은 모든 것을 정신적인 작업 아래 둔다는 것을 의미한다. 다른 사람을 존중하고 진리의 탐구나 인간성을 탐구하는 작업에 종사하는 일은 얼마나 더 인간성의 깊은 변환을 요구하는 일인가? 문화와 본능 사이의 긴장은 언제나 철학자들의 관심을 사로잡아 왔다. 하지만 철학자들은 진리나 타인과의 존재에 대한 질문에 주의를 기울이면서 종종 인간이 가진 열정에 불신을 표시해 왔다. 그들이 비록 플라톤처럼 인간의 열정(le thumos)에는 이성(理

6) 눈과 귀가 멀었던 헬렌 켈러의 이야기는 이 사실을 잘 드러내고 있다. J.-B. Pontalis, *Après Freud*, Paris, Aubier, 1965. pp. 349-366.

性)에 용기를 북돋워 주는 힘이 있다고 했음에도 불구하고 말이다.[7] 인간의 본능이 가진 걱정스러운 수수께끼는 바로 거기에 있다. 리비도뿐만 아니라 자제하려는 본능 역시 그들을 다른 사람들과 이어 주는 생명력이며, 그들이 자신의 내면에 있는 호전적인 힘을 극복하고 문화적으로 창조적인 것들을 살려내게 하는 것이다. 그러나 동시에 충동은 사랑이나 문화가 이룩해 놓은 것들과 반대된다. 행복에 대한 인간의 꿈을 좌절시키는 이 모순에 대한 증언을 프로이트는 결국 죽음의 본능이라는 이론에서 찾았는데, 그것은 삶의 본능과 반대되는 짝이다. "사람들 속에 있는 공격성이라는 본성적인 충동, 모든 사람에 대한 각 사람들의 호전성과 모든 이들의 각자에 대한 호전성은 문화의 이 과제와 반대된다. 이 공격성은 죽음의 본능의 중요한 표상이자 부산물인데, 우리는 그것을 에로스 곁에서 찾을 수 있고 에로스와 더불어 이 세상을 지배하는 데서도 볼 수 있다."[8] 죽음의 본능은 조용하고 기만적이어서 그대로 나타나거나 모든 사람들이 알아볼 수 있게 나타나는 법이 없다. 그것은 삶의 본능 속에 침투해 있거나 감춰져 있다. 이 사실은 프로이트의 생각이 낙관적인 것이 아니라는 점을 보여 준다. 그러나 그는 삶의 본능을 갉아먹고 왜곡시키는 죽음의 힘을 꿰뚫어 보았음에도 불구하고, 그 본능이 가진 긍정적인 특성을 인식하게 되기를 바랐다. 왜냐하면 그 역시 그 힘들 때문에 일하며 창조하기 때문이다. 종교에 대한 그의 양가적인 평가는 그가 본능과 문화 사이의 쉽지 않은 결합에 대해서 다양하게 판단했던 것과 직접적으로 관계된다. 하

7) P. Ricœur, *Finitude et Culpabilité,* vol. I, *L'Homme faillible,* Paris, Aubier, 1960. pp. 122-142.

8) S. Freud, *Malaise dans la civilisation,* Paris, PUF, 1971. p. 57.

나님이 아버지임을 주장하고, 하나님의 이름도 부르지 말며, 하나님에 대한 표상을 만들지 못하게 하는 모든 금지는 문화를 위한 가장 강력한 거부다.[9] 하지만 그와 결부된 죄의식과 하나님에 대한 복종은 인간을 위축시키고, 생명의 가치를 저하시킨다.[10] 다른 한편, 어떤 사람들은 사랑을 종교적으로 승화시키면서 문명의 목적을 실현시켰다. 본능을 변환시키면서 행복을 찾았던 것이다. "왜냐하면 쾌락원리와 종교는 사람들이 자아와 대상들 및 대상과 다른 대상들 사이를 제대로 분화시키지 못하는 이 먼 영역에서 잘 결합될 수 있기 때문이다."[11] 프로이트는 종교 속에서 사람들이 생명의 힘에 참여하는 것을 인정하였다. 그러나 종교적 승화의 결과로 나타나는 원수에 대한 사랑이라는 복음의 계명은 프로이트가 결코 받아들이려고 하지 않았던 한계였다. 왜냐하면 사람들은 그런 사랑을 할 만하지 못해서, 그 계명은 모순이고 위험하기까지 하기 때문이다. 그 이유에 대해서 프로이트는 사람 속에 있는 죽음의 본능은 사람들을 다른 사람에 대해서 늑대로 만들기 때문이라고 설명하였다.[12] 근본적으로 그 복음적 계명은 종교가 처음에는 지켜 나가고 확산시키는 듯이 보였던 삶의 본능을 부식시킨다는 것이다. 프로이트는 이렇게 승화의 가치와 문화를 위한 거부를 주장하거나 생명을 유지하는 데 필요한 본능을 주장하는 데 따라서 종교에 대해서 긍정적으로 평가했다가 부정적으로 평가하였다.

본능의 삶에는 뛰어넘을 수 없는 양가성이 지배하고 있다. 본능

9) S. Freud, *Moïse et le Monothéisme,* Paris, Gallimard, 1948.

10) S. Freud, *Malaise dans la civilisation,* p. 31.

11) S. Freud, *Malaise dans la civilisation,* p. 53.

12) S. Freud, *Malaise dans la civilisation,* p. 47.

적인 생명은 문화적 창조와 종교의 원천이며, 생명력과 관계를 맺는 동력으로 작용하지만 동시에 악의 힘이 되기도 한다. 문화를 존속시키는 데 필요한 본능의 변환은 언제나 모호하고 위험에 가득 차 있다. 또한 종교가 위험한 것은 그것이 죽음에 대한 승리를 보장하기 위해서 생명을 약화시킨다는 데 있다. 본능에 대한 종교의 불신을 알기 위해서 우리는 죽음의 본능이 종종 죽음에 대한 공포를 이용한다는 심리학적 경험을 상기할 필요가 있다. 이 점에 있어서 복음서의 지혜는 정신병리학의 지혜와 일치한다. 예수님은 역사의 장에 가려낼 수 없을 만큼 뒤섞인 알곡과 가라지의 비유를 통해서 종교적인 청교도주의를 비판하고, 인간의 삶과 종교적 업무에 선과 악이 모호하게 혼합되어 있는 것을 존중하라고 가르쳤다.[13)]

본능에 대한 죄의식의 강조는 복종이라든지, 체념이라든지, 겸손과 같은 수동적인 덕성을 찬양하게 하는데, 이 단어들은 모두 매우 모호한 단어들이다. 장인(匠人)이나 예술가나 과학자들 역시 자연의 법칙과 언어의 법칙에 복종한다. 그리고 교만은 보편적으로 고약한 것으로 생각된다. 그러나 순종만 일방적으로 강조하면 주도적인 정신을 죽이게 되고, 체념을 이상화시켜서 기쁨을 찾는 마음을 고갈시키고 약화시키게 된다. 또한, 겸손만 칭송하면 창조력을 마비시키게 된다. 그래서 그러한 집단신경증은 도덕적 전도(顚倒)의 원인이 열정에 있다고 하며, 열정이 신앙과 반대되는 것이라고 비난하면서 열정이 할 수 있는 것들을 모두 막아 버린다. 불의한 청지기의 비유는 우울하고 치명적인 색조를 지닌 죄의식에 정

---

13) 마 13:24-30. 가라지의 비유.

반대되는데, 그 비유는 유머러스하게 적극성이 지닌 덕목을 칭송한다.[14)]

우리는 개신교회에서 본능에 대하여 더 불신적인 태도를 보이는 것이 개신교 국가의 국민들에 비해서 가톨릭 국가의 국민들에게 비교적 주도성이 약한 것에 대한 이유의 일부를 차지하지 않는지 자문하게 된다.[15)] 물론 일반적인 상황은 훨씬 더 복잡하고 역설적일 것이다. 그러나 인간의 본성이 근본적으로 훼손되지 않도록 보호하려는 가톨릭교회의 생각이 때때로 사람들을 더 무기력하게 만드는 동안 종교적으로 더 비관적인 개신교회의 태도는 사람들에게 기업가적 열심을 더 내게 하기도 한다. 이 모든 것들은 어쩌면 교회를 매우 엄격한 정신의 틀 속에 집어넣으려 하고, 탐구하려는 대담한 정신이나 위험을 무릅쓰는 주도성보다는 가치들을 보존하기를 더 장려했던 로마의 유산이 아닌가 하는 생각이 든다. 그렇지 않으면 우리는 막스 베버(Max Weber)처럼 신학적 운명론은 그 반대편에 정복적인 기업가 정신을 자극하지 않았는가 하고 생각해 보아야 한다.[16)] 더구나 가톨릭 정신은 모든 종류의 인간적인 동경(憧憬)에 타협적인 태도를 보여 왔고, 민중의 종교적인 예배는 물론 신비적인 추구도 동시에 해 왔다. 인간의 본능에 대한 불신은 아마 개신교회나 가톨릭교회에서 서로 다른 방식으로 했던 것이 아닌가 생각된다. 가톨릭교회는 사랑의 시(詩)를 호의적으로 받아

14) 눅 16:1-13. 불의한 청지기의 비유.

15) A. Peyrefitte, *Le Mal français,* Paris, Plon, 1976. pp. 175-188, 382-387.

16) "Asketischer Protestantismus und kapitalistischer Geist", *Soziologie, Weltgeschichtliche Analysen, Politik,* Stuttgart, Krönerverlag, 1956. pp. 357-381.

들인 적도 있었고, 때때로 그것들을 엄격하게 심사하기도 하였다. 이에 비해서 종교적으로 더 비관적이었던 개신교회는 사람들에게 주도성과 정복욕을 고취시키면서 본능을 영적으로 승화시키려고 했는데, 그것은 옹색한 작업이었다. 어쨌든 기독교는 모든 사람들이 하나님과 사람 앞에서 잘못이 있다고 증언하며, 회심(la conversion)으로 부르고, 인간의 삶에 믿을 수 없고 억제해야 하는 죄의식을 짊어지게 하였다.

2. 완전에 대한 자기애의 역설

강박관념에 의한 신음소리를 도처에 울려 퍼지게 하는 주제가 있는데, 그것은 많은 사람들이 완벽주의 때문에 고통받기 때문이다. 그들은 모든 것을 완전하게 해야 한다고 생각하면서 그들에게 주어진 과제 앞에서 기진맥진하게 된다. 결코 완벽하게 할 수 없는 일들은 그들을 불안하고 불편하게 만든다. 그들은 한편으로는 모호한 내적 의무감 때문에 항상 모든 것을 좀 더 잘해야 한다고 생각하고, 다른 한편으로는 그들의 어깨 너머에서 그들의 정체를 밝히고, 그들이 잘못한 것들에 주의를 기울이라고 촉구하는 익명의 눈초리를 의식한다. 그러나 그들이 언제나 이 이중의 법정에 소환되었다고 느끼는 것은 아니다. 그들은 오히려 일이 잘못될 것을 미리 예견하고, 그의 관심을 의식적인 것들에 돌려놓음으로써 나중에 그가 그렇게 했기 때문에 잘못되었다고 변명한다. 예를 들어, 어떤 사람이 억양이나 음조까지 아주 완벽하게 말을 하려고 했지만 실제로 말을 할 때 머뭇거렸다면, 그는 그것이 말을 잘하지 못하는 사람이 너무 잘하려고 했기 때문에 그런 것이라고 변명할 것이다. 그러므로 사람들은 잘하려는 의지를 잊어버릴 줄 알아야 한다. 그것은 언제나 잘못되게 하는 수수께끼 같은 원인이기 때문이다. 사실 그는 잘 알지 못하지만 그가 처음에 가졌던 걱정은 그를 지배하고 잘하려는 그의 의지의 원천이 된다. 그는 자신의 내면에서 잘해야 한다는 메아리를 듣고, 그의 말을 듣는 사람들의 얼굴에서 찬사를 읽으려고 한다. 그리하여 사람들은 요구하는 것이 많은 완벽주의 앞에서 변변찮은 자리로까지 떨어진 귀족이 된 듯한 느낌을 가지게 된다.

억압된 리비도는 그 자신을 과장된 이미지 속으로 끌고 들어가는데, 그 이미지는 사람들이 그의 앞에 거룩한 형상으로 가져다 놓은 것이고, 그들을 찬양하는 이들의 눈 속에서 그들이 보려는 모습이다. 말하자면 그것은 스스로 통합된 듯이 생각하려는 자신의 모습을 비춰 주는 거울인 것이다.

죄의식을 강조하는 태도는 사람들에게 한편으로는 의식적인 동기를 강화시키고, 다른 한편으로는 그것을 숨기면서 폭군적이고 자기애적인 완벽주의에 의식적인 동기를 덧붙여 놓는다. 그래서 악과의 싸움은 복음서의 다음과 같은 명령의 말씀 아래 놓인다. "하늘에 계신 너희 아버지가 완전한 것같이 너희도 완전하라." 그러나 우리는 "오직 하나님 한 분만 선하다."는 말씀도 잘 알고 있다. 그러므로 그 말씀은 완벽성에의 요청이 얼마나 현기증이 나도록 엄격한 것인지 강조하기 위한 말이다. 복음서의 맥락에서 볼 때, 완전에 대한 사상은 주체가 그 자신으로부터 완전히 벗어나도록 한다. 왜냐하면 대상이 되는 하나님이라는 모델은 자비로운 용서의 주체이고, 물질적인 교환의 상호성을 뛰어넘는 너그러움의 주체이기 때문이다.[17] 그러나 어떤 이들은 죄의식을 강조하면서 완전해야 한다는 것을 상황적인 것이 아니라 절대적인 명령이라고 설교하고, 완전성을 강박적인 목표로 돌려놓는다. 자신의 욕망이나 쾌락과의 내적인 투쟁을 수행하면서 완전해지라고 강조하는 것이다. 그때 사람들은 비교의 대상이 되고, 그가 일치되려고 하는 그 빛나는 존재 앞에서 자신의 더러움과 허위 때문에 목을 길게 늘어뜨리고 기다릴 수밖에 없다. 이렇게 사람들은 비싼 대가를 치르면서 완전을 추구하며, 거기 도달하지 못한다고 불평하면서 완전에 대한 부름으로 된 환상의 포로가 되고 만다. 사람들과 그 이웃들 사이에 있는 장벽을 부숴야 하는 계명이 승화라는 동기에 의해서 무의식적인 자기애를 활성화시키는 것이다.

위대한 영적 지도자들은 완전성에 결부되어 있는 영적인 함정에 대해서 많이 이야기하였다. 임상심리학 역시 그 나름대로 자기애는 종교적 자만심의 또 다른 측면이라고 주장하였다. 결국 완전성에 도달하려는 이상은 사람들이 정신치료 과정에서 그 실체를 깨닫는다면 당황하게 될지도 모르는 모순에 찬 강요를 사람들에게 부과하는 것이다. 강박주의적인 완벽주의자들은 놀랍게도 잘못되고 불완전에 빠지는 미궁(le labyrinthe) 이외에 '바리새주의' 라는 또 다른 미궁이 있다는 사실을 발견했는데, 복음서에서는 그것을 바리새인과 세리의 비유로 설명하였다. 그러므로 그런 매혹적인 메시지를 읽고 자기 정죄를 하면서도 완전해지려고 애쓰는 것은 너무 오만하게 자기 자신에게 사로잡힌 모습이 아닌가 하는 생각이 든다. 우리는 바리새인이 되지 않으려고 자기 자신을 죄인이라

17) 마 5:44-48. 눅 6:32-36과 비교하라.

고 말하면서, 스스로 바리새인보다 더 완전하게 되려는 세리의 모순을 어떻게 극복할 수 있을 것인가? 완전성에 대한 추구는 어쩌면 사람들이 도달할 수 없는 불가능한 과제이며 동시에 모순에 가득 찬 과제인 듯하다. 그런 사람들은 고통을 받도록 선고받은 것이다. 자신의 불완전성 때문에 괴로워하는 것은 그보다 더 높은 완전성을 얻지 못한 불만 때문인 듯하다. 완벽주의자들은 다른 사람들이 보통 일반인들은 스스로를 세리로 보고 있다고 생각할 것이다. 그런데 우리는 스스로를 바리새인이 아닌 세리로 보면서, 그 자신이 바리새인으로 되어 간다는 사실을 놓쳐서는 안 된다. 매우 중요한 이 순간 유일한 해결책은 사람들이 모순으로 가득 찬 이 강요의 순환 고리를 뛰어넘는 것밖에 없다. 이 강요가 만일 종교적인 명령에서 주어진 것처럼 느껴진다면, 우리는 거기에서 자유롭게 되도록 조금 벗어나는 것이 좋다. 이 문제에 관해서 클로소프스키(Klossowski)는 니체에 대해서 언급한 글에서 다음과 같이 말했다. "니체가 하나님은 죽었다고 말했을 때, 그것은 틀림없이 니체가 자신의 정체성을 상실하게 되었다는 사실을 의미할 것이다…. 그것은 니체의 의식에서 책임적인 자아의 정체성을 보증해 주는 것이 사라졌다는 말인데, 그의 의식은 정체성이 사라져 혼돈 속에 빠져들었던 것이다."[18)]

자기가 할 수 있는 것보다 더 나은 것을 하려는 사람들은 언제나 완전성을 추구할 때 빠지는 악순환의 덫에 걸려서 넘어진다. 하나님을 향해서 나아가는 사람들이 종종 거기에 빠지는 것은 그 때문이다. 그러나 그들이 보기에는 물론 하나님이 보기에도 올바른 듯

---

18) *Un destin si funeste*, Paris, Gallimard, 1963. pp. 220-221.

한 정체성을 얻으려는 욕망에서 벗어나기만 한다면, 그들의 신앙은 그들을 미궁 속과 같은 질곡(桎梏)에서 구원할 수 있을 것이다. 모순에 가득 찬 종교 메시지가 종종 그의 언어를 헤쳐 놓기 때문에 하나님은 사람들에게 반역자처럼 나타나기도 한다. 그러나 신앙을 가지고 그 사실을 조용히 생각해 본다면, 그들은 그 사막을 건너갈 수 있다. 그런데 신앙은 그것이 어느 정도 건강한 정신 상태 위에 기반을 두지 않으면 병리적인 것으로부터 벗어나지 못한다. 그래서 신경증적인 죄의식의 경우와 반대 방향에서 무의식의 문제들이 의식에 옮겨져 종교적 갈등이 의식적인 수준에서 펼쳐진다면, 그 갈등을 해결하기 위해서 심리학적 작업이라고 할 수 있는 것이 종교적인 방식으로 행해질 수 있을 것이다.

정신분석은 완전성이라는 함정 밑에 숨은 것들이 무엇이고, 사람들이 그 환상이라는 감옥을 뛰어넘으려면 어떤 것들이 필요한지 가르쳐 준다. 사실 완벽하게 되려는 생각은 다른 사람의 욕망에 응답하고, 자기에게서 모든 결점을 없애려는 욕망 때문에 두 배로 늘어난다. 심리학적으로 말해서, 이 두 가지 욕망 사이에서 어느 것이 더 우위에 있는지는 알 수 없다. 그것들은 서로 응답하고 유지되어 나간다. 우리는 다른 사람들이 우리에게 결점이 없기를 바란다고 생각하기 쉽다. 그러나 사실 우리가 다른 사람에게 그런 욕망을 전가시키는 것은 우리 자신이 그렇게 되기를 바라기 때문이다.

이제 잠시 주체 자신과 주체의 욕망에 관해서 분석해 보자. 욕망은 그의 개인적인 삶의 과정에서 생기는 것들 속에 겹겹으로 층위를 이루고, 비교적 의식적인 자아이상의 표면 아래, 무의식의 가장 깊은 표상 속에 뿌리박고 있다. 자아이상(l' idéal du moi)의 형성에는 언제나 완전성에 대한 생각이 포함되어 있지만, 그 과정에서 신경증적인 것은 관여하지 않는다. 욕망은 사람들의 삶을 역동적으로 만드는데, 그 이유는 사람이 비로소 사람으로 되는 것은 그가 문화의 질서 속에 들어가 그에게 가능성의 세계가 활짝 열릴 때부터이기 때문이다. 그에게 자아이상이 있기 때문에 그는 무엇인가 계획할 수 있고, 단순히 거기 있는 존재가 아니라 무엇인가를 하는 존재가 되고, 자기 자신에게 무엇인가를 기대할 수 있다. 그러나 자아이상이 반 리비도의 작용으로 완전에의 이상이 되는 순간, 자아이상은 사람들을 미래로 이끄는 기둥의 역할을 하지 못하게 된다. 사람들은 그 이상을 추구하느라 그가 되어야 한다고 생각하는 모습에 자기 자신을 전적으로 맞추려고 한다. 그가 다른 사람과 잠깐 비교만 해 봐도 그런 이상이 얼마나 비합리적인 것인지 알 수 있을 것이다. 그것은 그가 말하려는 것이 너무 명백해서, 단 하나의 문장에 남는 것 하나 없이 모두 다 말하려는 작가의 허황된 욕망 같은 것이다. 자기 자신을 완전히 통제하려는 욕망, 모든 근심을 이기려는 욕망, 감정의 소용돌이로부터 상처를 받지 않으려는 욕망, 아무것도 뒤섞이지 않고 순수해지려는 욕망은 궁극적으로 사람들이 자기 자신과 완전히 하나가 된 충만한 상태에 대한 욕망이다. 그때 그는 그 자신과 내적으로 아무 거리도 없게 되며, 그와 근친상간에서처럼 완전히 하나가 된다. 완벽주의자들은 이 세상을 살면서 일상적인 권태를 느끼는데, 그들이 느끼는 고통에는 사람들의 모든 욕망을 없애 버리려는 깊은 무의식적 욕망이 숨겨져 있다. 왜냐하면 모든 욕망은 결핍에서 나오기 때문이다. 그런데 사람들에게 끊임없이 결핍을 불러일으키는 것은 본능이다. 본능은 욕망의 꺼지지 않는 원천이며, 모든 바람(願望)의 신비한 내적 힘인 것이다. 그러므로 완전성에 대한 이상(理想)에는 사람들에게 때때로 이상한 느낌을 들게 하는 본능적이고 감정적인 내면의 삶에서 벗어난 인간의 환상적인 표상이 감춰져 있다. 거기에서 사람들은 종교담론이 가진 신경증적인 본성과 신경증의 결과를 볼 수 있다. 종교담론은 인간의 본능을 죄로 규정하고, 본능을 거부하며, 완전성과 자제를 따르는 이야기를 중요한 주제로 전해 준다.

이런 종교담론은 사람들에게서 여간해서는 없어지지 않는 상상계적인 자기애를 활성화시키고 조장하기 때문에 사람들을 더욱더 함정에 깊이 빠뜨린다. 결국 라캉이 보여 주었듯이, 최초의 자아 이상은 '거울 단계' 때 형성되는데, 거울 단계란 아이들이 거울이나 그와 비슷한 이들 속에 비친 자신의 모습을 보고 그의 몸이 전체상(全體像)이라는 것을 깨닫고 탄성을 지르며 알게 되는 단계다.[19] 그때 그것들은 어머니의 칭찬하는 눈초리 아래서 이루어진다. 사람들은 큰 환희에 잠길 때 어떤 방식으로는 그의 더 깊은 곳에서 항상 최초의 이 거울 단계 앞에 서게 된다. 사람들은 거기 다시 가려고까지 하는데, 그 이유는 언어가 그에게 그의 존재 전체를 둘러싸는 정체성을 빼앗아가기 때문이다. 언어행위 속에서 주체(일인칭)에게 주어지는 '나'라는 말은 그가 스스로를 그 자신으로 파악하는 관념 행위에서 사라져 버리는 것이다.[20] 그때 그는 그 자신에게 의문으로 된다. 나는 누구인가? 무엇이라고 표현할 수 없는 그의 정체성은 사람들로 하여금 자신의 이미지에 맞는 모습을 동경하게 하고, 다른 사람들에게 그것을 제시하게 한다. 그는 가치 있는 담

19) *Écrits,* Paris, Seuil, 1966. pp. 93-100. 같은 주제에 관해서 A. De Waelhens, *La Psychose. Essai d'interprétation analytique et existentiale,* Louvain-Paris, Nauwelaerts, 1971. pp. 53-57, 63-66.

20) *Écrits,* Paris, Seuil, 1966. pp. 237-322, 799-806.

화를 할 때와 모델로 제시할 때 그 이미지를 사용한다. 사람들은 이렇게 그의 자아이상을 따라서 스스로를 사랑하는 법을 배우는데, 이 모든 것은 자기애를 구성하고 있다. 주체는 결코 이루어지지 않은 그 자신의 미래 속에서 그 자신으로 태어난 존재로 스스로를 만들어 가는 것이다. 그러나 완전성이라는 이상이 자기애에 접목되면, 사람들은 병적이고 환상적인 자기애 속에 갇히고 만다. 그것이 환상적인 것은 실제의 모습이 아니기 때문이고, 병적인 것은 주체를 역설적인 강압 속에 가두고, 자기 자신에게 사로잡힌 중심으로 놓기 때문이다.

종교적 완벽주의자는 그가 본래 그렇지 않음에도 불구하고 바리새인이며, 의도하지 않았지만 자기 희생과 '헌신적인' 사랑의 이름을 뒤집어쓰게 되었다는 사실을 알게 된다. 그런데 이 이름들이 순전히 도덕적인 의미로 쓰이는 것은 아니다. 왜냐하면 자기애적인 행동은 무의식적인 것이기 때문이다. 더구나 그는 다른 사람들에 대해서 염려를 많이 하면서 속죄하기도 한다. 사실 그는 신경증적인 고통을 당하면서 그의 본모습을 드러낸다. 그는 자기 자신에 대해서 몹시 의심하고, 불안 때문에 위축되며, 다른 사람들의 지적에 예민하게 반응하면서 불완전성의 상처를 격화시키는 것이다.

환상적인 순결주의에서 발견되는 해학적인 특성도 놓쳐서는 안 된다. 임상경험은 천사에 관한 관념이 잘 보존되면서 얼마나 깊이 완전성의 은밀한 문장(紋章)에 남아 있는지 잘 보여 준다. 천사는 완전성이라는 이상의 공상적인 이미지를 나타낸다. 그것은 본능을 가진 육체와 영의 혼합이 아니기 때문에 순수하다. 더 본질적으로 말해서, 천사는 남자도 아니고 여자도 아닌 그 자신만의 존재를 나타낸다. 따라서 그는 몸을 가르는 성이 없는 존재다. 그는 분할되지 않은 형상으로서 신화 속에 나오는 안드로진(androgyne)보다 더 전체적인 존재다. 더구나 그는 무의식의 비논리성 때문에 야만적인 성욕을 나타내기도 하며, 바람처럼 자유롭고 격류처럼 강력하다. 그 어느 장소나 그 어떤 관계에도 매어 있지 않은 존재인 것이다. 우리는 천사의 상징이 가진 이 역설적인 의미에 놀라지 말아야 한다. 왜냐하면 그것은 완전성에 대한 종교적인 자기애의 기반을 이루는 특성이기 때문이다. 이에 대해서 이해하려면, 우리는 종교적 이유에 의한 독신(瀆神), 특히 집단적 신경증이라는 맥락에서 이루어지는 독신이 가진 모호한 특성을 살펴보아야 한다. 사람들은 여기서 몸의 예속 상태로부터 주인이 된 것처럼 보인다. 그는 육체로부터 거의 자유롭고, 초인적인 통합을 이룬 듯하고, 놀라운 능력을 부여받은 듯하다. 그러나 그는 그의 몸을 거부함으로써 그의 모호한 힘도 빼앗긴 듯하다. 한마디로 말해서 거세된 것이다.

비(非)성적인 완전성의 표상이 너무 강력해서, 그것은 우리에게 신학적으로 죄를 짓기 전의 상태에 대한 사변을 불러 일으킬 수 있다. 니사의 그레고리 같은 교부들은 신플라톤주의의 전통에 근거하여 사람들은 타락하기 전 남자도 아니고 여자도 아닌 '완전한' 존재였다고 주장하였다. 왜냐하면 그들은 분할되지 않았고, 본능적인 육체에 굴복하지도 않았기 때문이다.[21] 그런데 그것은 성서의 본문을 모호하게 만드는 신학적으로 이상하고 환상적인 이야기다. 왜냐하면 성서에서는 하나님이 사람들을 동물처럼 성이 있는 남자와 여자로 만들었고, 그의 형상을 따라서 그와 비슷하게 만들었다

21) Daniélou, *Platonisme et Théologie mystique. Essai sur la doctrine spirituelle de saint Grégoire de Nysse*, Paris, Aubier, 1944. pp. 50-65.

고 말하기 때문이다.[22)]

3. 율법주의 또는 사랑의 보장을 위한 포기

다른 사람이 보기에 완전하려는 욕망은 완전성에 대한 자기애적인 욕망과 깊은 관계가 있다. 우리가 지금 살펴보려는 의사소통 체계는 우리가 지금까지 정신의 체계에서 찾아낸 것들과 연관되는 것이다. 이 의사소통 체계에서 중요한 것은 율법주의다. 율법주의는 사랑의 보증을 위한 추구이며, 신앙을 와해시키는 추구다. 우리는 앞으로 종교적 관계의 유형에는 지금 고백되는 하나님과 반대되는 하나님의 관념이 내포되어 있다는 사실을 살펴볼 것이다.

율법주의는 종교법을 문자 그대로 지키려고 절대적으로 존중하고, 종교적인 삶의 법의 규제를 엄격히 따르게 하는 실천체계다. 그래서 율법주의는 하나님 앞에서 솔직하게 설 수 있는 방법이 될 수 있다. 또한 그런 실천 양태는 종종 어떤 방식으로든지 율법주의라는 단어에 부정적인 의미를 가지게 하는 불관용, 권위주의, 자만심 등을 동반하기도 한다. 어쨌든 율법주의는 죄의식이 지배적으로 작용하는 신앙을 특성으로 가지고 있으며, 율법주의와 그것의 관계를 분석해 보면 율법주의의 심리학적 기원에 대해서 이해하게 된다. 언뜻 볼 때, 사람들의 어깨가 으스러질 정도로 무거운 짐을 지게 하면서 병적인 죄의식을 심어 주는 것은 종교 공동체의 율법주의인 듯하다. 그렇다면 그런 공동체의 율법주의는 어떻게 설명

22) 창 1:27.

할 것인가? 그것은 모든 권위가 복종하는 지배욕 때문인가? 우리가 생각하기에 그것은 부차적인 것이다. 율법주의가 형성되려면 권력이 있어야 하고, 신도들이 거기에 손을 내밀어야 한다. 그래서 우리는 율법주의가 법을 따르고, 엄격하게 해석하는 사람들에게서 더 많이 시행되는 것을 볼 수 있다. 더구나 우리는 종교적인 강박신경증에 대해서 다룬 장(章)에서 그 환자들은 율법의 요청을 명확하고 엄격하게 해달라고 주장하며, 그 경계가 불분명한 것에 대해서 불안해하고 반발하는 것을 살펴보았다. 그때 사람들에게 자유의 여지가 생기기 때문이다.

율법주의가 공동체적인 것이든 아니면 개인적인 것이든 간에 그것은 병적인 죄의식의 결과로 생긴 것이지, 그 원인이 될 수는 없다. 그것은 병적인 죄의식의 전형적인 증상이다. 즉, 그것은 죄의식으로부터 자기 자신을 방어하려는 도구이고, 자신의 잘못이 손해 끼친 것을 복구하려는 수단인 것이다. 그러나 그것은 모든 증상들처럼 양가적이다. 율법주의는 억압된 것들을 꿰뚫고 들어가서 그가 겨냥한 것을 파괴한다. 그때 율법주의는 신앙을 와해시키고 만다. 율법주의는 정신분석이 이차적인 과정이라고 부른 것에 속한 방어체계다.[23] 다시 말해서 그것은 법이라는 단어가 지칭하고 있듯이 언어의 질서에 속해 있는 것이다.

병적인 죄의식과 율법주의의 내재적인 관계에 관해서 살펴보자. 죄의식은 다른 사람으로부터 평판과 사랑을 잃지 않을까 하는 고통에서 비롯되는데, 그것은 자기 자신으로부터 사랑과 평판을 잃지 않을까 하는 자기애적인 고통과 궤를 같이한다. 죄의식은 언제

23) S. Freud, "L' Homme aux rats", *Cinq Psychanalyses,* Paris, PUF, 1954.

나 감정적인 관계 안에서만 형성되는 것이다. 그래서 그것은 의사소통을 하고 하나가 되려는 욕망인 사랑의 장부(帳簿)에 기입되어 있다. 한편, 사랑은 욕망이기 때문에 선물로 주어지는 것일 뿐만 아니라 요구이기도 하다. 욕망은 바람직한 대상이 되기를 요구하는 것이다. 다시 말해서 사랑은 고전적인 의미에서 볼 때 사랑할 만한 대상으로 되기를 요구하는 것이다. 그러므로 사랑은 주체가 그의 실존 속에서 확인하게 되는 다른 사람의 욕망에 어느 정도 부응해야 한다. 사람들이 자신의 결함이나 잘못 때문에 스스로 그럴 만한 자격이 없다고 느끼는 감정인 죄의식은 언제나 다른 사람의 욕망이나 평판에 부응하지 못할지도 모른다는 두려움으로 경험되는 것이다. 물론 죄의식을 불러일으키는 욕망은 사람들에게 깊은 결속을 맺지 못하게 하기 때문에 사랑이라고 할 수는 없다. 하지만 한 사람이 다른 사람에게 좋은 평판을 얻으려고 하는 한, 그가 다른 사람들과 맺는 관계는 그를 그에게 의존하게 할 만큼 강력한 것임에 틀림없다.

다른 사람의 사랑과 평판을 잃지 않을까 하는 두려움은 그에게 그럴 만한 자격이 없지 않을까 하는 걱정으로서 광범위해진 죄의식일 수 있다. 자기가 그럴 만하지 못하다는 생각이 아직 의식에까지 분명하게 떠오르지 않았지만, 그는 때때로 다른 사람들로부터 사랑을 받지 못하면 어쩌나 하는 공포에 사로잡힐 수 있다. 다른 이들의 마음에 들지 않으면 어쩌나 하는 걱정과 사랑받을 만한 사람으로 되려는 근심 때문에, 사람들은 다른 이들의 사랑과 평판을 잃지 않으려는 두려움에 사로잡히는 것이다. 그렇게 될 때 사람들은 그들이 다른 사람들과 맺는 관계가 상대방에게 사랑받지 못하면 어떻게 하나 하는 조바심에 근거한 신경증적인 관계임을 알게 된다. 그것은 정말 출구가 없는 걱정이다. 왜냐하면 그렇게 될 때 그들은 다른 사람들로부터 아무것도 얻지 못하기 때문이다. 그러나 그들은 다른 사람들의 사랑을 얻으려고 많은 애를 쓴다. 그 노력은 오히려 그들로부터 더욱더 사랑을 얻지 못하게 한다. 그들의 내면에는 결코 달래질 수 없는 불신과 노력의 대가에 대한 요청이 있기 때문이다. 다시 한 번 이 점을 강조하자. 그들의 언표(言表, énoncé)는 오랫동안 교환의 삶을 거친 암묵적인 의도를 담은 결산서다. 그들은 지금까지 사랑의 불행을 겪으면서 그것을 겉으로는 드러내지 않았지만 속으로는 자기가 사랑한 만큼 다른 사람들에게 사랑을 요구했던 것이다.

종교적으로 죄의식을 강조하는 태도는 자신의 행동을 하나님 앞에서 보장받으려는 율법주의의 특성을 지닌다. 그러므로 자신의 더러움과 불완전성은 모든 행동을 더 바르고 더 많이 하려는 처방으로 보상받아야 한다. 그러므로 그가 해도 되는 행동들도 이제는 형식상 종교적으로 해야 하는 의무로 바뀐다. 물론 그들이 언제나 하나님의 사랑을 잃어버릴까 봐 걱정하는 것은 아니다. 그러나 그들은 실존의 결말은 물론 일상적인 삶의 활로를 하나님에게 두고 있다고 말할 것이다. 그가 율법을 따라서 행동하는 것은 하나님으로부터 인정받으려고 하는 것이다. 그래서 그는 하나님이 그를 나쁘게 심판할까 봐 더욱더 그에게 받아들여지기를 바라고, 사랑받기를 원하는 것이다. 하나가 되고 의사소통을 하려는 사랑은 그의 부정적인 양태, 즉 거부당하지 않을까 하는 공포 속에만 들어 있는 것이다.

사람들은 율법주의에서 어떤 역설적인 도치가 이루어지는 것에 주목할 필요가 있다. 그들은 가능한 한 불완전한 것을 교정하려고 하는 것이다. 그들은 그들의 생사를 주관하는 존재와의 관계에서 완전히 의존적인 자리에 놓이려고 한다. 그래서 그들은 지금까지 누리던 것과 다른 방식으로 쾌락을 누리려고 한다. 왜냐하면 그것이 하나님이 원하는 것이 아니면, 하나님이 이제 더 이상 그들에게 은사를 내려 주지 않고, 자비를 거두어 가지 않을까 하고 두려워하기 때문이다. 그들은 가능한 한 순결한 그릇이 되려고 하고, 하나님이 생각하고 바라는 대로 그들도 생각하고 바라려고 하며, 하나님의 율법을 그들의 율법으로 삼으려고 한다. 한마디로 말해서 그들은 하나님의 은총을 받을 수 있는 대상이 되려고 그들의 욕망을 모두 포기하는 것이다. 그렇게 하면서 스스로 그것을 보장받으려고 하며, 그들의 공로로 그것을 사려고 한다. 결국 그들의 행위를 통해서 자신을 하나님의 선물을 받을 수 있는 존재로 만들려는 것이다. 그들은 결국 하나님을 믿지 않고, 하나님에게 신뢰를 두지 않는 셈이다. 그래서 그들의 신앙은 하나님의 은총을 보장받으려는 추구로 변질되고 만다. 그들의 단단한 율법주의 속에는 아주 물렁물렁한 불신이 감춰져 있는 것이다.

율법주의는 하나님에 대한 예배라기보다 율법에 대한 예배다. 실제로 신경증 환자들은 이런 종류의 예배를 통해서 이득을 거의 얻을 수 없다. 왜냐하면 율법의 망(網)은 한 번도 무질서를 통제하거나 금지하려는 욕망을 가지고 삶 전체에 관여하지 않고, 율법과 다른 생각이나 욕망이 들 때마다 마음이 불편하기만 했기 때문이다. 게다가 강박신경증 환자가 율법주의를 가지고 억압하려는 하나님에 대한 양가감정은 하나님의 명령 위에 놓여 있다. 물론 죄의식에 의한 신경증을 집단적으로 앓고 있는 사람들의 경우, 율법주의는 때때로 심리학적인 이득을 주기도 한다. 그들이 집단적으로 고통과 체념을 감수하기 때문에 죄의식으로 인한 불안이 줄어들거나 예방되는 것이다. 그러나 율법에 대한 그들의 일방적인 집착은 그들이 하나님을 직접적으로 대면하지 못하게 하고, 그에 따라서 하나님의 거룩성은 흔들리게 되는 폐단이 있다. 신앙은 일반적으로 이 세상에 내재한 불일치를 억제하고 통합하는 데 필요한 특별한 전거(典據)를 마련해 준다고 여겨져 왔다. 율법주의는 하나님과 사람 사이에서 사람들이 생각하고 해야 하는 것들을 체계화하는 어떤 체제를 끼워 넣는다. 그리고 그것은 그들이 하나님으로부터 받아들여졌다는 사실을 보장해 주고, 그가 사랑받고 있다는 확실성을 고양시켜 준다.

우리가 신비주의자들과 죄의식 때문에 환자가 된 사람들이 증언하는 신앙의 극적인 특성에 대해서 이해하려면 신앙인들은 물론 비신앙인들 역시 율법과 율법주의, 의례와 의례주의, 신앙의 주장과 독단적인 태도, 진정한 희망과 보상적인 확실성의 추구 사이에서 나타나기 쉬운 혼돈을 뛰어넘어야 한다. 또한 사랑의 관계에 대해서 신경증적으로 집착하는 사람을 치료할 때와 마찬가지로 율법주의에 빠져서 죄의식에 시달리는 사람들을 치료할 때에는 포기의 과정이 필요하다. 그들에게 자유를 다시 찾게 하는 신앙을 위해서는 포기라는 대가를 지불해야 하는 것이다.

사랑이 모두 그렇듯이 믿음은 희망이고, 하나님의 약속에 대한 신뢰로서 보증과는 전혀 다른 성격의 것이다. 왜냐하면 하나님이 정말 주체적인 존재라면, 하나님의 사랑 역시 거저 주어지는 선물이기 때문이다. 사람들이 종종 잘못을 저지르기도 하지만, 이 세상에 있는 어느 누구도 하나님의 사랑을 받기에 합당한 존재는 없다. 그런데 율법주의는 하나님을 위해서 모든 것을 하려고 한다. 그래서 율법주의는 하나님으로부터 기대하는 행복을 언제나 미래로 돌려놓는다. 사실 율법주의는 약속된 것을 받으려고 한다. 율법주의자들은 이 세상을 희망을 가지고 살려는 것이 아니라 희망을 뒤집어엎는 것이다. 그러나 믿음은 그와 달리 그에게 주어진 실존을 기쁘게 받아들이고, 그것을 미래에 이루어질 표적으로 알고 경축한다. 우리가 바라는 믿음을 가지고 사는 시간은 무엇보다도 지금이고, 우리는 현재 속에서 약속된 미래의 상징을 찾아볼 수 있기 때문이다.

그러나 율법주의는 종교를 거짓되게 만드는 왜곡인데, 특히 사람들이 하나님과 개인적이고 자유로운 관계를 맺고 있다고 주장하면서, 악이란 종교적으로 말해서 죄를 졌다는 의미라고 설명하기 때문이다. 그래서 율법주의자들은 잘못을 저지르지 않고 망가지지 않은 채 있으려고 하면서, 그 어떤 결핍도 그의 욕망의 문을 열지 않는 바위 속에서 종교적으로 풍성한 가운데서만 지내려고 한다. 예수 그리스도의 메시지 중 많은 부분은 그가 율법주의자들과 맞섰던 것에서 나왔다. 그리스도가 선한 메시지의 상징적이고 역설적인 비유들과 이야기들이 기존의 가치관을 뒤집어엎고 충격을 주는 것은 그 때문이다.[24)]

24) 예를 들어, 눅 16:7-10을 생각해 볼 수 있다.

4. 거울 속에 있는 듯한 하나님

자기애에 바탕을 둔 완벽주의는 하나의 심리체계로서 율법주의라는 특별한 의사소통의 방식을 가지고 있는데, 율법주의의 밑바닥에 깔려 있는 논리는 하나님이 사람들에게 죄의식을 강요하고 있다는 것이다. 그들이 하는 말을 들으면 언제나 그렇다. 그 반대도 항상 진실이라서, 우리가 지금까지 살펴본 바에 의하면 하나님은 자기 자신의 죄의식 안에 갇혀서 사는 사람들의 심리를 지탱시키는 분이다.

좀 더 가까이에서 들여다보면, 이렇게 생각하는 것은 하나님을 숭고성과 야만성이라는 모순의 덫에 몰아넣는다. 하나님은 완벽한 존재이고, 가장 순수한 모델이며, 아무 욕망도 가지지 않은 엄청난 능력으로서 사람들에게 무시무시할 정도로 많은 것을 요구하기 때문이다. 또한 하나님은 그에게 주어지지 않은 욕망과 생각에 죽음의 그림자를 드리우면서 끊임없이 그렇게 인정받으려고 노심초사하게 하는 절대적인 주인이다. 우리는 그런 하나님을 레리(Léry)가 묘사했던 선량한 투피 인디언의 모습에서 찾아볼 수 있다. 투피 인디언 여자들은 사랑이 많은 식인종으로서, 그녀에게 남편으로 주어진 포로들을 나중에 잡아먹기 위해서 잘 돌본다.[25] 이런 하나님의 사랑은 완벽하고 완전성을 요구한다는 점에 있어서, 전체주의 체제가 그 신민들에게 나타내는 소유적인 사랑과 닮았다. 이런 신학은 말로 표현되지는 않았지만 이중구속적인 것으로서, 우리가

25) M. de Certeau, *L'Écriture de l'histoire,* Paris, Gallimard, 1975. pp. 243-244.

앞에서 말한 심리학적인 불일치를 반영하고 지속시키게 한다. 하나님과 정신은 서로가 거울에 비친 서로의 상(像)인 듯이 바라보는 것이다.

피학적인 환상들은 때때로 유혹적인 모방의 기제를 연출하는데, 그 속에서 사람들은 자신의 의지를 하나님의 의지에 완전히 맡기면서 그들 역시 하나님처럼 완전하게 되려고 한다. 종교적인 성상(聖像)들은 사람들에게 매우 풍부하고 환상적인 작업을 하도록 고취하는데, 그것은 사람들에게 그의 몸 깊은 곳에 있는 그의 의지와 개인적인 욕망의 산물들을 없애 버린다. 그때 많이 나타나는 것은 순교자의 이미지다. 그의 아름다운 몸을 화살에 내맡겨 화살이 그의 몸 깊숙한 곳에 들어가게 했던 성 세바스찬, 불에 타는 집게로 쾌락의 상징인 가슴이 뽑혀 나갔던 성녀들, 성찬식에서 자신의 몸을 사람들이 먹도록 내준 그리스도처럼 경기장에서 야수들에게 잡아먹혔던 수많은 성인들에게서, 그의 몸에 박힌 못들 때문에 한없이 쪼그라들고 무능력해진 십자가상의 예수 그리스도의 모습이 나타나는 것이다. 여기서 중요한 것은 순교자의 몸을 취하려는 생각이다. 그들은 욕망과 힘을 가진 그의 몸을 상상 속에서 무력화시키면서 즐거워하는 것이다. 그들은 하나님이 약하고, 고통받으며, 인간적으로 위축된 사람들을 사랑하기 때문에 스스로 작고, 무력하며, 아무것도 아닌 존재가 되려고 하였다. 이런 생각과 바로크 시대에 순교자들을 찬양했던 것 사이의 대조는 우리들에게 의미심장해 보인다. 반종교개혁 시기 동안 교회의 벽들을 도배하다시피 했던 수많은 그림들을 생각해 보라. 그것들은 언젠가 죽을 수밖에 없는 육체를 파괴하는 것밖에 모르는 형리(刑吏)를 이긴 하나님의 영광에 대해서 찬양한다. 순교자들의 부서진 육체는 이미 그 영광을 비춰 주고 있다. 왜냐하면 채찍의 고통에도 불구하고 믿음은 그것을 정복할 수 있는 힘을 지니고 있기 때문이다. 이러한 피학적인 장면들 속에서 화면 밖에서 들려오는 하나님의 음성은 순교자이며 노예인 존재들의 제물 때문에 만족스러워한다. 이 장면들 가운데서 놀라운 것은 하나님이 멀리 있는 심판자라는 사실이다. 주인은 없는 채 사형집행인만 그의 도구로 작업을 하는 것이다. 이와 달리 바로크 시대에 찬양받았던 순교자들 중 스테반은 전형적인 존재인데, 그는 열려진 하늘을 보았고, 그리스도는 하나님의 영광을 그대로 드러냈다. 순교자들은 고통에 관심을 기울이지 않았고, 스러져가는 신체의 주인이라는 사실을 드러내면서 고통에 아무 의미도 부여하지 않았던 것이다.

그러므로 죄의식에 대한 강조는 특히 피학대음란증을 낳는다. 그러나 그들은 고통이 변태적인 즐거움을 주기 때문에 고통을 추구하는 것이 아니라, 하나님의 사랑을 얻으려고 고통의 대가를 지불한다. 무의식에서 드러나는 하나님은 자유연상 속에서 그 모습을 드러낸다. 하지만 이런 사람들이 생각하는 하나님은 신경증 환자들에게서 발견할 수 있는 하나님과 같은 모습이다. 그의 욕망을 그의 백성들에게 여간해서는 드러내지 않는 질투의 하나님인 것이다.

양가감정이 억압되어 있는 신경증 환자들에게 있어서 하나님은 희생자를 끈질기게 찾으려는 형리(刑吏)라는 환상으로 나타난다. 미움을 불러일으키는 증오에 가득 찬 하나님이라는 관념은 무의식적인 증오와 조응(照應)하는 것이다. 신경증에 내재한 지옥과 같은 술책은 공격성과 반공격성이라는 끊임없는 사슬을 만들어 낸다. 그런 강박신경증에 걸린 어떤 환자는 어릴 때부터 어떤 흑인이 어두컴컴한 저녁에 그의 머리를 깨부수려고 곤봉을 들고 정원에서 그를 기다린다는 상상을 하곤 하였다. 그러던 어느 날 그는 그 가학적인 미지의 사람이 하나님이라는 사실을 알아차렸다. 그 환상은 그의 머릿속에 어떤 이미지가 들어갔던 것과 관계되는데, 그것은 두통약을 선전하는 광고에 나오는 어떤 남자의 이미지였다. 주기적으로 매우 심한 두통 때문에 고통받았던 그 강박신경증 환자는 정신분석을 통하여 그의 피학적인 환상과 격렬한 미움이 어디에서 유래된 것인지 알게 되자, 결국 그 두통으로부터 풀려났다.

여기에서 사람들은 죄의식을 율법적으로 강조하는 태도가 그 밑바닥에 무의식적인 양가감정을 감추고 있는 것이 아닌지 물어보게 된다. 양가감정과 강박신경증 사이의 유사성은 그에게 이미 그런 질문을 하게 하였다. 하지만 본능이 그 지점에서 자기애 때문에 그를 그렇게 괴롭혔으리라고 생각하기는 어렵다. 그전에 갈등이 있었다는 징표로서 매우 심한 양가감정은 억압체계 속에서 그를 지켜 줄 방어책을 찾는다. 왜냐하면 미움은 사람들이 그에 대한 방어수단을 찾지 못할 정도로 위험하게 느껴지기 때문이다.

지금까지의 임상경험을 토대로 해서, 우리는 또 다른 생각을 검토해 볼 수 있다. 그런 사람들에게 있는 매우 심한 자기애는 그들로 하여금 완전성을 추구하게 했을 뿐만 아니라, 거울에 비친 상을 계속해서 생각하게 하면서 다른 사람들을 이상화하게 했을 것이다. 그렇게 될 때 사람들은 그 상을 상상 속에서 더욱더 크게 만들게 된다. 우리는 이미 그에 대해서 살펴보았는데, 하나님의 완전성에 대한 생각은 사람들이 하나님을 스스로 그렇게 되고 싶어 하는 순수하고 강력한 이미지로 만들며, 그것은 아무리 본능적인 동요가 심할지라도 흔들리지 않는 자제와 포기의 모델이 된다. 그런 하나님은 사실 이상적인 아버지를 대체할 수 있는 또 다른 이미지이며, 그의 과도한 요청이 만든 초자아의 아버지다. 그런데 이상화는 항상 절망을 가져온다. 그렇다면 하나님은 어디에서 그의 능력을 행사할 것인가? 이상은 걸작이라기보다는 무질서가 판치는 현장이다. 종잡을 수 없는 수많은 사람들은 하나님의 팔에서 가볍게 벗어나는 것이다. 이 세상은 왜 신앙인들까지 '눈물의 골짜기' 라고 부를 정도로 그렇게 잘못 만들어졌는가? 이것은 모든 신앙인들이 부딪히는 수수께끼다. 이런 불확실성은 사람들로 하여금 그의 신앙이 이 세상의 모든 것을 설명해 줄 수 있을 것이라는 생각을 불식시키고, 그의 신앙이 지상에 있는 것들을 보증해 주어야 한다는 요청을 거부하게 한다. 그러나 하나님의 능력을 이상화하는 사람들에게 그런 시련은 너무 가혹하다. 그래서 사람들은 자기애를 손상시키지 않고 '신성모독적인' 질문에 의한 위험에 봉착하지 않도록 하기 위해서 이런 반항적이고 걸림돌이 되는 아픈 감정을 억압한다. 따라서 이런 이상화의 중심에서 양가감정은 농축된다. 질서를 너무 강조하다 보니 양가감정이 무의식으로 흘러들어가는 것이다.

이렇게 신비화된 하나님에 대한 관념 주위에서 이루어지는 억압체계에 바치는 대가는 우리가 부인할 수 없으리만큼 막대하다. 하나님이 결코 전능하지 않다는 지각에서 나온 깊은 절망감은 억압된 것들이 되살아나는 데 도움을 준다. 그래서 우리는 이 세상의 구원을 위해서 그렇게 일찍부터 열광적으로 헌신했던 신앙인들이 성인의 문턱에 들어선 다음, 갑자기 그들이 천상의 예루살렘을 꿈꾸어 왔다는 사실을 발견하는 예를 많이 보게 된다. 그때 어떤 이들은 그들이 전능한 하나님에 대한 '신화' 를 가지지 않고도 살 수 있다는 사실을 발견하고 놀라게 된다. 또 어떤 이들은 아무 유보 없이 신앙을 지키면서, 그들이 공상에 가득 찬 모험을 하기 위해서 불법적으로 신앙에 정박해 있지 않은가 하는 씁쓸한 감회에 젖기도 한다. 그러나 사람들에게 숭고한 욕망 역시 끈질기다. 많은 사람들에게 하나님의 부재는 절대적인 대상의 상실이라는 움푹 팬 구덩이처럼 느껴지고, 사랑에 실망한 사람들은 미움을 가지게 된다. 사람들은 아직도 '좋으신 하나님' 에 대한 계산이 어떻게 끝나는지 알지 못하는 것이다.

5. 진정한 죄의식과 상상적인 죄의식

죄의식이 만드는 그림자의 모습은 매우 다양하다. 그런데 이 세상에 정상적인 죄의식의 지표는 어떤 것인가? 사람들은 그들의 삶을 더 모호하게 하는 왜곡된 양심과 그들을 진실한 삶의 분명한 모습으로 이끄는 양심 사이의 확실한 경계선이 어떤 것인지 찾으려고 한다. 여기에 한 가지 단순하고 분명한 것이 있다. 그것은 그가 실제로 잘못한 것을 단지 그가 잘못했다고 상상 속에서 생각하는 것과 구분하는 것이다. 그래서 실제로 어떤 가증스러운 범죄를 저지른 다음에 느끼는 죄의식은 두말할 필요도 없이 진정한 죄의식이다. 그러나 그의 집 정원에 엉겅퀴가 너무 번성해서 온 땅에 그 씨가 퍼져서 생태학적인 재앙이 생긴 것이 그의 책임이라고 자책하며 우울해하는 것은 두말할 것도 없이 상상적인 것이다. 또한 어떤 사람이 그가 자위했을 때 정자들이 구름을 타고 날아가 온 유럽에 독소를 퍼뜨렸다고 공황적인 불안감을 호소한다면, 그것은 지극히 비현실적인 것으로서 정신병적인 강박관념에서 나온 죄책감임에 틀림없다.

그런데 실제적(réel)이라는 말과 상상적(imaginaire)이라는 말은 우리가 감정이라는 말이나 욕망이라는 말과 비교해서 쓸 때 어떤 의미를 가지고 있는가? 여기에서 한 가지 생각해 볼 것은, 증인의 입장에서 볼 때 고소당할 만한 점이 없는 행위에 대해서 죄책감을 느끼는 것이 과연 상상적인 죄의식인가 하는 점이다. 그런 판정은 문제가 되는 행위의 심각성이 주관적인 평가와 달리 객관적으로 볼 때도 문제가 있다고 생각될 때에만 내려질 수 있다. 모든 사회의 규범은 그 구성원들 사이에서 이루어지는 합의가 개인적인 견해의 자의성을 배제한다는 점에 있어서 객관적인 것이다. 그러나 한 가지 뛰어넘을 수 없는 난점이 있는데, 그것은 어떤 사람에게 책임을 물으려고 할 때가 아니라, 스스로 책임이 있다고 할 때 그것을 어떻게 생각해야 하느냐 하는 점이다. 그 점에 대해서는 전문가라고 할 수 있는 그 어떤 정신과의사들도 확실하게 말할 수 없으며, 거기에는 충분한 이유가 있다. 왜냐하면 어떤 사람이 비난받을 만한 행위를 했을 경우, 그가 그렇게 했던 이유를 여간해서는 알 수 없기 때문이다. 그것은 그 사람도 마찬가지다. 그 역시 여러 가지 환상과 복잡한 감정의 소용돌이 속에 갇혀 있기 때문에 그가 왜 그런 행동을 했는지 알지 못한다.

사람들이 어떤 잘못을 한 다음 후회할 때, 우리는 그가 정말 잘못했던 것에 대해서 느껴야 마땅한 만큼 후회하는 것인지 아닌지 알 수 없다. 거기에는 그의 내면에 잠재되어 있던 서로 모순되는 욕망들과 모호한 기억들이 뒤엉켜 있기 때문이다. 우리는 어쩌면 죄책감 자체가 병리적인 것이 아닌지 물어보아야 할지도 모른다. 왜냐하면 그가 씁쓸하게 자책하면서 이 세상에서 무엇인가를 직접적으로 하는 대신, 그의 내면에 피난처를 만드는지도 모르기 때문이다. 에스나르(A. Hesnard)는 『잘못의 병적인 세계』라는 책에서 이 문제에 관해 깊이 있게 고찰하였다.[26] 그는 죄의식 안에 여러 가지 굴곡이 있다는 사실에 놀라서 연구한 결과, 죄의식은 인간의 실존에 불필요한 고통들을 섞어 놓는다는 가르침을 끌어냈다. 사람들에게 있어서 감정은 비현실적이며 내적인 것이고, 바깥으로 나아가는 행동만이 현실적인 것이다. 그가 죄라는 관념에 대해서 비판한 것은 죄가 '내면적이고 개인적인 도덕성에만 관심' 을 기울이기 때문이다.[27] 죄는 '삶의 내적인 드라마로 나타나는 반작용' 이 아니라 무익하지만 불안해하는 주관적인 현상이다. 한마디로 말하면, 악이라는 표지가 붙은 생각인 것이다. 죄의 본질은 바로 거기에 있다."[28] 그러므로 죄에 대한 그 같은 정의 속에는 신학자들이 염려하듯이 의미론적인 오해는 있을 수 없다. 에스나르가 죄의 특성을 병적인 죄의식으로 규정한 것은 그가 생각하기에 이 세상에 정신의 질병이 아닌 도덕적이고 종교적인 죄의식은 없기 때문이다. 거기에 단 하나 예외가 있는데, 그것은 내면적으로 경험한 것을 생산적인 행동으로 펼치는 것이다. 고백적으로 사는 것은 병이 아니다. 하지만 그것은 너무 급진적이고 천사에게나 가능한 듯한 입장이다. 왜냐하면 그것은 결코 실용주의적인 행동으로 단순히 환원시킬 수 없는 정신적 실재를 무시하기 때문이다. 에스나르의 저서에 대한 논쟁은 신학이나 도덕철학의 영역이 아니라 심리학에 속한다. 여기에서 우리는 먼저 에스나르가 정신분석학을 현상학적으로 재해석했기 때문에 무의식을 소홀히 했다는 사실을 지적해야

26) *L'Univers morbide de la faute,* Paris, PUF, 1949.

27) *Morale sans péché,* Paris, PUF, 1954. p. 40.

28) *Ibid.*, pp. 40-41.

한다. 그는 죄의식에 의해서 생긴 병을 마치 죄책감이라는 감정인 것처럼 생각했던 것이다. 그런데 강박관념—그것이 종교적인 것이 아니라면—이나 공포증의 경우, 죄의식의 표상은 의식의 표면에 나타나지 않는다. 그것은 죄의식을 예방하고 억압하는 것을 작용 원리로 가지는 것이다. 죄책감이나 병적인 것들이 그렇게 동화되기 때문에, 에스나르는 강박관념이나 공포증을 생물학적 유기체론이나 심리학적 조건론 같은 심리학 이론으로 설명하려고 하였다.[29] 정신적 실재에 대해서 잘 알지 못하는 사람들은 잘못했다는 느낌을 모두 병적인 것으로 해석하는 것이다.

우리는 에스나르가 잘못했다는 감정의 지각(知覺)에 도덕적 특성이 있다는 이론을 반대하는 이유를 이해할 수 있다. 그것은 어떤 행위의 도덕적 가치를 결정하는 것은 감정이 아니라는 사실을 그 어느 것과 비교할 수 없을 만큼 명료하게 주장한 칸트(Immanuel Kant)의 『실천이성비판』을 다시 보는 듯하다. 그렇다면 감정은 인간의 성질 위에 쓸데없이 덧붙여진 소용돌이에 불과한 것이라는 말인가? 그렇다면 죄의식을 병적인 혼란으로 분류할 때, 우리는 거기에 모든 익숙한 정서들인 분개, 사랑의 감정, 향락 등도 덧붙여야 하지 않을까? 다른 감정들이 객관적이고 실용적인 기준에서 볼 때 불행한 것들이 아닐지는 몰라도, 그것들은 그래도 상상적이고 마술적인 특성을 지니고 있다.[30]

프로이트의 태도는 이와 매우 달랐는데, 프로이트보다 인간의 감정이 가진 환상적이고 기만적인 특성에 관해서 더 잘 지적한 사

29) *L'Univers morbide de la faute,* Paris, PUF, 1949. pp. 350-397.

30) 이에 관해서 훌륭하게 분석한 다음 책을 참조하라. P. Kaufmann, *L'Expérience émotionnelle de l'espace,* Paris, Vrin, 1969. pp. 17-18.

람은 없을 것이다. 사실 감정이 말하는 것들은 언제나 의식의 표면을 뒤틀리게 하고 뿌옇게 한다. 꿈이나 담화나 본문에서 숨기고, 다시 돌아가고, 생략하는 것들은 죄책의 감정을 감추고, 도치시키며, 없애 버리는 것이다. 그러나 프로이트는 그것들을 비웃지 않았다. 그는 감정은 인류의 보편적이고 근본적인 인식의 방식인데, 그것이 일상적인 인식의 방식과 너무 달라서 사람들은 그것을 부정하는 것으로 밖에는 받아들이지 않는다고 생각하였다. 그 결과 프로이트에 의하면, 유대인들은 그들의 민족의 본질적인 서사시를 모세의 살해에 대한 기억을 억압하기 위해서 기록하였다고 설명하였다.[31] 사람들은 개인적으로는 물론 집단적으로도 프로이트가 '아크로폴리스에 대한 기억의 혼란'의 이야기에서 언급했던 보압딜(Boabdil) 왕처럼 행동한다.[32] 그는 그의 도성 알하마(Alhama)가 함락되었다는 것을 알았지만, '그것을 사실로 받아들이려고 하지 않았고, 아무것도 일어나지 않은 것처럼 소식을 전하려고 하였다.' 그리고 그 전령을 죽였다. 죄의식에서 비롯된 침묵이나 탄성은 그 다음에 나오는 행동이 도덕적일지 그렇지 않을지에 대해서는 아무것도 말해 주지 않는다. 도덕의식은 이상하게 특별한 의식이라서 죄책감 역시 사람들을 올바르게만 인도하지 않는 것이다. "도덕의식은 어떤 사람이 도덕적일수록 그에게 더 엄격한 도덕성을 요구하고, 자신의 행동에 대해서 더 믿지 못하게 한다. 그래서 그는 자

31) S. Freud, *Moïse et Monothéisme,* p. 99, 115, 126-127.

32) *Lettre à Romain Rolland* de 1936. GW XVI, 255. cf. 보압딜 왕은 15세기 스페인 남부에 마지막까지 존재했던 이슬람의 나스람 왕조의 마지막 왕. 그는 이사벨 1세와 페르난도 2세에게 왕국을 넘겨주고 아프리카로 떠났다. 그라나다의 알함브라 궁전은 보압딜 왕이 살았던 이슬람의 아름다운 건축물이다(역자 주).

기 자신을 가장 고약한 죄인이라고 정죄하며, 그가 성인의 길에 더 욱더 멀리 나아가야 한다고 주장한다. 여기에 도덕적인 사람들이 그에게 약속된 보상을 받지 못하는 이유가 있다. 너무 착하고 금욕적인 사람들은 여간해서는 그의 내면에 있는 인도자의 신뢰를 얻지 못하고, 아무리 노력해도 소용이 없는 것 같은 이치다."[33]

우리는 이 점이 얼마나 중요한지 주목해야 하는데, 이 문제에 대한 프로이트의 설명은 우리의 주의를 끌기에 충분하다. 그는 인간의 도덕의식에는 요구하는 것들과 경계하는 것들이 너무 많아서, 체념이 많으면 많을수록 그의 내면에서는 본능이 더 자극을 받고 유혹이 더 많아진다고 주장하였다. 이것은 새로운 말이 아니라 상식에 속한다. 프로이트는 본능을 적당히 충족시키고 죄의식을 억압해 가면서 단순히 현실에 적응하는 데 관심을 기울이는 심리와 달리, '문화를 위한 체념' 은 윤리와 문명의 조건이 된다고 주장하였다. 두 번째로 주목해야 하는 것은 죄의식은 실제로 나쁜 행동을 했기 때문만이 아니라 '유혹을 느끼는 것' 에서도 생길 수 있다는 점이다.

그러므로 우리는 눈에 보이는 행동만 가지고 죄의식을 판단해서는 안 된다. 죄의식은 우리의 본능과 윤리규범 사이의 갈등에서도 생긴다. 우리의 본능은 그 자체로서 우리에게 도둑질이나 거짓말이나 근친상간이나 살인 같은 생각을 불러일으키는데, '매우 거룩한 사람들은' 우리들에게 그런 유혹들에 대해서 잘 알려준다. 왜냐하면 그들은 다른 사람들을 해치거나 정도(正道)에서 벗어난 일들에 휩쓸리지 않지만, 그런 신호들에 대해서는 매우 예민하기 때문

33) S. Freud, *Malaise dans la civilisation,* pp. 82-83.

이다.

도덕의식은 사람들이 옛날부터 느껴 왔던 유혹을 그들이 현재 느끼는 갈등 속에서 그때처럼 느끼게 한다. 공감(共感)을 분석해 보면 그것이 비록 윤리적 행동이 아니라서 도덕의식에서 비롯되는 것은 아니지만, 도덕적 행동을 자극하고 유지시켜 준다. 공감이라는 말은 그 단어가 말해 주듯이, 드 그레프(E. De Greeff)가 생각했던 것처럼 생명의 약동(l' élan vital)의 자연스러운 산물이 아니라, 사람들이 다른 사람과 동일시할 때 생기는 인간관계의 산물이다. 공감한다는 것은 그 사람과 같이하는 것이며, 그 사람이 있는 곳, 즉 그 사람의 자리에서 느끼는 것으로, 자기가 마치 그 사람인 듯이 그의 곤경(困境)을 같이 괴로워하고, 그의 즐거움을 같이 기뻐하며, 그의 갈등과 반발을 같이 경험하는 것이다. 그러나 그 감정은 겉으로 드러나는 것처럼 그렇게 단순하고 순진한 것이 아니다. 우선 그것은 다른 사람에게 고통을 안겨 주는 지배의 본능을 극복한 다음에 나온 감정이다. 따뜻한 공감은 인간에게 있는 다른 사람을 아프게 하려는 성향을 이긴 감정이라는 말이다. 다음으로, 공감에 의한 동일시는 질투를 불러일으킨다. 사람들은 다른 사람의 자리에 서서 그가 경험하는 것을 다시 경험하려고 하는 것이다.[34] 어린아이의 심리를 살펴보거나, 임상경험은 공감(共感) 속에 숨어 있는 함정을 많이 보여 준다.[35] 우리가 다른 사람의 다른 점을 존중하지 않는다면, 임상적 상황이나 자선적 상황에서 보이는 공감이나 감정이입은 다른 사람을 지배하려는 의도로 판명이 난다. 우리가

34) J. Lacan, *Écrits,* pp. 101-124.

35) F. Dolto, *L'Évolution psychiatrique,* III(1957). pp. 427-472.

이렇게 윤리적인 내용이 포함되어 있는 그 어떤 감정을 분석하더라도 그 감정은 본능적이고 감정적인 것들 때문에 생긴 감정이라는 사실이 곧 밝혀진다. 윤리적인 행동은 본능을 따르거나 본능 위에서 이루어지는 고생스러운 작업의 결과 생기는데, 그런 작업에 대한 부정적인 기억은 십계명이 형성되는 과정과 관계된다. 또한 그것은 우리에게 그런 고통스러운 작업이 계속해서 필요하다는 사실도 알려 준다. 흔히 이야기하듯이 사람들에게 인격의 변화가 이루어져 '덕성'이 쌓이면, 그 내면에는 윤리적 행위의 모델들이 각인되고, 사랑의 질서가 확장되면서, 그것들을 따라서 기쁨을 누렸던 기억들이 새롭게 되어 본능과의 갈등이 점점 더 적어진다. 그러나 윤리적 변환은 생물학적 변환에 비해서 결정적인 것은 아니다. 인간의 정신에서 과거에 생긴 정신의 층은 새로운 획득물 곁에 계속해서 남아 있기 때문이다. 율법을 거스르려는 욕망과 싸우는 과정에서 생성된 도덕의식은 그때부터 매순간 사람들이 실제적인 삶 속에서 유혹을 느낄 때마다 다시 만들어지는데, 유혹은 마치 외부로부터 들어와 그의 좋은 성질과 맞지 않지만 그 성질에 영향을 미치는 것같이 생각된다. 극적인 문학작품들은 우리를 정화(catharsis)시키는데, 그것들은 우리에게 비극적인 영웅의 행적을 정신적으로, 또 감정적으로 다시 체험하게 함으로써 우리가 교만으로부터 벗어나게 하기 때문이다. 그로부터 우리는 교만의 흔적들을 말끔하게 지우게 된다.

그러나 사람들이 실제로 범한 것이 아니라면, 죄의식 역시 머릿속에서 떠오른 본능의 표상들이 만들어 낸 상상 속에서의 범죄처럼 상상적인 것에 불과한 것이 아닌가 한다. 우리는 어떤 반사회적인 열정이 본성상 아무리 사악하다고 할지라도, 그 열정은 아직 나쁜 것이라고 생각하지 않는다. 또한 그것이 인간의 욕망 밖에 있는 순전히 생물학적인 것이라고 주장할 근거도 없다. 그 열정들은 그의 욕망으로부터 나오고 사람들은 어떤 방식으로든지 욕망에 집착하기 때문에, 그가 그것을 실행하려면 그것이 아무리 그의 의도와 다를지라도 거기에 동의해야 한다. 그런데 사람들은 유혹의 현장에서 부재한 것이 아니다. 그는 마치 영사기가 부도덕한 장면들을 비추는 영사막처럼 그 현장에 존재한다. 그는 고백할 수 없는 욕망의 시니컬한 제작자만은 아닌 것이다. 그 열정의 움직임이 그에게 낯설게 보인다면, 그는 그것을 되돌리거나 승화시키면서 내적으로 변환시키지 못할 것이다. 또한 그것이 그의 확고한 정신작용에서 나온 나쁜 열매라면, 그는 그것과 싸우거나 억압하거나 그것을 윤리적인 성향으로 바꾸려고 해서는 안 된다. 상상 속에서 저지른 행동은 그의 예민한 의식이 이미 죄가 있다고 판정한 행동을 하려는 욕망인 것이다. 프로이트는 사람들에게 있는 보편적인 죄의식을 설명하기 위해서 사람들의 삶의 행적에 염려되는 흔적을 남겨놓았을 인류 최초의 범죄라는 이론적 허구(虛構)를 만들어 낼 필요도 없었을 것이다. 프로이트는 『토템과 터부』를 마무리하면서 인간은 근본적인 정신의 차원에서 상상적인 것과 실제로 행해진 행동 사이에 아무 차이가 없지 않은가 하는 질문을 하였다.[36] 우리는 거기에 덧붙여서 '그런 관점에서 보자면 인간의 정신은 모두 원시적인 것이다.' 라고 말할 수 있다. 그러므로 성내는 것은 마음속에서 이미 그 사람을 죽인 것이며, '음욕을 품고' 어떤 여자를 보았다면 이미 간음한 것이라는 복음서의 말씀은 전적으로 옳다.[37] 본능의

36) S. Freud, *Totem et Tabou*, pp. 219–221.

37) 마 5:21-28.

즉각적인 충동을 묵인하면서 상상 속에서 어떤 의도를 실행시키고 말았다는 사실에 대한 깨달음은 가슴 아프지만, 그의 감정에서는 그가 그 자신은 물론 하나님과도 불일치했었다는 사실을 알려 준다. 그러나 죄의식이 전하려는 것은 그 어느 것도 결정적으로 행해진 것은 없으며, 놀랍게도 살인을 하거나 살인처럼 비도덕적인 행동이 저질러졌을 뻔했으며, 이제는 그가 평화를 찾아서 살게 되었다는 사실이다. 사람들은 어떤 본능을 억압하여 좋지 않은 결과가 생기는 것보다 죄의식을 받아들임으로써 정화작용이 일어나는 것이 더 낫다는 사실을 여간해서는 이해하지 못한다. 사람들은 마음속에서 공격성이 일어날 때 죄의식을 느끼고, 그것을 억압하는 과정에서 우울해지는데, 그 우울감은 수수께끼같이 운명적인 것이다. 그러나 치유는 사람들이 우울증 밑에 있는 열정이 과연 무엇인가 하는 것을 깨닫는 데서 이루어진다.

그러므로 죄의식이란 도덕이 무엇인지 아는 의식에 속한 의식이다. 에스나르가 말한 상상계의 내면은 인간의 정신 깊은 곳에 있는 영역으로서, 실현되려고 나아가는 욕망과 반대되고, 파괴적인 곳으로 치달으려는 욕망들이 머무는 갈등의 자리인 듯하다. 죄의식의 부재가 양심이 없거나 양심과 반대되는 것이라고까지는 말하지 않겠다. 그러나 실제로 그런 감정을 느끼지 못한다고 말하는 이들이 있기는 하다. 모든 정신분석적 치료가 목표로 하는 것은 이것에 대한 기억을 되살리려고 한다는 점을 우리는 알고 있다. 그런데 어떤 사람들은 방어기제를 작동시켜 죄의식을 의식의 영역에서 벗어나게 하고, 죄의식을 전혀 느끼지 않는 경우도 있다.

6. 양심의 소리로부터 고백의 말로

우리는 죄책감이란 현재나 과거의 어떤 진정한 내용을 그 뒤에 감춰 놓고 있거나 혹은 어느 정도 알려진 윤리적 갈등을 어느 사람이 의식하고 있는 신호라고 해석하였다. 우리는 그 신호 속에서 그 사람의 자아이상(l'idéal du moi)이나 하나님과의 관계에 잘 맞지 않는 충동들을 변환시키라는 부름을 간파할 수 있다. 이제 우리는 종교적인 강박관념 속에서 자기 정죄를 하는 것과 진정한 죄의 고백이 어떻게 다른 것인지 살펴보아야 한다.

그러기 위해서 우선 지금까지 살펴본 것들을 다시 점검해야 한다. 강박신경증 환자들은 자기 정죄를 하면서 의식에서는 아무것도 알지 못하지만, 무의식에서 나온 양가감정을 무한하게 반복해서 늘어놓는다. 게다가 자기애에 의한 자아의 이상화는 그로 하여금 깨끗해 보이지 않는 욕망 역시 그 자신을 구성하는 것이라는 사실을 진정으로 받아들이지 못하게 한다. 그는 성 조지(St. Gerge)처럼 용을 죽이지 못하고, 자기 자신을 도덕적으로 파괴하는 것이다.

그렇다면 프로이트가 『문명 속의 불만』에서 지적하듯이 '성자가 되는 길에서 가장 앞서 나아간 사람들' 이 스스로를 '가장 커다란 죄인' 이라고 정죄하는 것은 어떻게 생각해야 하는가? 이 극단적인 예는 우리에게 종교적인 자기 정죄가 과연 어떤 것인지를 알게 해 준다. 사람들이 선한 일을 해도 그 보상이 항상 주어지지 않는 것처럼, 죄의식은 아무리 불가피하고 때때로 사람들에게 유용한 것일지라도 병리적인 것임에 틀림없다. 죄의식에 있는 반성적 특성인 '그가 스스로 정죄한다.' 는 말은 죄에 대한 고백을 반쯤만

한다는 의미, 즉 강박관념의 지배적인 속성을 말해 준다. 그래서 상처받은 자기애가 만든 사색적인 순환고리는 그 말의 반성적 특성을 알게 해 준다. 다음에 나오는 프로이트의 말은 자기애의 긴장에 대해서 강조한다. "유순하고 금욕적인 자아는 그의 내면에 있는 지도자의 신뢰를 얻지 못하고, 아무리 애를 써도 소용이 없는 듯하다." 그러나 프로이트는 여기에서 본질적인 것을 말하지 않았다. 죄의 고백은 간접적인 자기정죄이기 때문이다. 죄를 고백하는 것은 우선 타자에게 행하는 고백이다. 프로이트는 대화를 통해서 이루어지는 말의 구조와 능력에 대해서 잘 알지 못했기 때문에, 이상하게도 믿음 안에서 이루어지는 죄의식의 표현을 자기 자신과의 이중적인 관계 속에 집어넣고 말았다.

고백언어의 본질을 규명하기 위해서 우리는 그것을 오스틴(Austin)[38]과 에반스(Evans)[39]가 언어를 분석하면서 연구한 범주 안에 넣어서 생각해 보려고 한다. 우리는 먼저 고백에서 두 가지 구성요소를 구분할 수 있는데, 하나는 어떤 사실을 인정하는 것이고 다른 하나는 어떤 것을 수행하는 것이다. 거기에는 우선 어떤 사실에 대해서 말하는 주장이 있는데, 문제되는 것은 그것이 사실이냐 아니냐 하는 것이다. '내면적인 죄' 에 대해서 생각해 보자. '마음속으로 죄를 지었다.' 고 스스로를 정죄하는 사람은 그의 탈선하려는 욕망을 인정하고 있다. 그런데 그 문맥을 살펴보면, 어떤 사실에 대한 그 말에는 수행된 언어라는 특성이 들어 있다. 그 말은 어떤 작업이 수행된 것을 언급하는 것이다. 그 말은 그가 그 욕망의

38) J. L. Austin, *How to do Things with Words,* Oxford, University Press, 1962.

39) D. D. Evans, *The Logic of Self-Involvement,* London, SCM Press, 1963.

움직임에 대해서 책임져야 하며, 잘못된 성향에 대해서 경계하고, 정당하고 올바른 행동으로 변환시켜야 한다는 사실을 의미하는 것이다. 그것이 혹시 해로운 행위일 경우, 그에 대한 뉘우침은 그가 그것이 초래했을 손해들을 보상해야 한다는 사실을 의미한다. 인정하는 언어와 수행한 것에 대한 말 사이의 차이점은 사람들이 자기가 잘못한 것을 '고백하기' 싫어하는 저항 속에서 분명하게 드러난다. 그러나 그는 그것이 고백의 형태가 아닌 경우, 다시 말해서 그가 그 말을 한 상대에게 앞으로 아무 책임을 느끼지 않아도 된다면 그가 잘못한 것에 대해서 아무 부담 없이 말할 수 있을 것이다.

강박적인 고백은 어떤 사람이 수행한 것에 대해서 말하는 것인데, 그 말은 우리에게 그의 의지의 진정성을 의심하게 하지 않는다. 그러나 그가 그렇게 열심히 죄를 고백하려는 모습에는 그가 미래를 향해서 나아가려고 하기보다는 과거에 더 붙들려 있게 하려는 어떤 심적 내용이 있는 것이나 아닌가 하는 생각이 들게 한다. 우리는 이미 그것에 대한 무의식적 이유에 대해서 언급한 바 있다. 신경증 환자에게는 그가 고백을 함으로써 떠맡아야 하는 과거, 또한 미래를 향해서 활짝 열려야 하는 과거가 아직 말로 다 표현되지 않은 채 남아 있다. 그러나 죄의 고백을 통해서 긴장이 완화되는 것을 보면, 그에게는 아직 풀지 못한 과거의 원한을 가지고 사는 것보다 미래를 향해서 나아가는 것이 더 중요함을 알 수 있다.

자기애에서 나온 완벽주의는 이미 수행했던 어떤 행동을 말할 때 개입되지만, 그것을 말하는 순간 무화(無化)되며, 오스틴의 분석은 이 기전을 이해하는 데 도움이 된다. 어떤 행동을 할 때 있을 수 있는 참여나 약속은 두 가지 악(惡)을 야기하는데, 오스틴은 그것을 불발(le raté)과 남용(l' abus)이라고 불렀다.[40] 불발은 어떤 사람이 그가 발화(發話)하여 표현한 것을 실현시킬 능력이 없을 때 일어나는데, 예를 들면 망상적인 사람의 고백은 수행되지 않는다. 또한 고백에의 참여는 남용 때문에 그르쳐질 수 있는데, 그것은 첫째로 고백자가 그가 말하는 것을 할 의도가 처음부터 없었거나, 둘째로 그가 약속을 지키지 않았을 때 그렇게 된다. 그런데 사람들은 고백은 항상 사람들을 어느 정도 다 할 수 없는 일에 끌어들인다는 사실을 잘 알고 있다. 모든 사람들은 그의 본능의 두께와 무게 때문에 어떤 점에 있어서는 그가 하겠다고 했던 고백을 다 실현할 수 없는 것이다.

강박신경증 환자들이 참을 수 없는 것은 바로 그 점 때문이다. 인간의 본능은 인간의 순수한 선의(善意)에 아무것도 양보하려고 하지 않지만, 사람들은 조금도 남김없이 모든 것을 하려고 하는 것이다. 그래서 그는 그의 선한 의도들이 부분적으로 실현될 수 있는 일을 찾아서 하려고 하기보다는 무의식적으로 그 자신을 끈질기게 추격하면서 지겹도록 그 자신을 뒤돌아보고 자기에게 되돌아온다. 그는 그가 되기를 바라는 것을 이상화하고, 그의 사랑을 그가 그렇게 찬양하는 자아이상에 소진시킨다. 그가 참여해야 하는 시점에서 그는 그가 필요하다고 생각하는 것보다 능력이 없다는 사실을 깨닫고, 그가 과거에 했던 거짓말에 미래에 관한 거짓말을 덧붙이지 않기 위해서 그가 했던 약속을 거두어들여야겠다고 생각하는 것이다. 정신치료자들 역시 그들의 결함을 모두 없애 버릴 수 있는

40) 우리는 이와 똑같은 인용을 J. Ladrière, *L'Articulation du sens*, Paris, Aubier, 1970. p. 95에서도 찾아볼 수 있다.

치료를 고집스럽게 꿈꾸는 환자들에게서도 그런 철회가 이루어지는 것을 본다. 그들은 어떤 때 그들이 다른 사람에게 했던 말을 파기하는데, 그 이유는 그들이 미래란 언제나 똑같은 과거의 반복이라는 불만에서 그 말을 파괴하려고 생각하기 때문이다.

종교적인 신앙에서, 그의 공적인 본성은 그가 현실에 참여하는데 아무런 장애도 되지 않는다. 그는 거기서 그가 어떤 사람이라는 것을 인식하고, 강박적인 자기애의 경우에서와 달리 그가 그렇다는 사실과 창조주께서 그를 그렇게 잘못 만들었다는 생각 때문에 그 자신을 멸시하지 않는 것이다. 그 자신을 죄인으로 인정하는 것은 그의 내면에서 이상화된 몽상 속에 있는 순수하고 전능한 어린아이의 이미지를 부수고, 한 번도 성취된 적이 없는 순수성과 신앙의 창조에 그 자신을 일치시키는 행위다.[41] 갈등이 가진 역동성이 감소될 위험성이 있지만, 사람들은 스스로를 받아들일 줄 알아야 한다고 말한다. 사람들이 어떤 행동을 하든지 아주 투명하게 할 수 없다는 사실을 받아들이는 것은 결코 생명의 가치를 떨어뜨리는 것이 아니다. 그것은 오히려 그들이 죄라는 모호한 세력에 둘러싸여 있고, 그의 중심으로부터 벗어나 있다는 사실을 인정하는 것이다. 프로이트는 말할 것도 없이 성 바울조차 인간은 결코 그의 집의 완전한 주인이 된 적이 없다고 주장하였다. 왜냐하면 '죄의 세력', 즉 우리가 세력이라는 신화적인 단어로밖에 부를 수 없는, 그 무엇이라고 지칭할 수 없는 실재가 의식 속에 들어와 우리가 원하지 않는 악의 씨앗을 뿌려 번식하게 하기 때문이다. 프로이트가 그

41) S. Leclaire, *On tue un enfant,* Paris, Seuil, 1975. 르클레르는 이 책에서 같은 주제에 관해서 다루었다.

자신은 다른 사람들에게 타나토스(Thanatos)의 힘을 납득시키려고 하고, 사람들은 그가 믿는 것처럼 그렇게 좋은 존재도 나쁜 존재도 아니라는 사실을 거듭 강조하면서 인간의 죄를 생명의 가치를 절하시키는 개념으로 생각했던 것은 놀라운 일이다.

종교적인 고백은 신경증의 경우와 달리 하나님이라는 관념 아래서 이루어진다. 우리가 앞에서 말했던 것을 상기해 보자. 죄의식에 의한 불안 가운데서 하나님은 장엄하면서 동시에 싫고, 숭배의 대상이면서 동시에 증오의 대상인 무시무시한 심판자의 모습으로 느껴진다. 그 이미지 속에서 우리는 이상화된 아버지의 현신(現身)이 무한하게 변모된 모습을 발견하게 된다. 사람들은 그렇게 확대된 아버지 속에서 조금이라도 허약한 모습을 보지 않으려고 하는데, 그 상(像)은 환상의 도움으로 그들의 내면에 있는 어린이를 고상하게 하면서 동시에 무력화시킨다. 그 어린이를 상상적인 이상형 속에 머무르게 하는 것이다. 그렇게 하면서 아버지는 아이들로 하여금 그 이상형을 동일시하게 하지만, 아이들이 그의 권리를 침해하는 것은 참지 못한다. 종교가 하나님에게 전가하는 속성은 이상적인 아버지의 이미지를 생각나게 한다. 그는 전능한 아버지이고, 그만이 거룩하며, 불사의 존재인 것이다. 사람들이 그를 그런 아버지의 선택받은 상속자라고 생각하여 그에게 응답해야 한다고 느낀다면, 그는 자기에게 아버지처럼 완전해야 한다는 무시무시한 요청을 하고, 자기통제를 함으로써 그의 전능성을 모방하려고 하며, 본능적인 육체를 부인함으로써 불사성을 얻으려고 할 것이다. 그러나 그때 그는 종교언어들이 증언하는 인간과 하나님 사이의 구조적인 차이를 부정하게 된다. 종교적인 망상의 경우가 아니라면 어떤 사람도 하나님을 그런 모습으로 생각하거나 선포하지 않을 것이라는 사실은 의심할 여지가 없다. 그런 생각은 종교적인 신경증 환자들의 논리다. 그러나 신앙은 그와 다른 아버지로서의 하나님을 전하는데, 그는 사람들을 불안으로부터 해방시키고, 하나님을 신뢰 속에서 '아버지'라고 부르도록 초대한다. 믿음이 본래 그렇듯이 사람들은 신앙에 의해서 하나님이 사람들에게 바라는 것은 사람들의 주저함이나 불충보다 훨씬 더 강력한 것이라는 사실을 알게 된다. 그것은 부모가 공격성에 있어서 아이들보다 훨씬 더 강한 힘을 가지고 있지만, 아이들에게 '눈에는 눈, 이에는 이'라는 탈리오의 법칙을 따라서 보복하지 않는 것과 같은 이치다. 그래서 사람들은 신앙에 의해서 죄를 고백하고 하나님께 간청한다. 그렇게 될 때, 그 고백은 한편으로 사람들에게 실패할 수 있는 권리를 빼앗고, 다른 한편으로 방황하는 사람들에게 경고하지 않는 전능한 하나님이라는 모호한 생각을 불식시키게 된다. 수행적 발화(遂行的 發話)에 의한 행동으로서, 죄의 고백은 신앙을 말로 표현하고 신앙을 완성시키는데, 신앙이란 그 고백에서 나온 것이다.

모든 것은 언어의 상징적 법칙에 의해서 규정된 구조적 관계 속에서 이루어진다. 전능한 하나님이라는 상상적인 이미지와 그것을 기억하려는 욕망 사이의 갈등을 일단 극복하게 되면, 사람들은 그의 열정들이나 결점들을 이제 더 이상 그 자신에게조차 감추지 않게 된다. 그런 사람들은 그들의 내면에 있는 공백을 신화를 만들어서 채우지 않게 되는 것이다. 그들은 사람들의 내면에 무엇이 들어 있는지 알게 되기 때문이다. 그때 그들은 다른 사람들이 그들의 능력만으로는 도저히 감당할 수 없는 드라마 속에 갇혀서 산다는 사실을 알게 된다. 여기에 프로이트가 걸려 넘어졌던 복음서의 계명, '너의 원수까지 사랑하라.'는 말씀의 의미가 들어 있다. 사람들이 진정으로 자기 자신이 죄인이라고 고백하게 되면, 원수까지 사랑할 수 있는 사랑은 결코 천사들의 이야기만이 아니게 되는 것이다. 이제 사람들은 자기 자신에게만이 아니라 다른 사람들에게도 너그럽게 된다. 또한 사람들이 하나님의 손에 이끌려 자신의 죄를 고백함으로써 자기 자신과 화해할 때, 인간의 조건과도 화해하게 된다. 이것이 수행적 발화의 특성인데, 사람들은 그의 깊은 내면에 참여함으로써 보편적인 가치에 참여하는 것이다.

종교행위들이 신앙의 기준이 되는 내면에서 작동하기 때문에 우리는 전능하신 하나님과 전능하다고 여겨지는 성령의 선물에 대한 우상을 벗겨야 한다. 사람들이 널리 믿고 있는 성령의 능력에 대한 기독교적 사고는 하나님에게 전이된 이상적인 아버지 상을 비신화화하는 것에서 가장 두드러지게 나타난다. 결국 성령은 인간의 영과 동맹관계에 있는 하나님의 능력인 것이다. 성령은 그 관계 속에서 아무것도 기적적으로 대체하지 않는다. 오히려 인간의 내면에 보이지 않고 측정할 수 없도록 머물러 있으면서, 하나님의 메시지의 의미를 깨닫게 하고 그 자신의 음성으로 그 의미를 말해 준다. 사람들이 육체의 본능 때문에 어둠에 잠겨서 자신의 중심에서 벗어나는 것은, 하나님이 그의 능력으로 영적인 권능이 발휘되도록 자신의 중심에서 벗어나는 것과 같은 현상이다. 사람들이 이상화된 이상에 의해서 그의 본능적인 육체를 손상해서는 안 되듯이, 그들은 하나님의 상속자가 되기 위하여 이상적인 아버지를 동일시할 필요가 없다. 그들은 하나님과 공동운명체에 속하기 위해서 인간적인 현실로부터 벗어나서는 안 되는 것이다. 그가 더 높은 분에게 사로잡히고, 하나님의 역사(役事)로 그의 존재의 핵심에 어떤 접촉이 생기면, 그는 인간의 모든 한계를 극복하려는 강박관념으로부터 해방된다. 그러나 그렇게 해방되려면 '문화를 위한 거부' 비슷한 신앙에 의한 거부가 필요하다. 신적인 생명이 이 세상이라는 조직에 돌아다니고 있다는 사실을 믿으려면, 사람들은 꿈에서 바라는 듯한 자기애에서 나온 전능에 대한 표지들을 찾지 말아야 한다. 그 자신의 전능성은 물론 하나님의 전능성을 찾으려고 해서는 안 되는 것이다. 인간의 삶은 새로운 것이 생길 것이라는 약속이지, 그 어떤 것도 만질 수 있게 주어지는 보증이 아니기 때문이다.

우리의 분석이 목표로 하는 것은 병적 죄의식을 극복하는 방편을 보여 줌으로써 병적 죄의식의 특징을 규명하는 것이었다. 사실 '정상적인 것'은 병적인 것과 매우 가깝다. 인간의 삶에서 수도 없이 반복되는 것이지만, 사람들이 여러 가지 이유 때문에 갈등이나 자상(自傷) 등에 져서 병에 걸리면, 정상적인 사람들은 병에서 치유되기 위하여 심리학적 작업을 시작한다. 그런데 자기 자신은 물론 다른 사람들과 관계를 다시 맺으려는 심리학 작업은 종교적인 관계 속에서 보자면 신앙의 작업과 불가분리한 것이다. 사실 사람들은 언제나 불균형 때문에 위협을 받으며 행복한 건강 상태를 이루지 못하는데, '정상이라는 것'은 사람들이 자기 자신은 물론 다른 사람들에게도 새로운 모습을 보여 주려고 끊임없이 노력하는 삶의 궤적 맨 끄트머리에 놓여 있다. 삶의 동작들만 보면 삶에서 일어난 복잡한 사실들을 자세하게 알 수 없지만, 과학적인 분석을 통해서는 마치 높이 뛰어오른 장면을 슬로우 모션으로 보는 것처럼 삶의 여러 가지 흔적들이 하나하나 나열되며 드러난다.

04

제의 속에서 깨끗하지 않다는 느낌과 부채감

종교는 상징적 실천체계다. 신앙인들은 제의를 통해서 지상의 삶에서 신적인 능력이 드러나는 것을 기념하고 그것을 재연(再演)한다. 상징적인 종교행위로서 제의에는 그것이 마땅히 있어야 하는 자리에 놓인 정당한 의미를 지니고 있다. 신적인 존재에 대한 신앙은 어떤 사람이 단순히 누구를 찬동한다는 의미만 있는 것이 아니라, 인간의 제의 활동 속에서 어떤 능력이 작용한다는 의미도 포함되어 있다. 제의에 대한 사회학적 고찰은 제의에서 종교적 의미를 추상화시키고 제의의 부차적 기능, 즉 제의의 문화적 유형에 관한 반박이나 입증에 열을 올리거나 제의가 종교집단의 결속을 강화시킨다는 주장만 할 것이다. 그러나 심리학은 제의에 내재한 의도를 무시할 수가 없다. 그래서 우리는 제의를 하나의 종교적인 드라마나 사회적 활동이 아니라 초자연적인 존재와의 효과적인 의사소통으로 생각하는 열의 있는 신앙인의 입장을 취하려고 한다. 우리는 우리 관심을 한 가지 측면에 고정시키려고 하는데, 그것은 악의 병리적 체험이 제의 속에서 어떤 의미로 나타나고 어떻게 변환되는가 하는 것이다.

인간의 행위이자 동시에 신적인 행위로서의 제의는 타락, 죽음, 악의 세력에 대한 하나님의 우주적 투쟁이며 세속적 투쟁이다. 그것은 원칙상 이원론을 배제하는 창조론적 종교의 경우에서도 마찬가지다. 부활절의 전례 찬송에서도 그리스도 안에서 "삶과 죽음은 하나의 놀라운 쌍처럼 싸우고 있다."고 노래한다. 사실 기독교 제의들은 그 사건에 대한 회상이고, 신앙인들의 삶 속에서 그 사건을 재현시킨다. 제의는 사람들을 초자연적인 투쟁에 참여시키고, 그들의 몸에 그 표적들을 아로새기게 하면서 무의식에 남아 있는 표상들이 생겨날 수 있는 가장 좋은 자리를 마련해 준다. 그러나 제의의 상징적인 동작들은 어떤 이들에게 제의주의를 만들려는 강박적인 성향을 심어 주고 있다. 우리가 무엇보다도 먼저 살펴보려는 것은 그런 형식적인 측면이다. 그런 다음 우리는 종교의 본질적인 의미와 죄의식의 근본적인 관심이 교차하는 두 가지 내용에 관해서 중점적으로 살펴보려고 한다. 깨끗하지 않다는 느낌과 부채감에 대해서 살펴보려는 것이다. 이 두 가지 내용을 위해서 우리는 그것들이 제의 속에서, 또한 신경증에 의한 변질 속에서 그 의미가 어떻게 달라지는지 비교해 볼 것이다.

1. 제의의 의례화와 마술적 행위

1) 제의: 상징적 수행

제의(le rite)와 제의주의(le ritualisme)의 차이를 구별하기 위해서 우리는 먼저 제의가 이루어지는 과정에 관해서 조명해 보아야 한다. 우리가 제의라는 단어를 쓸 때는 그 단어를 종교적인 신앙 안에서 이루어지는 의미로 쓰지만, 제의주의라는 단어에서는 제의가 문자 그대로 이루어져서 사람들이 흔히 말하듯이, 너무 정형화된 행위나 낡아빠진 제식처럼 이루어지는 좀 경멸적인 의미를 나타낸다.[1] 이것은 단지 그 단어들의 정의에 관한 문제가 아니다. 사람들이 제의를 부정적으로 보는 것에는 제의가 종종 형식적으로 이루어진다는 선험적인 생각이 있기 때문이다. 사람들이 제의를 정의할 때 부정적으로 생각하는 뒷면에는 자연히 제의의 종교적인 의미에 대해서 거리를 두고 생각하려는 의도가 들어 있다. 현대문화 속에서 사람들은 제의에서 아무 영혼도 찾을 수 없고, 단지 화석화된 형식 속에서 이루어질 뿐이라고 확신한다. 그 이유는 문명의 발전이 종교를 문화적으로 뒤처진 것처럼 생각하게 하기 때문이다. 그렇지 않다면 창조성에 관한 생각들은 제의를 그와 정반대되는 것으로서 다소 딱딱한 것으로 치부하여 내쫓아 버리기 때문이다.

그러나 우리는 종교제의에서 신적인 존재와의 관계를 실현시키고 되살리려는 상징적인 행위들이 이루어지기를 기대한다. 제의의

---

1) E. Shils, *Le Comportement rituel chez l'homme et l'animal,* trad. fr., Paris, Gallimard, 1971. pp. 307-311.

특징은 제의에 다음과 같은 두 가지 요소가 들어 있다는 점에 있다. 제의 행위는 그 나름대로 어떤 목적이 있는 행위라는 점과 그것은 상징적인 행위라는 점이다. 그런데 이 두 가지 요소는 서로 뗄 수 없는 관계에 있다.

우선 제의는 인간의 행위(l'action)다. 그런데 제의 행위는 여러 가지 다양한 언어들과 조응하는 수많은 요소들로 결합되어 있다. 제의는 표현적이고, 하나의 행동이며, 참여다. 그리고 그것은 어느 정도 작위적이고 인과론적이다. 또한 제의에서 행해지는 언어는 제의 행위를 구성하는 요소들을 펼쳐 보인다.

제의는 감정을 표현한다. 그런데 모든 표현(l'expression)은 비명 소리처럼 즉각적인 표명(la manifestation)이라기보다 훨씬 깊이 생각하고 사려를 거친 다음에 나온다. 하지만 사람들에게는 표현의 형식이 체험된 감정의 내용들과 잘 맞지 않는 경우가 종종 있는데, 그 경우 우리는 지나치게 형식화되어서 변질된 제의(祭儀)를 행하게 된다.

제의는 하나의 행동(la conduite)이다. 제의에서 사람들은 여러 가지 동작들을 통하여 하나님과 사람 사이의 관계를 수립한다. 예를 들어, 팔을 들어올리는 동작은 제의 언어로 '주님, 저는 당신을 찬양합니다.' 라는 말을 의미하고, 몸을 숙이는 것은 '저의 죄를 고백합니다.' 라는 말이나 '당신만이 거룩합니다.' 라는 말에 해당된다. 제의가 진실하게 드려지려면, 먼저 제의를 드리는 사람의 태도가 진실해야 한다. 다시 말해서 그가 하는 말이나 행동이 그의 내면과 일치해야 하는 것이다.

제의는 참여다. 그 동작들에는 제의 언어가 발화하는 약속이 담겨 있는데, 그것은 믿음 안에서 충성할 것을 약속하고, 자신의 행동을 고칠 것을 약속한다. 참여에는 항상 사람들이 참되다는 것에 대한 긍정이 전제된다. 예를 들어, 하나님의 행위나 예수 그리스도의 부활에 대한 긍정이 전제되는 것이다. 하지만 약속의 내용은 어떤 사실에 대한 긍정이 아니다. 오히려 그가 긍정한 사실에 대한 참여이며, 미래의 어느 날 완성되는 것에 대한 참여다.

마지막으로, 제의는 하나의 실행(l'opération)이다. 제의는 어떤 결과를 의도적으로 겨냥하며, 그 겨냥하는 결과를 수행하면서 완성시킨다. 그런 의미에서 모든 제의는 스스로 실행되는 본성을 가지고 있다고 할 수 있다. 또한 제의가 시행하는 것은 거룩한 것(le sacré)인데, 그것은 종교적 제의의 어원이 희생(le sacrifice)이라는 말과 연관되어 있다는 점에서 특히 잘 드러난다. 왜냐하면 사람들이 그에게 필요한 자질을 발달시키기 위하여 그것을 위한 과정을 밟아 나가는 동안 제의는 하나님이 인간의 행위에 함께하고, 인간의 행위를 완성하는 종교 질서에 속해 있기 때문이다. 그런데 그 자질은 감정의 표현이나 행동이나 참여 같은 제의 행위의 구성요소들 속에서 실현된다.

하나의 행위로서 제의는 하나의 움직임 속에 사람과 하나님을 실제적인 관계 속에 들어가게 하는 다양한 요소들을 다져넣는다. 그런데 제의가 하나의 행위라는 사실은 제의를 개인화하고 상징의 맥락에서 분리시키는데, 제의의 상징성은 제의에 의미를 부여하고 제의가 무의식의 논리에 복종하게 하는 중요한 역할을 하는 특성에 있다. 그 결과 죄의식은 제의 실행을 마술적인 행위로 변환시킬 수 있게 된다.

제의는 상징적인 행위다. 제의는 작업(le travail)처럼 자연력의 도움으로 사람이나 세상을 변환시키려고 사람이나 세상에 시행하는 행위가 아니다. 오히려 그것은 하나님과 관계를 맺고 하나님의 힘을 움직여서 인간의 실존을 변환시키려고 한다. 또한 제의는 인간의 행위로서 이 세상에 있는 사물들과 관계되는 동작들로 이루어지는데, 그것은 사람들과 하나님 사이의 역동적인 관계를 잘 드러낸다. 다시 말해서 제의는 다음과 같은 세 가지 점에서 상징적인 것이다. 제의는 신앙인들에게 하나의 상징이고, 하나님의 행위를 상징화하며, 상징체계 속에 들어 있다.

제의는 인간의 종교적 자질을 상징화한다. 예를 들어, 세례의 동작은 깨끗하게 하고, 하나님의 성령이 선사하는 지금까지와는 다른 삶에서 다시 태어나려는 인간의 태도를 나타내고, 실현시킨다. 제의에서 표현되는 동작들이 자연스러운 것이기 때문에, 제의는 우리의 몸과 우리가 사물과의 관계에서 찾게 되는 의미를 목표로 한다. 제의가 가진 이와 같은 상징적인 의미는 우선적으로 시행된다. 사물에 시행되는 동작은 이미 언어가 말하려는 의미를 내포하고 있는 것이다. 그러므로 제의 언어는 본질적으로 은유적일 수밖에 없다. 따라서 물속에 잠겼다가 물에서 다시 나오는 것은 새로운 탄생으로 해석된다. 제의의 표현 방식이 은유적인 언어와 상징적인 동작들이기 때문에, 제의에서 표현되는 의미는 객관적인 관점에서 볼 때 항상 인간의 표현 능력을 넘어선다. 제의를 순전히 합리적이기만 한 언어로 표현하는 것은 제의에 내포된 것들을 부정하는 셈이 되고, 결국 그 의미를 빈약하게 만든다. 그러나 그 의미들이 표현되지 않는다는 것은 또한 제의의 취약성을 나타낼 수밖에 없다. 제의는 우리 몸과 관계된 의도에 의해서 이루어지기 때문에 우리 몸이 고문서처럼 보관한 수많은 무의식의 표상들을 아주 다양한 수준으로 담아 내고 있다. 세례의 제의 속에는 의식과 무의식, 깨끗한 것과 더러운 것, 탄생, 삶, 힘 등이 조화를 이루고 있으며, 그것들은 제의 행위와 표현의 실존적 풍부성을 드러낸다. 여기서 우리는 죄의식이 제의에 각인시킬 수 있는 의미의 축소와 이탈을 찾아볼 수 있다.

제의적 상징의 특성은 그것이 종교적 인간과 그의 소통대상인 하나님을 동시에 상징적으로 나타낸다는 점에 있다. 하나님은 제의에서 그를 사람과 함께, 또 사람 위에 작용하는 존재로 나타나는데, 그것은 인간적인 의미에도 들어맞는다. 세례 제의는 하나님을 새로운 삶의 원천과 정화시키는 능력으로 눈에 보이게 드러낸다. 사람들이 하나님은 그들을 위한 존재라는 사실을 깨닫는 것은 제의 속에서다. 그는 제의 속에서 하나님을 그의 존재의 둘레가 아니라 그의 존재의 가장 내밀하고 중심이 되는 존재로 만난다. 그런 의미는 제의 속에서 몸의 표현으로 드러나고 사물의 은유적 표현인 언어를 통해서 나타난다. 성찬식은 하나님과 인간이 결합하는 바로 그 장소다. 성찬식에서 사람들은 하나님의 현존을 그 자신의 실체로 변환시키고, 하나님은 사람들에게 말하면서 사람들을 그의 실체로 변환시킨다. 사람들이 하나님에 대해서 가지는 관념이 제의의 스타일이나 의미에 영향을 주고, 다른 한편 사람들이 그 자신이나 이 세상에 대해서 가지는 관념이 하나님에 대한 관념을 결정하는 것은 사람들이 그 자신과 하나님을 상징적으로 생각하기 때문에 가능하다.

결국 제의는 그것이 상징적 질서에 속해 있다는 이유 때문에 상징적이다. 여기에서 우리는 제의를 철자부호들로 이루어진 언어와 비교해서 생각할 수 있다. 철자부호들은 그 자체로는 의미가 없지만 다른 부호들과 관계될 때 의미를 지니게 된다. 똑같은 방식으로 제의는 하나의 계열을 이룬다. 그래서 기독교의 성례는 하나님에 대한 인간의 서로 다른 입장들을 인간 실존의 각 시점이나 사건에 따라서 펼쳐 놓는 질서를 나타낸다. 그래서 제의의 의미는 무엇이라고 한정지어서 말할 수 없다. 제의는 신앙인들을 하나의 상징체계 속에서 받아들이는데, 그 상징체계의 의미는 그 제의가 다른 제의들과의 관계는 물론 종교적 표상 전체와의 관계 속에서 발화되는 것에서 드러난다.

제의는 상징적인 모습을 잃어버릴 때 타락하고, 제의주의로 변질된다. 그때 상징은 개인적인 의미를 나타내고, 그 의미를 실현시키는 하나의 증상으로 된다. 여기서 우리는 제의의 역설을 보는데, 제의는 그것이 본래 만들어질 때 가지고 있던 의미를 통합할 때만 상징적인 가치를 지니게 되는 것이다. 이 사실은 제의가 사람들에게 신적인 동작을 하게 하고, 그것이 구체적인 형식 속에서 나타나며, 삶을 통하여 행동화될 수 있을 때만 상징적으로 될 수 있다는 사실을 의미한다. 그러므로 제의가 효과적으로 수행되려면, 한편으로 우리 몸이 그 본성은 물론 살아있는 언어와 하나가 되어야 하고, 다른 한편으로 이미 설립된 형식들은 물론 그 의미와도 하나가 되어야 한다. 그렇지 않으면 사람들은 제의의 종교적 준거를 심리학적이고 사회적인 의미 위에서밖에는 발견하지 못하게 된다. 하지만 제의체계에 들어 있는 의미는 고정되지 않은 가변적 의미일 뿐이다. 그래서 사람들은 그 의미를 간접적으로나마 표현하고 실현시키기 위해서 제의의 형식에 주관적이고 어울리지 않는 의미를 덧붙일 수 있다. 이처럼 의미의 공백은 언제나 왜곡된 의미가 밖으로 드러날 때에만 느껴진다.

제의의 특성은 그것이 딱딱하게 고정되어 획일적으로 제의를 수행하지 않는다는 데 있다. 제의의 진정한 의미는 관념적으로 표현되는 것들을 뛰어넘기 때문에 신앙인들은 제의에서 여태까지 표명되지 않았던 의미를 만들어 낼 수 있다. 그러나 그 의미는 결코 우연한 것이 아니다. 오히려 그것은 동작이나 사물의 모습으로 추구될 수 있고, 종교적 의미 전체에 의해서 요청될 수도 있다. 제의가 너무 경직되게 체계화되면 제의 전체를 파괴하는데, 그것은 두 가지 이유에서다. 첫째, 그것이 제의의 표현적 기능을 방해하기 때문이다. 이 경우 본래 상징이었던 규칙은 그 제의를 수행하는 문화집단이 그들의 표현 양식에 따라서 변화시킨 모델밖에 전달하지 못한다. 둘째, 제의의 경직된 체계화는 종교적 진리가 모든 것을 남김없이 구성하기 위하여 포괄적인 반면, 고루한 말들처럼 익명적이고 추상적으로 주어진 교리를 강요하는 것과 같이 수행된다. 지나친 체계화는 제의의 병리적 현상인 것이다. 그럴 경우, 제의는 객관적인 형식의 측면에서 볼 때도 이미 그것이 본래 그렇게 되어야 하는 대로 수행되지 않는다.

어떤 제의의 타락 정도를 판단하려면 우리는 한편으로는 그 제의의 상징적 형식을 살펴보고, 신앙 공동체가 그 제의에 부여한 의미가 제대로 나타나는지 살펴보아야 한다. 또한 심리학적인 측면에서 제의가 드러내려는 다소 무의식적인 의미가 이미 설정된 형식 속으로 미끄러져 들어가는 것이 아닌지 살펴보아야 한다. 이것이 바로 우리가 하려는 것인데, 우리는 죄의식이 종교 제의를 왜곡시키는 방식에 대해서 살펴보려고 한다. 그러므로 제의를 정의하는 두 요소인 상징적-행위는 계속해서 우리의 관심을 끌게 된다. 병적인 죄의식은 제의를 비상징화하고, 그때 제의는 거의 마술적인 행위처럼 작용하는 것이다.

2) 강박적인 제의주의

프로이트는 종교현상을 다룬 그의 최초의 연구에서 종교를 이해하기 위해서 신경증적인 의식(儀式)과 종교 제의 사이의 유사성에 관해서 살펴보았다.[2] 강박신경증 환자들은 중요하지 않은 행동들에 세심한 주의를 기울이면서 수행한다. 예를 들어, 도서관의 선반에 책이 몇 권이나 놓여 있는지 계속해서 세어 보거나, 돌의 이음새를 정확하게 밟으려고 하거나, 어떤 것을 특정한 위치에 놓으려고 계속해서 움직이고 또 움직이고 하는 행동 등을 보이는 것이다. 이와 비슷한 행동들은 종교라는 토양에서도 나타난다. 그런데 이 경우 그 행동들이 반드시 중요하지 않은 것만은 아니라는 차이점이 있다. 나중에 '늑대 인간'이 된 아이는 잠자기 전에 꼭 성상(聖像)을 끌어안았고, 그의 침대와 그의 몸에 성호(聖號)를 그렸다. 이런 강박적인 의식들은 당연히 별것도 아닌 행동을 리듬을 맞춰서 반복하는 것이다. 이 의식은 기록되지 않은 법률에 복종하면서 거룩한 행동의 특성을 나타내는 것이다. 프로이트에 의하면 종교 제의에서 나타나는 강박적인 의식(le cérémonial obesssionnel)은 다음과 같은 세 가지 뚜렷한 특징이 연관되어 나타난다. 어떤 행동을 완수하지 않았을 경우에 나타나는 양심의 불안, 다른 활동과 분리된 어떤 행동, 너무 세심한 행동 등이 그것이다. 이 세 가지 특징은 그 행동들의 강박적인 본성을 이루고 있다. 제의주의자들은 그들도 그 의미를 알지 못하면서 어떤 명령에 복종한다. 그는 어떤 알지 못하는 것을 믿고, 그것을 믿지 않을 수 없다. 말하자면, 아무

2) "Actes obsédants et exercices religieux", *L'Avenir d'une illusion,* Paris, PUF, 1971. pp. 83-94.

내용도 없는 빈 것을 믿는 것이다. 프로이트는 여기서 종교 신앙의 모형을 보았는데, 그에게 있어서 종교 신앙은 항상 불합리한 것에 대한 신앙이었다. 강박신경증 환자들은 그것을 생각하지 않을 수 없고, 믿지 않을 수 없으며, 그가 불합리하다고 생각하는 행동을 하지 않을 수 없는 것이다. 그러나 거기 숨겨져 있는 이유는 무엇인가 비밀스러운 신앙과 관계되어 있음에 틀림없다.

하지만 프로이트는 강박적인 의식과 종교 제의 사이의 동일성을 말하는 것이 아니라 '유비성'에 관해서 말한다. 강박적인 의식은 개인적 차원에 머물러 있지만, 종교 제의는 집단적 차원에 속해 있다. 여기에서 프로이트는 신경증을 "개인화된 종교의 반쯤은 희극적이고, 반쯤은 눈물겨운 만화"라고 결론짓는다. 또 그는 종교인들은 그가 하는 행동의 상징적 의미에 관해서 의식하고 있다는 사실에 주목하고 있다.

사람들은 프로이트가 종교인들의 의식을 제대로 묘사하지나 않았나 하고 생각할 수도 있다! 그는 강박적인 의식과 종교 제의 사이의 형식적 유비를 강조하기 위해서 중요하지도 않은 강박적인 의식과 상징적 동작 사이의 차이점을 축소시켰던 것이다. 그 둘 사이의 본질적인 차이점은 제의의 집단적인 특성에 있다. 거기서 프로이트는 강박적인 의식은 성적 본능의 억압에서 비롯되지만, 종교 제의의 원천은 반사회적인 본능의 억압에 있다고 추론한다. 종교를 제대로 설명할 수 있는 이론은 여기에서 나오는데, 『토템과 터부』는 문명의 기원을 원시인들이 아버지를 살해한 다음 사회 계약을 맺은 사실에서 끄집어 내어 수립하려는 것이다.

우리의 목적은 여기서 제의에 관한 프로이트의 해석을 근본적으로 토론하려는 것이 아니다. 다만 그 해석이 강박적인 의식과 종교 제의 사이의 관계를 규명하는 데 빛을 던져주기를 바란다. 그래서 우리는 종교 제의가 여러 가지 다른 사회 집단 사이에서 사회적 기능을 수행하는 하나의 표지가 된다는 수많은 사회학자들의 연구 결과들은 제외하려고 한다. 우리의 목적에 비추어서 흥미 있는 것은 오히려 종교 제의가 강박적인 의식과 그 의도에 있어서는 물론 형식적으로도 어떻게 연관되는가 하는 점에 있다. 왜냐하면 의미와 눈에 보이는 형식은 떼려야 뗄 수 없는 관계에 있기 때문이다. 내면적인 것은 외적인 것으로부터 이루어지고, 눈에 보이는 형식은 내적인 경험에서 나오는 것이다.

지난 두 세기 동안 가톨릭교회에서 있었던 일들을 살펴보는 것도 도움이 된다. 얼마 전에 있었던 바티칸 공의회 이전까지만 해도 예배를 드릴 때 그 동작이나 본문이나 송가(頌歌)나 종교적 표상 등에서 예배드리는 사람들이 자유롭게 할 수 있는 여지는 하나도 없었고, 세세한 것들까지 규격화되어 있었다. 제의의 본질적인 것들은 이미 엄격하게 규정된 것들 때문에 제의의 의미를 지키는 대신 본질적인 행위들을 가리는 부차적인 것들에 둘러싸여 있었던 것이다. 진정한 상징이 모든 것을 획일적이고 경직되게 정리하여 단순화시킨 법제에 구애받지 않는 데 반해서, 예배에 관한 규례는 그 어떤 자발적인 표현도 허용하지 않았던 것이다. 그들은 예배에 대부분의 사람들이 알아듣지 못하는 죽은 언어를 사용하여 신도들의 내면에서 주관적으로 표출되는 것을 하나도 나오지 못하게 하였다. 그것들은 차라리 다른 문화 풍토에서 비롯된 고리타분한 신앙을 나타내는 것으로서, 자신의 목소리로 나타내려는 사람들의 의미심장한 표현을 나타내지 못하게 했던 것이다. 그런 예배 규칙을 옹호하는 사람들의 주장도 만만치 않다. 그들은 그것이 예배의 거룩한 의미를 보존하는 데 더 합당하다는 것이다. 그러나 거룩하다는 것은 무엇을 의미하는가? 그것은 오히려 상상적인 것들과 완전히 단절되고, 자기 자신에게 몰두해 있는 사람들로 하여금 하나님을 향해서 나아가도록 촉구하는 경험들이 아닌가? 그것은 외부에서 오는 강하고 권위 있는 것처럼 느껴지는 거룩성이며, 모든 비슷한 것들을 신성모독적인 침해로 느껴지게 하는 순전히 초월적인 것이다. 제의와 인간의 표현적인 삶 사이에 단절이 있다면, 그것은 거룩한 것이 인간과 분리되어 있기 때문이다. 인간에 대해서 말하는 것과 보고 듣는 것을 비교해 볼 때, 거룩한 것은 절대타자(l'altérité)밖에 없다.

이 거룩성 속에서 사람들이 어떻게 초자아가 무의식적으로 그 가공할 만한 위력을 부여한 알 수 없는 권위를 인정하지 않을 수 있겠는가? 게다가 예배의 그런 특징들은 그것을 하나하나 강박적인 의식과 비슷하게 만드는데, 그것들은 엄격하고 경직된 형식화, 문화의 살아있는 형식과의 거리, 상징적 의도의 부재나 축소 등에서 찾을 수 있다. 그래서 많은 신앙인들은 그것들 때문에 제의를 제대로 드렸나 하는 불안에 사로잡히게 된다.

제의가 제의주의로 미끄러져 들어가는 현상을 우리가 앞에서 분석했던 것처럼 죄의식에 의한 집단신경증으로 규성되는 그 당시의 종교 정신 속에 집어넣고 생각하면, 이런 관찰은 의미를 가지게 된다.

우리는 여기서 제의의 집단적 강박화 현상을 보는 듯하다. 하지만 우리는 신앙이 제의적인 행동들을 무시했다거나 사람들이 거기서 의미를 재발견할 수 없다는 사실을 말하려는 것이 아니다. 우리는 수세기 동안 죽었던 문화에서 파생된 예술적인 것들 속에서도 새로운 의미를 발견할 수 있기 때문이다. 정말 중요한 것은 강박적이고 이상한 행동들이 아니라, 옛날에 살아있던 종교 공동체에서 만들어진 종교 형식들이다. 여기서 특징적인 것은 무엇보다도 강박화인데, 이 강박화는 신경증 환자들이 언어가 정반대로 기능하도록 언어를 독점하는 것과 비교해 볼 수 있다. 그때 언어는 생각의 움직임 전체 안에서 작동하기보다는 사고의 부분들을 소외시키거나, 언어가 그의 몸이나 정동과 같이 가기보다는 그 표현들에서 감정적인 것들을 없애 버린다.

여기에는 어느 정도 역사적인 이유가 있다. 예배의 세세하고 획일적인 규정은 부분적으로 종교개혁 시대에 교회를 분열로부터 지키고, 그 이후 신앙의 확실성이 약화되는 것을 방지하려는 가톨릭 교회의 방어가 있었던 것이다. 그러나 우리는 방어라는 말에서 제의가 그 자체로서 이미 주어진 교회 안에서 어떤 특별한 기능과 형식을 맡고 있었다는 사실을 알게 된다. 그런데 사람들이 외부의 위협을 느끼는 것은 일반적으로 그들의 내면에서 적과 내통하는 어떤 것이 있지 않을까 하는 의심이 들 때다. 또한 사람들은 위험하다고 느껴지는 내면적인 성향을 억압할 때 다른 사람들과 좀 떨어져 있으려고 한다. 그때 사람들은 감정의 표현을 자제하고, 꼭 필요하고 거의 기술적인 몸의 동작들도 하지 않으려고 하며, 거리를 두는 행동을 많이 한다. 그러면서 그들은 신경증의 심리학에서 잘 알려진 전위(轉位)의 과정으로서, 그들 자신의 별로 중요하지 않은 아주 세밀한 부분에 관심을 집중시킨다.

이 사실들을 종합해서 해석하면, 우리는 이런 종류의 공동체의 종교적 특징 모두가 제의주의를 형성하게 되는 것과 무관하지 않다는 사실을 알게 된다. 육체적인 본능에 대한 불신과 합리적인 과학의 요청인 자율성에 대한 불신, 도덕에 관한 신성 의지론, 하나님에 대한 의무로서의 종교에 대한 강조, 그리스도의 희생에 의한 죄의 구속으로서의 구원 등이 그것들인데, 이에 대한 엄격한 실천이 제의주의에 영향을 준다. 이런 제의주의의 심리학적 방어 기능은 전체적으로 그 당시의 종교적 기후와 맥을 같이한다. 그들은 인간의 경험에 있는 상징성을 강조하면서, 사람들을 신앙으로 천천히 이끌어 가기보다는 감정이 분출되지 않게 하려고 했으며, 심지어 종교 감정의 분출까지 경계하였다. 그러나 제의만 가지고서는 사람들에게 진정한 삶을 살게 하지 못하고, 더 고상한 사람으로 변화시키지도 못한다. 제의는 다만 사람과 하나님 사이의 불연속성을 의미하는 거룩성을 바깥에서부터 중재해 줄 뿐이다.

제의가 그 본질에서 벗어나 제의화되는 것은 인간의 내면에 있는 강박적인 성향 때문이며, 그것은 우리 삶 전체에 커다란 영향을 미친다. 그러나 수도원처럼 그 삶 전체를 종교생활에 헌신하는 공동체는 그의 상징 스타일을 조금 덜 강박적인 제의주의로 변환시킨다. 수도원 전통은 기독교의 의미를 시간과 공간의 상징 안에서 나타나게 하였고, 전례에 자연적인 사건들과 매일매일의 동작들을 도입하였던 것이다.[3] 이때 초자연적인 것은 삶의 거룩함과 자연의 거룩함 속에서 나타나고, 이 세상에 있는 사물들과 동작들은 그들 나름대로 영적인 변형을 통하여 깊이를 지니게 된다. 그 결과 이러한 삶의 양식은 하늘과 땅을 모으며 예배에 참여하게 된다. 그런데 그런 삶의 미의식은 때때로 그것이 드러내야 하고 약속해야 하는

3) L. Lombardi Vallaury, "Vœux religieux et Perception du temps", *Temporalité et Aliénation,* Paris, Aubier, 1975, pp. 249-270.

영적 실재의 형편에 따라서 상상적인 것으로 바뀌게 된다. 제의의 상징에 의해서 하나가 된 변화된 삶의 양식은 알지 못하는 사이에 그것을 낳고 거기에 의미를 부여했던 상징의 질서에서 벗어나게 되는 것이다. 사람들이 사용하는 상징의 형식에는 언제나 그 의미가 제한되어 있으며, 그것은 삶의 상황이 아무리 변할지라도 마찬가지다. 그때 그런 삶의 상황은 그 나름대로 후속 세대를 만드는 예술 작업과 비슷하다. 그것은 오랜 세월 동안 보고, 듣고, 느끼는 방식을 변화시켜 왔다.[4] 그러나 수사법의 언어에서 은유가 상징의 힘을 잃어버릴 때가 있는 것처럼 삶의 상징적인 배열은 제의주의로 되돌아갈 위험이 있으며, 그 경우 우리는 그때의 지배적인 음색이 죄의식이나 경직된 금욕주의인 것을 알 수 있다.[5] 그때 삶의 상징은 어느 정도 반리비도적인 장치를 취하게 되고, 그 결과 신비적 욕망을 구성하는 주제들은 눈에 띄게 줄어드는데, 제의에서 매일 나타나는 은유는 그 원천을 그 주제에 두고 있다. 우리는 여성보다 남성에게서 수도원적인 삶의 모형이 더 강박적인 것으로 변질되는 것을 더 많이 보게 되는데, 그것은 놀라운 일이 아니다. 왜냐하면 남성의 심리 구조가 적어도 우리 문화에서는 더 강박적이기 때문이다. 예를 들어, 공격성을 자제하려는 본능은 죄의식의 원천이 되고 사람들을 더 강박적으로 되게 하는데, 그것은 여성보다는 남성

4) M. Proust, *A la recherche du temps perdu. Les Jeunes Filles en fleur.* Paris, Gallimard, 1927. p. 97.

5) 그것은 아직 출판되지 않은 쥐네켄의 다음과 같은 책에서 다룬 주제다. P. Van Ginneken, *Psychologische krachtlijnen in het monastieke leven. Inhoudsanalyse van representatieve teksten; mémoire de licence présenté à la Faculté de Psychologie,* Leuven, 1976.

에게 더 필요하다.

3) 마술적 행위

종교 개념 가운데 제의는 원리상 실행적인 것이다. 여러 가지 다른 주장들이 있었기 때문에 기독교 신학은 일찍부터 성례전에 관해서 하나의 신조를 수립하였는데, 그것은 '성사(聖事)의 효력은 성사 자체로부터 나온다(ex opere operato).'는 것이었다. 모든 성례는 집례자가 신앙 공동체의 의도를 따라서 그 제의가 올바르게 드려지도록 애쓰고, 신도들로 하여금 믿는 마음으로 성례에 참여한다면 성례 자체에서 효력이 발생된다는 것이다. 여기서 우리는 세속적인 의미 그대로의 마술이 성례와 구별되는 것을 발견할 수 있다. 그것은 먼저 모든 제의는 무엇인가를 만들어 낸다는 것이다. 우리는 희생(le sacrifice)이라는 단어에서 어원적으로 하나의 제의는 그 제물을 거룩하게 만듦으로써 거룩성을 산출한다는 사실을 기대한다. 그런데 '거룩성을 산출한다'는 말에서 'produire'는 라틴어 pro-ducere에서 나온 말로, 그 의미는 '앞에서(pro) 이끌어 낸다(duire)'는 의미를 가지고 있다. 즉, 제의는 거룩성이 나타나게 하거나 하나님의 현존이 드러나게 하는 것이라는 말이다. 그러나 중요한 것은 제의가 거룩성의 조작은 아니라는 점이다. 제의는 다만 하나님이 사람들이 행한 것들 속에서, 또 그것들에 의해서 특별한 방식으로 작용하여 더욱더 효과적으로 드러나실 수 있도록 장소(le lieu)와 시점(le temps)과 표지(le signe)를 베푸는 것이다. 종교적인 관점에서 볼 때, 사람들에게는 그런 능력이 있다. 왜냐하면 사람들은 하나님과의 계약을 통해서 그런 능력을 부여받았기 때문이다. 그러나 우리는 여기에서 여러 가지 다른 종교들에서 사람들이 신적인 존재에게 영향을 미칠 수 있는 신적인 힘에 대한 신앙을 어떻게 얻었는가 하는 것을 따지려고 하지 않는다. 다만 그런 신앙이 제의 실천의 일부를 이루고, 모든 제의들에 선험적인 조건이 되거나 때때로 명시적으로 주장된다는 사실을 살펴보는 것만으로도 충분하다.

마술이라는 말은 어느 두 상태 사이에 차이가 있을 때에만 의미가 있다. 그 말은 어떤 행위가 효과적인 것으로 드러날 때만 의미가 있는 것이다. 그러나 우리는 그 힘의 효력을 우리가 이미 알고 있는 준거체계 속에서 어떤 힘이 개입했기 때문이라고 할 수는 없다. 여기서 자연히 종교 제의는 분명히 마술과 갈라진다. 왜냐하면 종교에서 제의의 효과는 그 준거에 의해서 정당화되기 때문이다. 문화인류학에서 사람들은 그 효력이 종종 어떤 집단의 신앙인들에 의해서 정당화되는 제의를 가리킬 때 마술이라는 말을 사용한다. 그때 마술이라는 말은 제의체계가 그 신앙을 공유하지 않는 관찰자들에게 낯설기 때문에 사용된다.[6] 또한 인류학자들은 그들이 연구하는 문화 속에서 제의적인 마술과 개인적인 마술을 구별한다. 아마 모든 종교 제의를 미신이나 신비술로 생각하고 거기에 마술이라는 꼬리표를 붙이는 저자들도 있을 것이다. 그러나 그들이 합리적인 행위로서의 기술적인 작업과 종교적인 것들이 서로 다른 것이라고 구별했다면, 이제 그들은 그 안에 아무런 종교적 신앙의 근거도 찾을 수 없는 신비술과 종교 제의가 어떻게 다른지 알기 위

6) E. E. Evans-Pritchard, *La Religion des primitifs à travers les théories d'anthropologue* (trad. fr.), Paris, Payot, 1971. p. 131

해서 마술 사이에도 서로 다른 것이 있을 수 있다는 사실을 알아야 한다.

우리가 정의한 마술을 제의에 적용시켜서 생각하면, 어떤 제의가 그 준거체계에서 벗어날 때, 그것을 마술적인 것이라고 부른다. 그러나 그것이 정말 마술은 아니다. 다만 그 제의가 행해지는 신앙공동체의 의도에 비추어 볼 때, 경험된 의미와 상징적인 의미 사이에 거리가 있기 때문에 그것이 마술로 미끄러졌다고 하거나 아니면 거의 마술적인 것이라고 하는 것이다. 제의의 이런 역기능은 여러 가지 이유 때문에 생기는데, 우리는 여기서 제의를 거의 마술적으로 드리게 하는 죄의식의 영향에 대해서만 제한적으로 살펴보려고 한다. 거기에는 두 가지 방향이 있는데, 차례로 살펴보면 다음과 같다. 먼저 죄의식은 사람들에게 방어적인 행동을 하게 하고, 다음으로 거기에는 어떤 이익이 자동적으로 생길 것이라는 믿음이 포함되어 있다.

죄의식은 처벌에 대한 방어 때문에 거의 마술적으로 생긴다. 죄가 있다는 의식은 처벌받을 것이라는 생각을 불러일으키는 것이다. 다른 연구자들에 의해서 입증된 피아제(Piaget)의 연구는 이 점에 있어서 많은 것을 가르쳐 준다.[7] 피아제에게 있어서 마술은 하나의 원시적인 활동인데, 그는 마술을 다음과 같이 정의하였다.[8] 마술은 '한 개인이 현실을 변화시키려는 목적으로 참여적 관계를 맺을 수 있다고 믿는(힘의) 행사'[9]다. "마술은 어린아이들에게 특

7) J. Piaget, *Le Jugement moral chez l'enfant,* Paris, PUF, 1956. pp. 200-209.

8) A. Godin et B. Van Roey, "Justice immanante et Protection divine chez des enfants de 6 à 14 ans", *Lumen Vitae,* Bruxelles, XIV(1959), no. 1. pp. 133-152.

9) *La Représentation du monde chez l'enfant,* Paris, PUF, 1926. p. 117.

징적으로 나타나는 자아중심적인 태도와 관계가 있다. 그 태도 속에서 아이들은 적응하려고 하기보다는 대상을 그의 행동에 융합시키려고 한다. 그렇게 하면서 아이들은 객관적인 세계에서 그의 좌표를 조금씩 잡으려고 한다." 아이들은 그들이 관찰하는 유사성의 관계와 인접성의 관계를 인과관계로 변환시켜서 본다. 여기서 우리는 프로이트 역시 원시인들을 어린아이와 동일시하면서 그들에게도 이와 똑같은 '마술적인' 행동이 있음을 주장했던 것을 상기하게 된다.[10] 중요한 것은 마술적인 정신 상태가 죄의식의 영향 아래서 더 오래 지속된다는 사실이다. 아이들은 어떤 잘못을 한 다음에 불행이 닥쳐오면 그것을 징계로 해석한다. 피아제는 아이들에게서 그런 해석이 자동적으로 이루어지기 때문에, 그것을 '내면에 있던 정의감에 의한 반작용'으로 해석하였다.[11] 이 말을 A. 고댕(A. Godin)의 주장을 인용하여 좀 더 자세하게 설명하면, 그것은 그의 내면에 있던 처벌하려는 정의감이 튀어나온 것이라고 할 수 있다. 그래서 아이들은 자연을 그가 망쳐놓은 것을 모두 조화롭게 회복시키려고 그 안에 있는 의도적인 힘을 가지고 작용하는 실체로 생각한다.

피아제는 마술적인 반작용이 이미 사라져 버렸다면, 죄의식이 어떻게 마술적인 반작용을 불러일으키는지에 대해서 설명하지 않는다. 그래서 그 질문은 다른 문제와 관련시켜야 한다. 우리는 과연 마술에 관한 일반 이론을 가지고 우리 안에 있는 처벌받으려는 정의의 반작용을 이해할 수 있는가? 마술이란 본래 자아중심적인

10) *Totem et Tabou*, 제3장.

11) J. Piaget, *Le Jugement moral chez l'enfant*, pp. 200–209.

태도가 자동적으로 만족시켰다고 상상하는 욕망에 도움을 청하고 있는데 말이다. 그러나 이 관계가 욕망의 관계와 정반대로 나타나기 때문에, 우리는 욕망과 죄의식의 기반이 서로 같기는 하지만, 욕망이 호소하는 마술의 과정과 내적인 표상을 외부에 돌려놓는 외재화의 과정인 죄의식의 과정이 서로 같지 않다는 결론을 내려야 한다. 우선 죄의식에는 그가 저지른 잘못을 인식했을 때 그것을 주위에 전가하는 특징이 있으며, 그런 의미에서 투사적이다. 여기서 우리는 죄의식이 우리에게 도덕의식이 형성되는 것과 정반대되는 길을 걷는다는 사실을 알 수 있다. 이때 의식에 의해서 내면화되어 있던 권위는 의식이 내면화 과정을 통하여 주체와의 관계에서 얻는 똑같은 관찰의 능력을 즉시 받게 된다. 따라서 잘못의 핵심에 있는 공격성은 보복의 형태로 밖으로부터 오게 된다.

죄의식에 의한 신경증의 경우, 제의화된 동작들은 주체의 공격적인 생각들에 대한 방어행위로 나타나고, 그가 보복의 법칙 때문에 빠져들지나 않을까 하고 두려워하는 처벌에 대한 방어행위를 나타낸다. 강박신경증 환자들의 제의적인 행위는 겉으로 보기에 무의미해 보이지만, 분석 과정에서 거기에는 무의식적인 의미가 담겨져 있음이 밝혀진다. 그래서 사람들은 그것이 그대로 수행되지 않으면 커다란 불안을 느낀다. 강박적인 사람들은 그런 제의들이 모순이라는 사실을 잘 알고 있다. 그러나 그들은 그들의 내면에 무엇인가가 있기 때문에 그 동작들을 하지 않을 수 없다. 하지만 그것들을 무엇이라고 마땅히 이름 붙일 것이 없기 때문에 그 제의들은 자동적으로 이루어진다. 제의화된 행위들은 일반적으로 다음과 같이 이루어진다. 내가 그렇게 하지 않으면 나는 두려움에 사로잡힌다. 나는 그것을 해야 한다. 내가 그것을 하지 않으면 어떤 무시무시한 것이 나에게 다가올 것이다. 그 무시무시한 것은 처벌이다. 이 세상 어딘가에 내가 하는 나쁜 생각을 아는 강력한 존재가 있다. 그러므로 그 행동들에는 어떤 믿음이 들어 있는데, 그 믿음의 내용은 없는 것 같지만 분석을 통해서 그것은 그를 매우 강력하게 처벌하는 힘으로 드러난다.

그 주체가 하나님을 믿는다면, 그의 신앙은 이 믿음을 떠맡게 되고, 그가 무의식에서 믿는 이 익명의 세력의 정체가 밝혀진다. 나는 지금 종교적인 신앙이 이런 믿음에서 온 것이라고 말하는 것이 아니다. 오히려 우리는 신앙이 종교적인 담론에 근거를 두기 때문에 죄의식의 심리학으로는 도저히 설명할 수 없다는 사실을 말하려고 한다. 그런데 '하나님' 이라는 이름은 처벌하는 실재의 정체를 찾으려는 무의식적인 믿음이 투사되는 표적의 역할을 한다. 다른 한편, 종교 제의는 제의주의자들이 처벌하는 초자연적인 힘에 대한 방어수단을 강구하는 데 필요한 아주 좋은 토양이 된다. 이때 제의가 드려지는 방식은 변화되지 않을 수 있다. 그러나 그때 체험되는 의미는 그것과 전혀 다르다. 그렇게 하면서 죄의식에 대한 강조는 제의에서 상징적인 것들을 모두 제거하고, 하나님의 심판에 대한 두려움을 고취시키면서 제의를 거의 마술적인 것으로 만들고 있다. 그런 맥락에서 제의는 쉽사리 거의 강박적으로 보호하는 행위를 표방할 수 있고, 그것이 빠질 때 불안은 고조된다. 우리는 어떤 종교인들의 제의 실천 형식은 사회적 질서 때문이 아니라 심리적인 과정 때문에 그렇게 드려지는 것이라고 믿는다. 그렇기 때문에 우리는 죄의식에 대한 두려움이 사라지면 사람들이 종교 제의도 훨씬 덜 드리게 될 것이라고 생각한다.

지금까지 우리는 죄의식을 강조하는 태도가 제의의 상징에서 상징적인 요소들을 무력화시키면서 어떻게 제의를 타락시켜 왔는지 살펴보았다. 이제 우리는 그런 제의 속에서 제의의 효과에 대한 믿음이 어떤 결과를 가져오는지 살펴보려고 하는데, 상황은 자연히 복합적이다. 왜냐하면 제의는 항상 공동체의 준거체계 안에 통합된 채로 남아 있기 때문이다. 그러므로 우리가 비판하는 왜곡은 외부의 관찰자들이 잘 알지 못할 정도로 유동적이며, 오직 당사자들만 알 수 있다. 그래서 어떤 순간 그들의 제의가 마술적으로 되고 있음을 알고, 그들의 종교적 신앙과 마술적 믿음 사이를 분리시키지 못해서 제의를 드리지 못하는 사람도 있게 된다.

예배가 마술적으로 드려지는 이유를 알기 위해서 우리는 제의주의의 내적 논리를 살펴보아야 한다. 제의주의에도 신앙 이론이 암시적으로나마 들어 있는데, 그것은 공식적인 신앙담론이라는 외관 속에서 다듬어진 실천의 논리다. 그 논리를 살펴보면 다음과 같다.

여기서 우리는 인간의 행위에서 표현적인 형식들이 많이 제거된 것을 볼 수 있다. 하나님은 이제 더 이상 이 세상의 뼈대를 이루는 하나님이 아닌 것이다. 폴 클로델(P. Claudel)이 말한 우리 아래 계신 하나님, 다시 말해서 이 세상과 사람들 안에 계신 거룩함으로서의 하나님은 제의로부터 추방되었다. 하나님의 현존은 인간의 제의적인 행동들 속에 계시지 않기 때문에 그것들은 신적인 행위가 들어올 수 있는 빈자리를 마련하고 있다. 그런데 사람들은 하나님의 표지(le signe)가 작동하려면 신앙이 중요한 조건이 된다고 주장한다. 그러나 정확하게 말한다면, 인간적인 것들이 모두 배제된 신앙은 신적인 표지가 산출될 수 있는 외적인 전제 조건이 된다.

전적으로 초월적이며 근본적으로 외재적인 하나님의 행위는 인간의 빈자리에 응답하면서 하나님이 계시지 않는 이 세상 속으로 침입해 들어온다. 그런데 그 하나님은 그 표지를 통해서 이 세상에 이미 예고되었거나 약속되었던 현존으로서의 하나님이 아니다. 또 그 하나님은 인간의 상상이나 이 세상에 대한 욕망과도 전혀 다른 하나님이다. 그래서 사람들은 하나님을 거의 알 수 없는 힘 정도로 아주 모호하게 생각하게 된다. 왜냐하면 사람들이 그들의 생생한 목소리로 기도드리지 못하고, 그들의 감정이나 체험이나 욕망을 그들의 몸에서 나오는 시(詩)처럼 여러 가지 동작으로 전하지 못하는 하나님은 대화의 상대자로서의 모습을 잃어버리고 아주 다른 타자, 즉 우주적 행위의 중심일 뿐이기 때문이다.

이때 제의에는 사람들이 무엇인가를 표현하려는 행위라는 측면이 아직 남아 있지만, 제의는 무엇인가를 이루려는 도구적인 조작이 된다. 그것은 위에서 말한 현상들 때문에 생긴 역설적인 귀결인데, 우리는 그런 현상을 정신병리에서 심심치 않게 찾아볼 수 있다. 자연히 그런 제의들 속에서 제의 행위의 비상징화나 하나님에 대한 비상징화는 수도 없이 많이 이루어진다. 도구의 목적은 인간의 행위를 위한 매개수단을 만드는 것이다. 그런데 무엇인가를 표현하는 언어나 몸의 동작은 그 자체로 도구가 되지는 않고 사람과 더불어 전체를 이룬다. 또한 사람은 언어를 구성하고, 언어의 한 부분을 이루며, 사람 속에 있는 잠재적인 언어들을 실현한다는 점에 있어서 사람 자체가 된다. 그러나 비상징화된 제의는 스스로 도구가 되고, 그때 제의에서 이루어지는 행위는 도구적인 인과론처럼 작용한다. 제의가 초자연적인 힘을 낳게 되는 것이다. 이에 따라서 신은 거의 이름을 알 수 없는 하나의 힘처럼 여겨지고, 사람들은 마음대로 신을 조종하는데, 제의주의가 거의 마술처럼 되는 것은 바로 이때다. 그때 사람들은 제의에서 인간적인 것들을 모두 없애고, 제의에서 효과적으로 작용하는 것들을 모두 절대적인 신의 능력 때문이라고 주장하면서, 그가 마치 그 힘을 도구처럼 부리듯이 행동한다. 물론 제의의 수행이 이론적으로 모두 그렇게 이루어지는 것은 아니다. 그러나 우리가 제의주의의 그런 형식에 어느 정도 거리를 두고 행하지 않는 한 제의는 그런 방식으로 드러지기 쉽다. 그리고 그때 사람들은 그들의 행동을 지배했던 것이 이런 믿음이 아니었나 하고 놀라곤 한다.

죄의식에 의한 강박신경증의 경우, 무의식적인 의도는 전의식이 생각하는 수준에서 이루어지는 제의주의의 이런 논리에 덧붙여진다. 그것은 우리가 그때 작용하는 강박관념을 분석해 보면 잘 알 수 있다. 사람들이 많이 하는 것으로 자꾸 세는 버릇에 관한 강박적 제의를 분석하면 다음과 같다. 사람들은 흔히 계단이 몇 개인지 계속해서 세거나, 도서관의 선반에 책이 몇 권이나 있는지 세는데, 그것은 아무 쓸모가 없는 작업이다. 그것은 그들이 이미 외울 정도로 알고 있기 때문에 불합리하기 짝이 없는 행동이다. 그러나 거기에는 모든 증상들이 그렇듯이, 몇 가지 동기가 응축되어 있다. 그들은 어떤 '유혹'에 빠지지 않으려는 잘 알려진 방어책으로 그들의 관심을 거기 고착시키는 것이다. 이때 그들은 해로운 것 같지 않은 중립적인 영역에 복종하면서 내면의 명령을 따른다. 그는 자신을 통제하고 제어하려는 태도를 그의 삶의 미세한 대상들에게 돌리는 것이다. 그러나 우리는 강박적인 제의에서 더 깊고 본질적인 것은 그것이 어떤 대상을 취하고 차지하려는 것처럼 보인다는 사실을 잘 알고 있다. 우리가 생각하기에 프로이트는 그 점에 대해서 분명하게 말한 것 같지는 않다. 그러나 폰 겝사텔(V. von Gebsattel)은 그것을 죄의식의 무의식적인 논리와 결부시키지 않았지만, 그 점에 대해서 아주 잘 설명하였다.[12] 강박적인 제의는 우리의 일반적인 지각 구조 안에서 이루어진다. 왜냐하면 지각한다는 것은, 그것이 눈으로 무엇을 헤아려보든지, 발로 무엇을 재 보든지, 손으로 무엇을 만지면서 뒤집어 보든지 간에 per-capere라는 어원이 말해 주듯이, 감각이나 정신을 통하여 어떤 것을 꿰뚫어 보는 것을 의미한다. 그러나 강박적 제의에서 주목해야 하는 것은 사람들이 의도적인 것은 아니지만 어떤 대상을 정신적인 측면에서 강제적으로 사유화하려는 긴급한 욕구가 작용하고 거기에 매달려 있다는 점이다. 그러나 정상적인 지각에서 그것은 그가 으레 있어야 하는 자리에서 받아들여진다. 그러므로 우리는 강박적인 제의에서 사람들이 대상에 대해서 그렇게 고집스럽게 집착하는 것은 정신분석에서 흔히 있는 항문기적 유치(留置)라고 생각할 수 있다. 사람들은 많은 경우 이런 방식으로 지각하고 제의적인 행동을 하는 것 같다. 그런데 우리가 경험한 바로는 강박적인 제의에서 문제가 되는 것은 유치(la rétention)라기보다 걸어놓기(l'accrochage), 즉 무엇인가를 잡으려는 적극적인 움직임인 것같이 보인다는 점이다. 이렇게 걸어놓는 방식은 우리가 앞 장에서 분석했던 강박신경증의 경우와 대비시키면 이해하기가 더 쉽다. 예를 들어, 어떤 사람이 어떤 잘못을, 그것이 무의식적인 것이기는 하지만, 저질러서 그들의 사랑이 그에게 자신감을 불어넣고, 삶에 활력을 주게 하는 아주 중요한 대상(아버지, 어머니, 사랑받는 사람들…)과의 관계가 깨어질 수가 있다. 그때 그는 강박적인 제의를 행하면서 그것과 대체되는 다른 대상을 취함으로써 눈에 보이는 확실한 현존을 통하여

12) *Prolegomena einer medizinischen Anthropologie,* Berlin, Springer, 1954. p. 83.

안심할 수 있다. 무의식의 논리에 대해서 잘 알지 못하는 사람들에게 이 동기는 별로 그럴 듯하게 보이지 않을 것이다. 그러나 그들이 장례식에서 이루어지는 제의들을 곰곰이 들여다보면 거기에 충분한 동기가 들어 있음을 알게 된다. 장례식 때 그런 사람들은 대상을 꼼꼼히 분류하고, 줄을 세고 또 세며, 지출 항목을 세세하게 적는다. 관계가 깨어져서 빈자리가 생기면, 그 자리를 대체할 수 있는 다른 것을 불러서 걸어 놓으려고 하는 것이다.

종교적인 제의주의에서도 우리는 같은 유형의 작용을 확인하고, 똑같은 의미를 추론할 수 있다. 사람들은, 무엇인가를 자꾸 세는 사람들이 그 숫자를 자기 것으로 만들려는 것처럼, 이미 규정된 형식이나 특별한 말에 문자 그대로 집착하는 것이다. 입법가가 법률이 마치 신적인 실체라도 되는 것인 양 법조문에 집착하듯이, 제의주의자들은 문자나 겉으로 드러난 대상에 뒤섞여 있는 신적 실체를 취하려고 하는 것이다. 말하자면 그의 내면에서 쫓겨나지나 않을까 하는 불안이 그로 하여금 절대타자를 붙잡고 놓지 못하게 하는 것이다.

병리적인 제의는 의미나 그와 반대되는 명제가 모두 다원적으로 결정된다는 것을 보여 준다. 그래서 심리학자들은 때때로 병리적인 형식이 정상적인 실존보다 더 단순하며, 정상적인 것은 실병이 하나하나 조각으로 나눈 기본적인 형식들을 질서 있게 모은 것이라고 주장한다. 그러나 사실을 말한다면 병리적인 것은 그 실존을 구성하는 요소들이 변질되어 긍정적인 것들과 부정적인 것들로 뒤섞여 있기 때문에 훨씬 더 복잡하다. 그래서 제의가 강박적으로 변질될 때, 사람들은 문화의 상징적 형식을 취하고, 그것을 비상징화하는 한편, 제의에 신앙의 겉모습을 한 다소 무의식적인 수많은 의도들을 끌어들인다.

욕망의 상상계 역시 마술적인 행동을 하게 한다. 우리는 앞으로 '민중종교' (la religion populaire)에서 널리 시행되고 비판적인 신앙인들이 미신이나 마술이라고 생각하는 제의 수행에 대해서 살펴보려고 한다. 그래서 여기서는 다만 병적인 죄의식 때문에 손상 받은 종교성에 의한 병적 결과에 대해서만 제한적으로 살펴보려고 한다.

2. 정(淨)과 부정(不淨)이라는 이중성으로 변환된 거룩한 것과 부정한 것의 대립

거룩한 것과 부정한 것의 대립은 모든 종교에서 근본적인 것으로, 본질적으로 문화적 순수성의 요청에서 나온 종교법의 근간을 이루며, 언제나 중요한 정결 제의를 만든다. 하지만 그 대립상이 시적이고 종교적인 은유 속에서 나타나면, 그의 양극적인 범주적 의미는 모호해진다. 그래서 종교 제의들은 그것을 기억 속에서만 간직하고, 그 생생하고 원래적인 의미를 잃어버린 문화 속에서 오해받고, 병적인 의도를 지니고 있지 않은가 하는 의심을 받기도 한다.

1) 거룩한 것과 부정한 것

먼저 오직 양극적인 대립 안에서만 그 의미가 분명해지는 거룩한 것과 부정한 것의 대립의 본래적 의미를 생각해 보자. 우리는 여기서 거룩한 것을 거룩한 것과 더러운 것(la souillure), 신적인 것과 악마적인 것, 이로운 것과 해로운 것 등 두 개의 서로 반대되는 범주 사이의 원시적 혼돈에서 비롯된 양가적인 것이라고 해석하는 다수의 좀 오래된 연구들과 반대되는 입장을 취하게 될 것이다. 다른 말로 거룩한 것을 위험하고 더러운 것에 동화된 것으로 지각하지만, 그 반대도 있을 수 있다는 말이다. 인류학자들을 매혹시키는 '터부'는 좋은 모델이 되는데, 과거의 인류학에서 나온 이 개념은 프레이저(Frazer)의 권위에 많이 의존하고 있다. 프로이트는 『토템과 터부(Totem et Tabu)』에서 이 개념을 다시 채용하면서, 이 개념에 정신분석학적인 근거를 마련해 주었다. M. 엘리아데(M. Eliade) 역시 그런 입장을 고수했는데, 그는 다음과 같이 말하였다. "거룩한 것의 양가성은 심리학적인 의미에서만(그것이 변화시키고, 배척하는 범위 안에서) 양가적인 것이 아니라, 가치론적인 의미에서도 양가적이다. 거룩한 것은 '거룩하면서' 동시에 '더럽기' 때문이다. 세르비우스(Servius)는 버질(Virgile)의 '빌어먹을 허기(sacra fames)'라는 말을 언급하면서 (…) saccr를 '저주받았으며' 동시에 '거룩한' 것이라고 올바르게 지적하였다. 유스타티우스(Eustatius) 역시 (…) haghios가 가진 이중적인 의미를 간파했는데, haghios 역시 '깨끗한'이라는 뜻과 '오염된'이라는 뜻을 동시에 지니고 있다."[13] 그러나 그 단어가 의미론적으로 뒤바뀔 수 있다는 사실은 거룩한 것의 양가적인 실체를 규명하는 데 아무 도움도 되지 않는다. 그것은 단지 완곡하게 말하는 어법(la litote)이나 과장법 같은 수사학 작업과 관계될 뿐이다. 거룩한 것과 부정한 것의 실재에 관

13) *Traité d'histoire des religions,* Paris, Payot, 1949. p. 26.

한 최근의 인류학 연구는 그런 이분법이 종교현상을 그 당시 인류학이나 심리학에 지배적이었던 진화론의 도식으로 설명하려고 했던 민족학자들의 환상적인 구성에 불과한 것이라는 사실을 알려준다. 그들의 견해를 따르면 문화와 종교 체험 역시 감정적인 것과 합리적인 것들이 혼합되면서 발달하는 것처럼 생각된다.

우리는 그 예로 이사야 6장에 있는 유명한 구절을 살펴볼 수 있다. "…나는 높이 들린 보좌에 앉아 계시는 주 야훼를 보았는데 … 스랍들은 서로 서로 큰 소리로 노래를 부르며 말하였다. '거룩하시다, 거룩하시다, 거룩하시다. 만군의 주님. 온 땅에 그의 영광이 가득하시다.…' 나는 부르짖었다. '재앙이 나에게 닥치겠구나! 나는 입술이 부정한 사람인데, 입술이 부정한 백성 가운데 살고 있으면서 왕이신 만군의 주님을 만나 뵙다니!'" 그때에 스랍들 가운데서 하나가 제단에서 부집게로 집은 타고 있는 숯을 손에 들고 입술을 정화시켰다. 이사야는 여기서 막연한 더러움에 대한 그 어떤 심리학적인 공포도 말하지 않는다. 부정한 것에 대한 두려움은 일차적인 것이 아니기 때문이다. 야훼의 거룩함이 위험하게 느껴졌다면, 그것은 거기에서 양가적인 실체가 퍼져 나왔기 때문이 아니다. 더구나 이사야를 공포에 떨게 했던 부정성(不淨性)의 의미는 그가 죄인이라는 그 개인의 왜곡된 양심에서 나온 것도 아니었다. 여기에서 부정하다는 느낌은 사람과 하나님 사이를 갈라놓는 본질적인 차이에서 나온 것으로, 그가 무엇인가를 위반했다는 느낌에서 나온 것이었다. 다시 말해서 이사야가 하나님의 거룩함 앞에서 그가 사람이기 때문에 부정하다는 사실(l'impureté)을 깨달은 것은 야훼가 인간과 신 사이의 심연을 건너서 그의 근본적인 타자성(l'altérité)을 드러내면서 그에게 가까이 다가왔을 때였던 것이다. 우리는 '거룩하다' 는 말의 의미가 무엇보다도 먼저 전혀 다른 것으로서, 분리된 것이라는 사실을 잊지 말아야 한다. 사람이 먼저 깨끗해지지 않으면 하나님에게 다가갈 수 없는 것이다. 그러므로 정화는 사람들이 계속해서 타자성을 유지하고 계신 하나님에게 나아갈 수 있게 하는 상징적인 동작이다. 왜냐하면 그 제의에는 두 가지 측면이 있기 때문이다. 한편으로 사람들은 그 자체로 알려진 하나님 앞에서 인간으로서의 그의 모습을 인정하고 표현한다. 다른 한편, 그는 불이나 물이라는 상징으로 잠시나마 하나님의 특성에 참여하고, 하나님과 사람 사이의 차이를 위반하지 않으면서 하나님에게 다가갈 수 있다. 우리는 이와 똑같은 구조를 희생에서도 찾아볼 수 있다. 우선 희생에 정화시키는 요소들의 상징이 있다는 사실만 지적하고, 여기서는 거룩한 것과 부정한 것 사이의 이항(二項)의 의미를 보여 주는 제의의 변증법에 관해서 살펴보도록 하자.

정화 제의는 두 가지 운동으로 이루어진다. 철수와 접촉, 분리와 연계, 정신 에너지 투입의 중단과 재투입 등이 그것인데, 이 두 운동은 서로 연관되어 있다. 이슬람교도들이 모스크에 들어가기 전 얼굴과 손을 씻고 신발을 벗을 때, 그들은 비록 모스크 안에 있지 않지만 이미 신적인 공간에 속해 있다. 기독교의 세례에서도 마찬가지로 두 가지 의미는 서로 떼어놓을 수 없는데, 그것은 정화와 새로운 삶으로의 재생이다. 이때 제의의 행동과 담론은 통시적인 것이지만, 어느 정도 같은 시간 안에서 진행된다. 마찬가지로 성찬식에서도 우리는 성체의 봉헌과 배령이 이어지면서 하나의 상태에서 그다음 상태로 옮겨지는 것을 볼 수 있다. 그런데 그것 역시 박탈과 동화라는 두 개의 변증법적인 운동을 의미한다.

우리가 정결 제의에서 찾아볼 수 있는 두 가지 운동의 변증법은 모든 인간적인 질서 가운데서 가장 근본적인 것으로, 인간성에 특별한 것이다. 그것은 인간의 욕망의 특성을 나타내고, 수많은 습관과 사회적인 동작에서도 나타난다. 또한 그것은 언어가 사람들에게 거리를 두게 하고, 여러 가지 기호의 도움으로 언어를 다시 사용한다는 의미에서 근본적으로 언어의 질서에 속해 있다. 그런데 그 기호들은 주체로 하여금 주체의 자리에 있게 하고, 다른 대상을 그 대상으로 관계 맺게 한다. 그에 알맞은 상징에 의해서 의미를 지니게 된 이 두 가지 변증적인 운동 덕분에 정화 제의와 희생 제의라는 종교의 가장 본질적인 제의는 사람과 하나님 사이에 관계를 맺게 하고, 그들 사이의 구조적 차이를 확인하게 한다.

제의는 인간의 실존을 모두 그 안에 담고 있으며, 종교적인 변증법을 그 안에 새겨 놓는다. 그리고 사람들은 그의 영과 감각과 본능적인 생명을 가지고 제의를 드린다. 거룩한 것에 투사되는 것은 심리적인 감각이 아니라, 감정적이고 신체적인 상징으로 이루어진 과정 속에서 형상을 갖추어 가는 구조적으로 다른 의미다.[14] 거기에 혼합된 것이 있다면, 그것은 그 후에 두 가지 다른 두려움에 대한 지각이 응축된 것으로부터 유래된 것일 것이다. 한편으로 사람들은 하나님의 전적인 타자성을 깨달았기 때문이고, 다른 한편으로는 하나님의 타자성에 비해서 그들이 그렇지 않아서 그가 오염될지도 모른다는 생각에서 비롯되었을 것이다.

언어는 좀 멀리 떨어진 두 가지 의미 사이에 있는 어떤 유사성에

14) 우리는 여기서 인류학자들이 주장하는 희생 제의의 사회적 구조를 살펴보려고 하지 않는다. 그러나 우리가 문화에 내재한 집단적인 무의식이 그런 분류를 하게 하는 요인이 된다는 사실을 강조하듯이, 희생 제의에 그런 차원이 있다는 사실을 무시하지는 않는다.

작용하면서, 수사학의 기전을 이용하여 이 두 가지 실재 사이에 다리를 놓는다. 예를 들어, '돈에 대한 거룩한 갈증' 이라는 표현에서 '거룩하다' 라는 말은 그것에 대한 신비한 매혹이 위험하다는 사실을 의미한다. 거룩한 것은 사람들에게 좀 위험하지만 신비하게 매혹하는 어떤 것을 의미한다. 같은 맥락에서, 거룩한 것과 비교할 때 위험하고 그래서 종교적인 범주를 나타내는 부정한 것(l' impur)은 '빌어먹을 악마(sacré diable)' 라는 관용구가 입증하듯이 '거룩하다(sacré)' 라는 단어를 차용할 수 있을 것이다. 그러나 거룩한 것은 그것이 존중되지 않는 한 결코 위험하지 않다. 종교적인 의미에서 부정이란 거룩한 것을 세속적인 것으로 만드는 인간의 행위를 말한다. 그것은 신성모독에서 잘 찾아볼 수 있는데, 신성모독이란 어떤 것이 거룩하다는 사실을 알지만 그것을 무시하는 역설적인 행동을 말한다. 그래서 신성모독은 종교적 타락을 의미하는데, 그것은 모든 타락이 그렇듯이 법을 알지만 법을 위반하면서 즐기는 것을 의미한다.

우리는 부정(不淨)의 반대말은 정(淨)이 아니라 거룩한 것(聖)이라는 사실에 주목하게 된다. 인간의 삶에서 이항으로 나눠지는 것의 기준은 도덕적인 것보다 종교적인 것이기 때문이다. 그 양극적 범주에서 종교적인 관계는 근본적인 것이기 때문에, 우리는 그것을 종교적이고 존재론적인 범주라고 부르고 싶다. 그것은 사람과 하나님을 서로 다른 존재론적 범주에 집어넣고 분류하는 것이다. 그러나 부정한 것에 실체를 부여해서는 안 된다. 왜냐하면 부정한 것은 관계의 작용으로서 종교적인 과정 속에서만 의미가 있기 때문이다. 부정을 타는 것은 이미 설정된 관계의 전체적인 움직임 가운데서 단 한 순간이기 때문에 그것은 제의 전체를 뛰어넘는다. 그래서 부정탔다고 하는 말은 실체가 있는 것이 아니라, 사람들이 하나님과 사람의 차이를 깨뜨리고 무엇인가 위반해야만 생기는 현상이다.

우리는 거룩한 것과 부정한 것 사이의 종교적인 범주가 어떻게 병리적으로 변질되는지 분간하기 위해서 그것의 은유적인 의미를 좀 더 깊이 살펴보고, 그것이 제의의 상징에서 어떻게 전이되어 나타나는지 살펴보아야 한다.

부정한 것에 대한 은유를 물질적으로 더러운 것, 게다가 똥 같은 것에 대한 역겨움에서 유래하는 것으로 보는 심리학적 개념과 달리, 우리는 그것을 사고(思考)의 범주에서 유래하는 것으로 보려고 하는데, 그것은 분화라는 특성을 가진 언어에 속해 있다. 정신의 기능 가운데서 우선적으로 깨끗한 것은 단순하고 아무것도 뒤섞이지 않은 것으로 지각된다. 그리고 그 질서 안에서 깨끗한 것은 완전한 형태를 이루고 언어적으로도 눈에 띄게 두드러져 보이는 것으로 나타난다. 그런 의미에서 깨끗한 것은 부정한 것보다 우선한다. 부정한 것은 모호한 것이고 변형되었기 때문이다. 인간은 언어에 의해서 형성되는 존재이기 때문에 그는 아직 모양을 갖추지 않은 것에 형태를 부여하면서 세상을 창조해 간다. 그래서 모양이 뒤틀어진 것은 사람들에게 두려움을 안겨주는 괴물처럼 느껴진다. 제롬 보쉬(Jérome Bosch)는 가장 극단적으로 파괴적인 변형을 나타내는 악(惡)을 나타내기 위해서 괴물 같은 사람들이 몰려드는 상상계를 펼쳐 보인 적이 있다. 악은 무엇보다도 먼저 그 저자를 일그러뜨리는 것이다. 예수님이 십자가에 달려 있는 그림을 생각해 보자. 신적인 거룩함을 나타내는 그리스도의 주위에 눈이 툭 튀어나오고, 이가 비뚤어지고, 턱이 찌그러진 사형집행인들이 얼마나 많이 모여드는가? 거룩한 것 앞에서 악은 창조세계를 괴물처럼 파괴하면서 저절로 드러나는 것이다.

우리 문화 속에서 이런 작품들을 많이 보기 때문에 우리는 부정한 것을 다른 문화에서도 종교적인 범주로 생각하게 된다. 성경에 나오는 수수께끼 같은 수많은 '금기들(tabous)', '경건한' 유대인들이 아직도 지키는 금기들을 예로 생각해 보자.[15] 여기에서 금기라는 개념은 이 세상에 있는 여러 가지 존재를 식별할 수 있는 형태에 따라서 구별하고 깨끗하지 못한 것, 다시 말해서 부정한 것이란 구별 범주가 혼재되어 있기 때문이라는 분류상의 사고에서 나온다. 예를 들어, 돼지는 구별 범주가 혼재되어 있기 때문에 부정한 동물이다. 하지만 성경은 어떤 것이 부정한 것인지 명시적으로 말하지는 않는다. 그에 대해서 우리가 질문했을 때, 어떤 정통적인 유대 사상가는 부정한 것은 우글거리는 것들 모두라고 답변한 적이 있다. 부정한 것에 대한 이런 정의는 자연히 어떤 것이 아직 뚜렷하게 드러나지 않아서 사람들을 불쾌하게 만드는 것을 가리킨다는 사실을 말해 준다. 깨끗하지 않다는 것은 사람들이 보통 심리학적으로 해석하는 것처럼 어떤 대상의 물리적인 더러움과 전혀 관계가 없다. 성경 본문을 구조적으로 분석하면 우리는 성서에서 어떤 것이 부정하다고 하는지 그 원리를 추출할 수 있다. 문화의 무의식에 속해 있는 분류적인 사고는 이 세상을 형태가 있는 것들과 기형으로 된 것들로 갈라놓으면서 이 세상에 질서를 부여하는 것이다. 이런 분류를 통해서 이 세상에 체계가 가능해지는 것이다.

15) M. Douglas, "Les abominations du Lévitique", *De la souillure, Essai sur les notions de pollution et de tabou* (trad. fr.), Paris, Maspero, 1971.

이 세상에는 종교적인 의미가 담겨 있다. 신실한 사람들은 괴물 같은 존재들과 교류하지 않고, 창조 질서에 속하여 그와 반대되는 세력인 혼돈이나 악과 하나가 되기를 거부한다. 이처럼 그들은 일상적인 삶 속에서 그들의 하나님을 찬양한다. 그것을 아주 잘 보여주는 예로서 성상을 그리는 사람들이 전통적으로 창조주의 대적자, 그러므로 특별히 부정한 존재인 마귀를 그릴 때 젖이 달려 있고, 성기가 있으며, 꼬리가 있는 괴물 같은 모습에 사람의 형상을 한 혼합체로 그린 것을 생각해 보자. 그것은 사람과 동물, 남자와 여자의 중요한 차이들을 뒤섞어 놓은 모습이다. 그러므로 우리는 더러움이라든지 똥 같은 물리적인 더러움은 부정한 것의 상징적인 의미를 취할 수 있고, 그래서 종교적으로 부정한 것을 형상화활 수 있을 것이라고 생각한다. 그러나 그것은 어디까지나 기형적인 것들이 아직 형체가 갖추어지지 않았거나 형체가 파손된 것을 나타내기 때문에 종교적으로 부정한 것을 상징할 수 있다는 범위 안에서다.

사람들은 하나님의 현존 앞에서 그 자신을 뒤섞인 존재로 체험한다. 그는 원리상 하나님의 형상을 따라서 지어졌지만 먼지로 된 선과 악이 뒤섞여 있는 것이다. 사람들이 자신을 부정하게 느끼는 것은 하나님의 거룩함과 대조되기 때문인데, 그것은 뒤틀어진 모습이 그 자체로 의미를 가진 온전한 형상과 비교될 때 드러나는 것과 마찬가지다. 정과 부정의 범주는 그것이 단지 분류의 범주체계에 속해 있기 때문에 부정한 것은 사람을 둘러싸고 있는 유동적인 악에 대한 공포를 불러일으키지 않는다. 우리는 그것을 신경증의 경우에서 보았고, 종교적으로 부정한 것을 도덕화하는 것이 그런 생각을 확산시키는 것에서도 보았다.

정화 제의는 사람들이 거룩한 분 앞에서 그의 부정함을 의식하고 있음과, 그 제의는 사람들을 그분처럼 아무것도 뒤섞이지 않은 비슷한 모습으로 만들어 준다는 사실을 나타낸다. 그것을 위해서 정화 제의는 물리적인 정화의 상징들을 사용한다. 물은 더러움을 씻어 주고, 불은 일그러진 것들을 태우는 것이다. 그때 물리적으로 더러운 것은 은유적인 전이에 의해서 종교적으로 부정한 것을 형상화하는 상징이 된다. 그러나 정화의 상징 속에서 이루어지는 것은 제의의 변증법이다. 물은 우주창조 신화가 증언하듯이 과학이 나오기 훨씬 전에 생명체를 탄생시킨 원초적인 요소이며, 불 역시 이중적인 얼굴을 가진 상징이다. 불은 쓰레기와 시체들을 태우기 때문에 신적인 요소를 나타낸다. 이런 두 가지 상징작용에 의해서 정화의 요소들은 사람들을 하나님과 같은 수준에 오르게 한다. 기독교의 세례식에는 원칙적으로 이중적인 물의 상징성이 담겨 있으며, 이 이중적인 변증법적 운동은 세례식을 기본적으로 하나의 통과제의가 되게 한다.

심리학적 해석은 부정한 것과 거룩한 것의 양극성에 대한 현상학에 중요한 요소를 덧붙이고, 정화 제의가 종교적 의미를 산출하고 체험하게 하는 것처럼 그 의미를 확충시킨다. 본능적인 삶이 본질적으로 양가적이기 때문에 종교적인 행동은 모호해질 수밖에 없다. 그래서 종교적 행동은 자칫하면 그와 정반대되는 신성모독으로 빠질 위험이 있다. 그런 전도(顚倒) 가운데서 우리는 제의를 통해서 하나님을 지배하려는 사람들을 볼 수 있으며, 사제들이 제의보다 헌물에 더 관심을 가지는 것도 보게 된다. 또한 억제하고 파괴하려는 성향은 사람들로 하여금 그의 여러 가지 성향들 사이의 중요한 차이점을 부인하게 하고, 그의 능력을 무한하게 생각하면서 절대화하게 한다. 그러나 사물들 사이에서 차이를 발견하고, 타자성을 설정하면서 의미를 부여하는 문화는 사람들이 그들에게 있는 파괴적인 공격성의 방향을 바꾸어 의미 있는 관계를 맺을 수 있는 심리학 작업을 하도록 요청한다. 공격성의 극복은 상징적인 동작으로 나타나는데, 정신분석에서는 그것을 두 가지 변증법적인 운동에서 찾는다. 하나는 공격성에 내포된 부정적인 태도를 부정하는 것이고, 다른 하나는 다른 사람을 인정해 주는 긍정적인 표현이다. 사람들이 그의 빈손을 다른 사람에게 내미는 것은 이미 그의 무기를 내려놓았다는 것이며, 이미 우정의 계약을 맺었다는 의미다. 이 두 가지 운동은 사랑의 행위 속에서 수많은 방식들로 교묘하게 상징적인 동작들을 펼치며 사람들에게 사랑을 체험하게 하고, 사랑을 받아들이게 한다. 똑같은 방식으로 종교 체험 역시 제의를 통해서 상징적인 형식이 주어지면서 구체적으로 실현되고 확장된다. 그러나 종교적인 지식은 종교를 상징적으로 실현시키는 기술을 약화시킨다. 거기에서는 이론적 추론만 하느라고 상징적 동작을 통하여 종교심을 불러일으키지 못하는 것이다. 오히려 종교적인 지식은 종교심을 억누른다. 임상가들은 종교문화에서 이런 강박화 현상을 수도 없이 많이 찾고 있다.

2) 종교적으로 부정한 것의 병리적인 기원

성서를 경전으로 하는 기독교는 유일신교의 영향 아래서 죄라는 관념을 발달시켰는데, 죄는 "종교적인 차원의 것이지 도덕적인 것이 아니다."[16] 그래서 죄는 예언자들의 메시지가 계시하듯이 종교적으로 부정한 것을 말할 뿐 주관적이고 도덕적인 양심을 가리키지 않는다. 그러나 예언자들 속에서 일인칭으로 말을 하시는 하나님 앞에서 사람들이 책임을 져야 하는 악은 주관적인 죄의식으로 내면화될 수밖에 없다. 그에 따라서 성서적인 의미에서 정의에 대한 이상은 종교적인 정화를 거룩함에 대한 요청으로 변환시키는데, 거기에서 말하는 거룩함은 윤리적 특성을 가진 종교적 자질이다. 이러한 발달은 두말할 필요도 없이 우리가 프로이트를 따라서 정신화(spiritualisation)라고 부르는 과정을 나타낸다.[17] 그러나 그렇게 하는 순간, 죄의 은유로서 부정한 것이라는 범주는 사람들이 저지른 잘못 때문에 종교적으로 무능력하다는 사실을 나타내는 제한적인 용법으로 쓰일 수밖에 없다. 간단히 말해서, 기독교에서는 부정하다는 단어를 죄에 대한 은유로 쓰고, 죄는 영혼에 흠이 생기는 것이며, 영혼을 시들게 하는 얼룩(macula)인 것이다. 그렇게 될 때, 사람들은 이제 더 이상 그의 본질적인 차이 때문에 하나님 앞에서 존재론적으로 부정한 존재로 인식되는 것이 아니라, 어떤 도덕적인 잘못을 했을 때만 죄인이 된다. 부정한 것이라는 범주는 그것이 가진 차이라는 의미와 관계성의 의미를 잃게 되는 것이다. 제의 안에서도 물리적으로 부정한 것이 정화의 상징과 대립하면서 죄를 나타내기 위한 부정(不淨)의 은유적인 상징으로 쓰일 때, 부정한 것은 사람들에게 들러붙은 하나의 실체처럼 된다. 이제 사람들은 부정한 것이라는 범주를 상징화시키지 않으면서 물질적인 것으로 만드는 것이다. 원죄 사상에 대한 신학 작업은 원죄를 물려받

---

16) P. Ricœur, *Finitude et Culpabilité,* vol. II, *La symbolique du mal,* Paris, Aubier, 1960. p. 56.

17) *Moïse et le Monothéisme,* III, 제2부, IV: "Le progrès dans la spiritualité."

는 것을 출산에 따르는 생물학적 유산으로 설명하면서 더러운 것으로서의 죄(le péché-souillure)라는 표상을 거의 물질적인 실체로 나타낸다. 바울이 다소 신화적 언어로 표현했던 '죄의 권세'는 사람들을 출생 시부터 감염시키는 실체인 것이다.

성욕에 대한 평가절하와 성적 '청결'에 대한 강조는 은유를 타락시키면서 육체적인 쾌락과 부정한 것을 밀접하게 연결시켰다. 결국 성적 욕망과 쾌락은 그 자체로서 물리적이고 종교적으로 부정한 것으로 되는 것이다.

부정하다는 것의 본래적인 범주를 깊이 생각하지 않고 비합리적으로 사용할 때 그것은 더욱 물질적인 것으로 인식되는데, 그 이유는 그것이 집단적인 분류나 구별의 범주로 변질되기 때문이다. 그것은 사람들이 그 범주를 합리적으로 생각하지 않고 '생각이 사람 안에서 그저 일어나는 대로' 생각하는 신화 언어에서 잘 드러난다. 그 문화세계에서 사람들은 모든 존재들이 서로 긴밀한 연관성 속에서 연계되어 있는 것처럼 지각되는 것이다. 그때 어떤 사람이 금기를 위반하면, 그것은 그 사람의 가족이나 집단 전체를 부정하게 만든다. 그래서 오이디푸스처럼 부친살해의 피를 흘리게 하고, 근친상간을 하여 부정을 저지른 것이 왕이라면, 그 부정은 공동체 전체에게 영향을 미치고, 땅과 물을 모두 중독시킨다. 그러나 이제 사람들은 인간과 우주 사이의 연대성에 대한 신화적 언어를 잃어버렸고, 부정한 것의 감염력을 하나님과의 관계 안에서 찾을 정도로 합리적으로 생각하게 되었고, 그것을 물리적 인과론으로 유추하려고 한다.

죄를 주관적이며 도덕적인 것으로 받아들이고, 부정한 것을 거의 물질적인 것으로 생각하는 태도는 죄의 은유로 되어 기독교인들의 죄의식에 많은 영향을 끼쳤고, 정화 제의의 종교적인 의미를 상당히 약화시켰다. 그래서 어떤 설문조사에 의하면 사람들이 세례를 받을 때 그것이 하나의 수단으로 되어 거의 자동적으로 깨끗해지는 것으로 생각하기까지 이르렀다.[18] 부정으로서의 죄(le péché-impur)를 하나의 실체로 생각하는 태도는 많은 사람들의 '영혼'에 커다란 영향을 주어서, 제의주의적인 관념과 실제를 더욱 공고하게 한다. 죄에 대한 그런 사실주의적인 태도는 기독교인들이 예수 그리스도의 죽음에 의한 구속의 교리를 인식하는 것에도 암묵적인 영향을 끼쳤다. 인류는 이제 악으로부터 벗어났고, 하나님의 어린 양은 속죄물이 되어 이 세상의 죄를 걸머지고 가는 것이다. 그러나 이 사실을 뒤집어서 생각해 보자. 속죄양을 바치는 제의는 집단적인 정화의 제의였다. 그때 그 집단에 속한 사람들은 그들이 신의 전례 질서 안에 있음을 고백하면서 자신의 더러움을 부정한 동물 위에 상징적으로 옮겨 놓는데, 그것은 마치 그들이 부정한 동물에 대한 금기를 지키는 것과 같은 방식으로 이루어진다. 그러나 '희생제'는 이와 다르다. 희생제는 신과의 관계를 설정하기 때문이다. 그래서 사람들은 신의 거룩함과 동시에 신과 인간 사이의 유사성을 나타내는 정결한 동물을 고른다. 그러므로 그리스도의 '희생제'를 속죄제로 보는 것은 그 종교적 의미를 퇴폐석으로 만들고, 부정한 것의 범주를 타락시키는 꼴이 된다.

우리는 부정한 것을 심리발생론에 입각하여 종교적인 입장으로만 설명하지 않으려고 한다. 심리발생적인 도식은 사물을 단순히

---

18) 우리는 이 조사를 *Regard du psychologue sur le symbolisme liturgique, La Maison-Dieu,* revue de pastorale liturgique, 1967, 91, pp. 129-151에서 참고하였다.

통시적으로만 정리하기 때문이다. 사람들은 원래 신체적인 더러움, 특히 똥을 더럽게 생각하였다. 그런데 그런 물리적인 더러움은 윤리적인 더러움에 은유적으로 옮겨가게 되었고, 곧이어 더 일반화되었다. 그러다가 부정한 것(l' impur)은 윤리적인 죄의식이라는 각도에 의해서 하나님 앞에서 느끼는 죄의식을 의미하게 되었다. 그러므로 그 의미가 우리가 위에서 분석한 것처럼 종교적으로 타락하게 된 것은 그 의미가 시간적으로 거꾸로 간 것, 다시 말해서 '역행' 의 결과다. 이런 도식의 명징성은 무엇인가를 만드는 데 기여했지만, 계몽주의로부터 물려받은 것으로 19세기 인문과학에 편만했던 진화론적 관점을 나타내고, 여전히 다윈주의를 본받으려는 심리학인 행동주의 심리학의 기초가 된다. 종교적으로 부정하다는 것이 과연 어떤 것인지를 규명하려는 우리의 시도는 문화적-심리적으로 잘못된 전제가 무엇인지를 밝히려는 것으로 귀결된다. 우리는 이미 그런 혼돈에 관해서 많이 살펴보았기 때문에 퇴행적인 부정의 병리에 관해서는 더 잘 볼 수 있을 것이다.

우리는 강박신경증 환자들에게서 본능적인 육체, 특히 성은 상당히 무의식적인(초자아의) 정죄를 많이 받아 왔다는 사실을 기억한다. 그들은 성행위나 출산행위를 똥 누는 것과 같은 종류의 행위로 여기는 유아적 연상 때문에 그와 같은 계열에 있는 물리적 행위들도 부끄럽게 여기면서 금지한다. 왜냐하면 똥과 관계되는 것들은 아이들이 분화가 이루어지는 인간관계 속으로 진입하면서 동화시키는 문화 규칙의 영향으로 더럽고 역겨운 것이기 때문이다. 그래서 그 두 실재 사이에 융합과 혼동이 생긴다. 한편으로 불법적인 위반이나 사람들 사이의 예법을 파괴하는 범주에서의 더러움과 다른 한편으로 물리적인 더러움 사이의 혼동이 생기게 된다. 따라서 퇴행은 물리적인 더러움이 문화, 도덕, 종교적 범주의 더러움까지 모두 떠맡게 된다. 결국에는 혼동을 낳게 되는 이 과정은 억압의 결과 때문에 생기는 것으로 이해할 수 있다. 물리적으로 부정한 것에 대한 생각은 죄에 대한 생각을 이끌어오고, 종교적으로 부정한 것은 육체적인 범법(犯法)과 동일시되는 것이다.

부정한 것을 접촉하면 어쩌나 하는 공포는 외부에 있는 잘 알지 못하는 대상을 부정한 실체로 인식하게 하고, 그 주위에 무엇인지 알지 못하는 것들이 떠돌아다니는 것처럼 생각하게 하며, 거기에 사람들을 공포에 떨게 하는 무서운 악을 가득 담고 있는 것처럼 생각하게 한다. 사람들은 이와 같은 방식으로 부정한 것에 대한 불안을 외부에 투사시킴으로써 완화시킨다. 사람들은 부정한 것을 바깥에 둠으로써 내적인 부정에서 풀려나고, 도피를 사용함으로써 자기를 방어하는 것이다. 그러나 사람들은 상징적인 대상에 쉽사리 고정되지 않으려는 속성을 가진 부정한 것들에 둘러싸여서 때때로 증상으로서의 제의를 통하여 스스로를 정화시켜야겠다는 강박을 받는다. 그 결과 그 승상들은 광적으로 청소하거나 씻는 증상 등으로 나타난다. 우리는 여기에서도 부정한 것에 대한 공포가 얼마나 종교적인 관념들과 연결되고, 공포에서 나온 제의주의 역시 거기에 얼마나 무의식적인 의미와 강제력을 부여하면서 종교 제의를 하게 하는지 알 수 있다. 그것은 자아가 불안에 대해서 방어하려는 것과 같은 방식인 것이다.

정신병에서 부정한 것은 더 근본적인 것으로 나타난다. 우리가 앞에서 했던 분석은 그것이 몸을 자르고 조각내는 괴물 같은 폭력성에 대한 무의식의 관념과 관계 있다는 사실을 보여 준다. 그런데 몸이 집어삼켜지는 관념 속에 갑자기 피와 성에 대한 관념이 뒤섞인다. 원시인들에게서 근본적으로 부정한 것을 나타내는 것은 마술사였다. 왜냐하면 그들은 사람을 잡아먹고, 살아있는 사람들의 피를 빨며, 근친상간을 한다고 여겨졌기 때문이다. 같은 맥락에서 유대인들은 살인을 했다고 생각되었기 때문에 제의적으로 부정하다고 여겨졌고, 그에 따라 예배에 참여할 수 없었다. 정신병자들이 부정하다고 생각하는 것은 종교적으로 부정하다고 생각되는 것 가운데서 가장 편협한 것이다. 보쉬(J. Bosch)는 정신병자들의 머릿속과 마술사들의 머릿속에서 떠돌아다니는 괴물 같은 상상계를 찾아냈는데, 그것은 근본적인 악을 가장 잘 그리고 있다. 우리는 정신병 환자들이 그들의 몸이 아직 통합되지 않고 조각 나 있다고 지각하는 어린아이 같은 원시적인 단계로 되돌아갔다고 생각해서는 안 된다. 그들은 그들의 본능적인 공격성이 갑자기 침입해 들어오는 것처럼 경험하고, 다른 사람의 공격성을 그 자신을 파괴하려는 것으로 느끼기 때문이다. 정서적이고 상상적으로 느껴지는 이 모든 폭력성은 통합되지 않은 몸의 상상계적인 자궁 속에 다시 부어지고, 그것은 해체되는 경험을 낳게 한다. 그때 괴물처럼 조각 내는 부정한 것은 그것을 우리 몸에 있는 악에 동화시키면서 종교적으로 부정한 것을 빨아들이게 한다.

부정한 것의 병리학에는 종교의 범주에 있는 세 가지 의미의 유비를 나타내는 세 가지 영역이 있다. 첫째, 강박신경증에서 부정한 것은 위반을 나타내는 쾌락의 욕망인데, 그것은 위반행위에 의한 악의 내면화로서 죄를 짓는 주관적 순간을 의미한다. 둘째, 불안 히스테리가 급박하게 나타나는 공포증에서 부정한 것은 외부에 있는 실체 속에서 객관적으로 드러나는데, 우리는 여기에서 그 주위에 영향을 미치는 종교적으로 부정한 것이 연대의 법칙으로 물질화되는 것을 볼 수 있다. 마지막으로, 정신병에서 부정한 것은 분해와 고통의 요인이면서 동시에 제물인 신체적 존재 자체인데, 그 결정적인 순간은 본질적으로 종교적으로 부정한 것과 관계된다. 왜냐하면 그것은 형태와 구별되고 의미 있는 관계를 거부하기 때문이다.

병리적으로 부정한 것은 어디 존재하는가? 그것은 악을 거의 물리적인 실체 안에 압축함으로써 종교적으로 부정한 것을 감염시키고, 거룩한 것과 관계를 맺음으로써 그에게 의미를 주는 대화 과정을 경직시킨다. 우리는 이제 병리학에 관한 이해와 많은 것을 인과관계에 의한 것으로 설명하려는 합리적인 신학적 사고의 발달은 우리가 지금까지 말했던 죄에 대한 잘못된 생각들을 불식시키기 위해서 손을 내밀 수 있을 것이라고 생각한다. 어쨌든 신경증 환자들은 부정한 것에 대해서 질문하는 과정에서 죄에 대한 생각과 부정한 것에 대한 병리적인 관념이 공모하게 된다는 사실을 이해하게 되는 것이다. 그때 죄는 그들에게 부정한 것과 정결한 것 사이의 이원성을 넘어서 종교적인 대립이 부정한 것과 하나님 사이의 관계의 대립이라는 사실을 깨달을 때에만 새로운 의미를 줄 수 있을 것이다. 그렇게 될 때 정화의 제의는 고백의 제의만큼 사람들을 깨끗함에 대한 강박으로부터 해방시키게 된다.

3. 희생의 빚: 자기상해인가 상징적 교환인가

신경증적 죄의식의 논리는 빚진 감정에 대한 규명을 목표로 하고 있다. "모든 쾌락은 하나님으로부터 훔친 것이다."라는 말이 있는데, 강박신경증 환자들은 그의 고뇌 속에서 프로메테우스가 받았던 형벌을 다시 받는다. 그에게는 그가 일어나서 불을 훔쳐야 하는 하늘로부터 신이 보내서 날아온 독수리가 그의 간을 파먹으려고 달려드는 것이다. 우리가 앞에서 말했던 환상에서 그 강박신경증 환자의 머리를 부수려고 어둠 속에서 그를 기다리던 흑인은 그에게 복수하려는 유령이었다. 그는 죄의식에 의한 불안에 사로잡혀서 끊임없이 프로이트가 소개했던 꿈에 나오는 것과 비슷한 말을 반복하였다. "네가 나에게 자리를 양보한다면, 그것은 너에게 좋은 일이야. 너는 왜 나를 그 자리에서 쫓아내려고 하느냐? … 내가 있는 곳에서 좀 가 주었으면 좋겠어."[19]

강박신경증의 논리에서 자리는 하나밖에 없다. 아버지와 아들 또는 하나님과 사람은 같이 있을 수 없는 것이다. 그래서 그 자리는 당연히 하나님 아버지에게로 간다. 자기주장을 하거나, 성공하거나, 즐기거나, 존재하는 것은 모두 성부 하나님의 권리를 빼앗고 상상 속에서 하나님을 죽이는 것으로, 심리의 법칙에서 볼 때 하나님을 실제로 죽이는 것이 된다. 그러므로 하나님과 아무리 해도 다 갚을 수 없는 채무 계약을 맺지 않을 수 없고, 그것을 끊임없이 갱신하지 않을 수도 없다. 그렇지 않다면 적어도 그에게 모두 양보하

19) *Traumdeutung*, GW II/III, 488. Paris, PUF, 1976. p. 413.

지 않을 수 없다.

우리는 지금까지 강박신경증의 심리학에 관해서 설명하였다. 그것은 거울처럼 반사되는 논리인데, 공격과 반격, 복종과 반항, 위장된 죽음과 부친살해, 자기상해와 살인의 영원한 움직임을 자극한다. 권리의 유일한 소지자인 이상적인 아버지는 자연히 특별하고 유일한 모델이 되고, 그럼으로써 그는 아들에게 그의 자리를 취하라고 부추기는데, 아들은 유일하게 질투하는 존재다. 그때 사랑과 미움은 같은 끄트머리의 앞면과 뒷면처럼 떼려야 뗄 수 없는 것이 된다. 이때 이상화하는 사랑, 그래서 양가적인 사랑은 아버지에게 환상적인 이미지를 투사하고, 높고 고고하게 일어선 아버지의 이미지는 거꾸로 아들에게 라이벌로서의 사랑을 불러일으킨다. 이러한 반사작용 안에서 하나는 다른 하나를 낳고, 그 둘 사이의 정당화는 어느 것이 먼저 시작된 것인지 구분하지 못하게 하면서 끝도 없이 지속된다. 이런 반복 운동에서 벗어나려면 다른 논리 속으로 들어가야 한다. 그때 그것은 부동에 관한 제논(Zenon)의 역설이 운동의 논리라는 전혀 다른 논리를 노입해야만 깨질 수 있었던 것과 같은 논리다. 종교의 기원과 역사를 재구성한 프로이트의 논리는 모두 강박신경증의 논리에 근거를 두고 있으며, 그것은 끊임없이 똑같은 갈등의 조직을 짰다 풀었다 한다. 그것은 갈능의 형태가 아무리 달라지거나 모양을 바꿔도 마찬가지다. 모든 것은 유일하게 힘을 가졌었고, 아들들이 그 자리를 차지하려고 했던 최초의 아버지를 죽임으로써 시작되었다. 이 부친살해라는 사실은 갈등의 기본적인 좌표를 하나도 변경시키지 않는다. 왜냐하면 아버지는 아들들의 죄의식에 또 다른 표상으로 대체되어 다시 등장하고, 그 표상 속에서 부친살해는 다시 행해지기 때문이다. 프로이트의 정신분석적인 재구성은 종교의 역사에 대한 환상적인 이야기로서, 이 세상이라는 무대에 강박신경증의 심리학을 펼쳐놓는다. 그것이 정말 본문이 표면적으로 증언하는 것들의 밑을 들춰서 캐낸 종교의 무의식적인 진실, 오직 정신분석학만 그 공백과 대체된 것들과 왜곡되고 불완전하게 지워진 흔적들을 해석해 낼 수 있는 진실인 것인가? 정신분석가는 그의 환자가 말하는 것을 들을 때와 똑같은 주의를 기울이면서 종교 경전의 본문과 제의 행위와 종교 전승들을 살펴보아야 한다.

어떤 희생 제의의 실행과 해석은 대결의 갈등 속에 있음을 알 수 있다. 아브라함이 자기 아들을 바치려고 했던 이야기는 강박신경증적인 희생 제의를 보여 주고, 그것을 극복했던 이야기는 대화를 통한 역전을 보여 주는 것이다. 야훼는 아브라함에게 그의 외아들을 바치라고 했는데, 그 아들은 약속의 아들이었고, 아브라함이 장차 거대한 민족의 아버지가 될 것을 보장하는 아들이었으며, 그의 파란만장했던 삶에 의미를 부여해 주는 목표였다. 여기에서 야훼는 무시무시하고 질투가 많은 하나님이며, 자신의 주권을 유지시켜 줄 율법밖에 모르고, 그가 주었던 목숨을 다시 취하려는 절대권력자다. 우리는 피 묻은 손으로 인간을 덮치려는 이 하나님 안에서 어떤 랍비 문서들에서도 말하듯이 아버지를 죽이려는 성향이 하나님에게 투사되어 있음을 볼 수 있다.[20] 여기에 한마디 덧붙여야 하는데, 그 투사를 부른 것은 야훼라는 사실이다. 그리고 아브라함이 그런 의도를 하나님에게서 읽었다면, 그것은 그의 마음속에 야훼와 그 사이의 경쟁의식이 암묵적으로 있었다고 해야 하지

20) R.-L. Rubenstein, *L'Imagination religieuse, Théologie juive et psychanalyse*, (trad. fr.), Paris, Gallimard, 1968, 제 IV, VII장.

않을까? 나중에 야곱은 얍복 나루를 건너기 전 야훼의 천사와 대결하는데, 이때에도 우리는 이 미래의 민족의 아버지가 하나님과 싸우면서 그의 부성(父性)을 지키려고 하지 않았나 하는 생각을 할 수 있다.[21] 아브라함은 그의 아들을 희생시키면서 그가 부당하게 취한 것을 복구시키려고 했는지도 모른다. 하여간 그는 그것을 완수하기 위해서 아이를 불에 태우는 가나안 종교 의식을 모델로 삼았다. 그러나 그 맥락은 그것과 달리 풍요를 위한 예배가 아니었다. 모든 존재들 속에서 생명이 순환되는 것을 그리는 신화적인 관념 속에서 생명을 희생시키는 것은 모든 것을 번성하게 한다. 왜냐하면 살아 움직이는 에너지를 모든 것 안에 공평하게 분배하려는 항상성의 법칙 때문에 사람들은 에너지를 어느 한 지체(枝體)에서 추출하여 조직 전체에 불어넣음으로써 에너지의 흐름을 강화시키기 때문이다. 그러나 이 도식은 인격적인 유일신 사상과 만나면서 부성(父性)을 쟁취하려는 대결의식으로 변환된다. 이때 야훼는 그 자신이 주도권을 잡고 희생적인 자살을 멈추게 하였고, 아브라함에게 그 대신에 종자 동물을 바치라고 명령하였다. 그래서 '만물 봉헌 율법' 이 생겼고, 그 만물을 구속(redemption)하려면 그 대신 다른 것을 봉헌해야 한다. 우리는 이렇게 빚을 해결하는 방법을 대화를 통한 반전(反轉)이라고 부른다. 하나님의 주도권은 아브라함에게 부성을 견고하게 해 주었고, 아브라함이 부채감을 인정하게 하면서 부성을 떠맡게 하였다. 이제 이삭은 약속의 아들로서 진정한 아브라함의 아들이 되었다. 아브라함은 야훼와 그 사이의 불균등한 관계를 깨달음으로써 그 자리를 둘러싼 치명적인 싸움을 극복

21) R. Couffignal, *L'Épreuve d'Abraham, Bible et littérature,* Publication de l'université de Toulouse-Le Mirail, tome 30. 1976.

할 수 있었던 것이다. 그 자리는 사실 상상계에서나 얻을 수 있는 것이지, 실제로는 불가능한 것이다. 아브라함의 이야기는 강박신경증 환자들이 싸우는 갈등이 어떻게 그토록 위험하게 이행되는지를 보여 준다. 종교적인 신앙은 교만해지려는 유혹과 하나님의 권능을 가진 것 같은 타락한 생각들과 목숨을 건 싸움을 거치면서 굳어지는데, 그것을 통해서 이 세상에 대한 관점을 바꾸게 된다. 그것이 강박관념과 다른 것은 강박관념이 같은 것이 반복되는 것이라면, 아브라함의 희생은 세 개의 시기로 나누어지는 일련의 사건이라는 점에 있다. 찬탈에 대한 보복으로 야훼에 의해서 요구된 자살적인 희생, 아브라함에게 부성을 확증하면서 야훼가 개입, 아브라함이 그의 부채를 인정하고 부성을 허용받은 것으로 여기면서 행하는 희생 제의 등에 있는 것이다.

모세에 의해서 시행된 할례 역시 이런 조명에서 보면 그 의미를 분명히 알 수 있다. 성서는 하나님의 잔인한 손이 모세를 죽이려고 위협하고, 모세는 할례를 함으로써 그의 목숨을 구했다고 말한다. 할례는 상징적인 상처로서 일종의 희생이다. 모세는 환유(métonymie)에 의해서 그의 성기를 상징적으로 바쳤던 것이다. 자녀가 번성하고 대를 이어서 뻗어 나가는 것이 생명의 징표처럼 생각되는 문화에서 거세는 죽음과 같은 것이다. 그것은 우리 문화 풍토에서도 무의식적인 죽음을 나타내는 것이다. 그러므로 모세는 야훼에 대한 빚의 표시로 상징적인 거세를 받아들였고, 야훼 역시 그 빚을 인정한다는 의미로 그의 몸에 상징적으로 기입(記入)하면서, 그것을 모세와 그의 백성과 맺는 계약의 표시로 삼았다. 그런데 이 상징적인 거세와 신경증에서의 거세 콤플렉스 사이의 차이는 인상적이다. 신경증에서 주체의 머리 위에 맴도는 것은 거세를 위협하는 환상이다. 그래서 분석 과정에서 억압되었던 사고들이 되살아나면, 거세되었던 장면이나 다른 사람들이 거세하지 못하도록 스스로 거세하는 장면이 나온다. 그것은 상상 속에서 마치 실제인 것처럼 종종 커다란 불안 속에서 마치 실제로 거세가 행해지는 것처럼 주어진다. 모세는 그의 무시무시한 신과 상상 속에서 마주한 것이 아니었다. 왜냐하면 그가 그 절대자에게 상징적인 몸짓으로 거부의 뜻을 표했을 때, 그 야만적인 신은 그의 현재와 미래를 위한 계약의 하나님으로 나타났기 때문이다.

적어도 우리가 말할 수 있는 것은 이 우화적인 이야기가 아무것도 가장하지 않는다는 것이다. 이 언어들은 우리에게 수상쩍은 해석을 하게 하기보다는 강박신경증 환자들이 상상 속에서 하는 도피가 얼마나 고통스러운 것인지를 보여 준다. 이 이야기는 하나님의 어두운 폭력이 사람들을 쫓아가는 이 생각들, 죄의식에 의한 강박신경증 환자들이 하는 강박적인 생각들을 분명하게 보여 준다. 우리는 이 이야기에서 인간의 무의식에 있는 양가감정에 대해서 주목할 수 있다. 그러나 성서의 이 영웅들은 하나님과 그들의 부자관계를 부정하려는 무의식적인 어리석음을 따라가지 않는다. 그들은 프로이트에 의하면 많은 위대한 사람들에게 운명의 부름처럼 남아 있는 야망을 따르지 않았던 것이다. "영웅은 … 언제나 그의 아버지에게 항거하고, 어떤 식으로든지 그를 죽인다."[22] 그런데 아브라함이나 모세와 하나님의 관계에 대한 이야기가 하나님이 스스로 자신을 선포하고, 그 두 사람에게 사명을 맡기며, 그들에게 자

22) *Moïse et le Monothéisme,* (trad.fr.) p. 118. 같은 주제가 다음 책에도 나타난다. M. Robert, *D'Œdipeà Moïse, Freud et la Conscience juive,* Paris, Calmann-Lévy, 1974. p. 222.

신이 그 백성의 아버지가 될 것이라고 약속하는 야훼의 말씀으로 시작한다는 사실 역시 주목해야 한다. 여기서 우리는 라캉이 주인과 노예에 관한 헤겔의 변증법과 정반대로 말한 법칙이 들어맞는 것을 볼 수 있다. "폭력을 영속화하기 전에 계약은 폭력보다 앞서고, 우리가 상징계라고 부른 것은 상상계를 지배한다."[23] 그가 운명으로 받아들이는 부자관계를 받아들이지 않고 반발하지 않고 계속해서 이어지는 폭력을 새롭게 갱신한 계약 안에서 해결하는 것은, 계약이 여기에서 상상계적인 대립보다 의식적으로 앞서고, 그것을 지배하기 때문이다. 하지만 죄에 대한 대리만족으로 성자가 죽었다는 기독교 사상, 다시 말해서 '피로 물든 원시적인 신학' 은 잔인한 하나님에 대한 표상을 부활시킨다.[24] 여기에서 사람들은 자신의 분노를 풀기 위해서 자기 아들을 죽이는 하나님이라는 지독하게 강박적인 환상을 떠올리지 않을 수 없게 된다. 그러나 사람들은 그런 생각을 하지 못하게 하기 위해서 하나님이 그의 아들을 어쩔 수 없이 희생시킨 것은 사랑 때문이었다고 주장한다. 하지만 우리는 그것이 소리 높이 외쳐진 흉측한 운명을 지우고, 부인하려는 방책이라고 생각한다. '빛과 정의에 관한 원시적인 개념' 은 그 출발점을 매우 깊은 지각 속에 간직하고 있는 것이다. 여기서 우리가 앞에서 살펴보았던 강박적인 정신병 환자의 경우를 상기해 보는 것이 좋다. 신앙인이 아니었던 우리의 증인은 근본적인 악을 체험한 다음, 죽음이라는 근본적인 희생만이 인류를 태초부터 반복되어 온 범죄로부터 구원할 수 있는 유일한 방책이 된다는 생각을 하

23) *Écrits,* Paris, Seuil, 1966. p. 810.

24) R. Bultmann, *Kerygma und Mythos,* Band I, Hamburg, Evangelischer Verlag, 1960. p. 42.

게 되는 것이다. 비슷한 생각이 말로(A. Malraux)로 하여금 어린아이의 무고한 죽음 앞에서 전율하게 하였고, 거기에 격렬하게 반발하게 하였다. 희생을 당해 본 사람만이 (그것을) 격렬한 고통의 눈으로 볼 수 있을 것이며, 그리스도의 하나님은 십자가 없이 하나님이 될 수 없었을 것이다.[25] 추악한 범죄를 보고 사람들은 그 악이 인류에게 영향을 끼칠 것이라고 느끼고, 희생이 신비한 연대를 통해서 그 악을 구속할 수 있을 것이라고 느낄 것이다. 그래서 사람들은 즉각적으로 십자가에 달린 그리스도의 죽음은 '인류의 죄를 위한 죽음' 이었음을 알았고, 사람들에게 온전함을 가져다주었다는 사실을 알았다.[26] 그러나 희생이 명예에 손상을 입은 하나님의 분노를 풀어 줄 것이라고 주장하면서 그런 희생의 효과를 설명할 때, 사람들은 하나님과 사람 사이에 있는 치명적인 갈등으로 되돌아가게 되며, 신학에서 말하는 강박적인 논리를 정당화하게 된다. 그런 신학은 어떤 사람에게는 해결할 수 없는 부채로 인한 불안을 예수 그리스도에게 쏟아 부으면서 안심하게 한다면, 다른 사람에게는 예수 그리스도에게 내려진 급박한 죽음의 선고를 보고 홀가분함을 느끼게 한다.

결론을 위해서 우리는 종교적 희생의 변증법에 관해서 간략하게 정리하려고 한다. 희생은 에너지를 회수하고 재투입하는 이중적인 운동인데, 그것은 정화 제의의 특징이며, 아브라함의 희생과 할례 의식의 특징이기도 하다. 그러나 이 제의들과 달리, 종교적 희생은

---

25) *Le Miroir des limbes, Lazare,* Paris, Gallimard, 1974. p. 160.

26) 이 주제에 대해서 성서주석적, 인류학적, 민족사회학적, 교의적으로 학제 간 연구를 행한 결과를 참고하려면 다음의 책을 참고할 것. *Mort pour nos péchés,* Bruxelles, Facultés universitaires Saint-Louis, 1976.

처음부터 제3의 요소를 부채의 상징으로 들여놓는다. 사람들은 땅으로부터 그 땅을 대표하는 요소들을 뽑아내는 것이다. 그는 헌물을 바치면서 땅은 하나님의 것이었으나 사람들이 자율적으로 살고 쾌락을 누릴 수 있는 영역으로 주어졌다는 것을 표시한다. 사람들은 그가 가진 것 가운데 일부를 바치며, 그의 소유로부터 짐짓 물러서는데, 그것은 그가 그에게 선물로 주어진 토지와 생명에 에너지를 동시에 투입하고 회수하는 것을 상징적으로 나타낸다. 그리하여 그는 거기 집착하지 않는데, 그는 자기가 스스로 자기 아버지가 되려는 사람처럼 과욕을 부리지 않고, 하나님의 것을 부당하게 취하면서 왜곡된 양심의 상태가 되지 않게 한다. 그렇게 될 때, 옆에 젖혀져 있던 것들은 하나님의 현존이 드러나는 세계 속에서 실존을 지나치지 않으면서 고양시키는 표지가 된다. 그러므로 희생은 사람의 주거인 땅과 신의 주거인 하늘 사이의 지형적인 거리에 의해서 상징되는 사람과 하나님 사이의 불연속성을 나타낸다. 희생은 땅이 인간에게 속한 것이라고 주장하는데, 그것은 하나님에 의해서다. 그런데 희생은 행동이며 절차다. 그것은 하나님에 대한 부채를 상징적으로 인정하는 사람들에게 응답하면서 하나님이 불연속성 속에 연속성을 세우는 것이다. 그러므로 희생은 서로 다른 존재 사이의 관계를 맺어 주는 희생으로서 사변적인 관계도 뛰어넘고, 같은 자리를 차지하려는 상상계 속에서의 투쟁도 뛰어넘는다. 희생은 상징적인 선물로서 갚을 수 없는 빚을 갚으려는 자기 상해가 아닌 것이다. 희생은 빚을 갚으려고 찾지 않고 갚을 것이 없다고 주장한다.

Part

3 욕망과 종교적 사랑의 실패 및 고통

05 욕망: 정신적 원천과 기준

06 히스테리: 욕망을 구조화시키는 순간들과 반복되는 실패

07 사례연구

08 환상과 음성

09 악마의 형상

결론: 유보와 반복

05
욕망: 정신적 원천과 기준

1. 종교적인 욕망과 사랑

우리는 베르그송을 따라서 종교를 '신비주의가 인간의 영혼에 가져다 놓은 불붙는 요소의 결정(結晶)으로서 냉철한 지혜가 가져다준 것' 이라고 생각하지는 않으려고 한다.[1] 종교에는 수많은 형태가 있고, 수많은 관심사들이 들끓고 있기 때문이다. 종교는 이 세상과 인간의 실존에 관한 언어로서, 사변적이고 설명적인 말의 도움을 받지 않고, 그에 관한 의미와 진리를 궁극적으로 제공하는 우선적이고 포괄적인 담론을 제시한다. 종교는 윤리적 실천을 위한 원리와 모델을 제공하는 것이다. 종교는 매우 다양한 방식으로 사람들에게 그들의 실존에 본질적인 수수께끼이자 고민인 죽음에

---

1) H. Bergson, *Les deux sources de la morale et de la religion,* p. 252.

대해서 어떻게 대해야 하는지 알려 준다. 또한 어떤 종교는 사람들의 어떤 특별한 욕구에 응답하고, 어떤 특별한 역사적, 사회적, 심리학적 맥락이 기입되어 있기 때문에 인문과학적으로 읽혀질 수도 있다. 그래서 어떤 교단들은 신도들이 악이나 사회나 질병에 대해서 주관적인 입장을 택하는데 도움을 주기도 한다.[2] 어떤 심리학자들과 사회학자들은 심리적이고 사회적인 주변 현상들을 취하여 그 주변성이 그들에게 종교가 부분적인 동기밖에 말해 주지 않는 닫힌 체계라는 사실을 밝히려고 한다. 그러나 그들은 종교는 특별한 관심사의 범위를 훨씬 더 뛰어넘는 것으로서, 어떤 철학적인 특성을 가진 일종의 세계관으로 환원될 수 없으며, 종교에 윤리적인 차원이 아무리 본질적인 것이라고 할지라도 그것만은 아니라는 사실을 알게 되었다.

종교에는 근본적이고 지배적인 차원이 있는데, 합리적인 이성이나 인문과학으로는 도저히 그 차원을 다 파악할 수 없다. 그 차원은 인간의 욕망과 사랑의 질서에 속해 있으며, 종교의 가르침을 따르자면 우리 밖에 있으면서 동시에 우리 안에 있는 존재와의 만남을 통해서 경험된다. 사람들은 그에게 신이라는 이름을 붙이거나, 그저 단순하게 하나님이라고 부르기도 한다. 어쨌든 이 세상의 심연에 있는 신비이며 동시에 개인적인 현존으로 체험되는 하나님과의 관계의 의미, 즉 그 앞에서 사람들이 개인적인 책임을 깨닫고, 이 세상을 건설하려는 노력이 무익한 것만은 아님을 보장해 주는 하나님과의 관계는 기독교나 다른 모든 종교적 신앙의 본질적인 차원이다.[3] 그런 문제들에 관심을 가지지 않고도 종교적으로 될 수

2) Br. R. Wilson, *Religious Sects,* New York, McGraw-Hill, 1970.

있다는 사실을 이해할 수 없을지는 몰라도, 종교와 관계되는 관심은 결코 부분적인 것이 아니다. 지금 여기서 말하는 것은 모든 실존과 관계되고, 그 실존들을 그의 중심적인 존재인 '전체로서의 자아' 안에 결합시키는 관계인데, 프로이트는 그것을 가리켜서 사랑의 원천이라고 주장했고, 그것을 부분적인 충동들과 구별하였다. 그런데 사람들은 흔히 다음과 같이 묻는다. 그들의 실질적인 삶에서 필요한 욕구를 충족시키는 관심사를 무시한다면, 하나님의 사랑과 욕망 안에서 어떤 관심사를 찾을 수 있을 것인가? 여기서 정말 중요한 것은 욕망과 사랑에 관한 의미의 문제다. 그런데 문제가 되는 것이 인간적인 질서 안에서 인문과학이 다루기에는 너무 어려운 현실과 관계되는 것이라면, 종교적인 질서 안에서 그것은 얼마나 더 수수께끼 같을 것인가? 그러므로 우리는 이 문제들에 관한 현상을 다룰 때는 광범위한 관점을 가져야 한다.

신비주의는 종교적인 차원 가운데서 어떤 전형적인 형태임에 틀림없으며, 우리는 지금 그것을 고찰하려고 한다. 그러므로 신비주의를 그 안에서 종교적인 욕망의 의미와 병리적인 사건들이 명료하게 드러나는 현상으로 생각하려고 한다. 우리에게 신비주의의 심리학을 모두 다루려는 욕심은 없다. 오히려 종교적인 욕망과 병리가 어떻게 서로 얽히고 서로를 침해하는지 밝히려는 목적에서 특히 유명한 사례들에 관해서 질문을 하게 될 것이다.

사람들은 신비주의에 관한 이야기를 유연하게 할 수 있을 것이다. 왜냐하면 신비주의는 매우 다양하고, 그들 사이에서도 매우 다

---

3) L. Vercruysse, "The Meaning of God: A Factoranalytic Study", *Social Compass*, XIX, 1972-1973. pp. 347-364.

르기 때문이다. 그렇다면 피타고라스적인 신비주의, 네오 플라톤적인 신비주의, 불교 신비주의, 자연적이고 우주적인 신비주의, 기독교 신비주의, 카발라 신비주의, 이슬람 신비주의, 샤머니즘적 신비주의, 약물을 복용했을 때 체험하는 신비경 사이의 공통점은 무엇인가? 신비주의의 여러 가지 형태, 문화적인 조건, 파생 형태에 관해서 연구하는 신비주의 역사가들이나 현상학자들은 신비주의의 형태가 매우 다양하게 나타나는 사실에 깊이 주의한다. 그들은 신비현상들 중에서 어디에서나 반복해서 나타나는 관심의 중심에 주목하면서 신비주의를 고찰하는 것이다.[4] 그 관심은 두말할 것도 없이 우리 실존의 비밀스러운 중심이라고 생각되는 것과의 합일을 향한 공동의 운동 안에 있는 것이다. 다시 말해서 그들은 모두 생명의 원천이며 욕망의 대상인 그 중심과 하나가 되려는데, 사람들은 여태까지 그것을 거룩한 것, 신적인 것, 하나님, 일자(l'Un) 등으로 불러 왔다. 우리는 신비주의자들이 모두 같은 관심을 가지고 추구하지만, 그들이 다루는 주제나 공식이나 여정이 매우 다양한 것을 알고 있다. 그것은 그들의 심리적 역동이 그들이 속한 서로 다른 문화적, 종교적 세계의 기표나 상징과 만난 결과 때문이다. 우리는 여기서 두 가지 자료, 즉 객관적인 자료와 주관적인 자료를 서로 나누지 않을 것이다. 왜냐하면 그것들은 모두 인간적인 것으로서 문화적이고 종교적인 메시지들이 사람들의 심리 상태에 영향을 미치고 서로 다른 특별한 동경을 불러일으킬 것이기 때문이다. 신비주의를 정신역동적인 관점에서 고찰하는 것은 그것을 어떤 경

4) R. C. Zaehner, *Mysticism Sacred and Profane,* Oxford, University Press, 1961; E. Underhill, *Mysticism,* London, Methuen, 1960.

향이나 기본적인 경험으로 단순히 이끌어 가는 것이 아니다.[5] 또한 그것을 그 안에 내적인 진리나 잘 분화된 의미가 하나도 없는 초구조적인 것으로 간주하려는 것도 아니다.

우리가 앞에서 그랬던 것처럼, 앞으로도 우리는 기독교의 경우를 특별히 살펴볼 것이다. 하지만 우리의 연구 대상이 너무 광범위하기 때문에, 그 특별한 자료들과 주제를 놓치지 않으려고 주의하면서 심리학적인 분야에서 연구하려고 하며, 가급적이면 신비주의와 연관된 정신적 혼란과 질병에 대해서 이해하고, 그것들을 분별해 낼 수 있는 방향으로 나아가려고 한다. 그래서 기독교 안에서 신비주의가 어떻게 나타나는지에 대해서 연구하려는 우리의 시도는 신학적인 고려를 괄호 안에 집어넣고 이루어질 것이다. 하여간 신비주의는 우리 삶에서 가장 본질적인 듯한 차원의 가장 유기적이고 가장 발달된 형식을 보여 주기 때문에, 인간적인 욕망과 사랑을 종교적인 욕망과 사랑으로 전개시키는 것을 종교의 신비적인 운동이라고 부르고자 한다. 그러므로 우리가 무엇보다도 관심을 가지려는 것은 엑스터시, 환상, 환청과 같은 일상적이지 않거나 이상한 자료들이 아니다. 그러나 우리는 정신과 의사들이나 심리학자들의 호기심을 자극하는 현상들이 신비적인 상황 안에 속해 있지 않는 한 살펴보지 않을 것이다.

신비주의의 많은 표현들을 비교하고, 그것들이 모두 신비주의의 역동성 안에서 일어나는 것임을 밝히는 것은 신비주의에서 어떤 중요한 개념들이 반복되는 것을 지켜볼 때 결코 자의적인 것이 아

5) 그것은 제임스 류바의 관심사였다. J.-H. Leuba, *Psychologie du mysticisme religieux*. trad. fr., Paris, Alcan, 1925.

니다. 그런데 그 개념들은 분리에서 오는 고통의 표현과, 결합에의 욕망과, 그다음에 오는 기쁨 등과 관계가 있다. 신비주의의 매개적인 운동과 인간의 사랑을 대비시키는 것이 역설적으로 보일지 모른다. 그것은 한편으로 볼 때, "네 마음과 영혼과 힘을 다하여 네 하나님을 사랑하라."라는 성서의 말씀을 생각하면 기독교의 가장 중요한 계명이다. 그러나 다른 한편, 하나님을 그렇게 열심히 사랑하는 것이 너무 이상하게 보이기 때문에 사람들은 대번에 그런 사랑을 초자연적이고 불분명한 환상에서 끄집어낸 것이 아닌가 하고 의심하기도 한다. 르네상스를 맞으면서 신의 현현(théophanie)이 보티첼리의 비너스에서 노골적으로 그 모습을 드러내는 것과 더불어서, 플라톤 사상의 부활로 사람들은 이제 종교적 욕망을 그렇게 주저하고 두려워하면서 나타내지 않아도 되게 되었다.[6]

그러므로 문제는 종교 안에서 성애(l'érotique)를 인정하느냐 하지 않느냐가 될 것이다. 그러나 성애를 있는 그대로 종교에 도입하려면, 사랑과 욕망이 본래 하나였던 때의 모습으로 돌아가야 한다. 그런데 종교적 욕망을 느끼는 사람들은 어떤 말이나 기호가 다른 사람들, 심지어 다른 신앙인에게보다 더 큰 의미를 가져다주는 사람들이다. "하나님은 가까이 계시다. 그러나 그를 붙잡기는 어렵다." 신을 불러내는 듯한 횔덜린(Hölderlin)의 시 '파트모스(Patmos)'의 첫 구절인 이 말은 분리되어 있는 고통과 종교적인 욕망을 나타낸다. 신적 실재의 알 수 없는 부름을 향해서 나아가는 길은 무수히 많다. 그들의 실존에 감추어진 신비에 특별히 예민하거나, 그들

6) E. Panofsky, *Renaissance and Renascens in Western Art,* London, Paladin, 1970. p. 190s; M. de Certeau, *L'Ecriture de l'histoire*, Paris, Gallimard, 1975.

에게 있는 존재의 신적인 자취와 관련을 맺으려는 욕망이 강하거나, 그들 안에서 그런 힘이 흐르는 것을 강렬하게 느끼려고 할 때, 어떤 사람들은 고집스럽게 그 길을 따라가고, 그 길은 결국 그가 신적인 존재와 하나가 되거나, 이미 드러나 있는 신과 하나가 되게 한다. 그러면 이 사람들은 왜 다른 잡다한 일이나 신과의 수직적인 관계에 고집스럽게 매달려 있는 사람들보다 그런 체험을 더 잘하는가? 그리고 왜 그 관계 속에서 특별한 기쁨을 맛보고 있는가? 그런데 기독교 신앙과 관련시켜서 보면, 문제는 더 복잡해진다.

왜냐하면 기독교는 인간의 실존을 드러내 놓고 인간이 되신 하나님과의 개인적인 현존으로 설정하지만, 그 현존이 모든 사람들에게 똑같은 방식으로 말을 걸지 않기 때문이다. 우리의 관점에서도 신비적 탐구는 특별히 더 혜택받은 것으로 생각되지 않는다. 그 누구도 일요일을 은혜롭게 보내는 가운데서 신적인 현존이 드러난다고 단순하게 믿는 사람들을 종교적으로 열등한 사람이라고 생각해서는 안 된다. 그러므로 부족한 것이 많은 이 세상의 지속도 신뢰 속에서 받아들이고, 신앙 속에서 언젠가 하나님과 얼굴을 맞대고 만나는 기쁨이 있을 것이라는 희망을 가지는 것 역시 진정한 종교생활이다. 이와 반대로, 우리는 하나님의 현존을 말씀과 기호들로만 말하는 침묵의 유보를 참지 못하고 깨고 들어가려는 욕망이 비정상적인 것이라고 판단하려고 하지도 않는다. 오히려 이런 차이는 사람들 사이에 있는 깊은 심리학적인 구조에서 나오지 않았을까 하고 생각한다. 신앙인들이 여기에서 바울과 함께 여러 가지 다양한 초자연적인 은사(카리스마)를 본다면, 심리학자들은 당연히 그 '은사들은' 밖으로부터 들어와 잠자고 있던 인간적인 자질에 덧붙여진 것이 아니라, 그에게 본래 있던 정신 과정 속에 새겨진 것이라고 생각할 것이다. 앞으로 우리는 이 구조와 과정이 어떻게 나타나는지 살펴보게 될 것이다. 우리는 욕망의 병리가 그 영역에서 어떻게 나타나는지 분간하고 이해하려는 것이다.

2. 정신적 원천과 그에 따르는 위험

우리의 작업가설은 종교적 욕망은 인간의 욕망에서 비롯되는 것이고, 그 유래는 욕망에 관한 종교적 기표(signifiant)의 결과라는 것이다. 그러므로 그런 역동 안에서 병리는 욕망의 병리에서 추출된다. 이때 종교적 기표들은 두 가지 의미에서 활동 영역을 옮겨가는데, 그것들은 갈등을 부분적으로 해결하지만, 다른 한편으로는 갈등을 무의식에 붙들어 놓으면서 논쟁만 벌이게 한다. 우리의 해석 원리는 우리가 죄의식에 의한 신경증을 다루면서 발달시켰던 것과 같다.

엄밀하게 말하면, 욕망은 빈 곳을 채우려는 동경이고, 결핍을 없애고, 안정을 가져다주리라고 기대되는 대상을 정복하게 하는 힘이다. 그러나 욕망은 단순한 하나의 독립적인 힘, 그 자체가 목표지향적인 행동이 되어 사람들을 채워 주는 재화를 향한 힘만은 아니다.[7] 사람들에게서 다른 것들과 함께 쾌락의 기억들과—과거 속에서 망각되어 그것이 무엇인지 도무지 모를 기억들—과거에 겪었던 절망이나 좌절 때문에 욕망이 저절로 생기고, 변환되고, 변질

7) A. De Waelhens, "Les Contradictions du désir", *Savoir, Faire, Espérer: les limites de la raison,* Bruxelles, Facultés universitaires Saint-Louis, 1976, vol. II, pp. 441-456.

된다는 것은 매우 잔인한 법칙이다. 우리가 여기서 그에 관한 모든 파생과 변모를 추적하는 것은 불가능하다. 다만 우리는 우리의 해석이 제대로 될 수 있도록 프로이트, 라캉, 스존디의 심리학 자료를 필요한 대로 인용하면서 욕망을 이루는 기준과 구성에 관해서 살펴보려고 한다.

욕망과 결핍은 상관관계에 있다. 그런데 사람들이 제일 먼저 경험하고 계속해서 반복적으로 느끼는 결핍은 배고픔과 갈증인데, 그것은 사람에게 몸이 있기 때문이다. 어머니의 가슴과 그 대체물은 사람들을 안심시키고 쾌락을 가져다주는 최초의 대상이다. 이러한 대상과의 접촉을 통한 충족의 원초적 경험과 결핍의 경험은 정신 안에 욕망과 힘의 원천을 새겨 넣는데, 그것은 우리에게 행복에 대한 꿈, 성적인 환상, 갈망(무엇이라고 번역하기 어려운 독일어 Suechtigkeit를 의미한다)뿐만 아니라 신비한 욕망을 표상하는 상징적 언어의 자궁이 된다. 정신분석학은 욕망의 그 원초적이고 지속적인 형태에 구순성(口脣性)이라는 이름을 붙였다. 하지만 '구순기'라는 말은 인간의 욕망이 취하는 최초의 형태는 사람들이 유아기로 퇴행했다는 소리를 들을 위험이 있는 단계라는 오해를 불러일으킬 수도 있다. 그런 오해를 피하기 위하여 우리는 인간의 기본적인 체험으로서 구순기라는 말을 입술 주위에 자리 잡고 있는 욕망을 말하는 것으로 생각하고자 한다. 왜냐하면 욕망이란 인간의 신체 기관과의 관계와 결핍에 의하거나 그 속에서 만들어지기 때문이다. 사람들이 입을 중심으로 해서 능동적으로 입을 벌리거나 음식물을 받아들이면서 행하는 먹거나 마시는 동작은 정신 안에 하나의 실존적인 도식을 새겨 넣는다. 그런데 사람들은 그것을 따라서 이 세상이나 다른 사람들과 관계하고, 그 자신을 드러내며,

스스로를 경험하게 된다. 같은 방식으로 눈은 빛과 어둠과 색깔을 통해서 어떤 것을 보거나 조망하면서 이 세상이나 실존을 구성하고, 이 세상은 눈에 보이는 조직 안에서 형성된다. 또한 욕망은 색깔을 말하게 하고 빛을 노래하게 한다.

프로이트가 지적했듯이 모든 사랑의 대상은 어떤 의미에서 '어머니의 젖가슴인 잃어버렸다가 다른 방식으로 다시 찾은 최초의 대상' 이라는 말은 놀라운 말이다.[8] 먹을 것과 마실 것을 은유로 만들어 가락을 바꾸어가며 노래하는 욕망에 관한 시 역시 종교적 욕망을 의미하는 일상적 언어이며, 그것은 예배의 상징적인 동작으로 구체화된다. 플랑드르 지방의 신비주의자였던 뤼스브뢱(J. Ruysbroek)은 "입과 입술로 하늘에 있는 관(管)에 달라붙는다."고 했는데, 그 역시 이 사람들의 무리에 합류한 셈이다. 프로이트가 사랑에 대해서 말한 것을 우리가 신비주의에 관한 것이라고 주장하는 것에는 이유가 없지 않다. "자기 어머니 가슴에 안긴 갓난아기와 20년 동안의 분리 이후 그의 집이자 요식 장소인 같은 가슴으로 돌아가는 연인은 신비주의의 유형이며 왕자다."[9] 이 상징적인 모습은 기억의 깊은 창고에 새겨져 있고, 사람이 결핍의 존재, 즉 속이 움푹 파인 존재임을 말해 준다. 상상에서나 채워질 수 있는 충만함에 대한 동경은 상상 속에서 무한히 뻗어 나가는 욕망의 언어로 말하자면 사람들이 '절대적인 것' 이라고 부르는 것을 낳게 하였으며, 좀 변환시켜서 말하면 하나님과 동일시할 수도 있을 것이다.

---

8) *Beiträege zur Psychologie des Liebenslebens,* GW VIII 80.

9) Coventry Ratmore, E. Unerhill, *Mysticism*에서 재인용.

구순 단계의 욕망에는 가능성과 위험이 동시에 들어 있다. 그 단계에서 생긴 결핍은 사람들에게 그것을 채우려는 충동을 적극적으로 불러일으키기도 하지만, 사람들의 내면에 수동적으로 머무르면서 다른 많은 것들을 받아들이게 하기도 한다. 구순적 욕망이 없다면, 자제하고 이 세상을 지배하거나 조직화하려는 본능은 사람들에게 소유하려는 충동을 더 많이 불러일으켰을 것이다. 그때 문화공간이 가장 좋은 실현 무대가 되는, 놀이하며 즐기는 능력은 사라지고 만다.[10] 그것을 받아들이는 능력이 없으면, 아무리 그에 관한 고태적인 기억과 언어의 부름이 사랑을 유토피아적인 행복으로 바라게 할지라도 사랑 역시 불가능하게 된다. 마찬가지로 종교적인 결합은 비록 종교적인 삶의 맨 마지막 단계에서 이루어지지만, 그것은 그 욕망이 너무 빈약해서 합일을 제대로 제안하지도 못하는 사람들에게 남겨진다. 또한 구순 단계의 욕망에는 위험이 있고, 특별한 병리를 나타낸다. 갈망이라는 단어는 욕망에 주어지는 모든 것들을 평가절하하고, 내면으로부터 모든 기쁨을 앗아가 버리는 불안정성을 나타내는 것이다. 그 상태의 원인은 어느 한 가지로 돌릴 수 없으므로 그 원인을 찾지 않는 것이 좋다. 다만 그 병리를 정신치료 기법에서 말하는 것을 가지고 이해하는 것이 좋을 것이다. 환상이나 꿈을 통해서 드러나는 무의식의 표상은 그 환상적인 기억들로 우리 정신을 사로잡으면서 떠나지 않는 만족감을 강박적이고 반복적으로 찾게 한다. 그러나 그 어떤 대상이나 만남도 그것을 만족시켜 주지 못한다. 하나님은 약물처럼 구순 욕망이 거기에서

10) D. W. Winnicott, "The Location of Cultural Experience", *Playing and Reality*, London, Tavistock, 1971. p. 95s. 위니캇은 여기에서 중간대상(l'objet transitionnel)과 문화적 공간 사이의 관계를 아름다운 문장으로 묘사하고 있다.

는 갈증을 달래줄 수 있을 것이라고 절망적으로 찾는 대체 가능한 대상이 머무는 장소가 되는 것이다.

구순 단계의 욕망은 어머니로 나타나는 최초의 대상에 고착되게 한다. 이 최초의 관계 속에서 아이들은 그가 모든 관계 속에서 바라는 관계의 전형적인 특성을 그의 내면에서 체험하게 하고, 그런 관계에 대한 기대감이 그로 하여금 다른 사람들과 언제나 새로운 관계를 맺게 한다. 사람들은 어머니가 그에게 주는 것 때문에 어머니에게 애착을 느끼면서, 그의 내면에 애착의 능력을 발달시킨다. 또한 그들은 애착 속에서 그가 예전에 받았던 생명과 기쁨을 다시 발견한다.[11] 안전함, 따뜻한 사랑의 열기, 다른 사람이 그를 맞아줄 때 느끼는 자기애에서 나오는 확증, 어머니가 아이에게 하는 생명의 맹세로부터 비롯된 살려는 욕망, 다른 사람을 붙잡을 줄 앎으로써 발견하게 되는 안정감을 찾게 되는 것이다. 욕망의 향도(嚮導)로서 애착은 사람들에게 관계를 맺는 능력과 그 관계가 앞으로 만족과 바라던 기쁨을 가져다줄 것이라는 긍정적인 기대를 발달시킨다. 그러나 그 애착이 그들이 바라던 모성적인 가치와 정반대되는 현실을 경험했을 때, 사람들은 더 참지 못하게 된다. 하나의 애착으로서 욕망은 항상 안전한 것과 피난처를 찾으면서 갈등적인 관계를 무시하고 도피하려고 하는 것이다. 그래서 그는 스스로 알지 못하는 미래를 정복하려고 하지 않을 뿐만 아니라, 쓰라린 대가를 치러 가면서 사랑의 상실을 위협하게 될지도 모르는 상황을 피하려고 한다. 이 세상 모든 것으로부터 도피하려는 것이다. 한편,

11) 스존디는 헤르만에게 영감을 받아서 애착의 심리학(psychologie de l'attachement)을 발달시켰다. 그는 Anklammerung라는 단어에 우리가 애착(attachement)과 고리를 걸기(accrochage)라고 구별하는 단어를 통합하였다.

집착이라는 단어는, 모성적인 가치를 다시 취하고 연장시키려는 욕망에서 나온 방어적인 후퇴라고 할 수 있다.

'종교' 라는 말의 어원인 re-ligare가 '관계를 맺다' 라는 의미를 나타내는 것처럼, 하나님은 다른 많은 의미도 있겠지만, 죄의식을 가진 신경증 환자가 생각하듯이 박해자처럼 사나운 모습으로 그려지지 않는다면, 애착을 가지고 바라는 가치를 나타낸다. 이렇게 생각할 때, 종교에 대한 관심은 무엇보다도 애착의 연장이라는 방식으로 발달했고, 하나님은 어머니를 연상시키며, 어머니가 약속한 것을 형상화한 것으로서의 욕망을 불러일으키는 것이라고 해야 한다. 스존디의 조사에 의하면 종교적 소명을 향해서 나아가는 사람들은 그의 연령대에 있는 다른 사람들보다 애착의 요소를 더 많이 나타내고, 하나님에게 모성적 특성을 더 많이 부여하며, 하나님을 아버지로 인식하지 않는다.[12] 이와 똑같은 결과는 종교인들에게서도 찾아볼 수 있다.[13] 하나님께 헌신하는 종교적인 사람들은 하나님과 하나님의 현존에 기반을 둔 인간 공동체에 대한 애착을 통해서 그들의 욕망을 달래려고 애쓰는 것이다. 아버지의 기능에 본질적으로 주어져 있는 특성과 기독교에서 전통적으로 하나님에게 부여한 속성은—심판자라든지, 규범이라든지, 율법이라든지, 영성에 대한 요청 등—애착의 관계에 어느 정도 거리를 누게 한다. 하나님에게 있는 아버지의 기능은 특별히 사람들에게 자기 변화를

12) A. Vannesse, "Relations entre langage religieux et structures pulsionnelles", Université catholique de Louvain, 1977. 바네스는 스존디가 고안한 부모의 의미를 표상하는 단어들을 사람들에게 질문한 조사를 토대로 박사학위 논문을 제출하였다.

13) 이와 비슷한 연구가 1976년에 같은 대학에 제출된 네프의 박사학위 논문에 의해서도 이루어졌다. Thérès Neff, "Représentation de Dieu et structure de la personnalité", Université catholique de Louvain, 1976.

향해서 나아가도록 부르기 때문에, 사람들을 불편하게 하고 갈등을 야기하는 원천이 된다. 그래서 종교적인 삶을 살려는 사람들은 유난히 하나님에게 있는 그 차원을 지워 버리고 안심을 주고 위안을 주는 의미를 강조하려고 한다. 죄의식에 대해서 반발하는 태도는 죄의식을 상기시키는 기표를 없애 버리려고 하는 것이다.

모성적인 가치를 우선시하는 태도는 사람들에게 개인적인 애착과 종교적 애착을 더 많이 가지게 하는 듯하다. 그런 애착은 리비도가 욕구에서 비롯되는 것처럼 생각하게 하고, 그런 애착으로부터 모든 것을 바라게 하는 욕구인 종교적인 욕망이 생기게 한다. 그런데 종교적인 욕망은 신적인 현실의 표지 아래 통합되어 있고, 평화를 누리는 인간 공동체를 향해서 나아가게 한다. 신비에 대한 욕망, 다시 말해서 하나님과 하나가 되려는 욕망은 한편으로는 종교적인 메시지가 사람들에게 갑자기 나타나서 무엇인가를 깨우쳐 주려고 할 때 다시 활성화되고, 다른 한편 구순기의 특성으로 나타나는 모성과의 분리로 인한 고통이나 갑작스러운 결핍으로 인한 고난 때문에 다시 활성화되곤 한다. 종교적인 욕망이 어떻게 해서 그의 첫 번째 매개 요인의 바탕 위에 형성되는가 하는 과정을 살펴보기 전에, 우리는 애착의 양태에 따라서 욕망 안에 위험의 씨앗이 —정신병리적인 맥락에서— 어떻게 내포되어 있는지를 강조해야 한다. 사람들 사이를 화합시키고 적대적인 것들을 화해시키려는 욕망은 이 세상에서 살지만 천상의 예루살렘을 바라는 향수를 고취시킨다. 하지만 그렇게 되면 사람들은 역사의 원동력인 갈등의 역동성을 무시하게 될 위험에 처하게 된다. 우리가 앞에서 살펴보았듯이, 모든 공격성을 죄로 정죄하는 성향이 고조될 것이라는 말이다. 자비와 희생적인 사랑을 찬양하는 수많은 종교적 담론은 이

익과 근본적인 선택 사이에서의 대립이 불가피하게 가져오는 투쟁의 격렬성을 통렬하게 비판하는 것이다. 그런데 애착에 대한 욕망은 삶의 필요성과 그에 이어지는 좌절을 만나면서 쉽사리 불신으로 가득 찬 요구와 우울의 태도로 바뀐다. 그러므로 그런 형태의 믿음은 종교를 너무 인간의 욕망을 달래주려는 것으로만 기대하기 때문에, 기독교 메시지의 또 다른 본질적인 부분, 즉 하나님의 부성적 측면인 예언자적 영감을 소홀히 할 수 있다. 하나님이 사람들에게 바라시는 진리와 정의가 지배하는 세상의 건설에 대해서는 별로 생각하지 않게 하는 것이다. 애착에서 비롯된 욕망이 변화되지 않으면, 사람들은 인간의 현실과 종교 메시지 사이에서 생기는 갈등을 인식하지 못하고 견디지도 못할 것이다. 그러나 수많은 신앙인들은 종교가 말하는 것이 피부에 와 닿기를 바란다. 종교와 사람이 이렇게 왜소하게 되는 것은 아직 지나친 병리현상이 아니다. 하지만 그 속에 우울한 상태로 미끄러지거나 편집증적인 상태로 나아가려는 싹은 이미 준비되어 있다.

욕망은 사람들을 근본적으로 개방하고 애착이라는 기초 위에 관계를 형성하는 인자이기 때문에, 사람들이 그 안에서 낳고 생활을 하는 언어 속에서 형성되고 전개된다. 사람들은 언어를 사용함으로써 언어의 지배 속으로 들어가고, 우리들에게 지각되는 세계를 뛰어넘는 훨씬 더 넓은 세계로 넘어간다. 또한 주체와 타인은 언어를 통해서 서로가 서로에게 현존할 수 있고 의사소통을 할 수 있다. 사람들이 의식적으로 다른 사람에게 양도할 수 없는 주체가 되는 것은 그가 일인칭으로 말을 함으로써인데, 그것은 우리 삶에서 근본적인 사실이다. 사람들은 언어를 통해서 그 자신을 주체로 인식하고 존재하는 다른 사람들과 의사소통을 할 수 있는 것이다. 우리는 여기서 욕망과 언어의 상호 의존성에 대해서 모두 다 깊이 다룰 수는 없다. 그러나 우리의 연구는 그 점에 대해서 조금 명확하게 밝혀야 할 것을 요구한다.

우리는 먼저 종교적 담화와 언어의 본질적 특성 사이에 어느 정도 유사성이 있다는 사실을 지적해야 한다. 사람들이 언어의 세계로 들어간다는 사실 때문에 언어는 사람들이 참여하려는 영적 보편성(l'universalité spirituelle)의 자리가 되는 것이다. 언어는 그 자체에 의해서 정신이 보편적으로 지배하는 세상을 만든다. 말한다는 것은 원리상 모든 사람들이 동의하는 의미를 가지고 모든 사람들과 의사소통할 수 있는 능력을 의미한다. 사람들은 즉시 의사소통과 관계의 잠재능력이 어떻게 언어의 주체 안으로 스며 들어가는지 안다. 좀 더 자세히 말하자면, 구순성(l'oralité)과 애착이라는 근본적인 체험이 사람들이 언어세계에 들어가면서 얻게 되는 개방과 약속을 보장하지 않는다면, 사람들은 욕망을 가진 존재가 되지 못하는 것이다. 그런데 종교는 종교가 가진 보편적이고 궁극적인 차원 때문에 이 세상과 인간의 실존에 관한 언어가 된다는 특성이 있다. 제의의 상징은 물론 태초에 관한 언설과 악에 대한 언설과 운명에 관한 언설은 모든 것을 신적인 존재와 연계시키면서 인간의 실존 전체를 존재하는 것들 모두 안에서 자리매김하게 하는 것이다. 그렇게 하면서 종교 언어는 사람들에게 사소한 이해관계를 뛰어넘는 존재의 힘을 발휘하게 한다.

신앙은 언어가 종교 안에서 완성되는 두 번째 특징이다. 언어를 사용하면서 사람들은 지각을 뛰어넘는 의미의 세계로 들어간다. 언어는 우리 눈에 보이는 세계가 드러내는 의미 안에 살면서, 그것들만으로는 볼 수 없는 감춰진 의미가 이 세상에 간직되어 있음을 약속하고, 궁극적인 계시에 대한 믿음을 가질 것을 촉구한다. 우리는 프로이트가 언어와 부성(父性) 사이의 관계에 대해서 말한 것을 기억해야 한다.[14] 우리가 아버지의 기능을 인식하면, 우리는 감각의 세계를 뛰어넘어서 믿음으로 나아갈 수 있다. 또한 프로이트에 의하면 문화의 영성화는 문화를 형상적으로 표현한 것을 모두 없애고, 하나님의 부성을 성서적으로 강조하며, 성서에 계시된 하나님의 이름으로 돌아가면 이루어질 수 있다.[15] 사실 종교는 언어 행위에 내포된 믿음의 본성이 가장 높이 드러나고 완성되는 영역이다. 종교적 신화와 기호들은 항상 현실의 즉각적인 삶 속에서 근본적으로 상실되어 있는 실재의 차원을 드러내는데, 그것은 우리의 감각에 나타나는 것보다 훨씬 더 실제적인 것이다. 성서 종교 안에서 신앙의 태도는 선포되는 말씀 안에서 그 자신을 드러내고, 그의 가장 근본적인 타자성을 주장하는 아버지 하나님과의 종교적 관계를 맺는 것으로 드러난다. 그래서 '종교'라는 단어를 나타내는 어원의 두 가지 의미는 신앙 안에서 이루어지고 합쳐지는데, 사람들은 그들의 하나님이 스스로를 드러내는 메시지에 주의를 기울이면서(re-legere) 하나님과 관계를 맺는다(re-ligare).

세 번째로 언어는 사람들을 주체로 만들면서 사람들이 욕망을 가지는 것에 도움을 준다. 그때 주체는 언어를 감당하면서, 말하는 행위 속에서 '나'로 나타나는 존재다.[16] 심리학이 자아를 구성하는 것으로 밝혀낸 모든 것들은 일인칭으로 표상되는 주체 아래 자리

14) "L' Homme aux rats", *Cinq Psychanalyses,* Paris, Gallimard, 1954. p. 251.

15) *Moïse et Monothéisme,* III, 제2부, IV.

16) E. Benvéniste, "De la subjectivité dans le langage", *Problèmes de linguistique générale,* Paris, Gallimard, 1966. p. 258.

잡는다. 그러나 말하는 행위가 아니라면, 자아를 욕망의 주체라고 말하지 않을 것이다. 사람들은 자기 안에 특별한 위치를 가진 주체로 중심을 잡지만, 동시에 자기로부터 벗어나는데, 그 이유는 그가 자기 자신을 위한 존재이지만 동시에 다른 사람에게 열려 있고, 다른 사람과 다른 주체로 다른 사람을 향해서 나아가기 때문이다. 그렇게 하면서 사람들은 의사소통을 하고, 다른 사람과 연합하려는 욕망을 가진 존재가 된다. 그런 의미에서 종교 메시지는 사람들의 본질, 즉 그 자신의 내적인 의식에 관해서 말한다. 그에 의하면, 사람은 본질적으로 그 자신을 위해서 존재하지만 동시에 성별의 차이나 사회적인 조직 때문에 그에게 주어지는 여러 가지 다양한 역할이나 기능을 통해서, 또한 그것을 뛰어넘어 다른 사람의 '자아'인 인류에 참여하는 존재임을 인식하게 된다. 그러나 일인칭으로 말하는 자아인 '나'의 위치는 성서 종교 안에서 개인적으로 대화를 할 때 분명하게 드러난다. 왜냐하면 하나님은 그 자신을 발화(發話)하는 주체로 선포하고, 모든 사람의 아버지, 특히 보편적인 인류의 아버지임을 인식하고 있다고 말하기 때문이다.[17)]

육체와 정신이라는 이원성보다 낮은 단계의 이원성인 정신적인 것(le psychique)과 이성(la raison)이라는 이원성 앞에서 언어의 능력에 둘러싸여 있고, 언어 능력 안에서 행해지는 인간의 정신에는 두 가지 측면이 있다. 인간의 정신은 언어라는 기표에 의해서 작용하는 본능이라는 말이다. 애착이라는 원초적 경험에 의해서 인간의 정신에 스며든 구순 단계의 욕망은 언어로부터 상징화의 능력

---

17) 스존디의 책을 읽은 이들은 우리가 여기서 그를 해석하면서 그가 자아의 방향을 구성하는 요소라고 말한 p요소에 대한 생각을 채택하고 있음을 알 것이다. 그의 *Ichanalyse*를 참고하라.

과 초월의 능력을 부여받는다. 욕망은 이제 새롭고 개인적인 차원 위에서, 자기 자신을 자유롭게 인식하려는 열망에 응답하는 관계를 향해서 나아가는 것이다. 그런데 그 관계는 보편적이고, 존재의 능력 안에서 강화된다. 그래서 인간의 욕망은 종교 언어가 전하는 메시지에 의해서 움직이며, 종교적인 욕망이 된다. 그런데 그 욕망은 무한하게 초월할 수 있다는 신탁(神託)의 약속에 의해서 깊이 파이고 다시 메워지며, 최초의 경험들을 열어 주고 완성하는 합일에 대한 욕망이다. 헤이드위치 당베르(Hadewych d'Anvers)는 그의 신비주의 시에서 다음과 같이 노래한다. "모든 것은 나에게 너무 좁다. 나는 아직 창조되지 않은 것을 붙잡으려고 나의 팔을 뻗는다." 욕망(에로스)의 의미에 대해서 처음으로 고뇌했던 플라톤은 욕망을 신이 어떤 여자 거지에게 만들어 준 사랑의 산물(産物)이라고 말했다. 그러므로 중심이 되는 것은 신적으로 되는 것이다.[18)]

신적인 존재라고 생각되는 현존을 체험하는 욕망을 실현시키는 방법 가운데서 그는 언제나 신적인 존재가 드러내는 무한한 존재의 특성과 하나가 되려고 한다. 이렇게 확장된 자아가 보이는 위험은, 융이 본래 말한 것을 스존디가 채용한 용어로 말하자면, 자아의 팽창(inflation du moi)이다. 그것은 자기 자신이 상상 속에서 확장된 것인데, 그때 모든 한계는 없어지고, 일상적인 현실에 묶어 있던 밧줄이 모두 끊어지며, 가능성이 모두 신장된다. 그것이 극대화될 때, 신과 분리되어서 생긴 고통과 유한한 시간으로 인한 고통을 거부하는 자기애적인 집중에 의해서 자아팽창은 결국 자기 신격화가 이루어지는 종교적 망상을 가져오게 된다.

---

18) "Discours de Socrate", *Le Banquet*.

언어를 사용함으로써 넓혀지고 변환된 구순기적인 애착은 존재의 모든 것을 관념의 망(網) 속에 집어넣고, 그렇게 함으로써 사물의 내밀한 본질을 포착하려는 욕망을 낳게 한다.[19] 그렇게 하면서 사람들은 잃어버린 최초의 대상에 의한 결핍(le manque)을 채우려고 애쓴다. 다른 사람을 지적으로 지배하려는 열정은 종교적인 애착을 대체하기도 하는데, 그 열정은 때때로 독특한 존재와 개인적으로 융합되려는 데까지 나아간다. 지적인 지배에 대한 열망은 종교 안에 자리 잡는데, 그때 그것은 종교에서 일상적인 것을 모두 제외시키고, 불행을 아무 것도 아닌 것으로 환원시키면서 종교를 철학적인 신앙으로 변화시키게 된다. 그때 초래되는 위험에 대해서는 말하지 않아도 알 것이다.

사람들에게 성적인 충동이 생기고 그것이 커졌다 작아졌다 하는 것 역시 사람들의 종교적 욕망의 내용과 형태가 결정되는 데 영향을 준다. 그것이 어떻게 한 사람에게 욕망의 힘과 사랑의 능력이 가정에서 발달하는 동안 영향을 미치지 않을 수 있겠는가? 욕망과 사랑은 부모님이 아이들에게 자신의 욕망, 그들과 자녀에게 공통적으로 해당되는 욕망, 그들과 자녀가 하나 되게 하려는 욕망을 표현하면서 그들의 내면에 심어 놓는다. 이런 욕망이 성적인 것이라는 사실은 명백하다. 그것이 아이들에게 상상의 형태로 나타나고, 아이들의 신체 기능과 그들의 어머니에 대한 애착 주위에서 생기는 쾌락과 성적으로 비슷한 환상을 불러일으키기 때문이다. 그러면서 아이들은 부모 사이에서 흐르는 애정과 욕망에 대한 증언으로, 그들이 거기에 포함되어 있거나 포함되지 않았거나 상관없이

19) 스존디의 도식으로 말하자면 k + ! p − s + 이다.

동일시와 오이디푸스적인 애착이라는 복합적인 과정에 의해서 욕망의 존재로 변화된다. 우리는 여기에서 그것들에 관해서 대략적으로밖에 언급할 수 없다. 우리의 목적은 그것이 정상적인 것이든지 병리적인 것이든지 간에 종교적 욕망의 부침에 대해서 더 잘 이해하기 때문이다. 인간의 성욕이 그 형태와 목적이 하나의 시나리오로서 생물학적으로 미리 만들어진 본능에 불과한 것이라면, 그것을 종교적 욕망과의 관계 아래 생각하려는 것이 모순일 것이다.

그러나 인간의 성욕은 리비도적인 것이다. 그것은 다른 주체와의 관계 속에서 신체의 기능을 원활하게 하고, 요구하고 응답하는 관계 속에서 발달하는 쾌락을 그 특징으로 한다. 성욕에는 사람들이 사랑이라고 부르는 주체의 상호적인 관계의 전조가 들어 있는 것이다. 사랑의 최초이며 원초적인 형태는 남성과 여성 사이의 욕망과 부모와 자녀 사이의 욕망이다. 사람들이 하나님을 사랑할 수 있는 것은 그가 성적인 존재이기 때문이다. 또한 그것은 그가 성적인 사랑을 주체적으로 했든지, 또는 대상으로 받았든지, 아니면 다른 사람들이 성적 사랑을 하는 것을 듣고 보았기 때문에 가능하다. 욕망과 사랑이 승화라는 방식으로 발달할 수 있는 것은 성적인 욕망을 가지고 사랑할 수 있는 이 최초의 능력의 기반 위에서다. 리비도가 승화되면, 성욕의 본질적인 특성을 지니기는 하지만, 성적 기능으로부터 떨어져 나온다. 여전히 하나가 되기를 바라고, 하나가 되면서 쾌락을 느끼는 것이다. 사랑은 승화라는 형태를 따라서 '희생적 사랑' 이라는 거저 주는 선물로 나타날 수도 있다. 그런데 사람들은 흔히 욕망과 사랑 사이의 대립이 잘못된 영성 때문에 생긴다고 한다. 그들이 죄의식 때문에 욕망을 알아보지 못할 때 생긴다고 하는 것이다. 이 세상에 사랑받으려는 욕망이 아니고, 서로의 선물을 교환하면서 그 자신은 물론 다른 사람까지 확장시키고 강화시키려는 욕망이 아니면서 동시에 사랑인 것은 있을 수 없다. 그래서 우리는 에로스와 아가페를 나누고, 욕망으로서의 사랑과 희생적인 사랑을 나누는 이원론적인 대립을 거부한다.[20)]

사람들에게 일인칭으로 나타나 그 자신을 사랑의 현존으로 계시한 하나님에 대한 믿음은 자연히 사람들에게 욕망과 사랑을 불러일으킨다. 욕망과 사랑은 본래 다른 사람의 부름에 대한 응답으로 솟아오르기 때문이다. 기독교에서도 마찬가지로 종교적인 욕망과 사랑은 사람들에게 다가와 서로가 주체가 되어 새로운 관계를 맺으라고 촉구하는 선언적인 말씀에 의해서 하나의 가지처럼 사람들 안에 심어진다. 여기서도 심리학이 인간이란 그의 정신에 새겨진 기표에 의해서 변환되는 심리적 존재라는 사실을 이해하려면 종교적 메시지가 어떤 것인지 알아야 한다. 종교는 리비도적인 존재로서의 인간의 본래적인 모습인 욕망하고 사랑할 줄 아는 인간의 능력에 말을 걸면서, 사람들을 파괴시키지 않고 변화시키기 위하여 리비도가 흘러드는 표상들을 불러 모은다. 그러므로 리비도의 원천이고, 주체가 동일시하는 모든 형상은 언제나 종교적 욕망을 나타내는 상징의 후원자로 남을 것이다. 그것들은 종교적 욕망의 양태에 대해서 알려 주고, 그 목표를 향해서 나아가게 하며, 욕망의 표상을 결정한다. 그리스도의 인간적인 형상이 기독교 신앙에서 중심적인 사실이라면, 그 욕망이 리비도를 형성하고 변환시킨 인

---

20) 우리는 니그렌에 의해서 강조된 사랑의 루터적 이원론을 반대한다. A. Nygren, *Éros et Agapè,* Paris, Aubier, 3 vols., 1944-1952. 우리가 앞으로 신비주의에 대해서 살펴보겠지만 하나님과의 동일시에서 나온 성향으로서의 아가페는 욕망(에로스)으로부터 나온 것이다.

간적 형상에 더 물들어 있어야 한다. 종교적 욕망과 사랑 및 인간의 욕망과 사랑 사이에는 아주 단순한 유비관계밖에 없다. 인간의 욕망이 신과의 관계 안에 전이(轉移)되고 확충(擴充)된 것밖에 없는 것이다. 아빌라의 테레사가 말했듯이, 이 세상에는 하나의 사랑밖에 없다. 따라서 종교적 욕망을 에로틱하게 만드는 것은 인간의 욕망 자체에 본래 내장된 것이다. 그러나 우리가 계속해서 발달시켜야 하는 것이 단 하나의 사랑이라면, 욕망의 에로티시즘화(érotisation)라는 말은 병리의 시점을 판정하려고 할 때 아무 도움도 주지 못하는 모호한 말이 되고 만다.

종교적 욕망을 구성하는 모든 요소들을 생각하면, 그 욕망의 형태는 매우 다양한 모습으로 나타난다. 그런데 그것은 아무리 그 형태가 신적인 존재와 밀착되고, 그 관계 속에서 자신의 존재를 확인하며, 더 넓게 확장시키고, 그의 내면에 있는 근본적 결핍을 없애는 방향으로 나아가도 마찬가지다. '전일성 속에 있는 자아' 와의 관계로서의 사랑은 인간을 구성하는 모든 정신적 역동성과 주체가 그것의 균형을 이루게 하는 작업으로부터 생겨난다. 그러므로 사람들에게 사랑과 욕망은 많을 수밖에 없다. 그러한 특수성을 무시한 진단은 그들에게 재판관에게나 어울리는 형법 조문을 가지고 그들을 정상적으로 만들려는 정신과 의사로서의 폭력성을 가하게 된다. 병리적인 판단은 단 하나의 일반적인 원리에서밖에 행해지지 않는 것이다. 그때 욕망의 전이는 그것이 욕망을 지속시키고, 사랑의 완성을 통한 기쁨 속에서 진정되지 못하는 한 모두 병적인 것으로 판정된다. 따라서 정상적인 것과 병리적인 것 사이의 경계선이 종교적 역동성 속에서 특히 가변적이라는 사실은 자연스러운 것이다.

3. 판별 기준

인간의 욕망을 종교적인 측면에서 추구하려는 행위 가운데서 자유롭게 나아가고 사람들을 해방시키는 것의 특징은 무엇인가? 더구나 무의식적으로 나아가지 않는 것으로서 말이다. 우리 모두는 이 질문 앞에서 무관심할 수 없다. 왜냐하면 그 차이는 심리학적으로 단순한 것이 아니기 때문이다. 사람들이 자신의 욕망을 종교적인 분야에서 실현시키려는 것이 무의식적인 메시지가 자기도 모르는 사이에 튀어나오게 하는 것에 불과한 것이라면, 우리는 그것이 부드럽거나 난폭하게 '투사되는 것' 이 아니라 심각한 신경증이나 망상을 드러내고 실현시키는 것이라고 생각할 수밖에 없다. 그렇게 생각하기 위해서 신앙인이 될 필요는 없다. 신앙인이 아니지만 인간 정신의 작용 법칙을 아는 사람이라면 그것을 구분하는 범위가 있음을 부인할 수 없다. 철학적인 관점에서 볼 때, 자유로운 종교적 욕구는 그 의미가 유예된 것이라고 해석해야 하기 때문이다.

다른 어느 것보다도 심리적으로 자유로운 상태에서 생기는 욕망과 그 뒤에 은밀한 힘이 사로잡고 있는 욕망을 구분하는 과제는 심리학을 시험에 빠뜨린다. 우리가 순전히 '주관적인 느낌' 에 머물러 있으면, 우리는 여러 사람들이 말하는 종교현상들 사이의 유사성 때문에 놀라게 된다. 종교 전통들에서 '영적인 것' 이라고 하는 것과 망아지경(transe)을 일으키는 기술에 의해서 유도된 비상한 체험인 '신비적인 것' 과 정신의학에서 심각한 히스테리나 망상 같은 정신병으로 생각하는 것들이 모두 비슷비슷해 보이는 것이다. 그러나 제임스 류바가 말했듯이, 어떤 연구가 과학적으로 수행되기를 바란다면, 무엇보다 먼저 고려해야 하는 것은 그 현상을 다루는 데 있어서 일단의 '인상들'이 모든 경우에 공통적으로 적용되어야 한다는 사실이다. 시간과 공간지각의 혼란, '강렬한 빛의 체험'(photisme), 공중으로 부양되는 듯한 느낌, 도덕적이고 지적인 에너지가 증가된 듯한 느낌, 무엇이라고 말로 설명할 수 없는 것 같은 감각 등에 똑같이 적용되어야 하는 것이다.[21] 류바에게 있어서 이런 인상, 감각, 정동 등은 모두 인간의 공통적인 욕구에서 비롯된 것이다. 자존심을 지키고, 자기 주장을 하며, 도덕적으로 지원받고, 사랑받으려는 욕구에서 비롯되었고, 성적인 충동에서 나온 것이었다. 다른 모든 신비주의와 마찬가지로 '기독교 신비주의의 원동력'은 바로 거기에 있다.[22] 그런데 신비주의자들 가운데 '무의식' 속으로 더 깊이 들어가는 사람들은 결국 고양되는 느낌과 생명력이 완전해지는 듯한 느낌을 받는데, 그것은 모든 종교인들이 궁극적으로 추구하는 상태이다.[23] 신비주의와 성애적이고 히스테리적인 무의식적 망아지경과 약물 복용에 의한 망아지경의 차이는 어떤 것이 사람들을 '망아지경이라는 기본적인 체험과 종교적 황홀경으로 이끄는가 하는 해석'에 달려 있다.[24] 류바는 종교는 과학이 발달함에 따라서 이성의 지배가 확립되는 것과 맥을 같이 한다고 결론지었다. 종교와 과학은 비록 그 길이 다를지 몰라도 인간을 물질적이고 정신적으로 실현시킨다는 점에서는 같다.[25] '신

21) *Psychologie du mysticisme religieux.*

22) *Ibid.*, chap. V.

23) *Ibid.*, p. 60.

24) *Ibid.*, p. 304.

25) *Ibid.*, p. 298.

비주의적 황홀경'이 약물 복용이나 '히스테리 증상과 신경쇠약'에 의한 망아지경과 비교될 수 있는 것으로서 심리학적 공백이고 무의식성이라고 한다면,[26] 어떻게 그런 상태에 대한 주관적 해석—다시 말해서 평범하지 않은 느낌의 외적 의인화—이 신앙과 조화를 이루면서 인간의 정신을 높이 실현시킬 수 있는가? 그 점에 있어서는 우리가 아빌라의 테레사의 '경우'를 다루면서 이야기할 테지만, 피에르 자네(P. Janet) 역시 광범위하고 일관성 있게 다루었다.[27] 그는 두드러지게 신비적으로 보이는 망상에서 나온 주관적인 충동을 유명한 신비주의자의 것과 비교하면서, 그 둘 사이의 병리적 공통점을 대담하게 주장했다. 우리는 정말 어떤 체험이 행해진 다음, 밖에서 그것을 교리적으로 해석한 것이 어떻게 히스테리에 의해서 의식이 상실되고, 신경쇠약에 의해서 정신에 공백이 생기며, 망아지경 상태에서 열광에 빠지거나, 환각에 의해서 체험한 것을 정당화시킬 수 있고, 영적인 것으로 만들 수 있는지 이해할 수 없다.

가톨릭교회 역시 사람들이 놀라운 현상에 빠져드는 것을 고집스럽게 반대하면서 주관적인 느낌에 신뢰를 보내지 않았으며, 신체적이고 정신적으로 일상적이지 않은 현상의 의미에 동의하지 않았다. 가톨릭교회는 성인들을 찬양하면서 신앙고백에 부합되는 '모범적이고 영웅적인 덕성'만이 옳은 것이라고 생각했던 것이다. 가톨릭교회의 시성제도에 대한 방대한 비판서를 쓴 교황 베네딕트 14세는 엑스터시 상태에서 마치 예수님이나 다른 성인들이 자기들

26) *Ibid.*, p. 280.

27) *De l'angoisse ā l'extase,* Paris, Alcan, 1926.

의 몸을 사용해서 말한다고 주장하면서, 그리스도나 성인들의 인격 안에서 말하는 사람들은 다른 이들을 속이거나 스스로 속고 있는 것이라고 비판하였다. 신앙의 논리는 본래 교회를 위한 진리의 자리를 마련하는 것이기 때문에, 그것은 심리학적인 질문에서 벗어나 신앙인들이 어떻게 하면 그들의 실제적인 실존 속에서 신앙에 근거를 둔 의미를 되찾을 수 있을 것인가 하는 방법에 신경을 써야 한다.

임상심리학은 주체의 주관적인 느낌이나 주체의 바깥에 있는 객관적인 기준에 근거를 둘 수 없다. 심리학은 하나의 관점만 가지고 그 경우를 검사하고, 심리학 이론과 관계없이 정상에 대해서 판단하는 교회와 달리, 성인에 관한 문제에 관여할 수 없는 것이다. 또한 심리학은 실재계와 상상계에 관한 임상적 판단을 늘 변하는 임시적인 철학적 확신 위에서 내릴 수 없다. 하지만 고전적인 정신의학은 크레펠린으로부터 자네에 이르기까지 학문적인 심리학의 도식을 채용해왔다. 그래서 정신병자들이나 '신비주의자들'이 하나님의 인도를 받는다는 느낌을 가지거나, 그들에게 지각이나 기억 같은 정신 기능이 변화되는 것을 무엇인지 잘 알 수 없는 유익한 힘의 분출(무의식에 대한 낭만적인 향수를 맡을 수 있다), 또는 '이성'의 병적인 변이(變異)라고 결론내려 봐야 아무 의미도 없다. 하지만 이런 모든 현상들은 우리가 이미 통상적인 의미의 수준을 넘어서고 있다는 사실을 말해 준다. 우리는 이런 현상 앞에서 우리의 실존이 그렇게 밖으로 드러나는 작업을 통해서 문화적인 기호의 장에서 우리가 쓸 수 있는 의미를 본래적으로 다시 취하면서 확장되는 것이 아닌가 하고 질문하는 것이다. 아니면 그것은 우리가 우리도 모르게 옛날에 누렸던 만족감을 되찾으려고 그 의미를 다시 취하는 것이 아닌가 하고 생각할 수도 있다. 임상심리학에서 판정을 내릴 수 있는 유일한 기반은 주체 자신이 말하는 것밖에 없다. 그런데 그 말은 단순히 느낌만 말하거나 일회적인 것이 아니고, 그가 전하는 메시지를 그가 준거하고 있는 의미의 약속이나 요청에 직면하게 하면서, 무의식의 메시지를 전하려고 열심히 노력하는(프로이트의 용어로 말하자면 durcharbeitet) 작업에 그 자신이 참여하거나 참여하지 않음을 증언하는 말이다. 그렇기 때문에 우리가 이미 얻은 욕망의 원천이나 변이(變異)에 관한 깨달음은 무의미한 것이 아니다. 여기에서 중요한 것은 그것이 환각이나, 히스테리의 일시적인 흥분이나, 오르가슴이나 자위에 의한 쾌락에서 비롯된 망아지경에서 생기는 인식의 유예나 황홀한 느낌이 아니라는 점이다. 또한 구순기의 충만함을 나타내는 표현이나 애착에 대한 주관적 경험은 병적 퇴행을 나타내는 것도 아니고, 실존의 정상에 도달하는 길을 알려 주지도 않는다. 우리는 주체가 말하는 것을 들으면서, 그것이 그의 욕망과 사랑에 대해서 증언하는 본문으로 읽어야 한다. 우리는 그가 말하는 것과 말하지 않는 것, 공백, 삭제한 것, 모순되는 것, 회피하는 것을 다 듣는다. 또한 우리는 그 주체가 낭만적인 환상이나 그가 자기나 다른 사람에게 보이는 광경 가운데서 만족하는 것을 보면서 그가 유심히 주의를 기울이는 것, 계속해서 주의하거나 주의하다가 마는 것을 지켜보아야 한다. 마찬가지로 그가 정신을 가진 신체나 이 세상이나 언어에 관한 일반적인 법칙 가운데서 추출한 가정이 어떤 것이든지 그것에 관해서 주의를 기울여야 한다. 그것들을 그렇게 구분하는 것은 욕망의 역동적이고 지형학적인 구조에 근거를 둔 독서가 되는데, 그것은 한편으로는 미래에 대한 기대나 잘못된 메시지의 원천이 되는 과거의 형태를 연장시키거나, 다른 한편으로는 사람들이 하나가 되려는 신적 현존의 밖으로 드러난 기호, 즉 욕망하는 현존의 출현을 맞을 수 있도록 내적인 조건을 마련하게 하는 기호의 연장이 될 것이다. 그렇게 하면서 우리는 자신의 체험을 말하는 것이 너무 어울리지 않는 것을 말하는 것은 아닌지, 그가 말하는 중심에 합쳐지는지, 아니면 그를 부른 타자에게 나아가는 초월성을 나타내는지 구분해야 한다.

욕망의 행적은 그 움직임과 변천과 작용이 너무 다양하기 때문에 대부분의 경우 흑과 백, 영광된 성공과 처량한 실패 사이를 그렇게 간단하게 나눌 수는 없다. 그것을 살펴볼 때 우리는 흔히 그것이 최초의 것이든 반복되는 것이든 간에 동요하게 된다. 그리고 그 동요 속에서 무의식의 메시지는 억압이나 승화의 노력에 의해서 지지되거나 서로 교차한다.[28] 그래서 우리는 앞으로 비전(vision)을 보고, 음성을 듣고, 성흔이 나타나며, 무아지경에 빠지는 특별한 현상을 해석하려고 한다. 그런데 그것들은 병리적인 것이 아니고 심리학적인 특성을 가지고 있다. 우리는 그것들에게 초자연적인 것이라는 영예를 주지는 않을 것이다. 마찬가지로 그것들을 병리적인 것이라고 하지도 않을 것이다. 비록 많은 지표들이 그것을 병리적인 것이라고 진단하도록 할지라도 중요한 것은 그 지표들이 지적하는 상처가 정신의 어떤 자리인가, 중심적인 자리인가 아니면 주변적인 자리인가 하는 것을 살펴보게 될 것이다.

28) J. Lhermitte, *Mystiques et faux mystiques,* Paris, Bloud & Gay, 1952.

06

히스테리: 욕망을 구조화시키는 순간들과 반복되는 실패

욕망은 쾌락을 향해서 나아가지만, 쾌락을 누렸다고 해서 욕망이 모두 없어지는 것은 아니다. 종교언어는 우리에게 종교의 본질은 기쁨을 누리는 것에 있다는 사실을 끊임없이 상기시킨다. 그래서 예배란 일종의 경축하는 행위이며, 축제는 우리 삶의 신비를 주기적으로 상기시키고, 그 신비를 가져다준다. 축제는 인간의 삶을 고양시키기 위해서 신적 생명이 인간의 삶에서 솟아나오도록 하는 여러 가지 사건들로 구성되기 때문이다. 더구나 기독교 정신의 근본적인 법칙은 우리 삶에 있는 커다란 복[至福]을 역설적으로 선포하는 데 있다. 그러므로 종교적 관심의 중심을 종교에 내포되어 있는 또 다른 가능성으로 돌리는 행위는 종교의 본질에서 벗어나는 일이다. 예를 들어, 종교를 하나의 세계관 정도로 생각하거나, 조상의 전통을 숭상하는 일로 변질시키거나, 더 좋은 세상을 만들려는 유토피아의 상징으로 만드는 것은 모두 잘못된 생각이다.

쾌락은 사랑과 달리 상호적인 것을 지향하지 않으며, 욕망 역시 상호성을 배제한 채 쾌락을 위한 욕망으로 전환될 수 있다. 우리의 의도가 쾌락을 향해서 나아갈 때, 다른 것은 모두 그 의도를 성취하려는 수단으로 되고, 쾌락을 얻으려는 끈질긴 추구는 쾌락 자체를 변화시킨다. 제1장에서 우리는 쾌락을 향한 이와 비슷한 탐욕은 사람들에게 즉시 행복을 누려야 한다고 주장하는 초자아의 관념적인 계명 때문에 생긴다고 주장하였다. 우리는 여기에 쾌락에 대한 갈증에는 그전까지 우세했던 구순적 자리가 감각적인 접촉을 통하여 쾌락에 대한 초기의 환상을 계속해서 불러일으킨다는 사실을 덧붙여야 한다. 그러므로 쾌락에 대한 생각은 욕망에 대한 생각과 마찬가지로 결코 추상적인 것이 아니다. 쾌락은 욕망의 구조 안에 있는 것이다. 욕망이 쾌락을 향해서 나아간다고 말할 때, 그것은 심리학의 법칙을 말하는 것이지, 주체의 의도를 말하는 것이 아니다. 그런데 사랑으로 변환되는 욕망은 그 욕망을 만드는 데 도움이 되었던 순간들을 관통하며 지나간다. 욕망은 쾌락의 표현을 활성화시키고, 다른 사람들이 만든 기호 속에서 즐기는 것이다. 그러나 타자(l'autre)의 현존이 우리의 정신을 모두 빼앗아가는 정반대되는 순간이 올 때가 있다. 그때는 타자의 실존과 욕망 자체가 우리에게 쾌락을 주는데, 그때의 쾌락은 탐욕스럽게 추구되지 않고 그저 받아들여진다. 그래서 파스칼(B. Pascal)은 어느 날 밤, 다음과 같이 말했는데, 그 말은 모든 종교적인 담화의 본질을 꿰뚫는 말이었다. "신적인 내가 당신이 말씀하는 행동 안에 있습니다." 여러 차례 듣고 생각했던 말들을 통하여 그에게 신적인 현존이 다가왔다. 그때 그는 그와의 실존적인 관계에 사로잡혔고, 그가 그토록 바랐던 선물을 받고, 그것을 어떻게 말로 표현할 수 없게 되자, 기쁨을 표현할 수 있는 단어를 단 하나 '기쁘다'는 것으로밖에 표현하지 못했

다. 그에게서 외마디 외침이 터져 나왔던 것이다.[1])

인간에게서 쾌락은 그 자체가 무엇인지 매우 알기 어려운 것이다. 쾌락은 욕망이라는 행위로 나타나 사람들이 그 안에서 기쁨을 얻으려고 하거나, 좀 더 은밀한 형태로 평화로운 감정 속에서 즐기려고 한다. 사람들에게 욕망이 결핍되거나 왜곡되어 있을 때 그런 감정을 느끼지 못하는 것은 사실이지만, 거꾸로 그런 감정을 느낀다고 해서 반드시 그들의 욕망이 하나님의 현존을 선물로 받을 수 있도록 그 자신에게서 벗어나고 그들의 과거로부터 벗어났다는 것을 보증하지도 않는다. 프로이트가 말했듯이 우리 역시 인간의 감정은 모두 진실하다고 생각한다. 그러나 감정은 욕망의 원인도 아니고 대상도 아닌 사람에게 옮겨질 수 있다. 죄책감에 관한 연구에서 이미 인간 감정의 특징 가운데 하나인 이런 환상에 대해서 살펴보았다. 그러므로 우리는 지금 그것을 욕망의 질서 안에서 분석해야 한다. 더구나 히스테리는 욕망과 정감의 특별한 혼란으로서 종교적인 사랑 속에서 발견되기 때문에 우리는 히스테리와 비슷한 증상이나 다른 증상 또는 히스테리와 혼합된 증상들에 대해서 살펴보아야 한다. 지금까지 살펴본 바에 의하면, 히스테리는 특별히 종교적인 욕망을 담을 수 있는 구조가 될 수 있다. 왜냐하면 히스테리는 신경증으로서, 위험한 욕망을 다른 형태로 계속해서 이행시키려고 하며, 성공시키지 못한 것이 남아 있는 잔여(殘餘)이기 때문이다.

하나의 신경증으로서 히스테리는 두 사람 이라는 주체 사이에서 욕망의 관계가 제대로 이루어지지 않았거나 충분한 보상이 이루어

1) *Mémorial, Œuvres,* Paris, Gallimard, Pléiade, 1950, p. 338.

지지 못해서 생기는 정신 과정인데, 그때 문제가 되는 정신기제는 이상화(idéalisation)와 동일시(identification)다. 우리는 페리에(F. Perrier)처럼 사랑의 관계 속에서 지속되는 욕망을 가리켜서 '성공한 히스테리'라고 부를 수 있다.[2] 그러므로 정신분석학의 분야 밖에서 히스테리에 대한 평판이 좋지 않은 것은 인간의 욕망이 아주 쉽게 변한다는 사실을 잘 모르기 때문이다. 그러나 히스테리 환자들은 자기가 정말 요구하는 것이 무엇인지도 모르면서 요구하는 경우가 많다. 예를 들어, 히스테리컬한 아내의 성적이고 정서적인 불만 때문에 상처받은 남편이나, 몸의 병을 고치지 못한다고 몸으로 고통을 호소하는 환자를 만나는 의사, 정서적인 고통을 도와달라고 보채거나, 너무 뽐내거나 조심성 없이 헌신하겠다고 나서는 교인을 대하는 사제를 생각하면 알 수 있다. 이런 히스테리 환자들은 종종 인간관계를 맺으면서 억지를 부리기 때문에 사람들은 히스테리가 도덕적으로 잘못되었기 때문에 생긴다고 주장하면서 전제적인 의지론을 주장하기도 한다. 사람들은 히스테리 환자들로부터 사랑해 달라거나 도와달라는 요청을 집요하게 받거나, 그들의 거부, 과시, 고통이 계속해서 옮겨다니기 때문에 결국은 의기소침해져서 그들의 위장(僞裝)이 너무 심하다고 비난하는 것이다. 그러나 정신분석학은 히스테리 환자들이 하는 행동이 때때로 매우 거짓된 것처럼 나타날지라도, 그것은 그들의 복잡한 과거사의 고통스러운 국면에서 끊임없이 정교하게 나오는 욕망의 기계 장치 때문이라는 사실을 알고 있다.

2) "Structure hystérique et Dialogue analytique", *Confrontations psychiatriques,* I (1968), Paris, Specia, pp. 101-117.

히스테리에 의한 욕망의 병리는 강박신경증보다 분간하거나 분석하기가 훨씬 더 어렵다. 강박관념은 방어 전략에 충실하면서 경직된 구조를 가지고 있지만, 히스테리는 그와 달리 덜 한정되어 있고, 더 변화무쌍하다. 왜냐하면 히스테리는 욕망을 형성하고, 유지하며, 또 실패하는 여러 가지 과정들과 관계되기 때문이다. 그러므로 우리는 여기에서 히스테리에 대한 완벽한 분석을 기대하지 않을 것이다. 다만 히스테리의 본질적인 과정을 묘사하고, 히스테리가 종교적인 욕망에 어떤 반향을 일으키는가에 대해서 지적하는 것으로 만족하려고 한다.

1. 이상화, 억압, 좌절된 욕망의 예배

프로이트는 이상화를 "대상과 관계되는 과정으로서, 그 속에서 대상의 본성은 변화되지 않으면서 심리적으로 확장되고 찬양되는 과정"이라고 정의하였다.[3] 본성상 이상화는 승화와 구분되는데, 승화는 성 본능에서 나왔지만 사회적으로 용인되는 것으로 변환시켜서 성적이지 않은 목적을 향해서 나아가게 하는 것이다.

모든 사랑은 그 대상의 특징을 찬양한다. 그러나 히스테리 환자들의 문제는 이상화하려는 그들의 지배적인 욕구가 파괴되지 않을 때 생긴다. 그때 그들은 절대적인 것이라고 믿고, 거기 참여하여 전적으로 수고를 바칠 가치가 있다고 생각하는 어떤 사람, 사상, 원인에 의해 이끌리기 때문에 고통스럽다. 그러므로 우리는 히스

3) *Zur Einführung des Narzismus,* GW X, 161.

테리컬한 욕망을 불러일으키고, 실망의 수렁 속으로 들어가는 열정 때문에 관심을 기울이지, 보통 때는 무시하기 쉬운 신앙과 헌신의 힘에 주목하게 될 것이다. 우리의 분석은 신비를 상당히 없애는 방향으로 나아가겠지만, 거기 붙어 있는 상징에 대한 히스테리컬한 연구에도 관심을 촉구하기는 할 것이다.

예를 들어서, 여성들은 흠 없고 결점이 없는 남성을 꿈꾼다. 그러나 남성들은 언제나 이중적이다. 그들은 거만한 듯한 외모 속에 나약함을 숨기고 있는 것이다. 그들이 만약에 겸손하게 보인다면, 그것은 방어를 위한 무기일 뿐이다. 게다가 이 세상에 있는 그 어떤 것도 겉에 있는 천과 안에 있는 천이 똑같은 장갑처럼 뒤집어서도 쓸 수 있을 정도로 전체적이고 절대적인 것은 없다. 우리는 종종 능력이 있지만, 그들에게 다가오는 욕망에 원칙적으로 닫혀 있는 남성에게 히스테리 환자들이 유혹을 하면서 집착한다는 이야기를 듣는다. 의사, 사제, 정신치료자들은 흔히 그런 대상이 된다. 그 집착은 이상화 때문에 생긴 것이고, 우리는 거기서 이상화의 본성을 발견하게 된다. 그들이 처한 입장은 그들에게 그 욕망에 응답하지 못하게 하면서, 거기 머물러 그들이 흠 없는 남성이라는 이상적인 모습이 파괴되지 않도록 베일에 가려 있게 한다. 히스테리적인 이상화의 역설은 바로 여기에 있다. 그 이상화는 타자에게 욕망을 불러일으키는 것이다. 그러나 자기를 통제하려는 의지는 타자가 흠이 없고, 그럼으로 해서 아무 욕망도 없게 되려는 타자의 비밀스러운 희망 때문에 유지된다. 다시 말해서, 히스테리 환자는 아무 욕망도 표현할 줄 모르는 그의 욕망의 대상이 되기를 바라는 것이다. 그러면 그가 그의 개인적인 삶에 대해서 전혀 모르는 사람의 사랑을 받으려는 호기심은 어디에서 오는 것인가? 히스테리 환자는 그가 아직 얻지 못한 그 사람과의 내밀한 삶에 대해서 끊임없이 자문한다. 그러면서 그의 알 수 없는 감정에 대해서 탐색하고, 언젠가 선택받기를 바란다. 하지만 그가 버리면 어떻게 하나 하며 두려워하면서 미리 실망하기도 한다. 히스테리 환자는 이상적인 대상을 숭배하기를 바라면서, 그에게 숭배의 대상이 되려고 하며, 동시에 그에게 어울리는 사람이 되지 못하면 어떻게 하나 하고 두려워하면서 실망하는 것이다. 라캉이 주장한 도식을 따르자면, 히스테리 환자에게 있어서 욕망의 대상은 '이상화된 남근(le phallus idéalisé)' 이라고 할 수 있다. 그때 '남근' 은 상징적인 실재인데, 그것의 실제적인 기호이고, 그 기관은 남성의 성기다. 그런데 이상화된 남근은 히스테리 환자가 바라는 힘을 빼앗기지만 않았더라면, 그에게 완전한 쾌락을 줄 수 있으리라고 기대되는 존재의 상상계적인 표상이다.

여성에게 있어 아버지는 이상화된 대상의 모습을 나타낼 수 있다. 그의 자리는 두 가지 이유 때문에 그런 모습을 취하는데, 하나는 어린 여자아이에게 비친 아버지의 위치 때문이고, 다른 하나는 아버지와 그를 분리시키는 금지 때문이다. 그런 상황적인 이유는 아버지를 더 오이디푸스적으로 이상화시킨다. 딸은 자신에게서 생기는 욕망을 없애지 않기 위해서 아버지가 어머니 때문에 얌전해졌을 때, 아버지에게 헌신하는 마음을 바치면서 환상 속에서 그의 위엄을 한없이 고양시킨다. 그러다가 때때로 그네들이 아버지로부터 유혹을 느끼면, 아주 두려운 성적인 퇴행이 일어나고, 그것은 반동에 의해서 이상화를 더 진작(振作)시킨다. 그러나 이상화를 강화시키는 상황이 어떤 것이라고 할지라도, 욕망의 대상에 대한 이상화는 욕망의 형성 과정에서 반드시 필요하고, 그네들이 효과적인 인간관계를 맺을 수 있게 해 준다. 그리고 그들이 욕망을 통해서 쾌락을 누리려면 이상화 과정을 거쳐가야 한다. 하지만 히스테리컬한 이상화는 그것이 아무리 방어적인 것이라고 할지라도 결코 없어지지 않는다. 그 이상화는 근친상간적인 욕망을 억압하면서 신경증적인 증상의 특징인 양가적 특성을 지니고 있는데, 초기의 애착과 금지를 유지하지만 억압에 의해서 억눌려진다. 우리는 거기서 성욕이 제거되는 것을 볼 수 있다. 성기에 난 상처가 불러일으키는 공포 이외에 근친상간적인 표현에 대한 무의식적인 기억은 주체를 플라토닉한 사랑으로 이끌어 가는 것이다. 그때 이상화는 더 촉진될 수 있다.

여기에 덧붙여서, 이상화와 관계되는 자기애적 내성(內省)에 대해서도 살펴보자. 다른 사람을 바라면서 쓸데없이 찬양하는 것은 그 사람 역시 바람직한 존재이며, 그 사람이 특별히 선택된 대상이라는 생각을 불러일으키고 자존심을 높여 준다. 이렇게 상상 속에서 자기를 확장시키는 것은 주체 자신도 제대로 알지 못하는 환상을 펼치면서 신경증 뒤에 숨은 과대망상적인 요소를 품고 있다. 그것들은 우화를 만들면서 거짓말을 하는 버릇이나, 두드러진 자리를 찾으러 다니는 태도에서 드러난다. 그런데 그런 사람들은 일상적인 일에 종사하기를 강박적으로 거부하고 자기방어적인 거짓말을 일삼는다. 그러나 주체 자신은 정작 자기가 하는 그런 행동에 대해서 분명한 의식을 가지고 있지 않다.

우리의 분석이 여성의 히스테리에 관한 연구에 기반을 두고 있어서 더 분명하기는 하지만, 남성의 히스테리에 관한 것도 말할 수 있다. 이 경우 욕망의 대상이 되는 여성에 대한 이상화는 동정녀나 소공녀에 대한 찬양으로, 혹은 플라토닉한 사랑의 대상이나 궁정에서의 사랑에 대한 숭배로까지 나아가, 이룰 수 없는 열정을 추구하기도 한다.

히스테리컬한 이상화에서 추구하는 욕망은 결코 만족될 수 없다. 그것은 욕망을 위한 욕망, 채워질 수 없는 입 벌린 욕망이 될 수밖에 없는 것이다. 그래서 히스테리컬한 욕망은 사랑의 열정과 같이 가지만, 그 열정은 자신의 미래를 파괴하고 만다.

이상화에는 본래 문화적인 상황이 요청하기만 하면 히스테리컬한 욕망을 종교적 사랑으로 나아가게 하는 절대적인 열정이 내포되어 있다. 그래서 역사학자들은 중세 시대에 궁정의 사랑을 읊었던 수많은 시인들이 욕망에 대한 숭배를 사랑의 신비주의[4]로 바꾸면서 수도사적인 삶[5]으로 나아갔다고 주장하였다.

임상적 관찰에서 볼 때 절대에 대한 열정은, 우리가 앞에서도 살펴보았듯이, 히스테리 환자들에게 매우 중요한 구순적 자리(la position orale)의 표시다. 구순적 자리의 특징은 병적인 허기증과 식욕부진이 교대로 나타나는 것에서 보듯이 섭식행위와 관계되는 증상으로 나타난다. 구순적 자리는 기본적으로 내적인 공허감을 없앨 수 있는 신화적 애착 대상을 탐욕적으로 추구한다. 히스테리 환자에게 발견되는 양가성은 강박신경증 환자의 경우처럼 사랑과 미움의 양가감정이 아니라, 탐욕 때문에 어떤 대상에 집착했다가 실망과 무관심 때문에 돌아서기가 교대로 나타나는 것이다. 그것은 다른 모습으로, 어떤 것을 빨아들였다가 거부하거나, 뜨거웠다가 차가워지거나, 가득 찼다가 비우는 모습으로도 나타난다.

---

4) H. Davenson, *Les Troubadours,* Paris, Seuil, 1961. pp. 157-170.

5) J. Leclercq, *Initiation aux auteurs monastiques du Moyen Age. L'Amour des lettres et le Désir de Dieu,* Paris, Cerf, 1963.

히스테리 속에서 이루어지는 것들을 볼 때, 우리는 앞에서 말했던 헤이드위치의 시를 다시 떠올리게 된다. "모든 것들은 나에게 너무 좁다. 나는 아직 창조되지 않은 것을 붙잡으려고 팔을 뻗는다." 그러나 그런 욕망이 선택할 종교의 길은 이상화의 원천이며, 이상화를 부추기는 자기애와 이상화를 거치면서 어려운 길을 나아가지 않는 한 사람들에게 평화를 가져다주지 않는다. 이상화 과정을 거쳐 나가려는 데 결정적으로 방해가 되는 것은 의식의 장 밖에서 억압이 역동적으로 작용하여 만드는 근친상간적 표상의 무의식적 고집이다. 앞에서도 살펴보았듯이, 이상화는 욕망으로부터 나왔으며, 동시에 욕망에 대한 방어다. 사람들은 욕망의 대상을 이상화하면서 그것을 성욕으로부터 무한하게 벗어나게 하고, 그렇게 함으로써 금지된 근친상간의 관계에 대한 기억을 지워 버린다.

우리가 이렇게 말하는 것이 무모하거나 자의적인 것처럼 보일지도 모른다. 욕망과 구순성 및 집착, 히스테리와 근친상간적 표상 및 종교적 욕구 사이의 상관성은 사람들이 종교적인 의도를 인간 정신의 지하층에서 싹트는 것과 분리시키려고 하기 때문에 더욱더 불확실한 것으로 되고 만다. 그러나 임상에서 선입관을 가지지 않고 들은 것은 그것을 아직 경험적으로 실험해 보지 않은 사람들에게 환상적인 것이라고 생각되는 이론을 계속해서 제시하고 있다. 그것이 너무 지엽적인 것이라고 생각하는 사람들이 불편해하지만 않는다면, 적어도 구체적인 자료가 없으면 결코 생각할 수 없는 개념의 내용을 시사하는 예를 충분히 제시할 수 있다.

이 사례는 자신의 학업을 아주 우수하게 마친 다음, 전문적인 일에 성공적으로 종사했던 재능 있는 여성의 경우다. 주기적으로 나타나는 우울증과 불안 때문에 분석을 받는 도중에, 그녀는 처음에는 믿을 수 없었지만 나중에는 매순간 놀라면서 받아들일 수밖에 없었던 사실을 서서히 알게 되었다. 그것은 그녀가 사춘기와 청소년기 동안 하나님이나 그리스도와 에로틱한 관계에 빠지는 환상을 가졌다는 사실이다. 처음에 그녀는 그녀가 아직 아이였을 때, 침대에 누워서 보이지 않는 그리스도가 그녀의 옆에 누워 있는 상상을 하곤 했는데, 그때 그녀는 그리스도의 손을 자기 가슴에 가져다 댔다. 그때 그 상상은 그녀에게 아주 따뜻한 느낌을 가지게 하였다. 어린아이들은 살아있는 사람이 왜 부재하는지 그 이유를 이해하지 못하고, 그들이 부를 때 왜 대답하지 못하는지 이해하지 못하는 나이에 그와 같은 '비전' 을 가지곤 한다. 그때 아이들은 그들의 방식으로 지금 있지 않는 사람의 음성을 듣거나 보는 등 '환각' 체험을 하곤 한다. 이 특별한 경우에 그녀가 물리적으로 접촉했다는 인상을 받았다면, 그것은 그녀의 아버지가 쓰다듬어 주었던 것이 종교적이고 이상적으로 전환되었다는 사실을 의미한다. 무상하게 지나가는 청소년기의 상상의 그림자 속에서 그리스도는 그녀에게 신선하게 나타나 그의 손으로 그녀의 머릿결을 쓰다듬어 주었던 것이다. 그녀가 상당히 어렵게 불러내고, 그녀의 의지를 거슬러 복원해 낸 수많은 기억들은 성적이고 종교적인 내용을 분명하게 드러냈다. 그녀는 하나님의 사랑받는 신부로 간택되고, 하나님으로부터 임신되어, 그리스도의 어머니로 예정되는 환상을 가졌던 것이다. 그때 그녀는 동정녀 마리아에게 적의를 느꼈던 것을 기억했다. 그 감정은 그 당시 그녀가 전혀 이해하지 못했고, 완전히 잊어버렸던 감정이다. 그러나 그녀에게 그것은 질투의 감정이었다는 인상이 분명히 남아 있다. 지금에 와서 그 의미가 분명해진 감정에 대한 기억은 그 당시 그녀가 하나님 또는 그리스도와 성관계를 맺었다는 환상을 다시 불러일으키면서, 실제의 기억으로 그녀의 마음에 부담을 주었다(여기서 정신치료의 법칙 가운데 하나를 볼 수 있다. 정신치료 과정에서 되살아난 체험이 과거에 억압되어 있던 표상과 관계된 감정을 불러오면 그 회상은 치료에 좋은 효과를 준다). 거기에 수많은 연상이 끼어들었고, 그녀의 청소년기 환상의 기억을 되살아나게 하였다. 이어서 그녀는 그녀의 성기에 난 상처의 감각, 성에 대한 혐오에 대해서 다루었으며, 그 혐오가 그녀에게 세척벽(洗滌癖)을 불러일으키는 실제적인 물품으로 옮겨져서 그 물품이 공포의 대상이 된다는 사실도 알게 되었다. 이 무렵, 그녀의 아버지와 관계되는 근친상간의 표상에 대한 기억이 점점 더 분명하게 그녀에게 다가왔다. 그러나 그것은 그녀에게 성적이고 종교적인 상상의 형태로 다가오지는 않았다. 오히려 그녀의 의식적인 마음에 매혹적인 몽상 상태에서 나타나 그녀가 거기 현존하기보다 부재한다고 해야 맞을 것 같은 형태로 나타났다.

우리는 이 경우에서 근친상간의 표상이 종교적 표상으로부터 상당 부분 도움을 받고 있으며, 종교적인 표상은 근친상간의 표상이 옮겨갈 수 있는 토양을 마련해 준다는 사실을 알 수 있다. 이때 종교적 표상은 주체의 자기애를 충족시키고, 그것에 대해서 방어해 주는 이상화 기제를 담는 도구가 된다. 그녀가 정신치료를 받을 때, 그녀의 의식에 과거에 있었던 종교적 성애(性愛)의 흔적은 남아 있지 않았다. 그러나 그녀는 인간관계는 물론 신앙생활에 있어서도 때때로 그녀 자신을 마비시키는 의심 때문에 고통받았다. 인간관계 속에서 사람들은 감사와 사랑을 해야 한다는 요구를 너무 많이 받는다. 그러나 우리는 그와 다른 각도, 즉 무의식에서 또 다른 문제가 계속해서 생기는 것을 발견할 수 있다. 그러나 그 어느 것도 여기서 지속되는 종교적 사랑이 아직 극복하지 못한 '오이디푸스 콤플렉스'의 전치(轉置)에 불과하다거나 직업적인 이해관계에서 나온 것이고, 인간적인 사랑에 불과하다고 생각하지 않는다. 어쨌든 그녀의 실존적인 삶에서 나온 모든 자료들을 살펴볼 때, 하나의 욕망을 살펴보게 되는데, 그 욕망 속에서 억압된 것은 성욕의 표상과 너무 가까이 있고 그 표상과 거리를 둘 수밖에 없어서, 한편으로는 성욕을 솔직하게 받아들일 수 없었고, 다른 한편으로는 그녀에게 평안을 가져다줄 수 있는 승화를 위한 상징으로 작용하지 못하게 했음을 알 수 있다.

남성의 히스테리에서도 종교적 욕망과 여성에 대한 이상화 사이에서 같은 연상(聯想)을 할 수 있다. 그때도 여성에 대한 이상화는 억압된 근친상간 관계를 극복하려는 무의식적인 노력 때문에 생긴다. 예를 들어, 언젠가 호숫가에서 보았던 매우 아름다운 소녀에 대한 기억에 매혹당했던 사람이 있다. 그에게 있어서 그녀는 완벽하고 순수한 아름다움의 출현, 그 자체였다. 그는 그녀를 보면서 성욕은 마치 천하고 야비한 것에서나 느껴야 하는 것처럼 생각되어 도무지 성욕을 느낄 수 없었다. 그것은 그에게 둔탁하고 뿌옇게 보이는 아버지나 느껴야 하는 것이기 때문이었다. 그에게 있어서 아버지에 대한 혐오와 분명하게 대조되는 어머니에 대한 찬양은 자연의 아름다움에 대한 그의 고양된 사랑과 그에게 실제적인 헌신을 불러일으키게 하는 종교적 신앙과 잘 조화되어 있었다. 여기서 승화는 사람들에게 문화적으로 가치 있는 것에 정신 에너지를 붓게 하는 원천이 된다. 그런데 승화는 종교적 욕망에서 근거를 발견할 수 있고, 종교적 욕망은 다시 승화의 도움을 받는다. 그러나 그의 여성들과의 관계—특히 그를 상담했던 사람들이 보기에 정말 신경증적이었던 관계—는 그가 보였던 승화에서 방어 기능이 작용하고 있음을 알게 해 준다. 그는 그에게 있는 몸의 원리와 너무 반대되게 승화만 추구했던 것이다. 그러나 그가 그동안 경멸했던 성욕이나 순수한 사랑과 아름다움으로 빛나는 이 세상에 대해서 그전과 정반대되는 말을 서슴지 않고 하게 되자, 성욕을 남성적인 것으로 받아들이게 되었고, 여러 가지 일탈된 행동을 하게 되었다. 그리고 더 나아가 그동안 열심히 해 왔던 교회생활을 모두 그만두었다. 여기서 우리는 두 가지 질문을 하게 된다. 그가 성욕을 받아들인 것은 억압을 모두 풀어 버렸다는 의미인가? 또한 그가 전에 해 왔던 종교생활은 모두 거짓이었다는 말인가? 그 대답은 물론 첫 번째도 두 번째도 그렇지 않다는 것이다. 이 두 가지 성향은 그와 반대되는 것과 공모해서—근본적으로는 이상화하려는 것이나, 상상 속에서 자기애적인 것들과 반대되는 것인데—그 성향을 밑바닥에서부터 가로지르려는 것 때문에 뿌옇게 흐려져 있었던 것이다.

강박신경증에 관해서 말하면 이상화의 중요성에 대해서도 언급하게 된다. 그러나 이상화가 기능하는 것은 히스테리의 경우에서와 다르다. 강박신경증의 경우, 이상화 기제는 사람들이 실현시키려고 하는 자아이상(l'idéal du moi)을 상상 속에서 한없이 높이고, 그들이 내면화시킨 권위적인 인물이 그들에게 무시무시하게 많은 것을 요구하도록 힘을 부여한다. 그러므로 강박신경증에서의 이상화는 사람들의 내면에 지나친 요구와 판단을 하는 사나운 초자아를 세워 놓는다. 그러나 히스테리 신경증의 경우, 이상화 기제를 변환시키는 것은 리비도의 대상이다. 성욕이 너무 과도해서 반감을 불러일으키는 것이다. 이런 때는 단 한 가지 정동만이 가능한데,

그것은 몸이 서정시처럼 변화하는 것이다. 그때 모든 욕망의 대상이 사라지기 때문이다. 그러므로 욕망하는 내가 위엄을 지키면서 존재할 수 있도록 정당화시켜 주는 초월적 대상이 필요해진다.

그러나 강박신경증과 히스테리 사이에서 이상화 기제가 작용하는 방식이 다르다고 해서 히스테리 환자에게 강박적인 방어의 요소가 없는 것은 아니다. 모든 사람들에게 똑같이 인간적인 모습이 있어서, 신경증의 모든 작용은 모든 사람들에게 공통적으로 시행된다. 그러므로 히스테리 환자에게 강박신경증에서 나타나는 방어적인 태도를 발견하거나, 강박신경증 환자에게서 히스테리적인 태도가 나타날 때 놀라서는 안 된다. 왜냐하면 그렇게 생각하는 것은 어떤 특별한 진단이 사람들의 모든 실존에 해당되는 것이라고 보는 꽉 막힌 생각이기 때문이다. 오히려 진단이란 사람들 속에서 지배적으로 모순된 작용을 일으키고, 사람들을 곤경에 빠뜨리는 정신적인 핵(核)을 제한적으로 규명해 낸 것이다.

2. 정감과 자기애착

전형적으로 히스테리컬한 성격에 의한 것이라고 분류되는 행동적 특성은 정감(情感)과 동일시와 밀접한 관계에 있다. 히스테리 환자는 연극적이다. 그는 어떤 인물을 흉내 내는 듯하고, 그의 감정 표현에는 과장이 많다. 그는 정감이 특히 불안정해서 극과 극 사이를 오고 간다. 히스테리 환자에게 이 세상에서 일어나는 모든 일들은 너무 과도하게 다가와서, 그의 주위에 있는 사람들은 그의 성격의 내면이 비어 있는 듯한 느낌을 가지고, 그들은 이 세상을 피상적으로 살며, 모든 일을 극적으로 만들어서 체험한다는 느낌을 받는다. 또한 히스테리 환자는 피암시성이 매우 강해서, 대상이 되는 인물을 재빨리 받아들이는 유연성을 보인다. 그는 그의 걸음걸이나, 동작이나, 말하는 것이나, 억양을 모방하고, 그의 정서적인 경향이나 열정을 자기 것으로 동일시한다. 히스테리 환자의 주위에 있는 사람들이 그를 거부하는 것은 특히 이 증상적인 행동 때문이다. 그는 무엇을 요구하는 듯한 태도로 공격하거나, 다른 사람의 약점을 계속해서 지적하기 때문에 더욱더 거부당할 수밖에 없다.

우리는 여기서도 히스테리 환자들이 나타내는 이런 행동이 숨겨 가면서 보여 주는 것을 찾는 통로를 발견하고, 앞에서 말했던 행동 특성이 보여 주는 지표에 의거하여 동일시와 정감 사이의 접합부에 무엇이 있는지 알기 위해서 눈에 보이는 현상 너머에 있는 것을 찾아야 한다. 이 두 요소가 사람들이 가진 중력의 중심이고 욕망의 행적을 이루기 때문에, 이런 바탕 위에서 히스테리란 사람들이 보편적으로 어떠해야 한다고 생각하는 것에서 부분적으로 잘못된 양태를 보이는 증상이라고 생각할 수밖에 없다.

정감(afféctivité)이란 무엇인가? 정감이란 우리 언어가 조금씩 다르게 분류하는 여러 가지 감정의 요소들을 담고 있는 말이다. 그 말 안에는 감정, 정동, 열정, 정서 등이 담겨 있다. 우리가 하려는 연구에는 사람들이 감정의 각각의 특성에 따라서 열심히 분류해 놓은 것이나 그 관계들은 그렇게 중요하지 않다. 본질적인 것은 정감이란 의식의 한 형태로서, 그 안에 언제나 쾌락이나 고통이 포함되어 있고, 행동이 예상되며, 그 표현관계가 변화무쌍하다는 사실을 깨닫는 것이다.

그것이 감정(le sentiment)이든지, 그보다 좀 더 깊이 나아가는 정동(émotion)이든지 간에 정감은 하나의 감수성이고, 정서(affect)가 느끼는 것을 주관적으로 체험하는 역량이다. 위험이나 아름다움이나 성감(érogène)이나 천부적 재능이나 자긍심이나 거부감 등이 그 내용이다…이렇게 외부에서부터 사람들에게 영향을 주는 메시지들은 의식적이든 무의식적이든 간에 정서적인 기억을 되살리고, 그들의 정신 안에 새겨진다. 이런 방식으로 정감은 하나의 인식 양태가 된다. 그러나 정서적인 의식은 언제나 감각적으로 이해된 의미를 표현하는 것보다 더 깊은 것을 표현하는데, 그 메시지가 정서적으로 깊이 받아들여지는 것이라면 더욱더 그렇다. 그렇기 때문에 사람들이 확실한 근거를 두고 사는 현실세계는 정서적인 체험 안에서 어느 정도 비현실적인 것으로 느껴지기도 한다.[6] 따라서 우리는 어느 정도 심각한 정신적 혼란은 우리가 기대했던 대로 무감각해지거나 마음이 통제되지 않을 때 생기는 것이 아닌가 한다.[7] 하지만 우리는 사람이란 그가 고통받는 것과 그것이 그에게 영향을 끼치는 것으로부터 배운다는 유리피데스의 말을 기억해야 한다.

감정의 범위가 아무리 넓다고 할지라도, 모든 감정은 기쁨이나 고통이라는 기본적인 속성을 가지고 있다. 기쁨이나 고통은 때때로 뒤섞이기도 하는데, 그렇다고 해서 그것이 피학대음란증을 나타내는 것은 아니다. 정감이 가진 이 속성은 정감의 원천은 그 목적이 정감이 만드는 긴장의 변환을 통해서 쾌락을 얻으려는 본능

6) P. Kaufmann, *L'expérience émotionnel de l'espace,* Paris, Vrin, 1969. pp. 17-23.
7) 자네는 정동적인 혼란을 병리적인 것으로 본다. P. Janet, *De l'angoisse à l'extase,* vol. II, p. 456.

적인 삶에 있다는 사실을 말해 준다. 그런데 인간의 충동은 열정을 통해서 전개되기 때문에 정감은 결코 열정과 분리될 수 없으며, 충동은 단순한 본능에 머무르지 않고, 여러 가지 사건이나 만남에 의해서 만들어지고 또 파괴되는 정신의 형성물 속으로 흘러들어간다.

정감의 심리에 대한 고찰을 통해서 우리는 정감이 욕망의 삶에서 본질적인 것임을 알 수 있다. 정감은 우리를 지배하는 사고만으로는 도저히 요약할 수 없는 은밀한 내용을 나타낸다. 정감은 주체가 기쁨 안에 있든지 두려움 안에 있든지, 사랑 안에 있든지 미움 안에 있든지, 죄의식 안에 있든지 평화 안에 있든지 간에 그 자신을 뛰어넘어 근본적으로 그의 독특성을 발견할 수 있는 미래와 저 세상을 향해서 나아가는 길을 열어 준다. 감정은 우리에게 주체가 되는 데 두 가지 특성이 있음을 알려 주고, 우리에게 여러 가지 영향을 끼치면서 우리 앞에 다른 주체가 나타나게 한다. 정감은 언제나 다른 곳에서 다가오면서 우리를 놀라게 한다. 그러나 그 다른 곳은 모호하다. 한편으로 그것은 이 세상이 보내는 메시지에 담겨 있고, 다른 한편으로는 본능의 깊이와 기억의 깊은 저장고로부터 오는 것 속에 담겨 있다. 이 두 메시지는 서로 합쳐지는데, 정감이 쉽사리 환상으로 변하고, 강한 욕망을 품을 수 있으며, 내적인 측면에서 다의적인 것은 그 때문이다.

히스테리는 일종의 정감의 병리로서, 그것은 주체의 삶에 타인(l'autre)이 등장하고, 그 타인이 그의 기억에 정서적으로 깊이 작용했다는 사실에서 생긴다. 종교적 환상이라는 단어가 그의 본래적인 의미를 가지는 것은 그런 맥락에서다. 프로이트는 그 역시 그가 발견한 것이 그를 어디로 이끌어 갈지 모르면서 정신의학을 온통 뒤흔들어 놓았는데, 그는 히스테리 환자의 정서적 표현이 무의식의 기억 속에 깊숙이 묻혀 있지만, 그의 개인적 삶의 초창기에 관계했던 잘 알지 못하는 사람과 깊은 관계가 있다는 사실을 알아냈다. "갑자기 졸도한다든지, 울음보가 터지면 그치지 않는다든지 하는 것은… 다른 사람, 본질적으로 삶의 초기에 관계되었던 도저히 잊을 수 없는 다른 사람, 그 이후에 만나는 그 어느 누구와도 같지 않은 다른 사람과의 관계 속에서 만들어지는 현상이다."[8] 사람들에게 감정이 막 형성되는 시기에 지배적이었다가, 그 후 시간의 어둠 속으로 사라져 버린 이 원초적인 타자는 현재의 감정의 대상이 되는 사람을 통해서 나타나며, 여전히 그의 모든 감정의 원인이 되고 그 감정을 지배하고 있다. 그러므로 이 모든 감정을 불러일으킬 수 있는 하나님 역시 이 원초적인 타자를 대표하는 형상이 될 수 있다. 사람들이 그들의 경험 속에서 느끼는 감정은 언제나 진실하지만, 그 감정의 원인이나 대상에 대해서는 환상적일 수 있다. 그러나 그 감정이 정말 그렇게 다의적인 것인가 하고 의심하는 것은 사람들이 살아온 문화의 바탕을 무시하고, 사람을 다만 소유하거나 인식하는 존재로만 환원시킨다. 승화의 문제는 결국 인간의 감정이 얼마나 진정한 것이냐 하는 질문을 하게 한다. 그래서 우리는 사람들은 그동안 거쳐 온 원초적인 경험과 그의 욕망의 원초적 형상을 통하여 어떻게 그보다 더 위에 있는 단계에 접목될 수 있는가 하는 점에 대해서 생각해 보아야 한다. 그리고 그 감정에 변환이 이루어졌고, 그것이 정말 다른 감정으로 바뀌었다는 지표는 과연 무엇인지에 대해서도 살펴보아야 한다.

8) *Naissance de la psychanalyse,* lettre 52.

심리학적 관점에서 이 질문에 대답하려면, 신경증 증상의 유무를 논의의 결정적인 지표로 삼아야 한다. 왜냐하면 신경증 증상은 어떤 시도가 실패했을 때 생기는 눈에 보이는 징표이기 때문이다. 앞에서 정감은 언제나 의미의 과잉 때문에 우리를 놀라게 한다고 말하였다. 그런데 히스테리에서 살펴보아야 할 것은 히스테리에는 아직 다 표현되지 못하고 남은 것이 있다는 사실이다. 그때 정감에는 매듭이 생기고, 그것은 마치 예민하고 본능적인 몸에 대한 애착으로 되어 몸속으로 파고든다. 그에게 다가온 자극에 반응할 방도를 찾지 못한 정감은 그것을 마땅히 표현하지 못하자, 침묵하게 되고 몸을 통해서 말하는 것이다.[9] 그래서 샤르코(Charcot)와 리셰르(Richer)는 히스테리의 심각한 위기의 징후와 양상에는 경련이 심하게 나거나, 참을 수 없을 정도로 눈물이 나오거나, 웃음이 발작적으로 나오는 경우가 있다고 주장하였다. 주체도 모르게 이렇게 몸을 통해서 표현되는 것은 그동안 주체가 표현하지 못했던 것이라는 말이다. 그 정감은 주체가 그동안 그 자신을 뛰어넘는 표상을 찾으면서 그것을 표현하지 못했던 것이다. 왜냐하면 그것이 금지된 욕망이나 너무 고통스러운 기억을 불러일으키기 때문이다. "서로 양립할 수 없는 생각은 그 흥분이 어떤 신체적인 것으로 변환되었기 때문에 히스테리 안에서 서로 위협하지 않게 놓일 수 있다. 그 때문에 나는 그것을 전환 반응이라고 부르려고 한다."[10] 종교적인 영역에서 우리는 성흔(le stigmate)이라는 유명한 현상을 몸을 통한 말이라고 생각할 수 있는데, 여러 사람들은 그 현상이 지닌

9) 라캉에 의해서 *Organsprache*로 번역되었다.

10) S. Freud, *Les Psychonévroses de défense,* GW I, 63. 프랑스어로는 *Névrose, psychose et perversion,* Paris, PUF, 1973. p. 4이다.

히스테리컬한 본성에 대해서 종종 지적하였다. 우리 역시 그 점에 대해서 살펴보려고 하지만, 여기서는 단지 히스테리와 성흔의 차이를 지적하고자 한다. 성흔을 받은 사람들은 그들의 내면에 숨은 기억에 대해서 침묵하고, 몸을 통하여 그것을 증상으로 나타내기보다는 하나의 상징으로 몸에 난 상처의 의미를 생생하게 의식하고 그것을 정서적으로 감당하려고 한다.

정감이 몸으로 들어가서 말하는 것과 정감이 가진 자기애착 사이에는 비슷한 점이 있다. 정서적인 갈망과 정서적으로 불안정한 것은 임상가들에게 언제나 히스테리의 특징처럼 느껴지지만, 그것을 정확하게 평가하기는 대단히 어렵다. 왜냐하면 정감이 그의 상처에 온전히 다 덮여졌는지 아닌지를 구분하는 것은 그 사람의 삶의 행적 전체를 보고 판단해야 하기 때문이다. 우리는 히스테리를 살펴보면서 A. 그린(A. Green)이 관찰한 바를 적용시키려고 한다. "정서는 자아에게 몽롱한 매혹의 대상이다. 정신분석에서 사람들이 정서적으로 어떤 것에 매혹되는 것은 자아가 자기애 때문에 의존적인 상태에 빠지는 것으로 파악된다. 그때 외시화는 그 자체로는 아무 문제가 없는 의식적인 정서 때문에 방해받는다."[11] 사소한 어려움도 극적으로 표현하고, 기쁨이나 즐거움을 크게 떠드는 것은 정감이 자기 감정에 사로잡힌, 예민한 자아가 그 감정 속에 녹아들 정도로 몰려들고 있음을 나타낸다. 우리는 그런 모습을 종교적 회심이 절정에 도달할 때도 볼 수 있다. 그때 열정은 회심 체험자에게 급격하게 나타나 주체를 변환시키고, 과거의 무거운 짐을 벗겨 버려서 그는 매우 기쁘게 된다. 그에게 정감은 너무 강하게 작용하여, 그는

11) "L'Affect", *Revue française de psychanalyse,* Paris, PUF, XXXIV, 5-6(1970, sept.), p. 1057.

삶의 우여곡절을 겪으면서 정감이 사람들에게 장애를 마술적으로 뛰어넘게 한다는 사실을 알게 된다. 그때 정감은 저절로 커지고, 동시에 스스로를 비우게 한다. 정감이 흘러나가는 대상인 타자의 현존은 무감각 속에 빠지기도 한다. 그래서 타자(l'Autre)가 만든 징표(le signe)는 그것이 가리키는 것을 향해서 열리지 않고, 앞으로 발견해야 할 타자를 향해서 나아간다. 종교적 열정은 꿈이나 백일몽 같은 꿈 또는 환상이 추구하는 공상적인 형상을 만들면서 우울증에 빠진다. 그때 주체는 그 속에서 알 수 없는 마술적인 힘으로 한껏 고양되어 하늘을 날다가 불안한 공허 속에 잠긴다.

스스로의 현존에 의해서 정감에 사로잡히는 것은 자연히 자기애(narcissisme)를 생각나게 한다. 사람들은 자기 자신을 무한하게 생각하면서 그 생각에 정감을 불어넣고, 그 표상과 하나가 되려고 하는 것이다. 우리는 여기서도 심리학에서 말하는 상호적 원인론의 작용을 보게 된다. 사람들에게 자아의 이미지가 뚜렷하지 못하기 때문에 자아는 주체 자신이 대부분 감지하지 못하는 의식의 한계에 있으면서 쾌락의 원천을 자기에게서 찾고, 자기를 거대하게 생각하며, 모든 감정을 주체에게 이끌면서, 더욱더 자기에게 애착하게 된다. 다른 한편, 쾌락을 증대시키려고 하는 감정은 그의 본능적인 원천에 의해서 자기애를 증폭시킨다. 그러나 정동을 스스로에게 묶어 두는 것은 결국 자기애적인 고착이다. 특히 사람들이 정서적으로 고양될 때, 더구나 신비적인 색조를 지닌 정서로 고양될 때, 주체는 그도 알지 못하는 사이에 그를 사로잡는 환상과 기억들로 펼쳐진 세계가 숨어 있다는 사실을 알게 된다. 그 환상의 내용은 특별한 행동에 관한 표상, 그가 놀라운 사명을 받았다거나 특별히 선택받았다는 생각이다. 정신분석은 이 환상이 어린아이가 '아기 마마'[12]로 존재하면서 그를 찬양하는 사랑의 중심에 있을 때 느꼈던 원초적인 경험의 산물임을 밝혀냈다. 그때 아이들은 상상 속에서 그만이 바람직하고, 그의 숭배자들을 눈부시게 할 수 있는 전능한 우상이라고 생각한다.

그러나 우리가 히스테리의 본질과 히스테리의 종교적 출현에 대해서 좀 더 깊이 알려면 설명을 더 해야 한다. 성욕으로 다 환원시킬 수 없는 정감은 일반적으로 그 원천을 리비도에서 끄집어낸다. 그런데 정감은 성욕과 성욕의 어떤 표현에 대한 억압의식에서는 멀리 떨어져 있지만, 실제로는 감정적으로 매우 가깝게 느껴지는 억압 때문에 성적인 흥분에 맞서는 성벽이 되고, 그 대체물을 제공하면서 자기애를 증폭시킨다. 히스테리에서 정서적으로 극적인 장면을 연출하는 감정이 성애적으로 볼 때 야릇한 느낌인 이유는 그 때문이다. 이런 관점에서 볼 때, 청소년기에 나타나는 신비적인 현상이 왜 혼란하고 희미한지 그 이유를 알 수 있다. 우리는 여기서 그것들이 병리적이라거나 아무 의미도 없다고 말하는 것은 아니다.[13] 다만 그것이 주체의 변화에 대한 기대와 방어적인 기능이 하나로 합쳐진 체험의 모호성 때문이라는 사실을 밝히려고 한다. 그

12) 프로이트가 『나르시시즘 입문(Pour introduire le narcissisme)』, GW X.157에서 사용한 말이다.

13) 사르트르(『존재와 무(L'Être et le Néant)』, Paris: Gallimard, 1943, p. 579)에 의하면 청소년기에 나타나는 신비한 듯한 위기에는 그 자체로서는 커다란 의미가 없다. 그것은 다만 그 후 사춘기 무렵 청소년들이 어떤 사고를 겪게 하거나 종교적 소명의 최초의 징표를 말해 줄 뿐이다. 그것도 나중에 그렇게 의미 부여를 한 것처럼 생각된다. 그 문제에 대해서 메를로퐁티도 이렇게 말하였다(『현상학과 인식(Phénoménologie de la preception)』, Paris, Gallimard, 1945, p. 434). "청소년기의 위기에는 이미 커다란 의미가 들어 있는데, 그것은 그들이 세상은 물론 다른 사람들과 관계 맺는 근본적인 태도를 결정하기 때문이다."

런데 이 두 가지 기능이 확실하게 구분되지 않은 상태는 병리적일 수밖에 없다. 그것은 그 병리가 사람들이 모호한 열정의 상태에서 종교적인 삶을 선택해서 정서적으로 불만족하기 때문에 언제나 무엇인가를 요구하는 데서 명백해진다. 청소년기의 신비주의는 성적으로 깨어나고, 자기애가 강화되면서 자라난다. 이때 종교적인 의미는 그들의 실존을 우주적인 차원으로 확장시키고 지복(至福) 상태를 약속하며, 그렇게 함으로써 무의식 안에서 맹렬하게 살아나는 근친상간 관계를 뛰어넘게 하면서 우주적인 차원을 열게 한다. 관능적인 향락의 색조는 이런 신비주의가 성애주의의 가장자리에 있다는 사실을 알려 준다. 주체가 자기에게 사로잡힌 것은 꿈의 흐름을 볼 때 명백해진다. 앞에서도 살펴보았듯이, 이상화는 이 체험에 매혹의 요소를 덧붙여 준다. 그래서 그 체험이 히스테리로 나아가면, 환상적인 성애화(érotisation)는 이런 신비주의의 막 뒤에서 활성화되고, 그것은 그 말과 생각이 그들이 실제로 기대하는 현존에 의해서 충만하게 되는 것을 막는다.[14] 성욕이 성적인 능력에 의해서 자극되면, 그것은 성욕이 옮겨 간 종교적 영역에 나눠지게 되는데, 그때 성욕은 우리 실존의 고백하기 어려운 가장자리에 머물러 있고, 쾌락을 거부하도록 선고받는다. 그러면 사람들에게는 아무짝에도 쓸데 없는 결핍감을 세 가지 측면에서 더 깊게 만든다. 주체는 그의 앞에 있는 하나님으로부터 멀어지고, 잃어버린 과거에 퇴행적으로 집착하며, 성욕은 소리 없이 타인을 부르게 되는 것

14) 환상적인 성애와 정신분석에서의 전이를 비교하려면 P. Castoriadis-Aulagnier, *A propos da transfert: le risque d'excès et l'illusion mortifère*, dans Savoir, *Faire, Espérer: les limites de la raison*, Bruxelles, Facultés universitaires Saint-Louis, 1975, vol. II, 426-432를 참고하라.

이다. 그러므로 신비주의자들의 쾌락을 단번에 히스테리의 표출로 규정하는 것은 심리학적인 이해의 부족을 말하는 것밖에 되지 않는다. 우리가 지금 하는 분석이라는 견지에서 볼 때, 우리는 그와 비슷한 쾌락을 히스테리에 대한 승리 또는 진정한 사랑과 마찬가지로 '승리한 히스테리' 라고 생각할 수 있을 것이다.

3. 동일시의 위험

정감은 동일시(l'identification) 과정에 의해서 만들어지고 변환된다. '…와 동일시하다' 라는 단어를 보면, 동일시란 주체가 다른 사람의 특성을 동화(l'assimilation)시키는 것을 의미한다. 그의 동작이나, 목소리의 억양이나, 정서적인 반응이나, 더 깊이 들어가서 그가 다른 사람들과 관계를 맺는 방식을 동화시키는 것이다. 동일시는 다른 사람을 흉내 내는 것처럼 복잡하고, 비의지적이며, 무의식적인 과정인데, 그 사람이 신경증적이든 아니든 간에 그의 성격 형성 과정에서 본질적인 부분을 차지한다. 동일시가 성격의 분화에 본질적인 과정이기 때문에 신경증의 경우, 특히 히스테리인 경우 동일시는 실패한 과정이며, 방어의 수단이 된다. 동일시는 항상 두 주체 사이에서 주체가 지각한 욕망의 관계를 자아의 내면에 세우려고 한다. 그래서 오이디푸스 콤플렉스는 성적으로 분화된 자리를 내면에 동화시키는 과정을 의미한다. 어린아이는 부모와의 관계에서 욕망을 지각하게 된다. 아이들은 오이디푸스 콤플렉스를 긍정적으로 극복하고 성적으로 분화된 그들의 정체성을 확립하는데, 동성의 부모가 그들에게 나타내는 사랑을 하고 사랑을 받는 특별한 관계에서 진정한 욕망을 배우는 것이다. 그러므로 동일시는 사람들이 이 세상이나 다른 사람들과 수립하는 관계로 규정되는 인격을 변화시키면서 형성하는 것을 의미한다.

여기서 특별히 흥미를 가지고 지켜볼 것은 히스테리가 어떻게 동일시가 실패했을 때 욕망의 병리로 변하는지 구조적인 관점에서 이해하는 일이다. 임상적인 관점에서 볼 때, 이런 실패는—물론 부분적인 실패의 경우—다음과 같은 세 가지 순간에 생기고, 그 실패는 서로가 서로를 강화시킨다. 우선 치료를 받는 히스테리 환자는 그가 다른 사람의 동작이나 억양을 흉내 내면서 그 사람처럼 한다고 불평하는데, 그 대상은 그가 그렇게 되기를 바라는 사람이다. 그는(그녀는) 다르게 하지 못하고, 언제나 그렇게 하면서 고통받는다. 그는 그의 내면이 심리적으로 수많은 사람들에 의해서 점령당했고, 그가 보고 듣는 것에 따라서 그 사람들이 배우처럼 나온다고 느낀다. 그러나 그는 그렇게 인상적인 모습으로 나오는 그가 누구인지도 모른다. 그때 다른 사람들은 히스테리 환자가 그들 앞에서 연기하는 것을 그들의 눈으로 관찰하기 위해서 필요한 존재들로 불려온다. 히스테리 환자에게서 다른 사람들은 거울의 역할을 한다. 그런데 그 거울은 다른 사람이 하도 쳐다봐서 구멍이 난 것 같다. 히스테리 환자가 마치 그 사람의 모습으로 복제라도 된 것처럼 그 사람이 되어서 보는 이런 관찰의 관계는 자연히 라캉이 '거울 단계(le stade de miroir)' 라고 말한 단계에 심하게 고착된 것이 아닌가 하는 생각을 불러일으킨다.[15] 우리는 이 단계에서 형성되는 통합된 게슈탈트로서의 몸이라는 관념을 잠시 제외하고, 그

15) *Écrits*, Paris, Seuil, 1966. pp. 93-100.

대신 아이들이 어머니나 아버지의 동작이나 몸짓을 통하여 어머니나 아버지의 욕망에 유혹당하며 얻는 쾌락을 강조하려고 한다. 왜냐하면 그때가 바로 아이들이 이 세상에서 히스테리컬한 관계를 형성하는 결정적인 순간이기 때문이다.[16] 이런 쾌락은 물론 정상적인 것이고 필요하기도 하지만, 아이들에게 매혹적이며 아이들을 사로잡는 기억으로 새겨진다. 그때 유혹은 한 부모의 욕망에서 벗어나면서 다른 부모를 차지하게 된다.

오이디푸스적인 동일시는 자신을 관찰하는 유혹자의 눈에 비친 자신의 이미지를 다시 동일시하고, 그것을 재정비해 가기 때문에 남자의 이미지와 여자의 이미지 사이에서 왔다 갔다 하는데, 그것은 히스테리 환자의 특징이다. 그 원인이 무엇이든지 간에 히스테리 환자는 심리학적으로 양성적인 특징을 나타내면서 두 부모에게서 나온 두 개의 정체성을 나타낸다. 히스테리 환자에게서 발견되는 이러한 양성적 특징은 분화된 성이라는 전제에서 나온 기본적인 결핍에 대한 방어라는 특성이 있다. 더구나 거기에는 모든 것이 되려는 과대망상적인 표상이 있고, 남성적인 것과 여성적인 것이라는 두 가지 형태의 욕망 사이에서 왔다 갔다 하는 진자 운동에 의해서 만족이 얻어진다. 히스테리 환자들은 성적 정체성을 확고하게 형성하지 못하면서 상상 속에서 아직 실현하지 못한 정체성을 만들어 간다. 여기에서 우리는 히스테리 환자들에게서 여성적인 유혹이 강화되거나, 아니면 남성적인 태도를 취하고 여성적인 특징을 없애 버리려는 경향을 발견하게 된다.

히스테리컬한 삶은 거절에 대한 환상으로 그늘져 있다. 그 환상

16) L. Cassirers, *La Relation psychothérapeutique avec l'hystérique, Louvain Médical,* 93(1974). pp. 451-461.

은 극적인 장면을 연출하려는 순간 거절당하지 않을까 하는 불안을 불러일으키면서, 자신의 욕망을 향해서 나아가지 못하고 머뭇거리게 한다. 그것을 항상 생각하는 것은 아니지만, 히스테리 환자들은 그들이 사랑받지 못한다고 느끼곤 한다. 그들이 다른 사람의 욕망의 대상이 되지 못하거나, 사랑받지 못하거나, 사랑하지 못한다는 잘못된 두려움이 스며들어서 그들의 욕망을 왜곡시킨다. 앞에서 했던 동일시에 관한 두 가지 경우의 분석은 우리에게 그 두려움이 뿌리 깊다는 사실을 보여 주지는 않지만, 그 두려움이 있을 수 있는 것이라는 사실을 어느 정도 보여 준다. 그것은 우리 의식에 어떤 왜곡이 있음을 알려 주는 것이다. 오이디푸스 콤플렉스가 만든 배척의 상황은 거절에 대한 환상의 가장 깊은 원인으로 보인다. 히스테리 환자의 환상이 그리는 이미지는 배제(l'exclusion)를 거절(le rejet)이라는 기하학적인 상징 도형으로 만드는 것이다. 우리는 여기서 어느 부분은 겹쳐지지만, 둘이 완전히 합쳐지지 않은 두 개의 원을 본다. 사람들이 불편해하고, 더 나아가서 불안해하는 것은 이 두 개의 원 사이에서 생기는 긴장 때문이다. 이 원들은 정서적인 교류를 담고 있는데, 한 원은 어린이와 부모 가운데 하나이고, 다른 원은 어린이와 다른 부모이거나 부모 두 사람일 수 있다. 이 두 개의 원 가운데 어느 한 원도 제3자를 위해서 열리지 않는다. 제3자는 침입자로서 현존하며, 욕망의 공간을 바꾸고, 욕망을 둘 사이의 조화를 통하여 끝내도록 하지 못하게 하는 매혹의 축인 것이다. 이 복잡한 정서의 장에서 어린아이가 어디에 있고 싶은지 하는 것이 어떨지라도, 그는 단일한 역동성을 가지고 그것을 끌어안지 않는다. '가족이라는 원'은 욕망을 욕망의 사슬이라는 형태로 폭발시키는 것이다. 히스테리 환자가 자기는 끊임없이 거절당하고 있다고 특별하게 느끼는 것은 이와 같은 기제 때문이다. 그는 언제나 환상 속에서만 그의 욕망을 나타내는 그 두 개의 원 가운데 하나의 밖에 있는 것이다.

몸을 통해서 말하는 히스테리의 가장 명백한 증상은 동일시 과정 속에는 서로 다른 순간이 존재한다는 사실을 보여 주는데, 그것은 우리가 지금 분석한 것과 같다. 그러므로 신체 전환 반응은 몸에 새겨진 다양한 주제들이 농축되어 있음을 보여 주는 신호다. 우리 몸에 난 증상은 상징적으로 우리 몸의 어느 한 부분에 고통을 체험하게 하는 것이다. 몸의 어느 부분에 상처가 났다면, 그것은 정신적 상처와 복합적인 관계에 있을 수밖에 없다. 그러므로 억압된 성욕은 우리 몸에 고통을 주고, 몸으로부터 빠져나와서 우리 몸에 부정적인 형태로 표현된다. 예를 들어서 말하자면, 토한다든지, 기침을 한다든지, 마비가 오는 등 성욕이 거부당한 것을 상징적으로 표현하는 것이다. 어떤 증상은 히스테리 환자가 다른 사람의 외상(外傷)을 즉각적으로 동일시해서 생긴다. 그때 그 환자는 그가 동일시하려는 대상 말고 그가 관계하는 제3자와 정서적인 관계 속에서 그처럼 행동한다. 그러한 예로 어떤 어린이들은 그들 가운데 장애아가 있을 경우, 그 아이가 정서적으로 어떤 특권을 누린다고 생각해서 자기암시를 통하여 그 아이를 '모방하려고' 한다.

이런 히스테리컬한 동일시는 정감이 다소 왜곡된 형태인데, 많은 종교현상을 설명해 줄 수 있다. 그래서 정서적으로 극적인 현상은 그가 살고 있는 환경이 문화적으로 신비한 욕망에서 나온 고통을 높이 평가하는 분위기라면, 그가 특히 가치 있게 생각하는 모델을 모방하면서 강화된 모습으로 나타난다. 정서적으로 위대한 신비주의자들의 시대였던 르네상스기에 종교인들이 아빌라의 테레사라도 혐오했을 만한 감정을 자랑스럽게 과시했던 것을 보면 그것을 알 수 있다.[17] 과장된 종교성이 어떤 모델을 모방하려는 의지 때문에 의식적으로 시도되면, 주체는 무엇엔가 사로잡힌 고태적인 모습을 찬양하는 다른 사람들의 눈초리를 의식하면서 그것을 무의식적으로 그것과 다른 상황에서 재현한다. 그때 주체는 그렇게 거울을 통해서 유혹하는 놀이에 의해서 소외되고 만다.

거절당하는 환상은 앞에서 말한 두 개의 원 사이에서의 긴장을 재생시키는 종교적 행동을 분출시킨다. 그 예로 사춘기 무렵부터 불신앙이었던 어떤 여자의 경우를 생각해 보자. 그녀는 7～8세 무렵, 무엇이라고 말할 수 없는 거절의 감정을 하나님과의 정서적인 관계에서 오는 안정감으로 달랬다. 그러다가 사춘기 무렵에 그녀는 의식이 깨어나자, 이 관계에 배타적인 특성이 있다는 사실을 발견하고 딜레마에 빠졌다. 그녀가 하나님과 정서적으로 아주 가까우면 다른 사람들과의 관계를 배제시켜야 하는데, 그럴 경우 하나님과의 관계는 객관성이 없어서 환상적으로 되었던 것이다. 그렇지 않고 그녀가 다른 사람들과 같이 있을 경우, 그녀는 아무 감정도 느끼지 못하면서 그들과 사랑의 관계를 맺지 못하여 거기서도 배제되었다. 이때 그녀는 그 풀 수 없는 문제를 풀어 줄 도구를 합리주의에서 찾았다. 그녀가 느꼈던 특별히 강력했던 첫사랑의 감정은 그녀에게 정서의 원을 만들었는데, 그것은 그녀에게 종교적인 관계는 그것과 양립할 수 없다고 하면서 종교적인 관계를 배제시키는 것으로 나타났다. 종교적인 관계는 이런 배타성에도 불구하고 추구할 수 있는 것인가? 아니면 그것은 종교적인 환상인

---

17) 이 부분에 관한 참고문헌은 기억나지 않지만, 언급하려고 한다.

가? 그리고 그것은 어떤 의미에서인가? 욕망과 정서적인 자아중심성이 뒤섞인 이와 같은 독점성은 종교적인 메시지에 근거해서 볼 때, 신적인 사랑을 인정하게 한다. 그러나 그가 다른 사람들과 맺는 관계에는 잘못이 있다. 왜냐하면 하나님에게는 그의 사랑 안에 다른 사람들을 포함시키는 것이 본질적으로 들어있기 때문이다. 다른 사람들과 함께 하는 수평적인 관계의 부재는(사람들이 하나님과만 수직적인 관계를 맺는 것과 달리) 하나님이 자기 하나만 온전하게 있으려는 욕망 속에 제3자가 침입함으로써 생긴 최초의 정서적인 아픔을 감싸 주기 위해서 요청되었다는 사실로 이끌어간다. 우리는 경험적으로 거절의 환상이 오래지 않아 하나님에게로 옮겨 가는 것을 알게 된다. 그러다가 일시적인 감정이 사라지면, 주체는 끊임없이 자기 자신과 절대타자에 대해서 고뇌하고, 하나님을 매우 자의적이고 고약한 악마 같은 모습으로 그리기도 한다. 종교적 욕망의 극적인 특성 역시 인간의 사랑의 극적 특성과 비슷하다. 그 두 가지는 모두 인간의 최초의 애착에 의해서 생긴 우여곡절을 보두 거쳐가야 하는 것이다. 그런 과제를 감당하지 못하는 것은 히스테리컬한 구조가 특히 강한 고착 때문에 신경증으로 굳어 버렸음을 말해 준다. 그래서 신경증을 특징짓는 것은 정신적 외상을 반복하고, 거기에 운명이라는 본성을 부여하면서 실패가 반복되는 것이다.

히스테리를 분석하면서, 우리는 유년기에 대한 숭배라든지, 비전이라든지, 사로잡힘과 같은 또 다른 종교적인 특성들도 살펴볼 수 있는데, 그것은 다음의 더 깊은 연구를 위하여 남겨 놓기로 하겠다. 왜냐하면 그렇게 하려면 욕망에 대한 내적인 통제, 비정상적인 현상의 확산, 현실에 대한 왜곡 등에 대해서 좀 더 깊이 살펴보아야 하기 때문이다. 거기서 중요한 것은 '보통 사람'이 초자연적인 것에 너무 매혹되는 것은 물론, 일반적이지 않은 쾌락이나 체험을 모두 단번에 변태적이고 어리석은 것으로 판단하려는 정신병적 교만에 대해서도 거리를 두고 살펴보는 것이다.

07
사례연구

1. 아빌라의 테레사와 신비적인 기쁨: 에로티시즘의 전위인가 리비도의 승화인가

우리는 앞에서 신비주의자들의 심리를 고찰하려는 의도가 전혀 없다고 말한 바 있다. 그러나 그들이 겪는 행운과 불운은 우리의 관심을 촉구하기에 충분하다. 그들이 했던 체험은 너무 엄청난 것이었다. 그러나 그들은 삶의 본래적인 실존 속에서 다시금 기쁨과 즐거움을 찾으려고 하였다. 또한 그들이 하는 말 역시 다른 사람들이 이상하게 생각하기도 하지만, 삶의 본래적인 바탕에서 나온 것이기 때문에 사람들에게 찬탄을 받았다. 그것이 아무리 일상적인 종교적 담화였을지라도 마찬가지였다. 그러나 일상적인 삶을 지배하고 있는 과학은 언제나 신비주의를 억압하려고 한다. 같은 맥락에서 피에르 자네(P. Janet)는 "황홀경 속에서 하는 생각은 마치 어린아이들이나 원시인들이 하는 생각처럼 퇴행 상태에서 나오는 열등한 생각"이라고 주장하였다.[1] 그는 마들렌 르 북(Madeleine Le Bouc)이라는 환자의 병리적인 특성을 오랫동안 관찰하면서 연구한 결과 '많은 신비주의자들이 겪는 혼란 속에는 정신과환자에게서 찾아볼 수 있는 매우 특징적인 증상이 많이 있다는 사실'을[2] 발견하였다. 그 증상들은 '신비주의적인 망상(le délire mystique)'이다. 또한 신비주의자들이 느끼는 신비적인 쾌락에 대해서 특히 회의적이었던 H. 르멜(H. Lemesle)은 그 나름대로 신비주의자들이 느끼는 엑스터시는 성욕이 자기색정적으로(auto-érotique) 전도된 변태에 가까운 것이라고 믿었다.[3] 따라서 그것은 자위에 의한 절정감(l'orgasme)이 경건한 방향으로 위장되어 나타난 것이라고 해야 한다고 주장하였다.

우리가 앞으로 살펴보려는 것은 신비상태 속에서 얻어지는 직관적 인식을 인식론적인 관점에서 연구하는 것이 아니다.[4] 신비현상에 대한 연구에서 중심적인 것은 모든 신비현상의 목적은 하나님을 바람직한 존재로 설정하고, 그 욕망을 실현시킬 수 있는 장치를 마련하며, 그것을 발달시키는 한편, 사랑 안에서 그것을 완성하고, 그 사랑으로 인한 쾌락을 완전하게 하는 데 있다는 것이다. 그러므로 우리가 비록 신앙인이 아니고, 심지어 빅토리아 여왕 시대에 살던 사람이라고 할지라도, 그런 신비 현상이 있을 수 있다는 사실을 의심할 수는 없을 것이다. 하나님이 왜 그의 빛을 가지고 다른 바람직

1) P. Janet, *De l'angoisse à l'extase,* I, p. 464.

2) *Ibid.*, p. 460.

3) "La transverbération de Sainte Thérèse d'Avila", *Revue de l'hypnotisme,* Paris, XVI (1902). pp. 78-87.

4) J. Maréchal, *Études sur la psychologie des mystiques,* 2 vol., Bruxelles-Paris, éd. Universelle-Desclée de Brouwer, 1937 et 1938.

한 존재들처럼 인간의 실존에 꿰뚫고 들어오지 못할 것인가? 신비적으로 바람직한 것들과 신비적인 사랑은 스피노자(Baruch Spinoza)가 말한 종류에서의 지적인 사랑(amor intellectualis)이 아니다. 성 베르나르(Saint Bernard)가 아가서에 대한 서정적인 주석(註釋)을 한 다음부터 서양 기독교 사회에서 신비적인 정서가 발달하기 시작하였고, 그것은 히스테리나 광기(狂氣)나 변태에 속하는 듯한 이상한 현상들을 자극하였다.[5)]

아빌라의 테레사는 전적인 자유 속에서 누리는 신비주의의 기쁨에 대해서 다음과 같이 주장하였다. "영혼은 공중에 떠 있어서 마치 영혼의 밖에 나와 있는 듯하였다. 의지는 사랑하고, 기억은 잃어버린 것 같았다. 오성은 나의 뜻대로 말하지 않았지만, 없는 것 같지는 않았다. 그런 상태 속에서 기능들은 그들이 어떻게 즐기는지 모르면서 즐기고 있었다. 또한 영혼은 어떻게 사랑하는지 모르면서 더욱더 사랑으로 불타올랐다. 영혼은 그가 사랑하는 대상을 즐기고 있다는 사실을 알았다. 그러나 어떻게 즐기는지 알지는 못하였다."[6)] 이 책은 다른 많은 책들처럼 사랑의 깊은 경험을 예리하게 묘사하는데, 그것은 자기 자신을 의식하지 못하면서 의식하는 상태이고, 자기 자신을 완전히 포기하여 자기에게 되돌아오지 못하면서 다른 이 안에서 즐기는 쾌락의 경험이다. 모든 경험담은 어떤 경험을 한 다음, 그전에 경험한 것을 회상하면서 말하는 것이다. 하지만 경험에 대한 심도 있는 분석이 매우 세밀하고 정확한 것을 보면, 경험이 '열등한 사고가 퇴행 상태에서…' 이루어지는

---

5) J. Leclercq, *OP. Cit.*,; *Nouveau visage de Bernard de Clairvaux. Approches psychohistoriques,* Paris, Cerf, 1976.

6) *Livre de sa vie,* chap. X, 1.

것은 아니라는 사실을 알 수 있다. P. 자네가 기록했듯이 어떤 대상에 대한 '현존감' 은 모든 병리적인 경험에서 찾아볼 수 있다. 그러나 현존감은 심리학적으로 볼 때 너무 짙은 감정이라서, 그가 했던 체험의 독특하고 중요한 특징들을 없애 버릴 수 있다. 여기에서 중요한 것은 현존의 경험이 욕망과 사랑의 궤적에 의식적인 관계로 새겨져 있다는 사실이다. 하지만 사랑으로 고조된 체험을 이론적인 인식을 주로 다루는 인식론으로 판단하는 것은 너무 딱딱한 정신의학적인 방법이다.

우리는 앞으로 그 체험을 임상적인 관점에서 다룰 것이다. 그것은 아빌라의 테레사가 기록한 것과 그녀가 했던 명상적이고 활동적인 삶에 관해서 조금이라도 아는 사람들에게는 모순으로 보일지 모른다. 그래서 그녀의 체험에 히스테리에서 나온 성흔과 '신비주의적인 망상' 이 들어 있는지 살펴보려고 한다. 이 질문은 이미 살펴보았던 히스테리에 대한 분석을 살펴볼 때, 역설적인 것처럼 보인다. 히스테리 환자들은 보통 욕망의 대상을 너무 이상화하면서 '긴장 속에서' 현존을 기대하는데, 그 대상과 만나면 욕망 속에서 유지해 오던 거리를 갑자기 없애 버리기 때문이다. 히스테리 환자들은 강박신경증 환자들과 다른 이유에서, 그들이 그 안에서 평안을 누리고, 바라마지 않았던 쾌락을 충족시킬 수 있는 합일의 순간을 미루곤 한다. 그들은 매우 가까이 다가왔지만 아직 성사되지 않은 합일 속에서 그의 욕망의 고동소리를 듣는 것이다. 히스테리 환자들은 합일의 기쁨을 이야기하기보다 그들을 움직이는 것이 무엇인지 의식하고 폴 발레리(Paul valéry)가 유팔리노(Eupalinos)의 입을 통해서 했던 말을 다시 할 것이다. "나는 내 존재를 다 바쳐서 바랐다. 그 신비하고 많은 호의가 커다란 욕망에서 나오고, 내 영혼의 기다림으로부터 순진하게 형성된 것처럼 받아들이지 않고, 오 페드르여, 나는 그 움직임을 멈추게 해야 한다. 그것이 나의 신호를 따르도록 해야 하는 것이다."[7)]

히스테리 환자들은 하나님과의 관계를 통해서 성욕을 잠재우고, 그 대신 이상적으로 생각되는 신적 현존에 말을 걸 수 있는가? 그때 그는 그를 환영하는 사랑에 몸을 맡기고, 타자와의 진정한 관계 속에서 만족을 누릴 수 있을 것이다. 그러나 인간의 심리 과정에 대해서 조금이라도 알고, 그것을 심각하게 고려할 줄 아는 사람들에게 히스테리에 의한 갈등 해결을 그런 식으로 해석하는 것은 너무 성급한 해석으로 보일 것이다. 우리가 히스테리 환자들의 사랑에 대한 고백, 그것이 다른 사람과의 관계에서거나 하나님과의 관계에서거나 사랑의 고백을 조금이라도 유심히 듣는다면, 신비주의자들의 체험과 히스테리 환자의 찬양 사이에는 어떤 거리가 있다는 사실을 알게 된다. 그는 그가 누구인지 알기 위해서 무의식적으로 그가 찬양하는 대상과 동일시하면서, 그의 상상 속에서 그가 과대평가하는 그 대상의 신호들을 기득 채우고, 그가 세상을 보는 방식대로 이 세상을 보며, 그가 만약 여성일 경우 무의식적으로 자기에 대해서 물으면서 그녀가 숭배하는 사람이 자기를 숭배하도록 자신의 모습을 가꿔 갈 것이다. 그가 사랑하는 대상 역시 그가 신정으로 사랑하는 대상이 아니라, 그의 신화를 구축하는 데 필요한 받침대일 뿐이다. 그는 그 대상을 진지하게 고려하지 않는다. 그래서 그 대상이 언젠가 그의 실존에 특별한 가치를 가져다줄 것처럼 신비하고 몽상적인 어떤 것으로 뒤에 밀어 놓고 가둬 놓을 수 있다.

7) *Œuvres,* Bibliotéque de la Pléiade, Paris, Gallimard, 1957, vol. II, pp. 96-97.

그의 신화는 어떤 문학작품이나 영화에서 본 멋진 역할을 따르는 것일 수 있다. 그러나 그것은 일상적인 삶에서 흔히 실현될 수 없는 것이기 쉽다. 우리가 거기에 좀 더 가까이 접근하고, 그것이 백일하에 드러나면, 그 신화의 내용이 너무 어리석을 정도로 엉성해서 놀라는 경우도 많다. 예를 들어, 자네가 연구했던 마들렌의 경우, 그녀가 그렸던 것이나 기록했던 것과 아빌라의 테레사가 쓴 영적 서사시를 비교하면 잘 알 수 있다. 하지만 우리가 지금 히스테리에 대해서 일반적으로 폄훼하는 주장을 되풀이하는 것이 아니라는 사실을 알아야 한다. 다만 히스테리의 내면에 들어 있는 모든 것을 밝히면서, 히스테리가 가진 상상계적인 구조와 유아적 퇴행에 의한 잘못된 해결책에 대해서 지적하려는 데 목적이 있다.

아빌라의 테레사에 대한 전기를 연구하면서 우리는 그녀가 겪었던 곤경과 삶의 소용돌이와 히스테리에 의한 고뇌에 대해서는 물론 그녀를 역동적으로 살게 했던 능력과 그녀가 삶의 문제를 해결하려고 했던 작업에 대해서 깊이 묵상하게 된다. 그녀의 신비 체험에 대해서 불신하는 사람들은 때때로 그녀가 청소년기에 겪었던 부인할 수 없는 히스테리 증상에 대해서 논란거리를 던진다. 심각한 우울증과 그 뒤에 나타나는 열에 들뜬 흥분 상태, 히스테리 발작을 나타내는 의식 상실 … 등에 주의를 촉구하는 것이다. 또한 그녀에게는 유혹에 잘 넘어가고 유혹을 하는 모습과, 감각적이고 화려한 것을 꿈꾸며, 기사도 문학을 하도 많이 읽어서 남자가 되지 못한 것을 한탄했던 모습, 결혼하여 순종적인 여자가 되기에는 너무 교만했던 모습, 또한 그녀 자신도 놀랄 정도로 아주 겸손한 모습들이 뒤섞여 있었던 것이다. 말하자면, 그녀에게는 정말 히스테리 환자가 되거나 아주 사랑스러운 연인이 될 수 있는 성향이 충분히 많이 있었던 것이다. 우리 삶의 초기 상태는 언제나 미래를 향해서 나아가려고 하기 때문에, 신비적인 열정은 혼란한 상황으로부터 나온다. 그러므로 모든 것은 미래가 어떻게 과거를 변환시키면서 과거를 다시 취하는지를 아는 데 달려 있다. 신경증은 자기실현을 하려는 욕망과 무관하게 생기지 않는다. 그러나 자기실현을 하려는 욕망은 신경증이 형성되는 것과 다르다. 정신분석학은 아빌라의 테레사가 자신의 저작에서 시행했던 놀라운 자기분석으로부터 신비가들이 환상에서 깨어나는 과정에 대해서 많은 영감을 얻을 수 있다. 그녀는 끊임없이 진실한 것과 상상 사이를 구별하면서 점점 더 거짓된 모습을 벗어 버렸던 것이다. 그녀는 그 작업을 서로가 서로에게 빛을 던져 주는 두 가지 기준을 가지고 계속해서 시행하였다. 그 과정에서 가장 본질적인 준거 기준은 신앙이었다. 신앙은 그녀에게 어떤 것을 믿어야 할지 알게 하였기 때문이다. 그녀는 종교적 담화를 듣고 거기에 사로잡히면서 이 세상에는 어떤 우주가 있다는 사실을 알았고, 그 우주에 사는 존재와 하나가 되기를 바랐다. 그녀는 듣는 것과 믿는 것은 전혀 다른 것이라고 하였다.[8] 정서를 동반한 조명(l'illumination affective)은 하나의 예고일 뿐이었다. 그녀에게 있어서 믿는다는 것은 그녀를 엑스터시로 몰아넣는 놀라움에 머무르지 않았고, 그녀가 존재 전체를 바쳐서 해야 하는 행동이었다. 두 번째로, 성 어거스틴과 십자가의 성 요한이 말했던 인류학적 개념은 그녀가 자신의 의도와 태도와 정서적 체험을 신비화시키는 것을 비판하게 했고, 올바른 길을 가게 하였다.[9]

8) *Le chateâu intérieur, 7e demeure.*

9) G. Morel, *Le Sens de l'existence selon saint Jean de la Croix,* Paris, Aubier, 1960. vol. I, pp. 78-97.

그래서 그녀는 황홀경에 빠지거나 신체적으로나 도덕적으로 고통받는 것을 선택받은 징표로 삼지 않으려고 하였다. 그렇게 하면서, 그녀는 정서적으로 고요해지는 것과 상상력이 메말라지는 것을 자기 자신을 감각의 올무에 빠지지 않게 하려는 존재가 그녀와 거리를 두게 하려는 결과로 받아들였다. 그녀는 하나님과 아주 가깝게 합일되려고 했는데, 그것은 그녀가 합일을 신앙이 처음으로 역사하기 시작하는 것을 알리는 징표라고 믿었기 때문이다. 그러나 그녀는 하나님과의 최상의 합일은 인간의 힘으로 할 수 있는 것이 아니라는 사실을 깨달았고, 거기서 그녀가 해야 하는 것은 다만 신앙에 주의를 기울이고, 그녀를 미혹시키면서 주의를 기울이지 못하게 하는 것들과 싸움으로써 합일을 준비하는 것이라는 사실을 깨달았다.

우리는 삶의 이런 도정에서 승화가 이루어진다고 생각한다. 그래서 아빌라의 테레사가 가졌던 지배욕과 쾌락욕은 그녀가 영광받는 꿈 속에서 그녀가 그녀 자신으로부터 벗어나 절대타자와 하나가 되면서 이루어졌다. 그러므로 그녀에게 그전부터 있었던 히스테리 증상을 가지고, 그 다음에 이루어진 업적을 평가하는 자료로 사용하는 것은 원칙적으로 승화의 가능성을 부정하고, '성공적으로 히스테리를 극복한 것'과 '히스테리성 신경증' 사이의 차이를 부정하는 것이다. 이렇게 심리학적으로 정반대되는 개념을 고수하는 태도는 피에르 자네(P. Janet)나 에밀 졸라(E. Zola)처럼 실증주의적인 정신에 굳게 사로잡혀 있음을 의미한다. 왜냐하면 졸라는 세잔(Cézanne)이 신경증적인 고통을 받았고, 정신분열에서 왔음직한 불안에 시달렸다는 이유로 그를 '다 꽃피우지 못한 천재'라고 평가했기 때문이다. 그러나 우리가 생각하기에, 세잔에게 있었던 눈에 보이는 세계에 대한 예민한 감수성은 그를 특히 상처를 잘 받는 사람으로 만들었으며, 그에게 있었던 병적인 소외감은 그가 자연 속에서 보았던 새싹을 매개로 하여 삶을 향해 더 깊이 나아가게 할 수 있었다고 생각한다. 여기에서 중요한 것은, 그가 자연과 색깔과 공간의 깊이에 대해서 거의 종교적인 태도를 가지고 주의를 기울였기 때문에 그를 괴롭히던 불안의 파고(波高)를 정복할 수 있었다는 사실이다.

신경증과 승화의 차이를 구별하려면, 먼저 신비 체험의 내용과 그 체험을 이끌어 가는 태도를 좀 더 깊이 들여다보고, 그 체험의 의미를 제대로 정리해야 한다. 인간의 삶의 영역에서 그 체험의 눈에 두드러지게 보이는 결과는 그 체험의 가치를 평가하는 지표로 작용하는 것이다. '열매를 보고 나무를 안다.'는 말이 있는 것은 그 때문이다. 그래서 사람들은 아빌라의 테레사가 그 다음에 전개했던 삶의 역동성을 보고 그녀가 했던 체험이 진정한 것이었다고 평가하는 증거로 삼곤 한다. 더 정확하게 말해서, 앙리 베르그송(H. Bergson)이 하나님만이 신비 체험의 원천이고 그 체험 속에 하나님의 창조행위가 농축되어 있다고 주장하면서, 신비 체험 안에서 하나님의 분출(l'irruption)을 인정할 수밖에 없었던 것은 신비 체험자들이 자신이 했던 예외적인 종교 체험을 신술한 것과 그 체험을 통하여 그 밑에 숨어 계신 창조주의 역사가 다시 시행되는 것이 명확하게 일치하기 때문이다.[10] 그런 생각은 베르그송으로 하여금 그전까지 그의 철학에서 그가 다소 혼동했던 두려움을 자아내는 하나님이라는 생각으로부터 떨어져 나오게 하였다.

10) H. Bergson, *Les Deux Sources de la morale et de la religion*, pp. 272-273.

프로이트가 승화에 대해서 간략하게 정의하였던 것은 우리의 이해에 별로 도움을 주지 않는다. 우리가 그 정의를 메타심리학의 전체적인 맥락을 감안하여 사용하지 않고 단순하게 적용한다면, 그것은 오류를 가져오고, 종종 너무 단순하게 실용주의적인 판단으로 기울어진다. 그래서 우리는 승화에 대한 프로이트의 정의 가운데 맨 마지막 요소에 특히 관심을 기울이면서 완전한 정의를 붙들어야 한다. "우리는 그 안에서 사회적인 가치 평가가 이루어지면서 그 목적이나 (성적인 충동의) 대상에 변화가 이루어지는 어떤 종류의 변환 과정을 승화라고 부른다."[11] 프로이트는 성적 충동으로부터 힘이 나와서 지적 탐구나 예술 창작으로 옮겨가는 것을 승화의 전형으로 생각하였다. 승화는 '본래의 성적인 목적을 더 이상 성적인 목적을 가지지 않지만 심리적으로 그와 유사한 다른 목적으로 변화시키는 역량' 인 것이다.[12] 하지만 계몽주의 철학의 예의 바른 단순성에 물든 실용주의적이고 합리적인 관념론자들은 프로이트의 승화가 말하는 것을 사회적으로 유용한 것을 추구하는 것으로만 받아들이면서 그 내용을 깎아내린다.[13] 그래서 과학, 일, '재화'의 분배로서의 경제, 예술의 효용성 같은 것만 생각한다. 그러나 이 세상에서의 유용성과 거리가 먼 신비 체험은 페렌치(Ferenczi)가 히스테리에 의한 전환 반응을 다음과 같이 정의한 것과 마찬가지로 '자기이식적인(auto-plastique)' 변화밖에 만들어 내지 못하

11) GW XV, 103. *Nouvelles Conférences sur la psychanalyse,* Paris, Gallimard, 1936. p. 133.

12) GW VII, 50.

13) 헤겔은 유용성이라는 생각을 Aufklärung과 완전히 동일시하였다. *Phénoménologie de l'Esprit,* Paris, Aubier, 1941, t. II, pp.112-114.

는 것으로 생각한다. "(히스테리에 의한 전환 반응은) 마치 마술에서 그러는 것처럼 사람들이 그의 뜻에 맡겨진 신체적 기관을 가지고 자신의 욕망을 실현시키는 것이며—그것이 비록 원시적인 방식으로 나타나지만—매우 유연하게 나타난다."[14)]

임상적인 관찰에서 우리는 다른 것들과 마찬가지로 본능적 충동이 지적 활동으로 전이되는 현상을 볼 수 있다. 그러나 어떤 힘이 사회적으로 '좀 더 높은' 가치 있는 활동 속으로 '물길을 찾아' 나아간다는 생각은 하나의 좋은 이미지다.[15)] 승화에 관한 모든 문제들은 성적인 본능이 언제, 어떻게 여전히 그 본능적인 힘의 분출로서의 구체적인 활동 속에서 그 대상을 변화시키고, 목표를 변화시키는가를 깨닫는 것이다. 라플랑쉬(Laplanche)가 이야기했듯이, "(프로이트의 저작의) 처음부터 끝까지…(승화라는 개념은) 조심스럽게 다루어야 하는… 문제의 지표 같은 것인데, … 그것은 그의 사상에서 필수불가결한 개념이지만, 잘 '파악되지 않는' 개념이기도 하다."[16)] 물론 우리는 여기에서 프로이트조차 내켜하지 않았을 작업인, 승화의 문제를 해결하려고 하지는 않는다. 그러나 승화에 대해서 어떻게 생각해야 할 것인가 하는 사고의 방향은 필요하다.[17)]

---

14) *Hysterische Materialisationspänomene. Gedanken zur Auffassung der hysterischen Konversion und Symbolik* (1919), *Bausteine zur Psychanalyse,* Bern, H. Huber, 1938, vol. III, p. 138.

15) 셸드럽은 승화를 그와 같은 개념으로 설명한다. Kr. Sheldrup, *Die Askese. Eine religionspsychologische Untersuchung,* Berlin, de Gruyter, 1928, p. 159. "생명 에너지에 역동적으로 새로운 물길(néo-canalisation)을…"

16) "Pour situer la sublimation", *La Psychanalyse à l'université,* I, no. 3(1976. 6.), Paris, éd. Réplique, p. 424.

17) 여기서 승화에 대한 논문은 메타심리학에 관한 일련의 논문에 보충되어야 한다. 우리는 프로이트가 승화에 대해서 논문을 썼다가 다시 없앴다고 생각한다.

승화에 대해서 정확히 파악하려면, 어떤 경우에나 성(性) 본능의 변환은 성 본능이 충족되는 방향으로 이루어진다는 사실을 잊지 말아야 한다.[18] 그렇지 않을 경우, 승화는 단순한 억압이 되는데, 그것은 모순이다. 게다가 성 본능은 그것과 내적인 관계를 수립하지 못하는 활동에 에너지를 투자할 수 없다. 그렇다면 성적인 것은 보이지 않지만, 그의 원천에 에너지의 형태로 머물러 있는 활동에 대해서 어떻게 이해해야 할 것인가? 여기서 문제가 되는 것은 자연히 성욕이란 과연 무엇인가 하는 것이다. 융(C. G. Jung) 역시 그 문제 때문에 걸려 넘어졌고, 승화의 문제 앞에서 당황했으며, 프로이트에게도 여전히 문제시되고 있다. 하지만 『자아와 이드』 속에서 아직 다 언급되지 않은 것들을 좀 더 깊이 들여다보면, 그것들을 밝혀줄 수 있는 단서를 찾을 수 있다. "자아와 이드에서 작용하는 교체 가능하고 중립적인 에너지가 자기애적인 리비도의 창고로부터 나온다는 사실이 나에게는 납득할 만한 일이다. 다시 말해서 그 에너지는 성적인 특성을 가진 리비도(에로스)가 아니다." 그러면서 그는 다음과 같이 덧붙였다. "이 대체 가능한 에너지가 성적인 에너지가 아니라면, 그것은 승화된 에너지라고 할 수 있을 것이다. 왜냐하면 그 에너지는 여전히 이어 주고, 합일시키며, 자아의 중요한 열망인 통일체를 이루려는 에로스의 주된 목적을 가지고 있기 때문이다."[19]

자아를 하나의 통일체로 만드는 성 본능은 성적 특성을 가지고

18) GW XIV, 438. S. Freud, *Malaise dans la civilisation,* Paris, PUF, 1971. pp. 24-25.

19) GW XIII, 274. trad. fr. *Essais de psychanalyse,* Paris, Payot, 1951. pp. 201-203.

있지 않으며, 에로스의 의도를 실현시킨다. 그런데 자아가 형성되고, 스스로에게서 벗어나 사랑의 대상을 향해 나아가는 것은 자기애에서 나온 정신 활동을 통해서다.[20] 이제 우리는 프로이트가 사랑은 '전체로서의 자아(Gesamt-Ich)'가 관계를 맺는 것이라고 말한 것,[21] 사랑은 성적 도착과 반대되는 것이라고 말한 것,[22] 승화는 '많은 부분이 성적인 흥분 가운데서 왜곡된 요소라고 생각되는 것들을 억압한' 힘을 문화적인 작업에 사용하는 것이라고 정의한 것[23]을 비교하면서 검토해야 한다. 우리의 성적인 몸 구석구석에는 본래 성욕이 퍼져 있기 때문에 승화는 그 성욕으로부터 변환되어 나온 것임에 틀림없다. 그런데 사랑의 관계에서 정신 에너지로서 다른 사람들에게 부어지면서 그들과 관계를 맺는 정신의 심급(審級)으로서의 주체인 자아(le moi-sujet)가 형성되는 것 자체가 이미 하나의 승화 작용이다. 리비도의 비성화(la désexualisation)는 자아의 중재를 통한 변환으로부터 이루어진다. 그래서 우리가 성욕을 본질적으로 쾌락을 목적으로 하는 본능으로 정의하는 것은 이렇게 비성화(非性化)의 과정 속에서 유지되면서 변환된다. 여기서부터 우리는 역동적인 활동이나 욕구의 충족만 요구하는 단순한 쾌락이 아닌 기쁨이 생기는 것을 보게 된다. 성욕은 삶의 다른 활동 영역과 다른 영역으로부터 나오는 것이다. 성욕은 주체로서의 자아를 형

20) 자기애에서 작용하는 주체(자아)와 사랑의 대상에 대해서 더 살펴보려면 다음 책을 참고하라. A. Vergote, "Le Sujet en psychanalyse", *Problémes de psychanalyse,* Paris, Declée de Brouwer, 1972. pp. 11-40.

21) "Les Pulsions et leurs vicissitudes", *Métapsychologie,* Paris, Gallimard, 1968, p. 40.

22) *Pour introduire le Narcissisme,* GW X, 168.

23) GW VII, 151.

성하는 데 기본 축을 두고 생성되는데, 그것은 주체를 형성하는 변환 활동 속에서 만들어지기 때문이다. 그러므로 승화의 특징은 첫째, 주체로서의 자아로부터 나오고, 다음으로 그것이 그렇게 유용하지 않기 때문에 기쁨을 가져오는 영역에 속해 있다고 말할 수 있다. 그러므로 우리는 '사회적으로 용인되는 활동' 이라는 말을 주체로서의 자아와 자아를 형성하는 데 도움이 되는 사회라는 차원과 결부시켜 해석해야 한다. 주체로서의 자아('나' 라고 하는 것)는 언어에서 주어로 쓰이면서, 다른 주체들과 관계를 맺으면서 작용하고, 언어가 가진 보편성 때문에 중심에서 벗어나기도 한다. 그러므로 자아를 형성하고 자아를 타자에게 가게 하는 리비도 형성으로서의 자기애와 언어 구조로부터 나오는 대화는 서로가 협력하여 승화로 넘어가게 한다. 승화는 주체로서의 자아가 하는 모든 리비도의 활동인 것이다. 그러므로 한편으로 자제하려는 본능에서 나온 생명의 욕구에 속한 활동들과, 다른 한편으로 '성도착처럼 인격 속으로 뚫고 들어가는'[24] 자기애에 의한 초기 단계의 성욕에 의한 활동은 모두 승화가 아니다. 승화된 활동의 징표는 언제나 거기에 기쁨이 있어야 하는 것이다. 그래서 어떤 사람이 리비도를 따라서 행동했는데, 기쁨이 없었다면 승화가 이루어지지 않은 것이라고 해야 한다. 정신분석적으로 볼 때, 기쁨(la jouissance)과 쾌락(le plaisir)은 같이 가지 않기 때문이다. 쾌락은 일종의 부분 성욕의 자기 색정적인 만족으로서 인간 정신이 불쾌감을 피하기 위해서 경제 원리를 따라서 자동적으로 조절하는 작용이다.[25] 그러나 기쁨은

24) GW X, 168.

25) J. Laplanche et J.-B. Pontalis, "Principe de Plaisir", *Vocabulaire de la psychanalyse,* Paris, PUF, 1967.

주체로서의 자아가 하는 것으로서 '나는 유쾌하다' 라는 말과 '나는 기쁘게 즐긴다' 라는 말이 차이가 나는 것처럼, 쾌락과 다른 말이다.

우리는 몽트레(M. Montrelay)가 주장했듯이, 인간의 사랑에서, 심지어 성적인 사랑에서도 성욕의 승화를 볼 수 있다. 사랑의 행위를 하기 전에 사람들은 부분적 쾌락을 느끼는데, 그것은 전체로서의 자아에서 나온 나-너의 관계라고 여겨진다. 왜냐하면 사랑이 성공하기 위해서 자기애적 쾌락은 잊혀야 하기 때문이다. 그때 자아는 그의 현존을 지우고 그 자신을 찾기 위한 표상을 억제하는데, 그것은 마치 그가 그 자신에 대해서 죽는 것과 같은 행위다.[26] 하지만 상상계를 뛰어넘는 이런 이행은—그 자신의 표상을 가지고 주체가 현존하는 것—히스테리 신경증에서는 결코 이루어지지 않는다.[27] 그러나 자기 몸을 다른 사람들에게 보이려는 강박이나 그의 몸이 다른 사람들에게 드러나면 어떻게 하나 하는 불안에 사로잡히는 것, 또는 다른 사람이 실수한 것에 유달리 집착하는 것이나 근친상간적인 생각을 떠올리면서 구역질하는 것, 아직 충분히 강하지 않은 그의 몸에 상처가 나면 어쩌나 하는 생각을 불러일으키는 가택침입에 대한 두려움 … 이 모든 것들은 서로 겹쳐지면서 그에게 자기애적 관심을 집중시키고, 자기 방어에서 나온 서부를 불러일으킨다.

우리는 아빌라의 테레사가 했던 영적 모험에서 성욕이 승화되어

---

26) M. Montrelay, *L'Ombre et le Nom. Sur la féminité,* Paris, Minuit, 1977. pp. 77-81.

27) 우리는 여기서 라캉이 실재계와 상징계를 구분하면서 상상계에 대한 개념을 발달시킨 것을 보게 된다. J. Lacan, *Écrits,* pp. 808-810.

변환된 모습을 찾아볼 수 있다. 그녀는 자아를 지워 버렸으며, 그렇게 함으로써 일인칭으로 말하는 '나'를 의식화하였는데, 그 나는 현존하지만 잊혀진 존재이고, 하나님의 형상 안에서 만들어진 존재다. 그녀는 사랑 안에서 욕망을 성취함으로써 순수한 기쁨만 있을 뿐 다른 아무 생각도 나지 않는 기쁨을 누렸다. 그녀는 하나님 안에 거할 수 있었고, 하나님을 그녀 안에 받아들일 수 있었다.

사람들이 하나님의 형상대로 만들어졌다는 성서적인 사고와 하나님은 모든 표상 위에 계시다는 신앙인들의 확신은, 감각에서 비롯된 모든 정서적 경험에 대한 집착을 하나님과의 관계 속에서 점점 더 지우도록 촉구한다. 그래서 아빌라의 테레사는 진리 안에 거하고, 스스로 존재하는 절대타자에게 말을 걸기 위하여 하나님과 동일시하려고 했으며, 그렇게 하기 위해서 그녀는 그녀가 아는 하나님에게—믿음 안에서—다가갔다. 그녀는 모든 상상계를 뛰어넘어 그 자신의 말을 하는 주체가 되었던 것이다. 그때 금욕은 그녀에게 진정한 고행(mort-ification), 즉 쾌락을 탐하는 감각적인 자아를 부정하고, 자기 자신의 표상에 집착하는 자아를 부정하는 죽음(mort)을 의미하였다. 그런 죽음에 의해서 자아는 언어에서 일인칭으로 말하는 주체인 '나'로서의 잊혀진 정체성을 회복할 수 있었는데, 그 안에서 신적인 '나'는 그 자신을 선포할 수 있었다. 기독교에서 흔히 고난받는 그리스도에게 초대될 때, 사람들은 그 모델을 이용한다. 그러므로 금욕의 고통은 불쾌감을 추구하는 것과 전혀 다르다. 오히려 그것은 쾌락이나 불쾌로부터 오는 감정을 이기려는 것인데, 이 두 가지는 승화가 아직 이루어지지 않았음을 나타내는 표시다. 우리는 아빌라의 테레사가 감각적인 것이나 황홀경의 무의미성에 관해서 주장하는 것을 많이 열거할 수 있다. 그녀는 황홀경을 추구하지 않았고, 배척하지도 않았다. 그녀는 다만 그것들을 임시적인 도움이나 약속의 징표로 받아들였다. 그녀는 그것이 그녀를 신비적인 것으로 이끌고 가거나, 그녀 자신이나 하나님의 정체성을 망각하게 하여 헤매게 할 위험이 있다는 사실을 잘 알았다.

우리의 연구는 그 어떤 초자연적인 것의 도움도 청하지 않을 것이다. 우리는 아빌라의 테레사가 그녀 자신의 관점인 기독교 신앙을 가지고 나아간 길을 살펴볼 것이다. 그녀의 신비 체험을 설명하기 위해서 초자연적인 것의 개입을 끌어들이려는 것은 욕망이나 승화의 법칙을 모호하게 만들기 때문이다. 어떤 사람이 신학적인 입장에서 그 예외적인 현상 안에서 하나님의 은혜가 작용했다고 주장한다면, 심리학은 심리학 나름대로 거기에서 작용하는 승화의 의미를 규명해야 한다.

아빌라의 테레사는 그녀가 보았던 비전을 그녀의 책에 '옮겨 적었고', 베르니니(Bernini)는 그녀의 몸이 황홀경에 빠져드는 모습을 그 열기가 식지 않도록 대리석에 새겨서 불멸하게 만들었다. 그런데 우리는 그 유명한 비전(vision)과 체험에 대해서 어떤 판단을 내릴 것인가? 그녀의 체험을 그녀가 기록했던 대로 살펴보면 다음과 같다. "내 왼쪽에서 나는 인간의 몸과 같은 모습을 한 천사를 보았다. 그는 작았고, 놀라울 정도로 아름다웠으며, 그의 얼굴은 수많은 빛 때문에 많은 광채가 났다. 그래서 나는 그가 하나님의 사랑으로 둘러싸인 최고 등급의 천사 가운데 하나라고 생각하였다. 사람들은 그를 세라핌이라고 부를 것이다…그 천사는 손에 금으로 된 창을 들고 있었는데, 그 끝은 매우 길었고, 가장자리에는 불이 붙는 것 같았다. 그는 그 창으로 나를 몇 차례 찔렀는데, 그가 창을 뺄 때마다 나의 창자는 빠지는 것 같았다. 그것은 나에게 매우 커다란 하나님의 사랑의 불을 남겨 놓았다. 그 불은 너무 강렬하게 타올라서, 나는 기쁨에 찬 비명을 지를 수밖에 없었다. 나는 이렇게 달콤한 고통(la douleur agréable)으로부터 벗어나게 해달라고 빌 수 없었다. 그래서 오직 한 분, 하나님 안에서만 휴식과 만족을 얻게 해달라고 빌었다. 그 안에서 신체적인 것이 많은 부분을 차지하지 않을지라도 내가 말한 그 고통은 신체적인 것이 아니라 영적인 것이었다."[28] 사람들은 이 글을 보고 곧 아빌라의 테레사를 히스테리나 성도착이라고 의심할 수 있을 것이다.[29] 이 글에 나온 환각에 대해서는 나중에 관찰하기로 하고, 우리가 지금 살펴보아야 하는 것은 이 글이 풍기는 성적인 특성이다. 여기서 사용된 은유는 그녀가 본 비전을 성적인 의미로 해석하게 하기 때문이다. 이때 해석은 둘 중의 하나로 될 수 있다. 하나는 그 비전을 꿈으로 간주하면서, 그것이 실제로는 성관계인데 억압 때문에 천상의 상징으로 변장시킨 것이라고 해석하는 것이고, 다른 하나는 그것을 실제로 했던 경험이 그대로 드러나는 것으로 해석하는 것이다. 그때 그 해석은 그녀가 그 비전을 환각적인 상징의 형태로 보았다고 해야 한다. 이 글을 보는 사람들은 그녀가 말을 둘러대지 않고 "몸은 그렇게 달콤한 고통을 겪도록 그 안에 많은 부분을 차지하지 않았다."고 하기 때문에 첫 번째 가정인 억압설을 제외시키게 된다. 이 글에 나오는 은유를 꿈에서 다른 모습으로 다르게 나타나게 하는 상징과 비교해 보자. 꿈을 꾸는 사람들은 보통 그로덱(Groddeck)이 '상징화의 강박' 이라고 부른 상태 아래 놓이게 된다.[30] 그 이유는

28) *Livre de sa vie,* XXIX, 17.

29) 르멜 같은 사람은 그렇게 생각한다. Dr. Lemesle, a. c.

30) *La Maladie, l'Art et le Symbole* (tr. fr.), Paris, Gallimard, 1969. pp. 275-290.

특히 정신적으로 상처를 입힐 수 있는 내용 때문에 욕망이 억압되고, 그 내용이 가면을 쓰고 다른 모습으로 나타나기 때문이다. 그 반면에 비전 속에서 나타나는 것은 수많은 함의(含意)를 담은 일련의 상징이고, 그 비전을 본 사람은 그 비전의 주체이며 동시에 대상이다. 그러므로 이 비전에서 나타나는 의미의 연쇄는 반복 강박에 사로잡혀 있는 것이 아니다. 그것은 모든 상징이 그렇듯이 그 안에 수많은 의미가 농축된 기호로 해석되어야 한다. 그렇게 하기 위해서 그 주제에 관해서 그녀가 언급했던 몇 가지 의미를 살펴보자. 하나님은 그를 정화시키고, 그와 사랑을 나누기 위해서 그의 존재를 휘젓고 다니는 불이다. 그의 빛은 사람들의 가장 깊은 곳까지 꿰뚫고 들어온다. "절대적인 사랑과의 합일은… 영혼의 가장 깊은 중심(어쩌면 존재의 가장 깊은 중심)에서 이루어진다."[31]

그녀가 본 비전에 관한 글을 읽으면서 우리는 브뤼노 베델하임이 말한 '상징적인 상처'라는 개념을 떠올리게 된다. 그는 이렇게 몸이 열리고 다시 열리는 것을 일종의 제의(祭儀)로 보면서, 주체는 그 제의를 통하여 그의 성기를 생각할 수 있을 것이라고 하였다.[32] 예를 들어, 상징적인 제거(l'ablation)는 주체가 그에게 다른 성의 성기가 없는 것을 인정하는 것과 다른 성기를 받아들이는 것을 상징한다는 것이다. 그것을 라캉의 언어로 말하면 '상징적인 거세'가 된다. 그녀의 비전에 나타난 '달콤한 고통'은 그 고통이 가진 두 가지 측면을 가리키는데, 하나는 그의 울타리에 있는 것을 빼앗기는 고통의 측면이고, 다른 하나는 타자의 거주로 인한 기쁨의 측면을 가

31) *Le château intérieur, 7e demeure*. chap. II, § 3.

32) *Symbolic Wounds, Puberty Rites and the Envious Male,* Illinois, The Free Press, 1954.

리키는 것이다. 성기에 관한 가정을 통해서 주체가 자기애를 극복한 듯이 보이는 것이 이미 승화가 이루어진 것이라고 말할 수 있다면, 아빌라의 테레사가 그녀의 비전에서 보았던 상징 속에서 묘사한 경험은 얼마나 더할 것인가? 우리는 다른 맥락에서 나온 모든 은유에서도 똑같은 모습을 찾아볼 수 있다. 성욕의 지배 아래 놓인 우리의 몸은 욕망의 움직임 전체를 이미 싹의 형태로 그 안에 담고 있으며, 언제나 욕망에 대해서 말하는 언어는 그 욕망을 깨닫게 하고, 말로 표현하기 위해서 그 움직임을 다시 하게 한다. 욕망은 이렇게 '몸의 상태를 나타내는 언어'(히스테리에서처럼 '몸으로 나타나는' 것이 아니다)와 '언어를 나타내는 몸'으로 모습을 바꾸어 나타난다. 그 때 그것이 어떤 질서 속에서 이루어지든지 간에 몸의 은유 속에서 그 모습을 드러내고, 몸은 체험의 은유적인 반사체 역할을 한다. 그것은 영적인 체험의 경우에서도 마찬가지다. 그렇지 않다면 우리는 어떻게 영성 속에서 기쁨을 발견할 수 있을 것인가? 영적인 기쁨도 몸으로 나타나지 않는다면 우리는 알지 못할 것이기 때문이다.

감정의 반향은 감각적인 몸을 통하여 다소 깊게 그 반응이 나타나게 한다. 어떤 경우에나 아빌라의 테레사는 예민했으며, 그녀의 기쁨을 몸 속에 감추려고 하지 않았다. 그렇지 않았다면 그녀는 그 감정을 모두 몸 안에 가두어 그녀를 변화시키려는 하나님의 사랑을 따라가지 못했을 것이다. 그녀는 '신성혼(les noces mystiques)'의 상징이 가진 이중적인 의미를 예리하게 지각하였다. "그렇게 비교하는 것이 너무 거칠다면, 나는 내가 말하려는 것을 납득시키기 위해서 혼배성사의 예를 들 수밖에 없습니다."[33)]

---

33) *Le château intérieur, 5e demeure*. chap. IV, § 3.

상징에 대하여 좀 더 깊이 연구하면, 우리가 살펴보려는 것을 충분히 설명할 수 있다. 그러기 위해서 우리는 주체가 수동적인 태도를 취하는 꿈의 상징은 물론, 주체가 자신이 나타내려는 것을 적극적으로 개진하기 위해서 사용하는 은유 속에서의 상징과 여러 종류의 비전에서 나타나는 상징을 조심스럽게 비교해 보아야 한다. 어떤 비전에는 마치 꿈을 꿀 때처럼 상징이 주체에게 엄습해 오는 경우도 있는데, 거기에서 상징은 주체가 보는 것을 생생한 은유로 형상화시킨다. 더구나 우리는 상징을 그것이 형성된 맥락이나 강조하는 맥락 속에 넣고 생각해야 한다. 그러나 우리가 지금까지 살펴본 것들은 이미 결론을 내리는 데 도움을 줄 수 있다.

그녀에게 병리의 표시로서 억압을 나타내는 쾌락의 부재를 찾아볼 수 없었다는 사실은 우리에게 성욕이 하나님에 대한 전이와 양립할 수 없기 때문에 하나님을 대신하는 관계가 성욕을 억누르게 하였다는 사실을 보여 준다. 더구나 아빌라의 테레사는 그녀의 몸에 고통을 받았거나 쾌감을 느꼈다는 사실을 인정하는 데 대해서 아무 부끄러움도 느끼지 않았다. 그녀는 그것이 그녀의 의지와 전혀 무관하게 나오고 잠깐 동안 지속되어 그녀가 생각하기에 진정한 황홀경이라고 생각되면 주저하지 않고 그 안에 잠겼다. 게다가 그녀는 그 비전이나 황홀경은 '몸이 약해서' 생기는 것이라고 생각하였고, 하나님과의 지속적인 합일로부터 쾌락에 도달하게 되는 것을 기쁘게 생각하였다. 왜냐하면 거기에서는 몸이 빼앗기지도 않았고, 여러 가지 책임을 감당해야 하는 인간의 실존에 할당된 수많은 과제들이 면제되었기 때문이다.[34] 아빌라의 테레사가 본 비전

34) *Le château intérieur, 7e demeure.*

에 대한 기록은 그것이 어떤 맥락에서 이루어졌는지 밝히고, 승화의 심리학에서 살펴볼 때 충분히 있을 수 있는 것이라고 생각되기 때문에, 그녀의 정신이 건강했다는 사실을 입증하고 있다. 또한 그녀가 몸에 했던 고행 역시 성욕이 두려웠기 때문이 아니라 그녀가 동일시하려는 그분에 대한 사랑에서 나온 것이라는 의미에서 그것을 정당화시켜 준다. 그분은 그녀가 보편적인 인간이라는 정체성 속에서 결국 그에게로 나아가야 한다고 확신하는 바로 그분이었던 것이다.

2. 반대되는 관점: 에로틱한 신비주의자들

중세 가톨릭교회가 예수 그리스도의 신적 인간성에 대한 명상 속에서 영성을 추구하기 시작한 이래, 어느 정도 성애적인 모습을 띤 신비주의들이 가톨릭교회의 전통 속에서 행해져 왔다. 여러 저자들이 그 현상에 관심을 기울였는데, 어떤 이들은 그것을 세밀하게 분석하려고 했으며,[35] 다른 이들은 그 당시의 풍습을 살펴보는 대심문관처럼 정신의학이나 정신분석가의 정신으로 살펴보았다.[36] 또 다른 이들은 여성들을 '영원한 숭배자' 로만 여기면서 가둬놓으려고 했던 속박으로부터 해방시키려는 목적에서 살펴보았다.[37] 그러

35) *Kr. Shelderup, Die Askese,* pp. 202-226.

36) H. Moller, "Affective Mysticism in Western Civilization", *The Psychoanalytic Review,* 52 (1965), no. 2. pp. 115-130.

37) S. de Beauvoir, *Le Deuxième Sexe,* Paris, Gallimard, 1949. chap. XIII, "La Mystique". 저자는 그 책에서 시에나의 카트린이 남성적인 성격을 가지고 있었음에 감사하고 있다.

나 우리에게 중요한 것은 흐트러져 있는 신비주의의 구슬을 모두 꿰려는 것이 아니다. 그래서 우리는 두 사람을 선택해서 그 현상이 나타내는 것이 정신병리적인 관점에서 어떤 의미가 있는지 살펴보려고 한다.

아녜스 블랑베킨(Agnés Blannbekin)은 13세기 말 비엔나에서 태어났는데,[38] 그녀는 예수 그리스도가 부활한 다음 그의 '거룩한 포피(包皮)'가 어떻게 되었는가 하는 것을 몹시 궁금하게 생각하였다. 그 문제는 마침 그 당시 일부 신학자들이 예수 그리스도의 부활한 몸이 어떻게 통합되었는가 하는 것을 논의했기 때문에 현안이 될 수 있었다. 하나님은 결국 아녜스에게 그리스도가 부활할 때, 포피 역시 부활했다는 것을 계시하심으로써 그녀의 고뇌를 풀어 주셨다. 하나님은 그때 그리스도의 거룩한 포피가 로마에…보관되어 있다는 사실을 성 브리지트에게 계시하실 것이라는 사실은 그녀에게 말하지 않았다.

그녀의 계시는 스스로를 '고해자라고 하기에 적당하지 않는 이'라고 말한 프란치스코회 수도사가 보고하듯이 감각적인 엑스터시로부터 시작되었다. 아녜스는 어느 날 "주님의 포피가 어디 있을 것인지에 대한 꿈을 꾸기 시작하였다. 잘 들어보자! 그녀는 갑자기 그녀의 혀에서 삶은 계란의 겉껍질에서 볼 수 있는 얇은 막같이 아주 작은 막을 느낄 수 있었다. 그것은 계란의 얇은 막보다 더 달콤했고, 그녀는 그것을 삼켜 버렸다. 그것을 삼킨 다음, 그녀는 또다시 그녀의 혀에서 아주 달콤한 막이 있는 것을 느꼈으며, 다시 그

38) Bernard Pez(éd.), *Venerabilis Agnetis Blannbekin quae … Wiennae floruit, vita et revelation*. Vienne, 1730. 오스트리아 묄륵 수도원 소장 도서.

것을 삼켜 버렸다. 그녀는 그렇게 하기를 백 차례나 하였다…. 그 포피를 소화시킨 다음에 느껴지는 달콤한 감각이 너무 커서 그녀는 그녀의 팔다리와 모든 관절들까지 아주 부드럽게 변하는 것 같았다. 그런 계시를 받는 동안 그녀의 내면에는 빛이 너무 가득 차서, 그녀의 모습 전부를 그 안에서 관조할 수 있을 것 같았다."[39] 주님은 그녀에게 여러 차례 당신의 손이나 그때 마침 강단에 온 어린 양을 통해서 그녀를 부드럽고 차분하게 안수하셨다. "하나님이 방문하시는 동안 아녜스의 가슴은 흥분으로 가득하여 그것이 그녀의 온몸을 통해서 여실히 드러났고, 그녀는 불타올랐다. 그것은 고통에 의한 것이 아니라 아주 부드럽게 느껴졌다." 그런데 어느 날 그녀의 피를 뽑던 사람은 그녀의 피가 '열기로 끓어오르고 있었다'는 사실을 보고 놀랐는데, 그것은 정말 놀라운 사실이 아닐 수 없었다.[40]

우리는 이렇게 신비스러운 압착기로부터 흘러나오는 자극적인 향취를 맡으면서, 몽테뉴(Montaigne)가 한 다음과 같은 말을 떠올리게 된다. "우리 사이에는, 내가 항상 보아 오는 것이지만, 이상하게 일치되는 것들이 있다. 그것은 하늘에서나 있음직한 생각과 지하세계에서 있음직한 풍습이 그렇다는 사실이다."[41] "이것은 종교적인 감정에 생긴 병인가?" 빈티(D. Winty) 박사 같으면 그렇게 진단할 것이다. 그는 여러 사람들이 했던 시각적, 청각적, 후각적, 미각적, 촉각적인 환각에 대한 기록을 살펴본 다음, 그 모든 질병에서 사람들은 성애적인 것이 개입되어 있는 것을 볼 수 있다는 논문

---

39) *Livre des révélations,* chap. XXXVII.

40) *Ibid.*, chap. LXXVIII.

41) *Essays,* livre III.

을 썼기 때문이다.[42] 정신병자가 아닌 사람에게서도 그런 환각이 나타날 수 있다는 질문을 잠시 유보시킨다면, 이런 병은 어디에서 오는 것인가 하는 질문을 할 수 있다. 애정망상(érotomanie)인가? 그러나 그가 '신격화시킨' 사람에게 반하는 것이나, 하나님이나 예수 그리스도에게 사랑의 감정을 느끼는 것은 병적인 현상도 아니고, 잘못된 것도 아니다. 더구나 애정망상은 사랑이 거부되어 그 열정이 왜곡돼서 나타나, 결코 쾌락을 얻을 수 없기 때문에 생기는 일종의 편집증인 것이다.

우리는 여기에서 어떤 결론을 내려야 할지 잠시 머뭇거릴 수밖에 없다. 왜냐하면 성애적인 성향을 보이는 신비가들은 신비주의의 본질적인 사고를 가진 사람들과 비교해 볼 때 '종교 감정에 병이 생긴 것이' 뚜렷하기 때문이다. 그렇다면 그들은 정신병에 걸린 것인가? 여기에서 어떤 이들은 성애적 성향을 보이는 신비가들이 표현하는 것과 히스테리 초기 단계에서 나타나는 주변적 환상 사이의 유사성을 길게 나열할 수 있을 것이다. 그런데 신경증 환자들은 그것을 그들이 즐기는 환상의 뒤쪽에 감추고, 근친상간적 표상 가운데 집어넣고 억압하면서 그것을 다른 것과 바꾸고 만다. 그러나 우리가 살펴본 경우에서는 그렇지 않았다. 그들에게서 그것은 삶에 그대로 드러났다. 그들은 그들의 욕망을 간직한 몸이 매일매일의 삶에서 그것을 그대로 말하게 하면서 신비적인 주제를 드러냈던 것이다. 그러므로 결국 그들은 성애(性愛)를 대체하는 다른 표상 속에 정신 에너지를 직접 투여함으로써 신비적인 기표 속에서 억압을 없앨 수 있는 치유언어를 기대하였다. 그렇게

42) "Mysticisme et Érotisme", *Revue de l' Hypnotisme,* Paris, XXIV (1910).

되면 성욕은 모든 의심스러운 대상을 뛰어넘는 상대에게 가장 이상적으로 뽑혀졌다고 안심하면서 아무 위험 없이 흐르게 된다. 믿을 만한 환경이거나, 특별히 관용적인 환경이라서 그가 경험한 것의 가치를 인정받는다면, 그는 개인적인 소외 상태에서 벗어날 수 있게 된다.

어쨌든 우리는 지금 자기중심적인 쾌락과 해방의 기쁨을 가져다주는 승화 사이를 갈라놓는 심연에 대해서 말하고 있다. 이때 사람들은 몸의 즉각적인 감각에 초점을 맞춘다. 그래서 성욕의 지배를 받는 몸은 쾌락에 사로잡혀 있고, 쾌락은 몸의 여기저기 흩어져 있는 충동을 만족시키면서 몸으로 흘러간다. 그때 기쁨은 그가 특별한 은총을 받을 수 있도록 선택받았다는 자기애적 쾌락에서 온다. 그러므로 이런 종류의 신비주의는 결국 자기성애적 신비주의에 이름을 빌려준 것밖에 되지 않는다고 할 수밖에 없다. 그렇게 될 때, 그것은 구강성교적인 신비주의와도 별로 다를 것이 없다. 그렇다면 그것은 종교 감정에 어떤 병이 생긴 것일까? 의심할 나위 없이 그럴 것이다. 그것은 정신병인가? 이 질문에 대해서 우리는 그것이 어느 정도 성도착적인 것이라는 결론을 내릴 수밖에 없다.[43] 그것은 신경증은 아닌 것이다.

우리는 성애적인 성향을 보이는 신비주의와 신비주의적인 승화 사이의 차이를 구분하는 데 필요한 원리를 추출하기 위하여 아주 단순한 예를 찾아냈다. 잘 알다시피 신비적인 고통은 아주 복합적인 것이다. 우리는 종교적인 히스테리 현상의 예를 살펴보기 위해서 성

43) S. Freud, "Le Président Schreber", *Cinq psychanalyses*, pp. 308-310.

심회(聖心會)의 유명한 사도였던 마리 알라코크(Marie Alacoque, 1647~1690)를 생각해 볼 수 있다.[44] 그녀는 여덟 살 무렵 수도원에 있었는데, '무엇인가가' 그녀가 그 나이에 몰두함직했던 놀이로부터 떼어내었다. "그 영은 내가 기도하도록 했는데, 나는 거의 언제나 엎드리거나 다리를 쭉 펴고 기도드렸다." 그녀는 나중에 병에 걸렸고, 4년 동안이나 걷지 못하였다. 그녀는 죄의식 때문에 불안해하거나, 황홀경에 사로잡히거나, 환각적인 비전을 계속해서 보았다. 그녀의 '신적인 주인은' 그녀에게 '사랑스러운 폭력으로' 가장 엄격한 고행을 하게 했는데, 그녀는 그때 실제로 몸이 아팠다. 그녀의 가족이 그녀가 결혼하기를 원했을 때, 예수 그리스도는 그녀에게 그가 가장 아름답고, 부유하며, 강력하고, 완전해서, 사랑할 만한 모든 것을 가지고 있는 존재처럼 여겨졌다. 그녀는 팔레-르-모니알에 있는 성모방문회 수도원에 있는 수녀로서, 마거리트-마리라는 이름을 받고, 그녀가 그렇게 사랑하는 예수 그리스도의 방문을 '가장 열정적인 연인처럼' 받았다. "그의 사랑에 의한 애무가… 너무 강렬해서 나는 종종 정신을 차릴 수 없었으며, 움직일 수 없었던 적이 많았다." 그녀는 그녀의 신적인 애인을 너무 가까이에서 보고, 듣고, 느꼈기 때문에 그의 위대함 앞에서 아무것도 아닐 정도로 느껴져서, 그녀 혼자 있을 때는 무릎을 꿇거나 땅에

44) M.-M. 알라코크의 자서전에 관한 기록에 대해서는 복합적이고 논란이 많다. 루비 박사(Dr Rouby)는 그녀의 자서전은 1729년 랑그 드 제르지(Languet de Gergy)에 의해서 초판이 출판된 다음 좀 더 완전하게 보충되면서 의심스러운 부분은 삭제되었다고 주장하였다. *Revue de l' hypnotisme,* Paris, vol. XVIII (1902-1903). no. 4, 5, 6, 7, 12. 우리는 Mgr. Gauthey가 정리한 파레-르-모니알 수도원의 새로운 판본을 사용할 수밖에 없었다. *Vie et Œuvres de sainte Marguerite-Marie Alacoque,* tome II, Paris, J. de Gigord, 1920. 여기서 자서전 부분은 pp. 29-119이다.

얼굴을 대고 있으려고 하였다. “그는 내가 그를 존경하는 태도를 취하지 않으면, 내가 쉬지도 못하게 했기 때문이다.” 예수 그리스도는 그녀에게 성경을 쓰라고 해서, 그녀는 그녀의 자유의지를 예수 그리스도에게 모두 바쳤다. 그리고 그녀는 칼끝에 피를 묻혀서 그녀의 가슴에 ‘예수’ 라는 이름을 새겨 넣었다. 그 다음에도 그녀는 예수 그리스도와 정열적인 관계를 가지려고 했기 때문에 밤이나 낮이나 쉴 수 없었다. 이윽고 그녀는 서로의 가슴을 바꾸는 유명한 비전을 보았는데, 그 모든 것들은 그 세기의 특징적인 의학 기록 위에 다음과 같이 기록되어 있다. “그녀의 열성(그녀의 가슴에 있는 살아있는 불꽃에서 나온 불씨)은 그치지 않을 것이고, 어느 정도 피가 흘러야만 식을 수 있을 것이다….” 눈에 선명하게 보일 것 같으면서도 희생 제의의 상징을 떠올리게 하는 매우 사실적인 이 장면은 그 당시에 유행했던 서로의 심장을 바꾸는 것 같은 낭만적인 이미지를 그 아래 보여 주면서, 그녀가 그렇게 사랑했던 사랑의 중심과 그녀가 동일시하려고 했다는 사실을 보여 준다. 이것을 볼 때 우리는 그녀가 히스테리라고만 말할 수는 없을 것이다. 왜냐하면 히스테리 환자들은 그의 욕망이 성취되려는 순간 그 중심으로부터 물러서기 때문이다. 그러나 마리 알라코크는 그 대가를 치르는 데 주저하지 않았다. 그녀에게는 그녀의 ‘신적인 주인’ 의 의지만 중요했던 것이다. 그녀는 이렇게 성애적이거나 악마적인 것들이 공격하거나 그녀를 놀라게 하여 고통받을 때, 하나님의 의지를 그녀의 판단과 행동을 위한 객관적인 축으로 삼았던 것이다. 의로우신 하나님은 당신의 의지 안에서 나타나기 때문이다. 그녀는 조금도 아끼지 않고 하나님의 의지를 따르려고 하였다. 그녀는 ‘아무리 더러운 것’ 이라도 그것이 하나님의 뜻이라고 생각되면 주저하려는 마음을 억누르고 따라갔다. "한번은 어느 환자가 토한 것을 치울 때, 나는 내 혀로 그것을 닦아 내지 않으려는 마음을 누르고 그것을 혀로 닦았다."

이 사례를 너무 성급하게 민족중심주의적인 범주에 넣지 않으려면 우리는 이 현상을 그 당시의 역사적인 상황에 집어넣고 생각해야 한다. 그런데 그 시대는 악마에게 사로잡히는 현상이 매우 많았고, 그것은 대부분 그 당시의 종교적 상황에 의한 히스테리였다. 그 상황은 부분적으로 마리 알라코크의 삶을 교란시켰던 강박관념과 행동을 충분히 설명해 준다. 다시 말해서 우리는 그녀가 겪었던 고통이 히스테리에 속한 것이었다는 사실을 인정할 수밖에 없는 것이다. 하지만 우리는 그녀의 좀 이상한 전기(傳記)에서 그녀가 하나님과 사랑의 관계를 유지시키려고 했다는 사실 역시 확인할 수 있다. 그녀는 하나님의 사랑에서 벗어나지 않으려고 무진 애를 썼던 것이다. 그녀가 그나마 성애에서 나온 흥분에 휩싸이지 않고 기쁨을 느낄 수 있었던 것은 그 때문이다.

하나님을 찾는 수많은 사람들에게 흔히 나타나는 환상은 그들에게 아주 이상한 체험을 하게 하고, 무시무시하고 마술에 걸린 것 같은 비전을 보게 했다. 발피르지(Walpurgis)가 보았던 밤이나, 단테가 보았던 지옥은 물론 사랑의 노래들이 그것이다. 모든 것은 초자연적인 힘이 그들을 사로잡아서 그들은 전쟁터가 되는 것이다. 그들 자신은 물론 그의 동시대인들 역시 그들의 투쟁에서 그들을 뛰어넘는 신비한 드라마가 펼쳐지는 것을 본다. 그때 기독교 신앙은 그들에게서 심리학적인 상징이 드러나는 것을 보고, 신앙적인 측면에서는 하나님의 선이 악과 고통을 모두 물리칠 수 있다는 믿음의 기표(le signifiant)를 볼 수 있는 것이다. 그리하여 신비가들은 자기만 그런 것이 아닌가 하는 외로움에서 벗어날 수 있고, 신앙을 통한 보편적인 의미와 접함으로써 사리에 맞지 않는 것에서도 어느 정도 비켜가게 된다. 승화 과정에서 이루어지는 치유와 드라마는 비록 부분적이고 취약한 것일 수 있지만, 다른 사람들에게 하나의 기호로서 가치를 부여하기도 한다. 그들은 거기서 그들의 강박관념과 숨어 있는 괴물을 보지만, 그들 자신의 진리와 앞으로 전개될 운명을 보게 된다. 우리는 그들 가운데 어떤 사람에게 좀 모호하지만 불가사의한 것이 있다고 해야 할 것인가? 개인적으로 생각하기에, 우리는 그들이 정신병원에 갇혀 있어야 한다고 생각하지 않지만, 초자연적으로 대단한 현상이라고 생각하지도 않는다. 그들은 다만 드라마나 신화에 나오는 영웅들처럼 공적인 공간에서 카타르시스를 얻기 위해서 상징적인 기호를 펼쳐보였다고 생각해야 하는 것이다.

08
환상과 음성

종교인들 가운데 비전을 보았거나 말씀을 들었다는 사람들이 많고, 대부분의 종교는 그런 기억을 집단적으로 간직하고 있다. 수준이 높은 신비가들은 물론 정신이 혼란스러운 병적인 신비가들 역시 그런 신적인 체험을 했다고 하며, 민간신앙에서도 그렇게 말하는 사람들이 많다. 이런 사람들 모두를 이상하다거나 정신병자라고 해서는 안 된다. 물론 그런 체험과 현상이 환각(hallucination) 현상인 것은 틀림없다. 그러나 그것이 아무리 환각적인 현상일지라도 신앙인들은 환시를 보거나 환청을 들으면서 거기에는 틀림없이 하나님이나 초자연적 현존이 계시되어 있다고 생각하는데, 그런 계시적 소통은 정상적으로 지각(知覺)되는 것들과 전혀 다르다.

그런 엑스터시 현상은 너무 다양한 모습으로 나타나서 하나의 용어로 묶어서 말할 수는 없다. 성서에 나오는 신현(神顯)현상 가운데 많은 것은 새로운 종교운동에 이정표를 세웠고, 하나의 역사적 사실인 것처럼 생각되고 있다. 그런 방식으로 인간 세상에 돌입해 온 초자연적인 틈새는 그와 관계되는 수많은 다른 변환을 만들어 냈다. 그런데 성서에 나타난 계시의 원천을 궁극적인 것이라고 생각하는 역사가들은 그 계시사(啓示史)를 따로 모아서 설명하려고 한다. 또한 기독교 신비가들과 대부분의 환상가들과 예언자들은 그들이 계시를 통해서 얻은 것들을 변경시키거나 덧붙이려고 하지 않는다. 게다가 성서에 나오는 계시는 그것이 속해 있던 문화적, 사회적, 종교적 상황에 따라서 매우 다양한 문학 장르로 나타나고, 그에 맞추어서 해석해야 한다. 그러므로 성서에 나오는 예언은 매우 특별하고 역사적으로 제한된 상황에서 영감을 통해서 얻어진 것이라고 해야 한다. 그때 하나님은 그 자신을 일인칭의 주체로 드러내면서 나타난다. 그런데 그런 종류의 예언은 다른 신비주의에서 흔히 나타나는 엑스터시 현상과 공통되는 부분이 많지 않다. 그런 현상에서 얻을 수 있는 영감이 일상적인 인식과 너무 다르기 때문에 그것을 오직 하나의 범주로 취급하는 것은 과학적으로 볼 때 너무 가벼운 행위다. 그래서 우리는 연구의 범위를 서구 기독교 신앙 전통에 나타난 엑스터시 현상으로 제한하려고 하며, 앞으로 그 이유를 설명하겠지만 그것을 두 집단, 즉 신비주의 집단과 민중종교 집단으로 나누어 고찰하려고 한다.

그런 현상을 가리켜서 환각적인 것이라고 말하는 것은 올바른 표현이 아니다. 왜냐하면 환각(幻覺)이라는 말은 정신의학에서 나온 말로서, 환각에 의한 인식은 정상적인 지각에서 나온 인식과 반대되며, 그렇기 때문에 정신적으로 문제가 있다는 듯이 보려고 하기 때문이다. 옛날에 사람들이 광기를 종교적인 범주 안에서 해석하려고 했을 때, 그들은 보편적인 종교현상을 합리적인 관점에서 보려고 했으며, 그 연장선상에서 환각을 사리에서 벗어난 것으로 취급하였다.

그러한 풍조는 지금도 마찬가지다. 현대사회에서 지배적인 지위를 얻은 정신의학은 종교적 망상의 모델을 따라서 샤머니즘의 빙의(憑依)와 묵시적인 비전과 예언자들이 들었던 음성과 신비가들의 엑스터시를 궁극적으로 질병 진단학의 범주 안에 넣으려고 하였다.

그와 같은 관찰 방식은 논리적으로 다음 두 가지 가운데 하나 위에 서 있다. 어떤 이들은 그 비전이나 음성의 초자연적인 원천을 받아들여 체험자들이 하는 말에 동의하면서 그들이 인식하는 방식에 아무런 과학적인 규범을 부과하려고 하지 않는다. 그러나 다른 이들은 그들이 하는 말을 자연 현상 가운데 하나로 생각하면서 들으려고 한다. 후자의 사람들은 체험자들이 말하는 초자연적 담론을 인간의 언어로 대체시키려고 다음과 같은 두 가지 방법을 채택할 수 있다. 어떤 이들은 그것을 정신의학에서 말하는 환각으로 간주할 것이고, 다른 이들은 영혼의 알 수 없는 힘을 유사심리학을 가지고 설명할 것이다. 그러나 우리는 그런 시도가 모두 상상계에 속한 것이라고 생각한다. 여기서 중요한 것은 우선 거기에 인간적이고 종교적인 사실에 대한 인식이나 몰이해가 있는가 하는 점을 살펴보는 것이다. 하지만 어떤 경우에서도 그것들은 우리의 정신 기관으로 알 수 있어야 한다. 그래서 우리는 임상을 위한 담론을 위해서 그 말들에 정신적인 불연속이나 공백이 어디 있는가를 찾으려고 한다. '환각' 이라는 단어가 가진 뉘앙스를 다시 생각할 때, 우리는 정신의학적 담론을 깨 나가야 하는데, 그것은 프로이트가 정신병을 관찰하면서 인간을 구성하는 정신 구조를 간파하기 위해서 자기애(narcissisme)와 같은 임상(臨床) 용어를 쓰면서 했던 작업이기도 하다. 그렇게 할 때 우리는 정신병리는 물론 인간의 삶에서 나오는 현상들까지 파악할 수 있게 된다.

1. 환각

H. 에(H. Ey)는 그가 쓴 『환각에 대한 논의』[1]를 마무리하면서 다음과 같이 정의하였다. "환각은 고전적으로 말해서 '주체의 정신병리적 현상' 이며, 간단하게 말하자면 '대상이 없는 데서 이루어지는 지각' 이다. 더 정확하게 말해서 그것은 무의식적인 행위인데, 그의 의식적 존재가 손상되었거나 지각 체계가 파괴되어 정신 기관에 문제가 생긴 사람들은 그럴 만한 대상이 없는데도 불구하고 무엇인가를 지각하였다고 말하는 것이다. 거기서부터 두 가지 주장이 제기되는데, 첫째는 모든 환각을 이상하고 무분별한 것으로 특징짓는 것이고, 둘째는 환각을 두 종류로 나누어서 생각하는 것이다. 망상적인 환각과 환각적 직관이 그것이다." 그러므로 에에게 있어서 환각은 '정신병리적인 현상이거나 전혀 그렇지 않은 것' 으로 분류될 수 있다.[2] 환각은 흔들리는 실재라는 상황에서 드러나는 정신적 왜곡현상인 것이다. 환각에 대한 이런 부정적인 정의는 '현실감 상실' 이라는 프로이트의 주제를 따른 것이다. 환각은 상상계의 산물, 즉 마술적인 사고에서 나온 환상 또는 집단적 암시 등과 비교할 때 이질적인 현상임에는 틀림없다. 그런데 상상계[3]의 산물이나 마술적 사고에서 나온 환상이나 집단적 암시 등은 객관적 지각의 법칙을 따르는 환상으로서, 상상계의 정상적 법칙과 지각 대

1) H. Ey, *Traité des hallucinations,* Paris, Masson, 1973. vol. II, p. 1441.

2) vol. I, p. 27.

3) 다음에 나오는 상상계, 실제계, 상징계의 의미는 본서 p. 7에 나오는 역자 주를 참고하라.

상에 따라 달라지는 감정에 순응하여 '정신 규범을 따르는 환각'[4] 이라고 불린다. 에는 진정한 환각이 있으려면, "첫째, 실제적 체험에 의한 감각이 있어야 하는데, 그것은 생각이나 우화나 상상력에서 나온 것이 아니어야 한다. 둘째, 주관적인 것이 아니라는 확신이 있어야 하는데, 그것을 판정하기 위해서는 그것이 비정상적인 감각이 아니라는 것이 증명되어야 한다. 셋째, 실제적인 대상이 없어야 하는데, 그것은 감각에 의한 착각이 아니어야 한다. 그런데 착각이란 실제적인 대상을 단순히 잘못 인식하는 것을 말한다."라고 주장하였다.[5] "그러므로 환각현상이란 결국 다른 이에게 환각을 경험했다고 주장하는 것, 즉 그의 지각의 비실제성에 대한 주장을 말한다. 다시 말해서 환각은 한편으로 주체가 생각하는 현실과 그가 경험하는 것 사이, 다른 한편으로는 그들 사이에 의사소통을 가능하게 하는 법칙과 경험 사이에서의 불일치의 틈새를 뚫고 나오는 것이다."[6] 우리는 이 정의에 해당하는 두 가지 커다란 예를 생각할 수 있다. 첫째, 환각적 직관이 있다. 그 속에서 주체는 지각의 영역에 있는 시공(時空) 안에서 어떤 심상(心相)을 지각하고는 그것을 단언적으로 판단하는데, 그때 그는 거기에 아무런 현실적 판단도 고려하지 않고 그것이 지각의 영역에 존재하는 것이라고 엉뚱한 주장을 한다. 그런 '잘못된 지각'은 종종 매혹적이며 감삭적인 것으로 가득 차 있다. 우리는 이러한 감각현상을 종교적인 비전이나 환각 체험 속에서도 찾아볼 수 있는데, 그때 지각에는 잘못

4) P. Guercy, *L'Hallucination,* Paris, Masson, 1930. I, *Théorie de la perception de l'image et l'hallucination chez Spinoza, Leibniz, Taine et Bergson,* Cité par H. Ey, vol. I, p. 68.

5) T. I., p. 46.

6) p. 45.

된 것이 아무것도 없다. 둘째, 망상적 환각이다. 망상(délire)이란 다른 사람들의 생각이나 현실을 구성하는 체계의 법칙과 전혀 다른 방식으로 인식하는 것을 말한다.[7]에에 의하면 모든 망상이 환각적인 것은 아니다. 왜냐하면 거기에는 우리가 지각하거나 지각할 수 있는 현실의 준거 체계를 벗어나는 추상적인 개념과 가정과 정감으로 이루어진 것이 있을 수 있기 때문이다. 그런데 "소외의 가장 중요한 매듭을 만들어 내는 집단 속에서 환각은 계속해서 생겨난다. 특히 망상에서 나오는 목소리 같은 것은 계속해서 들릴지 모른다."[8]

지금까지 어느 누구도 언급하지 않은 것으로서 에가 주장한 것 가운데 가장 중요한 것은 지각에 의한 인식과 심리적 질서에 기반을 둔 인식, 그것도 현실이 붕괴되거나 주체가 파괴된 상태에서 생긴 인식이 교대로 나타날 수 있다고 주장한 것이다. 우리는 그의 주장이 '그럴 만한 대상이 없는 데서 나온 지각'을 관찰한 다음에 주장한 임상적 추론인지, 아니면 환각 체험자들이 한 말을 분석한 다음에 주장한 것인지 판정할 만한 입장에 있지 않다. 하지만 그의 주장은 대단히 중요하다. 어쨌든 에는 환각은 병리적인 것이라고 엄격하게 한정짓고 있으며, 더구나 그가 환각을 굳이 미학적인 상상력과 구분하려고 하는 한 더욱 그러하다. 그것은 그의 다음과 같은 말에서 더 분명하게 드러난다. 환각은 "부정적인 현상"이며, "현실이라는 체계에 난 구멍으로서 그 어떤 형상도 그 빈 곳을 다시 만들어 낼 수 없다."[9] 이에 따라서 우리는 수많은 질문을 할 수

7) p. 1440.
8) p. 741.
9) p. 37.

있다. 실재계에 구멍이 났다면 어떻게 할 것인가? 그리고 실재가 어떤 것이며 '지각의 비실재성' 은 어떤 것이라고 누가 최종적으로 말할 수 있을 것인가? 다른 사람들은 보지 못하는 종교적 비전은 비실재적인 지각이 아닌가? 그 비전은 그 구멍을 어떤 사라진 실재를 가지고 메우고 있는가? 환각적 직관에서도 모호한 것은 많이 있다. 물론 환각 체험을 하는 사람들은 어떤 감각적인 것을 지각하지만, 그에게는 현실감이 거의 없는 것처럼 보인다. 왜냐하면 그가 판단하는 것은 너무 단정적이기 때문이다. 그가 지각한 것으로서의 실재는 시공에 존재한다. 그러나 그것은 그에게 다가오는 대상의 윤곽을 제대로 잡지 못한다. 그런데 훗설(Husserl)의 현상학에 의하면 이 윤곽의 연속성이야말로 그 대상이 실재한다고 말할 수 있는 주장의 기반이 된다. 하지만 환각에서 사람들은 그 대상에 접근하지만 그것이 무엇인지 완전히 파악하지 못한다. 환각 체험자들은 이 차이를 알고 있다. 그래서 그들이 지각하는 것이 무엇인지 좀 다른 것이라는 사실을 안다. 우리가 지금 말하는 것은 사르트르(Sartre)가 묘사한 것으로서, 상상에 의한 의식에서 나온 지각인데, 그 지각은 언제나 꼭 그대로 나타나지는 않는다.[10] 그렇다면 이와 비슷한 환각을 병리적인 것이라고 판정하려면 그것을 보편적인 지각과 비교해야 하는가? 솔직히 말하자면, 에가 마술적인 사고나 미학적인 상상력에서 비롯된 것이라고 말했던 지각 가운데 많은 것은, 그것이 어린아이들이나 예술가들의 것이라는 사실을 감안하지 않는다면, 병리적인 것이라고 판정할 수밖에 없다. 그러므로 비현실적인 것을 모두 병리적인 것이라고 주장하는 이론적인 원리를

10) J.-P. Sartre, *L'Imaginaire*, Paris, Gallimard, 1948. p. 90.

재고(再考)해 보아야 한다. 그렇다면 그 원리는 어디서 나온 것인가? 우리는 그것을 판정할 수 있는 훌륭한 지표를 찾아볼 수 있는데, 그것은 그 체험자가 그의 지각을 어떻게 느끼는가 하는 점이다. 즉, 그가 지각하는 것이 이상하거나 강제적인 것으로 느껴지지 않는가 하는 점을 살펴보고 판정해야 하는 것이다. 그는 어떤 지각이 분명히 존재한다고 믿을 수 없을지 모른다. 그러나 동시에 그것이 존재하지 않는다고 말할 수 없는 경우도 있다.

우리가 어떤 것을 망상적 환각이라고 진단하려면, 그 근거를 보편적인 인식의 법칙과 합리성이라는 원칙 위에서 해야 한다. 그래서 사람들은 어떤 사람이 말하는 것이 다른 사람들이 일반적으로 말하는 것과 다를 경우 그것을 병리적인 것이라고 판정한다. 그러나 많은 경우에 있어서 그것이 왜 다른가 하는 이유와 그 의미를 파악하는 것은 그렇게 쉬운 일이 아니다. 예를 들어서, 앞에서 이미 피에르 자네(P. Janet)가 아빌라의 테레사에 대해서 판정한 것에 대해서 언급한 바 있다. 그는 모든 것을 그의 논리로 재단(裁斷)할 수 있다고 생각하면서, 아빌라의 테레사를 망상적 신비가로 분류하였다. 그렇게 생각한다면 에의 진단법에도 양면성이 있다고 해야 한다. 환각적 망상이 보편적 원리와 일치하지 않는다는 판정은 그때 그의 지각에서 실재의 체계와 어떤 틈이 벌어졌다는 증거가 있어야 가능한 것이다. 그러나 사람들이 실재(le réel)라고 부르는 것이 인간의 지각에 의해서 구성되는 것이라면, 환각이라는 개념은 동어반복적인 말이고, 우리는 매우 옹색한 합리주의에 기반을 두고 있으며, 정신의학은 그 틈새를 노리고 있는 것이라고 말할 수밖에 없다. 그 대신 그 실재가 다른 질서라고 한다면, 우리는 그 실재를 새롭게 세워 나가야 한다. 우리를 구원할 수 있는 것은 보편적인 의미에로의 부름이 아니기 때문이다. 본래 복합적인 특성을 가진 실재는 칸트가 괴테 작품 속 젊은 베르테르의 체험을 반추하고 『판단력비판』을 쓰면서 세우려고 했듯이 초월적인 원리를 따라서 판정되어야 한다. 하지만 우리는 여기서 그렇게 어렵고, 또 많은 사람들이 시도했지만 성공하지 못했던 그 작업을 하려고 하지 않는다. 임상심리학은 단순히 진단적인 기술만 하지 않고 그 나름대로 사람들이 말하는 것을 분석하거나, 의도하지는 않았지만 실재를 부정하는 것을 해석하는 체계를 만들면서 그 작업을 수행하였다. 에는 망상적인 환각을 체험하는 사람들이 언제나 그의 망상을 믿는 것은 아니라고 주장하였다.[11] 또한 우리에게 똑같이 중요하게 생각되는 것은 주체의 부정적인 신앙이다. 세상이 그에게 메시지의 형태로 보내는 것을 그가 여간해서는 믿지 않으려고 하는 것이다. 그 문제에 관해서라면 프로이트가 부정적인 환상이라고 말했던 것을 다시 살펴보는 것이 도움이 된다.[12] 그런데 우리는 망상이 많이 떠오를 때, 사람들에게는 긍정적인 망상과 부정적인 망상이 교대로 나타나지 않는가 하는 가설을 제기하고 싶다. 그때 그들에게는 보편적인 실재가 이제 더 이상 신뢰할 수 없게 되고, 실제로

11) pp. 41-42.

12) 프로이트는 그가 살던 시대에 이미 고전이 된 부정적인 환상(hallucination négative)이라는 단어를 통해서 히스테리 환자에게서 많이 찾아볼 수 있는 부재(l' absence)와 사람이나 대상에 대한 확인 거부 현상을 가리켰다. 부정적인 환상이란 그들에게서 나타나는 '이중적인 의식' 의 전주(前奏)인 것이다. 프로이트의 이런 생각은 그가 나중에 인격의 균열에 관해서 언급할 때 다시 등장하고 더 깊이 다루어지는데, 예를 들어 안나 오(Anna O.)의 케이스를 다룬 『히스테리 연구』가 그렇다. 또한 부정적인 환상이라는 단어는 G. 젠센(G. Jensen)에 대해 다룰 때도 나왔다. 처녀 아롤드에게는 '부정적인 환상' 이 많았는데, 그는 그의 눈앞에 있는 사람도 보지 못하거나 인정하지 못했던 것이다.

지각된 것과 반대되는 것이 믿을 만한 것으로 나타난다. 주체의 개인적인 영역이나 그가 다른 사람들과 같이 나누는 세계를 넘어서 제3의 세계가 지배하기 시작하고, 합리성이나 관찰할 수 있는 실재를 상기시키는 것은 이제 더 이상 제시되지 않는 것이다.[13)]

이제 우리는 지각된 실재 속에서 환각적인 내용을 담은 채 마치 유령이 출몰하듯이 나타나는 환각의 매커니즘에 대해서 살펴볼 텐데, 앞으로 그 수수께끼에 대한 대답을 하게 될 것이다. 우리는 일반적으로 환각적인 것이라고 부르는 정신현상이 병리적인 것을 지칭하지는 않는다는 사실을 보여 주어야 한다. 우리가 알기에 프로이트를 제외하고 여러 저자들은 정신의 역동 속에서 통합되는 지각의 메커니즘은 무시하고 병리적인 것으로 나타나는 환각을 포착하려고 하는 것 같았다. 하지만 그런 관점은 얼핏 보기에도 환각을 병리적인 것으로 보는 듯하다.

우리의 논의에서 환각처럼 보이는 것은 별로 소용이 없다. 왜냐하면 그것은 환각의 정의를 생각해 볼 때 부정적인 개념처럼 그 의미가 광범위하기 때문이다. 망상적 환각을 참된 것이라고 생각하는 사람들은 환각적 직관을 유사 환각이라고 한다. 그다음에 나타난 수많은 이론적 후속 작업에서 생기는 용어의 혼란을 피하기 위해서 우리는 환각적인 것이라는 용어를 하나의 지각 과정이라는 의미에 한정해서 쓰려고 한다.

우리는 이론적인 혼돈에 빠지지 않고 제대로 가기 위해서 세 가

13) 우리는 이 표현을 민코프스키(E. Minkowski)에게서 빌려 왔는데, 그는 주체와 객관적인 세계 사이에 '제3의 세계'가 나타난다고 주장하였다. E. Minkowski, "La Réalité et les fonctions de l'iréel", *L'Evolution psychique,* Paris, 1950. pp. 59-136.

지 지표를 제시하려고 한다. 신경증이나 정신병에서와 마찬가지로 환각에서는 '다른 곳(un ailleurs)'이 보이거나 들린다. 그렇다면 엑스터시 체험에서 나타나는 비전과 목소리도 다른 곳에서 오는 것인가? 누가 말하고, 누가 보이는 것이며, 어디에서 말하고, 어디에서 오는 것일까? 이것은 이론적인 질문이 아니고 심리학적인 질문인데, 우리가 그 질문의 내용을 분석해야만 그것을 알 수 있다. 둘째로 그 주체는 어떻게 해야 다른 곳에서 오는 것과 관련을 맺을 수 있는가? 그런 지각을 하는 신앙은 얼마나 같은 위치에 속해 있는가? 거기에는 버림받고, 억압되거나 부정당한 실재가 있는가? 있다면 누구인가? 이 세 가지 질문은 환각에 대한 일관된 논리 속에서 나오기 때문에 자연히 그 대답도 그것들이 수렴되는 지점에서 공동으로 작성되고, 우리를 사로잡는 현상의 여러 가지 다른 모습을 담고 있어야 한다.

2. 황홀경 속에 나타나는 신경증적 환각

앞에서 살펴보았던 마리 알라코크의 색정적이고 신비적인 비전과 감각은 우리가 보기에 히스테리적인 환각 같은 양상을 나타낸다. 물론 억압된 것은 사람들에게 시각적인 지각이나 감각의 형태로 그 자리를 차지하면서 되돌아온다. 하지만 억압된 것이 현상계 속에 나타났다고 해서 자아에 결정적인 손상이 일어나지 않은 사람을 망상장애라고 결론지을 수는 없다. 알라코크는 틀림없이 그녀가 보았던 비전이나 감각을 신뢰하였다. 그러나 그녀는 그것을 그녀가 믿으려고 했던 것에 비추어 보면서 판단하였고, 거기에 저항하기도 하였다. 그녀의 체험이 현대세계에서 나타났다면, 그것을 히스테리라고 진단할 수는 없을 것이다. 아마도 우리는 그것을 피에르 자네가 말했듯이 히스테리성 환각 증상이라고 해야 할 것이다.[14] 그런데 사람들이 체험하는 환상적인 감각이나 표상을 현상계 속에서 그렇게 지각하게 하는 것은 그들이 가진 종교적인 배경 때문이다.

억압된 표상은 쉽사리 감각적인 환각의 특성을 취하고, 아주 드문 경우 들리는 음성이나 눈에 보이는 장면으로 드러나기도 한다. 한 가지 예를 들자면, X 씨는 정신분석을 몇 개월 동안 받았는데, 어떤 일을 하는 동안 매우 강박적인 상태에서 그의 성기가 발기된 채 금이 갔다는 사고—이미지—감각에 지배받은 적이 있다. 그래서 그는 공황적인 불안에 사로잡혀서 사무실을 빠져 나와 어디론가 달려갈 수밖에 없었다. 그것을 환각이라고 할 수 있는가? 그때 그는 어쨌든 참을 수 없는 불안에 사로잡혀 그의 성기에 정말 금이 간 것처럼 느꼈다. 물론 그는 그 사실을 믿을 수 없었다. 왜냐하면 그에게 그런 생각이 들게 한 것이 무엇인지 알 수 없었기 때문이다. 그는 다만 그에게 익숙한 일상적인 상황과 그에게 갑자기 공포를 가져다준 상황 사이에서 어쩔 줄 몰라 하였다. 그것이 환상적인 표상으로 나타난 감각적인 환각이라고 할 수는 있다. 그러나 그것은 시각적인 모습으로 나타난 환각은 아니었다. 그때 그에게는 어떤 무의식적 표상이 먼저 나타났는데, 그 표상은 그에게 자연히 환각적인 감각과 거세의 이미지를 만들어 냈을 것이다. 그런데 그 이미지는 그에게 오랫동안 놀라움과 혐오감을 주었던 여성의 성기와 닮은

14) P. Janet, *Névroses et Idées fixes,* Paris, Alcan, 1898. vol. I, pp. 156-212. "L'observation de Justine."

모습이었다. 에의 견해를 다시 취하자면, 환각은 일반적인 견해와 달리 욕망의 투사가 아니다. 프로이트가 말하듯이 환각은 꿈과 비슷하며, 무의식적인 욕망의 표상인 것처럼 보인다. 또한 환각은 꿈이 그렇듯이 사람들이 당했던 정신적 외상을 그 내용으로 한다.

앞에서 말했던 것들을 통하여 히스테리적인 전환 반응에 대해서 어느 정도 이해할 수 있을 것이다. 히스테리적인 사람들은 신체화 반응을 보인다. 물론 강박증 환자들에게서도 신체화 반응은 일어난다. 그런데 강박증 환자에게서 신체화 반응이 온전히 일어나지 않는 것은 무의식의 표상이 그들의 상상 속에서도 나타나기 때문이다.

이제 이냐스 드 로욜라(Ignace de Loyola)가 그의 자서전에서 보고했던 환각적 비전에 대해서 살펴보자.[15] 그의 기록에 의하면 그가 보았던 것은 진정한 환각이었던 것 같다. 그는 그전까지 도박, 여자, 결투, 무기에 몰두해 있었는데, 팡프륀느(Pampelune) 전투에서 부상당하여 망레즈(Manrése) 병원에 입원해 있을 때, 『그리스도의 생애』와 『황금빛의 전설』을 읽으면서, 이제는 정말 회개해야겠다고 결심하였다.[16] 그래서 그는 성인들의 영웅적인 행적을 본받아 엄격한 금욕을 실천하였고, 가난한 삶을 살았다. 하지만 환희의 시간들이 지나가자, 의심이 찾아왔다. '내가 과연 이런 삶을 견디어 낼 수 있을까?' 하는 생각이 그를 사로잡았던 것이다. 그때인지

---

15) *Le récit du pèlerin. Autobiographie de saint Ignace de Loyola* (trad. fr.), Paris, Desclée de Brouwer, 1956, p. 64.

16) Poléanco, *De vita P. Ignatii et Societatis jesu initiis*, 1573, Fontes narrativi, vol. II, o. 527. L. Beirnaert, "L'Expérience fondameutale d'Ignace de Loyola et l'Expérience psychanalytique". in *La Psychanalyse,* 제3권, Paris, PUF, 1957, p. 115에서 재인용.

그 조금 후인지 모르지만 그는 어떤 환각적인 비전을 보았는데, 그것은 며칠 동안 지속되었다. "그는 때때로 대낮에 그의 곁에서 어떤 것이 공중에 떠 있는 것을 보았는데, '그것'의 모양이 너무 아름다워서 그에게 많은 위로를 주었다. 그는 '그것'(la chose)이 어떤 것인지 잘 알지 못하였다. 그것은 눈처럼 반짝반짝하는 수많은 점이 박힌 뱀같이 보였지만, 뱀이라고 할 수는 없었다. 어쨌든 그것은 그에게 많은 기쁨과 위안을 가져다주었다. 그래서 그는 그것이 모두 사라졌을 때, 매우 슬펐다." 그는 평안함과 우울 사이를 오가면서 정서적으로 불안정했던 시간이 지난 다음 강박적인 세심증(細心症)에 빠져들었는데, 그것은 그가 살았던 금욕적인 삶에 대한 구역질과 자살에 대한 강박적인 생각이 교대로 나타난 다음 찾아온 것이었다. 그는 그때 본 수수께끼 같지만 매혹적인 것에 마귀라는 이름을 붙였는데, 그것은 그가 동일시하려고 했던 것이었다. 그때 그는 그의 곁에 무엇인가가 나타났던 것을 본 것이 틀림없다. 그것은 공중에 떠 있으면서 시간과 공간을 차지하고 있었기 때문이다. 그러나 그것은 다른 환각처럼 그것이 무엇인지 자세하게 살펴볼 수 있을 정도로 공간적으로 나타난 실체는 아니었다. 그것이 환각적 망상은 아니었기 때문에 그것이 억압되어 있던 것이 환각의 형태로 드러난 것일 수 있다. 그 당시 로욜라는 상당히 히스테리적이었을 것이다. 왜냐하면 그에게는 히스테리적인 기질이 많이 있었기 때문이다. 그는 그도 모르는 사이에 수시간 동안 몽환 상태에 빠지곤 했으며, 여성들을 낭만적으로 이상화하였다가, 나중에는 그가 본받으려는 성인을 이상화하였다. 그래서 그는 그런 놀라운 위업을 이루는 꿈을 꾸기도 하였다. 또한 그는 하염없이 눈물을 흘린 적이 많았는데, 어떤 때는 회한의 눈물이었고, 다른 때는 의

기양양한 눈물이었다. 그러나 그의 이런 특성에서 신경증적 히스테리의 특성은 찾아볼 수 없다. 그가 보았던 것에는 꿈이나 상상의 경우에서처럼 무의식의 기억이 짙게 배어 있을 테지만,[17] 그렇다고 해서 그 비전이 억압된 것이 실재를 통해서 드러난 것이라고 할 만한 근거는 없다. 그러므로 우리는 그가 본 환각을 그가 그 당시 수행했던 종교적인 맥락에서밖에 설명할 수가 없다. 그래서 그것은 그가 거부했지만 그를 다시 매혹했던 영광스러운 삶의 문장(紋章)으로 번쩍거렸다. 더구나 그것은 그가 그의 충동을 거부했기 때문에 더욱더 그렇게 나타났을 것이다.

회심 체험자에게 있어서 모든 것은 유혹으로 느껴진다. 그 당시 로욜라는 수많은 유혹을 받았기 때문에 세속적인 삶에 대한 향수에서 나온 것은 그에게 악마로부터 나온 것으로 느껴졌다. 또한 그 이야기는 "그가 원수에게서 오는 것처럼 느껴졌던 암시에 대한 이야기로 이어진다. 그때 그는 내면에서 있는 힘을 다해서 이렇게 대답하였다. '자, 네가 나에게 하루라도 더 살 수 있는 돈을 주어라. 그러면 나는 내 삶의 방식을 바꿀 테다'"[18] 로욜라가 그렇게 말했던 것은 그 당시에 퍼져 있던 생각을 따른 것이다. 그는 악마에게 그렇게 계약을 제안했다. 그러나 그는 이미 그가 제안한 것으로부터 아무것도 얻을 것이 없다는 사실을 알고 있었기 때문에, 그 계약을 상상계 속에서 하였다. 그것이 신기루에 불과한 것이라는 것을 그에게 납득시키기 위해서 그는 그 계약을 하나의 책략으로 사

17) 베르네르는 위에서 언급한 연구에서 로욜라가 '그것'이라고 말한 것은 다른 때 그의 머리 속에 비집고 들어간 상상계적인 것(라캉이 말했던 의미에서)과 관계된다고 주장하였다.

18) 여기서 자서전은 자서전 형식 같지 않고 구술한 것 같은 느낌이 든다. 그래서 베르네르는 그것이 더 자발적인 표현이라고 생각한다.

용했던 것이다. 그 후 그는 십자가 앞에서 "그는 그것이 악마였던 것을 매우 잘 알고 있었다."라고 말하였다.[19] 그런데 악마가 그에게 너무 자꾸 나타나서, 그는 그것을 "그가 늘 가지고 다니던 지팡이로 내쫓았다."[20] 우리는 여기서 그가 그 비전을 그가 그렇게도 충심을 다해서 믿으려고 했던 하나님의 대적자로부터 비롯된 신기루와 완전히 동일시하려고 한다는 사실에 주목해야 한다.

이 환각은 우리에게 정신병이 아닌 사람이 가질 수 있는 심리과정의 예를 잘 보여 준다. 그때 억눌려 있던 것이 솟아나오면, 상징적인 형상 속에 응축돼 있고 억압돼 있기 때문에 더 매혹적인 것을 보여 주는 '어떤 것' 이 환각의 모습을 하고 나타났기 때문이다. 로욜라의 경우, 그때 나타난 형상은 성경 구절에 대한 기억과 기독교 이미지의 영향을 많이 받은 모습으로 나타났다. 이 환각의 삽화(揷話)가 시작될 때, 그가 이제 떠나 버린 유혹적인 삶에 대한 생각은 그가 억압해 버린 욕망을 나타내는 도구로 수도 없이 많이 나타났다. 그런데 그 욕망은 사람들에게 백일몽의 형태로 종종 나타나고, 그들이 거의 의식하지 못하지만 의식의 언저리에 다가오기도 한다. 환각의 씨앗으로 작용하는 그 생각은 꿈꾸는 사람이 가진 꿈의 사고와 비슷한데, 그 차이점은 이 경우 그 생각이 바깥으로부터 의식에 들어오는 것처럼 느껴지는 것밖에 없다. 그 생각은 환각의 경우 눈에 보이는 형상으로 나타나는데, 그때 그 형상은 환각 체험자에게 매우 낯설게 느껴진다. 이렇게 그 수수께끼 같은 것은 로욜라

19) 이냐시오 드 로욜라의 자서전은 로욜라가 포르투갈 출신의 예수회원인 L. G. 다 카마라(Camara)에게 자신의 삶을 구술한 것을 카마라가 기록했기 때문에 '나' 라는 1인칭 대신 '그' 라는 3인칭으로 기록되었다(역자 주).

20) *Autobiographie*, p. 75.

가 그 생각과 관계되는 것이 그의 현재의 모습과 너무 다른 것으로 모두 거부했을 때부터 그를 놀라게 하였다. 그가 그렇게 난폭하게 억압했던 정서적인 기억은 쉽게 달래지지 않았는데, 그것은 그가 가지고 있던 종교적 영웅에 관한 꿈이 그에게 자기애적인 이상으로 대체되면서 그 이상을 그 안에 품고 있었기 때문이다. 위에서도 살펴보았듯이 인간의 감정은 그가 사는 세상에 커다란 희망을 품지 못하게 한다. 그러므로 억압된 것이 그 안에 짙은 정서를 품고 있으면서, 지금-여기라는 현세에 속하지 않은 것처럼 나타나는 것이다. 그러나 사람들은 그도 모르는 곳에서 거기 매달려 있고, 그것을 믿는다. 그러면서 동시에 그는 그가 바라고, 그 안에서 산다고 믿는 실재를 온전히 믿지 못하고 있다는 사실을 알고 있다. 어떤 사람이 환각적인 이미지를 보았다면, 그는 그가 믿고 있다고 주장하는 믿음과 모종의 갈등 상태에 빠져 있다는 사실을 유추할 수 있다. 로욜라의 자서전에서 그 자체만 가지고서는 부정적인 환각을 거의 찾아볼 수 없다. 그것이 실제로 병리적인 경우였으면 그 사람의 의식에 망상적인 핵이 보였을 텐데도 말이다. 정신병이 막 발병하려는 사람들은 그들이 사는 일상적인 세계가 그들이 그렇게 경계하는 부정적인 환각에 의해서 무너지지 않을까 하는 불안과 당황에 빠지기 때문이다.

그런데 로욜라의 경우 그에게 억압되어 있는 표상이 앞으로 어떻게 진행될까 하는 데 대해서 어느 정도 의식하고 있었기 때문에 그것이 그를 유혹하는 형상으로 나타날 만큼 강력하게 작용했던 것 같지는 않다. 히스테리 환자들에게 상상 속에서 우화(寓話)를 만들어 내는 다소 역설적인 의식이 그들이 지각하는 정동적인 공간에 어떤 구체적인 이미지를 만들어 내는 법은 거의 없다. 그러므로 실제로 눈에 보이는 상을 만들어 내는 것은 유혹자에 대한 주체의 믿음과 그것이 눈에 보이도록 나타날 것이라는 그의 믿음 때문이다. 그의 의식적인 믿음에 무의식적인 믿음이 덧붙여지면, 그 상은 매우 구체적인 모습을 갖추게 되는 것이다. 그에게 그 상이 나타날지도 모른다는 믿음에 그에 대한 흥미를 열렬하게 자극하는 종교적 신앙이 덧붙여지면, 그 상은 아주 생생한 것으로 느껴지는 것이다. 왜냐하면 그 신앙은 초자연적인 것이 일상적인 실재보다 훨씬 더 눈부신 실재라고 강조하기 때문이다. 꿈의 상황은 이와 조금 다르다. 꿈에서 의식은 어느 정도 몽롱하고 무엇인가 감추려고 하기 때문에 무의식적 사고는 우리가 일상생활에서 감각하는 것과 비슷한 형상을 보여 준다. 그때 주체는 무의식의 사고가 눈에 보이는 형상을 만들어 내는 것을 수동적으로 따라가게 된다. 그래서 주체는 꿈에 나오는 형상을 그대로 믿지 않고, 꿈의 장면을 관객의 입장에서 좇아가는데, 그것은 마치 투사(投射)를 만드는 기계가 찍어 내는 것처럼 느껴진다. 그래서 그것이 영화의 한 장면처럼 보일지라도, 주체는 그 자신을 두 사람으로 느낀다. 그 자신을 또 다른 타인으로 느끼는 것이다. 물론 꿈 가운데는 매우 현실감 있게 느껴지고 깬 다음에도 눈에 생생하게 보일 정도로 확실한 것도 있다. 그런데 그것은 그 안에 강한 욕망을 담고 있으며, 그대로 드러난 것이다. 우리는 여기서도 꿈에는 욕망이 어떤 방식으로든지 실현된다는 주체의 생생한 믿음이 작용하는 것을 볼 수 있다. 그 믿음은 꿈의 이미지에 그것을 눈에 보이거나 느껴지는 것으로 각인된 것이다.

정신병적 환각은 거기에 종교적인 요소가 들어 있거나 들어 있지 않거나 간에 이와 근본적으로 다른 구조를 가지고 있다. 프로이트가 이미 지적했듯이,[21] 정신분열병 환자들은 그들이 지각하는 사물에 정신 에너지를 일찍부터, 그리고 계속적으로 투입하지 못하기 때문에 그들에게서 사물-표상(représentation-chose)은 해체되어 있다. 그래서 그 표상이 의식에 들어올 때, 너무 손상되었기 때문에 제대로 된 형상을 지니지 못하며, 무의식에 남아 있지도 못할 정도로 억압되어 있다. 그것은 그의 언어 세계도 마찬가지다. 그의 언어 세계 역시 그와 비슷하게 해체되어 있다. 주체는 기의(signifié)[22]를 전유(專有)하지 못하여 언어를 제대로 구사하지 못하고, 그의 언어 세계에는 기호들만 남아 있다. 그래서 주체는 비어 버린 언어에 실재의 내용을 복원시키려고 하지만 성공하지 못한다.

그러나 신경증의 경우는 이와 전혀 다르다. 신경증 환자들에게서 억압된 것은 언어를 통하여 드러나려고 하며, 감춰진 것을 드러내려고 한다. 라캉에 의하면 정신병적인 환각도 실재에 그 자신을 드러낸다. 그런데 그때 그 실재는 주체에게 존재하지 않는다.[23] 그래서 주체는 언어의 권위적인 세력에 이끌려 사라진 실재 위에 새로운 실재를 덮어씌우려고 한다. 그러나 언어로부터 나온 실재는 실재의 모상(模像)에 불과하다. 그래서 말과 사물의 접합부는 보통 두 가지 방향을 가지고 있는 정상적인 운동을 따라서 이루어지지 않는다. 왜냐하면 정신분열병에서 사물에 대한 지각은 무의미하게 주어지고, 정신 에너지의 투입도 제대로 이루어지지 않아서 의미

---

21) S. Freud, "L' Inconscient", Métapsychologie, pp. 117-118.

22) 기의(記意), 즉 시니피에(signifié)는 소쉬르가 말한 언어학 용어로 소기(所記)라고도 한다. 예를 들어서 말하자면 기의란 사람들이 '바다' 라고 말할 때, '바다' 라는 말을 듣고 머릿속에 떠오르는 의미 부분을 말하는 것이다. 이때 '바다' 라는 청각 영상은 시니피앙(signifiant), 기표(記表) 또는 능기(能記)라고 한다(역자 주).

23) 이것이 라캉이 주장하는 정신병의 구조다. *Écrits,* p. 392.

있는 행동으로 연결되지 못하기 때문이다. 여기서부터 지각은 주체가 실재 속에서 믿음을 가지지 못하게 하는데, 이때 실재는 현실적인 상황으로부터 벗어나게 된다. 일반적으로 환각은 언어가 지각 표상(la représentation perceptuelle) 위에 하나의 불안정한 기호처럼 놓일 때 생기는데, 그때 지각 표상은 언어에 의해 의미가 주어지고, 언어에 언어가 가지고 있지 않은 구체적인 형상을 가지게 한다. 프로이트가 '늑대 인간' 이라고 말했던 사람이 그의 손가락이 잘라진 환각을 보았던 것은 그와 같은 기제(機制)에 의해서였다.[24] 그때 잘린 손가락은 하나의 기의(記意)였는데, 그것은 '잘리다' 라는 말에서 유추되듯이 거세의 표상이다.

정신병적 환각에서 말은 정신을 굴복시키고, 지각 표상에 말이 독점하고 있던 확실한 의미를 넘겨준다. 그때 말이 가진 폭력에 굴복한 주체는 말을 가지고 사물을 지칭하지 못하고, 기표(signifiant)를 통해서 사물을 표상하지도 못한다. 자연히 주체는 어떤 것에 동의하면서 믿을 수 있는 자유를 잃어버리게 된다. 그래서 그는 그의 '환각' 이 그에게 엄청난 폭력을 가하고 있음을 믿지 않을 수 없게 된다. 때때로 그것을 믿지 못하는 경우도 있는데, 그 이유는 그가 기표(記表)는 이미 있던 것이고, 그는 그것을 따를 수밖에 없다는 사실을 알기 때문이다. 그는 언어에서 수동적인 입장에 있으며, 언어 규칙에 아무런 자유도 행사할 수 없음을 잘 아는 것이다.

이와 달리, 우리가 앞에서 살펴보았던 비전에서 실재는 정신 에너지의 철수 때문에 전혀 해체되지 않는다. 비전이 히스테리성 신경증이나 신경증적 갈등에서 생긴 정서적 분열 속에 나타날 때, 욕

24) S. Freud, *Cinq Psychanalyses,* p. 389.

망의 표상은 환각의 형태로 실재 속에 다시 나타나는 것이다. 그런데 그때 그 표상에는 억압에 의해서 정신 에너지가 철수되고, 그에 대한 반작용으로 다른 종류의 에너지 투입이 이루어진다. 여기서 우리는 융(C. G. Jung)이 금욕주의자들에게 나타나는 정신 에너지의 철수를 정신병적 내향성과 동일시하려고 했을 때 프로이트가 그렇게 반대했던 것을 상기해 볼 필요가 있다.[25] 이 두 가지 경우는 서로 다른데, 금욕주의자들에게서 정신 에너지의 역투입은 주체의 억압된 쾌락과 욕망 안에서 이루어지고 있기 때문이다. 그러므로 로욜라와 알라코크가 정신 에너지를 재투입했던 새로운 실재는 그들이 떠났던 실재를 상기시키고, 정신 에너지는 역투입되어 과거의 욕망을 되살리게 된다. 히스테리 과정에서는 승화 작용이 이루어지지 않기 때문에 바뀌지 않고 단지 거부되기만 한 욕망은 현란한 옷차림으로 다시 나타나 주체를 매혹시키려고 한다. 욕망의 새로운 대상은 옷을 바꿔 입고 나타나 주체를 혼란시키는 것이다. 그런데 그것은 무대의 뒷면에 나타났다가 이제 무대 전면으로 부상하여 초자연적인 힘을 가진 세계 속에서 모습을 바꾸었다. 이제 그것은 더 이상 숨겨진 욕망의 마술적인 형상으로 나타나지도 않고, 그것이 나타나는 무대도 상상계보다 더 분명한 무대다. 그것은 악마적인 힘을 가진 전령이며, 살아 계신 하나님의 거짓된 반명제인데, 그것은 전율이 날 정도로 실제적인 지속성을 취하고 있다. 이때 주체가 악마는 실제로 사람들의 삶에 개입하여 여러 가지 작용을 한다는 믿음을 가지고 있으면, 그 믿음은 상상계에 속해 있는 형상을 환각적인 실재로 바꾸게 된다.

25) S. Freud, *Pour introduire le narcissisme,* GW X, 146.

여기서 종교담론이 이 세상에 속해 있지 않는 실재에 대한 기표를 제공하면서 억압으로부터 돌아와 주체가 닻을 내릴 수 있는 지지(le support)를 마련해 주는 것을 볼 수 있다. 앞에서 종교적 특성을 가진 강박증에서 죄의식이 의식적으로 그 모습을 드러내는 것을 살펴본 적이 있다. 그때 강박증은 고백의 언어를 택하면서 그가 본래부터 가지고 있는 양가성을 감춘다. 이와 비슷한 방법으로 종교적인 특성을 가진 히스테리는 변환되지 않은 욕망을 초자연적인 현실에 대체시키면서 억압된 표상을 진정시킨다. 히스테리가 승화작용을 시작하려고 하면 히스테리는 유혹자라는 모습으로 눈에 띄게 나타나는 것이다.

3. 신비주의에 나타나는 비전과 말들

사람들이 신비적인 엑스터시와 그 자체로서 엑스터시 현상인 비전을 혼동하는 것은 괜한 일이 아니다. 신비적인 엑스터시를 신체적으로나 정서적으로 사로잡히는 것이라고 단순하게 치부해 버리는 신화에 빠질 수 있는 것이다. 그때 사람들은 그 무엇엔가 엉뚱하게 비합리적으로 사로잡힐 수 있으며, 그들의 자발적인 감정이 사라지고 모호한 향수에 사로잡히게 된다. 하지만 신비가들은 신비주의의 본래적인 모습을 선호한다. 그들은 엑스터시 상태에서 신적인 존재와 영원히 하나가 되려고 하는 것이다. 그렇게 하나가 되는 것은 단순한 비전이나 신체적으로 사로잡히는 것이 아니다. 그런 상태에 도달하려면 사람들은 오랜 시간 동안 그들이 가진 신앙으로 엄격하게 수행하고, 사람들에게 있는 여러 가지 정신 기능을 치밀하게 살펴보아야 한다. 그들의 감각, 상상력, 정감, 의지, 개념적인 인식을 살펴보아야 하는 것이다.

민중종교에서 종교에 관한 통속적인 그림을 그리지 못하게 하려고 했을 때에도, 신비가들은 하나님을 눈에 보이는 모습으로 드러내려는 상상력을 억누르지 않으려고 하였다. 그들은 하나님을 여러 가지 개념을 통하여 지적으로 설명하면서 그 안에 가두어 두려는 신학 작업에 대해서는 강력하게 반발했던 것이다. 그들은 여기서 한 걸음 더 나아가, 그들에게 보이거나 들리는 것을 통하여 주어지는 계시의 말씀에 복종하면서 하나님의 현존 안에서 그 둘을 통합하려고 하였다. 그렇게 하면서 믿음의 공간은 넓어지고, 그 공간 속에서 비전과 말씀은 지각적인 체험이나 지나쳐 버린 상상력의 산물이나 그들이 바라던 일치에 대한 예감이 연계되게 된다. 그들에게 성경 말씀은 의심할 것이 하나도 없다. 신비가들이 그들의 엑스터시 체험에 의미를 부여하는 것은 성경 말씀을 근거로 한 것이다. 그렇다고 해서 이 환각현상에 관한 심리학적 문제들이 해결되는 것은 아무것도 없다. 왜냐하면 심리학이 하나의 과학으로 자리매김하려면, 이 환각현상이 신비주의에서 차지하는 특별한 위치에 대해 깊이 생각해야 하기 때문이다.

신비주의에서 나타나는 비전이나 말씀과 같은 현상의 본성을 명확하게 파악하려면 신비가들의 기록을 엄밀하게 분석해야 한다. 아빌라의 테레사는 한 번도 바깥으로 드러난 유형적인 비전을 본 적이 없고, 다만 상상에 의한 비전만 보았을 뿐이라고 주장하였다.[26] 게다가 그녀는 신학적인 이유 때문에 그리스도는 승천 이후

26) Jean de la Croix, *La Montée du Carmel,* II, VI, 3.

지상에서 눈에 보이는 모습으로 드러난 적이 없다는 확신을 가지고 있었다. 십자가의 성 요한은 '바깥으로 드러난 유형적인 비전'의 가능성에 대해서는 인정하였다. 그러나 그는 그것이 '내적인 초자연적 비전' 보다 덜 완전한 것이라고 생각하였다.[27] 왜냐하면 신비의 길에서 상상력은 감각에 의한 지각보다 더 발전된 단계라고 생각했기 때문이다. 형체를 통해서 나타나는 비전은 그것이 아무리 '하나님으로부터 비롯된 것' 이라고 생각될지라도 "신앙에 걸림돌이 된다. 그래서 영혼은 그것이 어디에서 비롯된 것인지 따지지 말고 그것에 대해서 눈을 감고 무시하는 것이 좋다."[28] 십자가의 성 요한은 명상의 삶에 대해서 언급하면서 다음과 같이 말하였다. "명상을 통해서 영혼은 그 자신이 누구인지 파악하고, 그것을 토대로 하여 그가 본 환상과 상상을 가지고 이야기하면서 작업한다." 거기에 덧붙여 십자가의 성 요한은 "사람들은 상상에 의한 비전을 초자연적으로 파악하는 것이라고 하는데, 그것은 하나의 이미지로, 즉 형(形)이나 상(像)으로 나타나고, 자연적인 인식과 마찬가지로 상상에 속해 있다…. 신체의 다섯 가지 감각을 통해서 영혼에 주어지고, 자연적인 방식으로 영혼에 담겨지는 모든 지각은 초자연적인 방식으로도 주어질 수 있다."[29] 그것이 아무리 초자연적인 특성을 가지고 있을지라도 그것은 상당히 모호하게 작용한다. 왜냐하면 그것이 신적인 현존을 중재할지라도, 그것은 우리의 관심을 온통 거기에 기울이게 하고, 그 이상 발전하지 못하게 하기 때문이다. "그러므로 우리는 우리 눈을 언제나 그런 것들로부터 돌려야 한다. 우

27) *Ibid.*, II.

28) *Ibid.*, II, XVI.

29) Thérese d'Avila, *Le Château intérieur,* 6e demeure.

리 영혼이 그것이 주는 감각적이고 지적인 것을 부정하게 되면 그 비전은 신앙을 통해서 영혼의 실체를 단단하게 해 줄 것이다."[30)]

신비가들이 보는 비전은 그 안에 새로운 소식을 담고 있기 때문에 일반적인 비전과 같은 것이라고 말할 수 없다. 그들이 믿는 종교의 내용은 신앙의 내용과 똑같은 것이기 때문이다. 그들에게 어떤 형상으로 표상되는 것은 그들이 자연스럽게 지각한 것으로부터 나오는데, 우리는 그것을 비전이라고 한다. 그것은 그들이 지각한 것이나 그들의 기억을 토대로 하여 상상력을 발휘해서 나오지 않는다. 비전은 신비의 길에서 이미 상당한 정도 앞으로 나아간 사람들, 그리하여 그들이 생각하는 것이나 상상하는 것을 토대로 말하지 않는 사람들에게 주어진다. 다시 말해서 멀리 떨어져 있는 하나님의 현존을 받아들일 수 있는 사람들에게만 주어지는 것이다. 금욕을 함으로써 자기가 중심에서 이탈하게 되면, 사람들은 상상력을 통해서 무엇인가 열에 들떠서 찾으려고 하지 않으며, 이성을 통해서 하나님의 현존을 찾으려고 하지도 않는다. 그 비전이 하나님의 선물로서 주어지고, 명상을 더 깊은 단계로 나아가게 하기 때문에 사람들은 그것이 하나님으로부터 오는 초자연적인 것으로서, 하나님을 찾는 이들을 위로하고 용기를 북돋워 주려는 것으로 여기게 된다. 그들은 때때로 정서적으로 매우 메마른 상태에 빠져 있거나, 너무 골똘히 생각하려고 하다가 '무시무시한 어두운 밤'에 접어들 수 있기 때문이다.[31)]

음성을 듣는 것 역시 위에서 말한 상상에 의한 비전과 같은 계열

---

30) *Ibid*.

31) *La Nuit obscure*, II, Ⅰ.

에 속해 있다. 그래서 십자가의 성 요한은 그것은 단순히 음성을 듣는 것이 아니라 말씀을 내적이고 영적으로 이해하는 것이라고 주장하였다. 그렇게 들려지는 말씀은 영적 이해라는 속성을 지니고 있으며, 내적인 특성을 띠기 때문에 크게 보아서 비전의 범주에 속해 있다고 할 수 있다. 여기에 해당되는 말이 "듣는 것은 보는 것이다."[32]라는 말이다. 이런 말은 주체가 어떤 담론을 거창하게 하는 것이 아니기 때문에 마치 우리 귀로 듣는 것처럼 지각된다. 그러나 그 말이 그의 초자연적 특성을 완전히 보장하는 것은 아니다. 십자가의 성 요한은 그 음성을 신비주의의 발달에서 본질적인 순간이라고 생각했지만, 그것을 상상에 의한 비전만큼 신뢰하지는 않았다. 많은 사람들은 '그들의 이해가 너무 편협한 데서 나온 교활함이나 어리석음 때문에'[33] 그것이 무엇인지 알지도 못하면서, '거기에 마치 두 사람이 있는 것처럼'[34] 거기에 응답한다. 그러나 계시자로서 하나님의 말씀은 내적으로 들릴 수 있다. 말씀을 들을 수 있도록 창조된 사람은 어느 순간 하나님의 말씀을 듣는다. 그들은 그 말씀을 가지고 무엇인가를 해야 하는 대상으로 삼는 것이 아니라 절대타자로부터 선포된 말씀으로 듣는다.

비록 간단하기는 하지만,[35] 지금까지 신비가들이 그들의 엑스터시 체험에 관해서 말한 것에는 매우 미묘한 부분이 많고, 앞으로 살펴보아야 할 점도 많다는 사실을 보여 주었다. 여기서 한 가지 분명한 것은 우리는 그들이 한 체험이 하나님으로부터 비롯된 것

32) Montée, II, XXIII.

33) *Montée,* II, XXIX.

34) *Ibid*.

35) 이 문제에 관해서 더 깊은 연구를 보려면 G. Morel, *op. cit.*를 참고하라.

이라는 신비가들의 주장을 유보적으로 생각한다는 점과, 그들이 환각 체험에 너무 거칠게 접근하는 것에 대해서 만족하지 못한다는 점이다. 그래서 우리는 그 현상들은 믿음을 심리학적으로 분석한다면 좀 더 잘 살펴볼 수 있다고 생각한다. 신비가들은 하나님의 말씀이 사람들로부터 만들어진 것이 아니라 비전이나 음성을 통해서 그들에게 주어졌다고 믿는다. 그래서 그것은 비록 하나의 형체를 통해서 나타나지 않을지라도 일관성을 지니고 있으며, 높은 수준의 비전이라는 특성을 띠기도 한다. 그러나 그 비전을 보았다는 사실이 그 체험자가 특별히 선택받은 사람이라는 사실을 보증해 주지는 않는다. 그 비전 역시 신비의 길(le cheminement mystique)이라는 보편적인 논리 속으로 들어가는 것이다. 우리가 아무리 비전을 하나님으로부터 오는 선물이라고 받아들일지라도 비전은 매우 모호한 것이다. 비전은 하나님을 드러내지만, 동시에 하나님을 숨기기 때문이다. '형이나 상이나 이미지'는 모두 진정한 '영적 의사소통'[36]을 위한 외피에 불과한 것이고, 정말 중요한 것은 눈에 보이지 않는 '실체'다. 그러므로 신비주의가 믿으려는 것은 비전이 아니다. 예를 들어, 아빌라의 테레사는 그녀의 믿음을 영적으로 들려온 말씀과 일치시키기를 거부하는 것을 부당하다고 생각하지 않았다.[37] 그러나 그녀는 십자가의 성 요한처럼 그 말씀이 효과적일 경우, 다시 말해서 그 말씀이 사람 안에서 변환을 일으킬 경우 그녀의 신앙을 그 말씀에 일치시키려고 하였다. 신비가들은 종종 비전이 하나님의 말씀을 나타내기보다 잘못된 것을 나타낸다고 의

36) *Montée*, II, XXVI.

37) Thérese d'Avila, *Le Château intérieur, 6e demeure*, 3.

심한다. 비전의 눈에 보이는 모습은 신적 실체를 드러낼 뿐만 아니라 악마적 실체를 드러내는 것이다. 그래서 아빌라의 테레사는 우리의 본성적인 약함 때문에 사람들은 종종 잘못된 탈혼(脫魂)으로 이끌려 갈 수 있다고 주장하였다. 하지만 그 탈혼이 진정한 것으로 되려면, 사람들은 그들의 영혼을 "사로잡는 비의가 무엇인지 잘 알아야" 한다.[38]

그 비전이 본성상 특별한 것이라는 사실에는 반박할 여지가 없는데, 그런 비전에는 다음과 같은 두 가지 조건이 필요하다. 하나는 그것이 자발적으로 일어나야 하고, 다른 하나는 믿음이 필요하다는 것이다. 비전은 정신 기능이 어느 정도 통합된 단계에 도달해 있고, 안정된 사람들에게 주어진다. 또한 하나님을 보려면 다음의 두 가지가 필요한데, 하나는 상상력이고 다른 하나는 이해력이다. 상상력은 그 안에서 신성이 상징적으로 표현되기 때문이고, 이해력은 신성에 대한 여러 가지 개념을 파헤쳐야 하기 때문이다. 그러나 신비가들은 하나님이 그 기호 속에 계시지 않다는 사실을 잘 알기 때문에 그 말들과 이미지 사이의 공백에 주의를 기울이고 가능한 한 침묵을 지키려고 한다. 그들이 침묵을 지키는 것은 그들이 결코 수동적이라는 말이 아니다. 그들이 가진 신앙은 그들을 활처럼 휘게 하여 하나님을 향해서 나아가게 하기 때문이다. 하나님에 관한 이미지나 말씀이 신앙의 어두운 방에서 선포될 때, 사람들이 가진 지성은 그것을 판단하고 그것이 어디서 비롯된 것인지 파악하려고 한다. 또한 여러 가지 상징을 동원하여 그 기의(signifié)의 실체 속으로 파고 들어가려고 한다.

38) *Ibid.*, *6e demeure,* 4.

이런 비전이 저절로 떠오르는 것은 꿈을 꾸거나 시를 쓸 때 영감이 저절로 떠오르는 것처럼 이상한 일이 아니다. 우리 이성과 상상력의 종합하려는 작업이 그칠 때, 신앙의 사고가 상징의 이미지들을 던지고 신앙이 다시 타오르게 하는 것이다. 그때 신앙은 그 위에 덧씌워졌던 옷을 모두 벗고, 다시 지각될 수 있는 형체를 취하는데, 이제는 상징으로 나타나 사람들이 좀 더 잘 의식할 수 있게 된다. 이렇게 억압되어 있던 형체를 다시 취하는 것은 상징화 작업에 많은 도움을 준다. 왜냐하면 사람들에게는 마음속 깊이 눈에 보이는 기호에 정서적으로 묶여 있기 때문이다. 심리학적으로 볼 때, 이 비전은 두말할 것도 없이 특수한 형태의 환각현상이다. 그런데 신비가들은 이런 비전으로부터 쾌락을 누리는 것을 매우 경계하였다. 신비가들이 이런 비전을 하나님의 선물이라고 생각하고, 그런 이유로 그것을 비전이라고 부른다면, 그것은 그들이 하나님은 신앙이 발달하는 곳에서는 어디에서나 활동하신다고 믿기 때문이다. 심리학은 본질적으로 종교적인 해석을 배제하지 않은 채 비전의 과정을 재구성하고, 그것을 설명할 수 있다. 심리학은 신비주의의 담론이 비전에 덮어씌운 신비적 후광을 걷어내고, 그것을 비판적으로 볼 수 있는 것이다.

비전은 환각현상이다. 간단하게 말해서 비전은 그 내용이 실제적인 지각과 해리(解離)된 채 주관적으로 주어지고, 내면적으로 하나의 형태로 지각되는 생각인 것이다. 그러나 그것은 때때로 외적으로 구체적인 형태를 통해서 나타나기도 한다. 하지만 그 경우에도 그것이 초자연적으로 생겨났다는 주체의 믿음이 필요하며, 그 믿음은 그가 실제로 지각되는 것처럼 보이는 이미지에 참여하고 있다는 느낌을 준다.

환각에 얽혀 있는 모든 혼돈을 없애기 위해서는 환각의 여러 가지 형태 사이에서 발견되는 차이를 규명해야 한다. 우선 망상적 환각과 신비적 비전 속에서 주체는 순수한 말씀에 실제로 지각되는 내용을 채워 넣으려고 한다. 그러나 신비가들이 생각하는 실재에는 아무런 구멍도 나 있지 않기 때문에 그들은 외부로부터 오는 상상계적인 표상이 그 빈 실재를 대체하게 할 필요성을 느끼지 않는다. 아빌라의 테레사가 말했던 대로, 우리가 사는 일상이 매일 매일 어떤 식으로든지 비현실적으로 되는 것은 당연한 일이다. "나의 삶은 꿈과 같은 것으로 되었습니다. 나에게는 내가 보는 모든 것이 매일 꿈과 같았던 것입니다."[39] 우리는 여기서 부정적인 환각에서와 달리 이상하게 불안스러운 기분을 느낄 수 없다. 모든 신비가들에게서 현실은 다른 신비가들과 같이 나누고 있는 세계 때문에 흔들려 보일 수 있다. 그들이 느끼는 비현실감은 히스테리 환자들의 어렴풋한 의식과 어느 정도 비슷하지만, 그들의 의식이 도저히 파악할 수 없는 몽환 속에 들어가는 것은 아니다. 오히려 그들은 사랑에 빠지거나 시흥(詩興)에 잠기는 것처럼 또 다른 현실에 깊이 잠겨서 일상적인 것에 아무 의미도 느끼지 못한다. 그들에게서 일상적인 것은 마치 꿈에서나 보는 것처럼 비실제적인 것으로 느껴진다. 그들에게는 새로운 빛이 중천에 높이 떠서 눈에 보이는 모든 것의 윤곽이 희미해지고, 일상적인 것은 앞으로 다가오는 현실의 빛을 조명받아 그 현실 속에서 살아있는 상징처럼 느껴지게 되는 것이다. 하지만 정신병자들은 그들에게 주어진 어떤 것에 둘러싸여서 그들에게 지각되는 실재를 믿지 못하고, 환각이 실제인 것처

39) Thérese d'Avila, *Livre de sa vie,* ch. XL.

럼 믿으려고 한다. 이와 달리 신비가들은 그들이 지각하는 것이 신성(神性)의 눈에 보이는 진정한 실재라고 믿으려고 하지 않고, 그의 비전 속에 신성이 드러나 보일 수도 있고 그렇지 않을 수도 있다고 생각한다. 신경증 환자들의 환각과 비교해 볼 때, 신비가들의 비전은 그들의 생각이 이미지의 형태로 자발적으로 생기는 것이라는 점에서는 공통적이다. 그런데 이 두 가지 경우에서 근본적으로 다른 점은 신비가들에게 있어서 그들의 의식적인 생각은 상상에 영향을 미치고, 그것은 다시 실제적으로 될 수 있다는 점에 있다. 그러나 신경증적인 환각에서 억압된 생각은 이미지로 나타난 것의 뒤로 밀리고, 주체의 의식을 혼란에 빠지게 하며, 그들을 놀라게 한다. 그래서 신경증 환자는 환각을 일으키는 욕동의 강한 힘에 굴복하지 않을 수 없지만, 신비가들은 그의 믿음과 관계된 사고가 무의식적으로 만들어 내는 비전과 조화를 이루면서 살게 된다.

4. 민중종교에 나타나는 비전과 말들

1) 그것이 나타나는 맥락

신비주의라고 엄격하게 규정되지는 않지만 기독교 역사에는 환영(幻影)이나 비전이나 음성을 들었다는 보고들이 수없이 많은데, 그런 비전은 대체로 매우 사실주의적인 성격을 띠고 있다. 수많은 비전 속에서 신적인 존재나 성인들은 예언적이거나 역사적인 매우 비밀스러운 소식을 전하는데, 그것은 때때로 거룩한 포피(包皮) 이야기처럼 괴이하기까지 하다. B. 수비루(Bernadette Soubirous)는 아무 의심할 거리도 없다는 듯이 "저는 제 두 눈으로 직접 보았습니다."라고 말하였다. 또한 잔 다르크는 재판을 받으면서 "열세 살 때부터 하나님의 음성을 통해서 계시를 받았고, 그 음성은 자신을 통제하는 방법을 가르쳤다…. 금식을 하던 어느 여름날 정오쯤, 아버지 정원에 있을 때, 앞에서 말한 음성이 교회의 오른쪽(좋은 쪽)으로부터 들려오는 것을 들었다."고 하였다. 또한 그녀는 앞에서 말한 그 음성은 별로 선명하지 않았는데, 그것은 거의 같은 음성이었다고 덧붙였다. 게다가 그녀가 그것을 세 번 들었을 때, 그것이 천사의 음성인 것을 파악했다고 하였다. 그러면서 그녀가 그 음성을 잘 간직하고 있다고 하였다.[40)]

당연하게도, 그런 현상은 신비가들이 보는 비전과 전혀 다른 의미를 가지고 있다. 다른 이들이 그 현상의 사실성을 비판할 수 없고, 그것을 체험한 사람들은 흔히 그 계시를 전해야 한다는 야망을 가지고 있기 때문이다. 그러한 특성은 그들이 다른 신비주의자들, 신학자, 고위 성직자들과 전혀 다른 종교적 관심을 가지고 있다는 사실을 보여 준다. 그러한 비전은 외견상 민중종교에 속한다. 아무리 그 비전 가운데 어떤 것은 교회의 고위 성직자들에게서 중요한 작용을 했고, 교회가 신중한 검토를 거쳐서 그 출현을 공식적으로 인정했을지라도 마찬가지다. 그 비전을 제대로 이해하려면, 여기서 말한 현상을 그것이 드러났던 문화적인 상황 안에 넣고 생각해야 한다. 심리학적인 관점에서 볼 때, 그 현상은 그것을 낳은 사회-종교적인 형태를 지니고 있으며, 그 현상은 다시 그 사회-종교적인 상황에 영향을 끼쳤다. 민중종교라는 단어의 의미가 사회적으

40) *Les procès de Jeanne d'Arc,* présentés par G. et A. Duby, Paris, Gallimard-Juliard, coll. Archives, 1973, p. 30.

로 불분명하고 시대에 따라서 서로 다르게 이해되기도 하지만, 종교에는 그것을 집단적으로 다루려는 시도에 대해서 본질적으로 반대하려는 성향이 있어 왔다. 여기서 '반대'라고 말하는 것은 그것이 서로 다른 형식으로 나타나거나, 서로 다른 관심을 표명하거나, 서로 다른 생각으로 나타나 그 내용을 그들의 종교나 정신 구조에서 서로 다르게 실현시키려는 성향을 의미한다. 그러므로 여기서 말하는 민중종교라는 이름에는 그것을 무시하거나 대단한 것으로 평가하려는 의도가 전혀 없다.

거의 우상 파괴적인 성격을 띠고 있을 정도로 엄격한 위대한 신비주의 전통과 달리, 민중종교는 사람들과 초자연적인 세계 사이에 정신적 접촉을 가능하게 해 주는 대부분의 눈에 보이는 징표에 초점을 맞추고 있다. 그래서 사람과 하나님 사이에서 중재자 역할을 하는 성인들은 민중종교에서 특별히 중요한 위치를 차지하고 있다. 하나님은 멀리 떨어져 있고, 그 어떤 형상으로도 표현할 수 없는 데 반해서, 사람들은 성인에 대해서 알 수 있고, 그들의 삶은 계속해서 이야기되며, 그들의 덕행이나 행적은 여러 가지 형상으로 표현되고 있다. 그들은 거의 신적인 능력을 가진 사람처럼 이상화되고, 사람들은 기도를 통해서 아주 인간적인 요청을 그들에게 드린다.[41] 좀 더 외향적인 이런 종교성은 신앙의 감성적인 표현을 좀 더 직접적으로 표현하게 하며, 사람들이 겪는 고통과 불안은 물론 매일매일의 삶의 기쁨을 통해서 나오도록 한다. 그러나 신앙 공동체에서 비판적인 역할을 수행하는 신학은 민중종교의 관심사인

41) 이 문제에 관해서 더 깊은 연구를 보려면 다음 책을 참조하라. *Interprétation psychologique du 'phénomene antoinien'*, Il Santo, XVI(2), 1976. Centro Studi Antoniani, Basilica del Santo, Padova, pp. 237-249.

정서적인 표현이나 지성적이지 않은 것에 대해서는 별로 관심을 기울이지 않는다. 민중종교는 신학의 관심사인 관념적이고 사변적인 것들과는 멀리 떨어져 있는 것이다. 한편, 교회는 격식을 갖춘 성례전과 비교해 볼 때 이질적으로 보이는 즉흥적인 형태의 민중의 신앙 행위를 불신하는데, 그것은 종종 이교도적인 냄새를 풍기는 신앙이나 제의와 비슷한 모습을 보이기까지 한다. 이러한 갈등에 많은 경우 권력자와 빈민, 도시와 농촌의 대립이 덧붙여지기도 한다. 하지만 그 모든 대립은 언제나 간단한 문제가 아니다. 그 사이에서 가끔 대화가 시도되기도 하지만, 대화는 오히려 그 관계를 악화시키는 경우가 많다. 그래서 사람들은 교회의 진정한 역할이 왜곡되는 것을 방지하기 위하여 어린아이와 같은 신앙과 매우 단순한 믿음의 가치를 강조하고 가난한 사람들을 방문하시는 하나님의 축복을 찬양하기도 한다. 또한 교회는 공동체에서 아무 공로가 없는 작은 자들을 들어서 높이 쓰시는 하나님의 은총에 관해서 강조하기도 한다. 이렇게 민중종교는 높이 평가되고, 교회에서는 공식적으로 그런 것을 축복하기도 한다. 그래서 사람들은 엑스터시 체험에 대한 것이 정당화될 수 있다고 생각하고, 그런 생각은 계속해서 그런 체험을 불러일으킨다.

2) 잔 다르크가 들었던 음성

잔 다르크와 관계된 기록을 심리학적으로 깊이 분석한 자료들은 없다. 우리들 역시 그렇게 많은 노력을 기울여야 하는 그 작업을 깊이 하지는 못했다. 다만 그와 비슷한 다른 유형의 엑스터시 체험과 비교함으로써 가설이라는 이름 아래 그것을 해석할 수 있는 지표를 제시하는 데 그치려고 한다. 잔 다르크에 관한 문서를 연구했던 재능 있는 역사가들 가운데서 그녀를 경건하지만 교활한 위선자라거나 계몽주의적인 바보라거나 마녀나 미친 여자로 보는 사람은 하나도 없다.[42] 그녀의 경우를 아직도 환각에 의한 광증으로 진단하는 임상가는 너무 경직된 태도를 가진 것으로서 그가 정신의학적으로 무능하다는 사실을 광고하는 것이나 마찬가지다. 우리가 위에서 언급한 기준을 적용한다면 잔 다르크가 들었던 음성은 망상적인 환각이나 히스테리적인 신경증이 전혀 아니다. 우리는 이렇게 거친 편견을 배격하지만, 그렇다고 해서 우리는 그녀가 겪은 현실에 나 있는 구멍과 같은 그 수수께끼를 초현실적인 원인론으로 설명하려고 하지도 않을 것이다. 그런 시도는 단지 그 현상과 심리학적인 설명 사이에 난 간격을 임시로 메우는 작업에 불과하기 때문이다. 우리가 정신병리에 속해 있지 않은 비전이나 음성의 환각현상에 어떤 숨겨진 원리가 있다고 생각하면서 접근하는 것은 서로 비슷해 보이는 두 가지 현상을 억지로 연결시키는 작업이 될 것이다. 그것은 어떻게 하든지 간에 사실을 제대로 설명하는 것이 아니라 그럴 수 있다는 가능성을 살펴보는 정도에 불과하다.

잔 다르크가 어떤 사람인지에 대해서는 잘 알려져 있다. 그녀는 굉장히 비상한 소녀로, 가톨릭의 정통 신앙을 가지고 있었으며, 글자를 배우지는 못했지만 프란치스코회 선교사들의 가르침을 많이 받았다. 그녀는 그 당시의 정치적 분열과 그로 인한 민중들의 고통을 굉장히 예민하게 느꼈던 것 같다. 그녀의 생각이나 태도를 보건대, 그녀는 마치 안티고네가 그렇게 완강했던 것처럼 그 어떤 것,

---

42) Le Goff, "Jeanne d'Arc", *Encyclopaedia Universalis.*

그 어느 사람에게도 굽히지 않을 사람이었다.

그녀가 처음 들었던 음성은 그녀에게 "스스로를 다스리라"고 했는데, 그것은 매우 중요한 경험이었다. 그녀로 하여금 정치적이고 군사적인 작업을 수행하게 했던 것에 초점을 맞춰서 살펴보면, 우리는 그것이 그 밑에 숨겨진 원리와 따로 떨어져서 지극히 비합리적인 환상에 기반을 두고 있다는 사실에 어리둥절해진다. 그녀는 한 사람의 그리스도인으로 그녀의 삶의 기본적인 규칙을 하나님의 왕권에 복종시키는 것처럼, 그것이 똑같은 방식으로 그녀가 사는 사회에도 하나의 원리로 작용해야 한다고 생각했던 것이다. 그것은 다음과 같은 그녀의 신념에 잘 나타났다. "영국인은 영국에서 살아야 하고, 프랑스인은 프랑스에서 살아야 한다. 또한 거룩한 적장자로서 왕은 렝스(Reims)에 있어야 하는데, 이것이 바로 이것이 잔 다르크가 받았던 '기독교적 왕국'의 본질적인 모델이었다."[43] 한 개인과 공동체에 똑같이 적용되는 이 두 원리는 잔 다르크에게 너무 당연한 것이라서 그녀는 왕도 그 음성을 듣고 그것을 따라 나라를 하나님의 명령 아래 통치해야 한다고 생각하였다. 하나님께 순종해야 하고, 하나님이 보내시는 음성에 순종해야 한다는 생각은 그녀의 삶 전체에 일관되어 있었고, 그녀가 재판을 받을 때도 작용하였다. 그래서 그녀는 그것을 따라서 발언을 하거나 발언할 것을 거부하였다. 잔 다르크를 중세에 활약했던 환상가들이나 예언자들 안에 넣고 생각하면, 우리는 그녀가 받은 메시지가 너무 생생하고 실제적이라는 사실에 놀라게 된다. 그녀의 메시지에는 그녀가 살던 당시의 상황에서 기독교인이라면 가질 수 있는 본질적

43) Le Goff, *ibid.*, p. 416.

인 요소들이 담겨 있었던 것이다. 따라서 그녀의 메시지에서 그녀가 정신적인 혼란에 빠져 있었을 것이라는 지표는 하나도 찾아볼 수 없다. 그녀가 보았던 비전에도 별다른 것이 나오지 않고, 그녀가 교회 벽면에서 보았던 성인이나 천사들의 모습밖에 없었다. 이렇게 비전의 내용이 망상적인 것이 아니고, 억압의 회귀(回歸)도 아니라면, 우리는 그 현상에서 정신병리적인 과정을 하나도 찾아볼 수 없을 것이다.

여기서 우리에게는 수수께끼가 더 깊어진다. 그것은 한편으로 그녀가 보고 들었던 비전과 음성이 왜 그렇게 실제적인가 하는 점을 설명해야 하는 것이고, 다른 한편으로는 그녀가 어떻게 조그만 농촌 소녀로서 도저히 감당할 수 없는 행동을 하도록 부름받았다는 느낌을 가지게 되었는지 설명해야 하는 것이다. 앞에서도 살펴보았지만 이 두 질문은 서로 연계되어 있는 질문이다. 처음 출발했던 지점으로 다시 돌아가 보자. 어떤 신성한 음성이 잔 다르크에게 자신을 통제하라고 들려왔다. 그 음성은 어떤 메시지도, 어떤 사명도 담지 않았고, 그녀가 그때까지 받았던 기독교 교육을 압축해서 들려주는 명령을 전해 주었다. 그때 그녀에게 두려움을 안겨 주었던 것은 그 메시지가 이상하였기 때문이 아니라, 그것을 현실적으로 들을 수 있었다는 사실 때문이었다. 그녀는 즉시 그 화자(話者)를 기독교 전통을 따라서 하나님의 전령인 천사라고 생각하였다. 그 음성은 오른쪽에서 들렸는데, 오른쪽이란 그녀가 살던 당시의 기독교 민간전승에 의하면 언제나 수호천사가 있는 곳으로, 수호천사는 그곳에서 아이들에게 옳고 바른 생각을 가지도록 가르친다. 잔 다르크에게 있어서 '양심의 소리'는 수호천사가 그녀의 귀에 대고 말하는 하나님의 음성으로 되었다. 이런 방식으로 사람들에게 도덕적 혹은 종교적 명령을 들려주는 담화 행위 속에 내재해 있으면서 실행을 촉구하는 힘은 주체가 그 말을 했다고 믿는 인물에게 돌려지고, 주체는 그 말을 들었다고 믿는다. 우리는 신비가들의 경우에서와 달리 여기서 그 어떤 욕망의 전이도 찾아볼 수 없다. 종교적인 히스테리의 경우에서처럼 그 어떤 욕망도 여기서 전위(轉位)된 것을 볼 수 없으며, 강박증의 경우에서처럼 그 어떤 양심의 불안도 찾아볼 수 없다. 여기서 말할 수 있는 것은 이 신적인 말을 한 주체, 즉 그의 절대성을 가지고 그 사실을 말한 주체는 특별히 깨어 있는 종교적 양심이라는 사실이다. 그래서 사람들은 이런 음성을 들을 때, 그 양심의 소리를 하나님의 명령으로 듣게 된다. 여기서 "나는 어떤 다른 사람이다(Je est un Autre. I is an Other)."[44]라는 말은 히스테리 환자가 상상적으로 타자와 동일시하는 것도 아니고, 종교적인 망상에서 주체가 대체되어서 하는 말도 아니다. 오히려 그 말은 주체에게서 종교적이고 도덕적인 양심이 발달하면서 형성된 구조적인 관계 속에서 나온 말이다. 한편, 하나님으로부터 개인적인 계시가 이루어지는 종교적인 상황에서, 담화 구조는 그 자체로서 음성적 환각을 일으킬 수 없다. 오히려 거기에서는 잔 다르크의 경우가 보여 주듯이 음성적 환각을 일으킬 수 있는 바탕을 먼저 만들고, 그 위에서 담화 행위가 이루어지는데, 그 내용은 절대적인 신성이 그 자신을 표현하는 것이다. 이 열세 살 먹은 소녀의 경우 한

44) 이 말은 시인 랭보(A. Rimbaud)가 1871년 폴 드므니(P. Demeny)에게 보낸 편지에 나오는 말이다. A. Rimbaud, *Œuvres complètes,* Paris, Gallimard, Pléiade, 1946, p. 254. cf. 이 말은 존재를 나타내는 1인칭 단수에는 본래 suis(영어로 am)를 써야 하는데, 3인칭 단수인 est를 씀으로써 자기소외 상태를 더 강조하였다. 자신의 내면에 자신과 전혀 다른 존재가 들어 있다는 것을 강조하려는 것이다(역자 주).

가지 더 생각할 것이 있는데, 그것은 잔 다르크의 진지한 종교적 관심과 시적 상상력이 그녀가 쏟아 부은 정서적인 표상을 지각할 수 있는 실재로 변환시키지 않았나 하는 점이다. 이렇게 상상력이 병리적인 현상으로서가 아닌데도 꿈에서나, 아니면 최근에 사랑하는 사람을 잃은 사람들에게 하나의 현실에서인 것처럼 전환되어 나타날 수 있다면, 수호천사의 현존을 명백한 현실로 믿는 어린 소녀에게는 그것이 더욱더 현실적인 것으로 나타나지 않을 수 없다.

잔 다르크가 맨 처음 들었던 음성과 그녀에게 환상적인 사명을 부여한 음성 사이에는, 비록 건널 수 없는 것은 아니지만, 거대한 간격이 있다. 그 기록을 읽으면서 우리는 그녀에게 있어서 그녀가 해야 했던 일은 의무였고, 결코 돌아갈 수 없는 일이었음을 확신할 수 있다. 그녀가 하나님의 명령을 따라 스스로를 통제해야 하는 부름을 귀에 들리는 명령으로 들었듯이, 그녀는 하나님의 뜻을 따라 이 세상에 질서를 세워야 하는 것을 메시지-계명으로 들었다. 행해져야 하는 것은 그녀까지 그 대상이 되는 하나님의 계명인 것이다. 이렇게 하나님의 계명은 그녀에게 귀에 들려지는 말씀으로 다가왔다. 앞으로 살펴보겠지만, 다른 종교적 망상 환자들이 사람들을 놀라게 하는 것과 달리 잔 다르크는 그 특별하고 폭발력이 있는 임무를 반드시 완수해야 한다는 고양된, 현기증 나는 느낌을 가지지 않았다. 그녀는 언제나 보편적이고 상징적인 질서라는 이름으로 말해지는 계명의 말씀에 복종하려고 하였다. 그런데 그 말씀은 그녀가 언제나 하나님의 절대성에 복종하려고 했기 때문에 그녀에게 개인적인 것으로 다가왔다. 재판을 받을 때도 그녀는 왕이나 왕의 측근들에게 하나님의 질서를 세워야 한다고 간언할 때와 똑같은 권위를 가지고 답변하였다. 그녀의 환각 체험은 그녀가 명령하는 소리를 들을 때, 그녀에게 용기를 고취시킬 때, 그녀가 수행해야 하는 임무에 대해서 가르칠 때, 전략적으로 어떤 것을 미리 알려 주면서 안심시킬 때 그녀에게 다가왔다. 그녀가 보았던 비전은 기독교의 여러 가지 형상에서 빌려온 것이다. 그런데 그것은 사람들이 동일시할 수 있는 측면을 대화 상대자에게 제공하면서 어디까지나 이차적인 것으로 머물러 있다는 사실에 주목해야 한다. 한편 그녀에게 임무를 부여하는 음성은 그녀가 첫 번째로 들었던 음성 위에 덧붙여졌다. 그때 그녀를 둘러싸고 있는 상황은 너무 혼돈에 가득 차 있어서 그녀가 하나님의 질서에 복종하면서 그녀 자신을 다스렸던 것은 국가적이고 정치적인 영역으로까지 확장되어야만 하였다. 그 음성들이 그녀에게 그 임무를 강제적으로 수행하게 했다는 사실은 별로 놀라운 것이 아니었다. 그녀와 동시대를 살았던 다른 사람들처럼, 그녀는 비전을 보았다거나 음성을 들었다는 이야기는 물론 예언적인 영감을 받았다거나 요정이나 악마가 나타나는 것을 보았다는 이야기를 심심치 않게 들었을 것이다.

우리가 신비에 대해서 모두 다 말했던가? 우리는 역사적으로 주어진 것에 관해서는 매우 진지하게 다루었고, 정신병리적인 설명에는 거리를 두었다. 또한 그 현상을 그 당시의 문화적이고 종교적인 맥락 위에서 가능한 한 심리학적으로 설명하려고 하였다. 그 결과 그 현상은 언어와 종교적 신앙의 심리 법칙을 따라서 가능하다는 결론을 내릴 수 있었다. 그와 같은 현상이 일어났다는 사실은 그처럼 예외적인 사람에게서도 하나의 신비에 속하는 일이다. 대화언어가 정신치료에 왜 효과적인가 하는 이유를 모두 밝히는 것이 불가능하고 예술적 창조의 비밀이 궁극적으로 우리의 심리적인 이해와 설명을 벗어나는 것이라고 한다면, 우리는 왜 잔 다르크의 행적이 신비에 남아 있다는 사실에 대해서 놀라야 하는가?

3) 비전과 테레즈 노이만의 성흔

비전을 자주 보는 사람들은 자신의 꿈을 통해서 미래를 예시하는 일을 알 수 있고, 성인들의 알려지지 않은 일화를 들으며, 신학적이고 교의적인 진리에 대한 선포를 들을 수 있는 초자연적인 비전을 받는다고 믿어 왔다. 하지만 그런 비전에는 역사적이고 신학적인 오류나 모순이 수도 없이 많이 있었다. 그런 점에서 그런 환각적인 비전과 잔 다르크가 들었던 음성은 너무 대조적이다. 올바른 신앙과 종교언어 구조에 그 어떤 것도 어떤 사람이 언제 죽을 것이라는 사실을 알려 주거나, 적그리스도가 언제 나타날 것이라고 말하거나, 무염시태(無染始胎)[45]가 거짓된 것이라고 선포하거나, 성모가 에배소에서 돌아가실 때 그 곁에 있도록 음성으로 들려주는 기적적인 능력은 찾아볼 수 없다. 그런 사람들을 보면서, 다른 이들은 그들의 신앙언어에 성서적인 환상이 너무 많고, 그들을 무대 전면으로 등장시키는 짙은 자기애가 흘러넘치는 것을 보게 된다. 그들은 하나님의 사랑을 받는 존재로서 하나님과 특별히 의사소통을 할 수 있는 은총을 받은 존재라는 것이다. 한마디로 말해서, 그들에게서 종교적인 히스테리의 전조(前兆)를 읽을 수 있는 것이다. 그러나 모든 경우를 그렇게 단정짓는 것은 너무 경솔한 행동이다. 더구나 그 사례를 모두 검토하지 않고 그의 인격 전체를

45) 성모 마리아가 예수 그리스도를 잉태한 순간부터 원죄의 영향을 받지 않았다는 가톨릭교회의 교리(역자 주)

병리적인 것이라고 환원시키는 태도는 더욱더 온당하지 않다.

앞에서 제시한 가설을 입증하기 위하여 하나의 사례를 소개하려고 한다. 그 기록에 대한 검토는 이미 끝났는데, 그것은 테레즈 노이만(Thérès Neumann)의 사례다. 우리가 앞으로 해석하려는 것을 다른 모든 사례에 일괄적으로 적용시킬 수는 없을 것이다. 하지만 비전을 통해서 여러 가지 모습으로 다양하게 계시되는 현상 사이에서 유사성이 명백해 보이는 것은 우리에게 다른 사례에서도 같은 방식으로 심리학적인 접근을 할 수 있을 것이라는 결론을 내리게 할 것이다. 테레즈 노이만이 겪었던 초기의 병력에 대해서는 잘 알려져 있다.[46] 그녀는 스무 살 무렵 몇 시간 동안 불을 끄다가 추락한 다음 마비 증상과 근육이 수축되는 증상으로 고통받기 시작하였다. 그다음에도 여러 차례 뒤로 쓰러져서 상황이 더 악화되었고, 무력하게 되어 갔다. 그래서 경련 때문에 의식을 잃은 적도 있었다. 그 후 그녀는 시력을 잃었고, 듣는 것도 불편하게 되었다. 그래서 의사들은 그녀를 포기하라고 선고하였다. 그로부터 4년이 지난 후, 그녀는 리지외의 테레즈(테레사)의 시복일(諡福日)에 시복자의 유물을 눈에 대자, 눈을 뜨게 되었다. 하지만 그녀는 다시 넘어져서 왼쪽 다리를 다쳤고, 그것은 부풀어 오르더니 곪기 시작하더니, 결국 다

46) Fr. Gerlich, *Die stigmatisierte Therese Neumann von Konnersreuth,* 2 vol., Müechen, Köesel, 1929. 게를리히는 노이만의 비전과 성흔(聖痕)이 초자연적인 본성을 가지고 있다는 사실을 완강하게 옹호하려고 하였다. cf. Dr. B. De Poray-Madeyski, *Le Cas de la visionnaire stigmatisée Thérèse Neumann de Konnersreuth,* Préface de J. Lhemitte, Paris, Lethielleux, 1940. 진단학적인 입장에서 살펴본 이 연구에서 저자는 노이만이 히스테리였다는 주장을 집요하게 견지하고 있다. 이 문제에 대해서 마제(A. Mager)와 라보(B.-M. Lavaud)가 서로 다른 입장에서 논쟁을 벌인 자료를 참고하려면 다음 저서를 보라. *Études carmélitaines,* XVIII, 1(avril 1933), Paris, Desclée de Brouwer.

리를 절단할 수밖에 없었다. 그러다가 그녀는 리지외의 테레즈의 시성일에 자리에서 일어나 자유롭게 걸어다니게 되었는데, 그때 그녀는 6년 이상 자리에 누워서 혹심한 고통을 받고 있던 중이었다. 얼마 후, 그녀는 리지외의 테레즈의 음성을 들었고, 그다음 날 그녀의 발걸음은 완전히 정상을 되찾았다. 하지만 그녀에게 '신비적인' 고난이 시작된 것은 그때부터였다. 그녀는 1926년 몸이 아파서 침대에 누워 있었는데, 사순절 기간 동안 처음으로 예수 그리스도가 감람동산에서 고뇌에 가득 차 있는 모습을 보았다. 그때 그녀는 엑스터시 속에서 그리스도의 고뇌와 하나가 되었는데, 그녀의 옆구리와 두 손과 두 발에 성흔이 생겨났다. 얼마 후, 그녀의 머리에는 그리스도가 썼던 가시관을 연상시키는 상처가 났고, 오른쪽 어깨에 타박상이 생겼는데, 그것은 그리스도가 졌던 십자가에 의한 것이라고 여겨지는 자리였다. 테레즈가 엑스터시 상태에 있지 않을 때, 그녀는 사고가 나기 전의 모습 그대로였다. 그녀는 그렇게 많이 배우지 못한 단순하고, 생기발랄하며, 따듯하고, 올바른 판단력을 가졌으며, 진지하게 기독교적인 시골 소녀였던 것이다.

그녀가 처음 넘어진 다음에 생긴 신체적 증상과 그 이후 반복된 추락사고 및 '기적적인' 치유는 정신적 외상 체험으로 인한 전환 신경증인 히스테리를 생각하게 하는데, 그것은 또한 그녀에게 엑스터시 현상이 일어나기 오래전에 진단한 그녀의 주치의의 의학적 소견이기도 하였다. 하지만 그 진단은 그다음 격렬한 논쟁을 불러일으켰다. 그 주치의가 나중에 진술한 것을 우리가 신뢰할지라도, 우리는 그 신체적인 손상(예를 들어 척추의 탈구)이 아무리 그녀의 증상에 영향을 미쳤을지라도 히스테리 신경증은 그 바탕 위에서 생긴 것이 아닌가 하는 생각이 든다. 프로이트의 도식을 따라서 설명하자면, 히스테리는 그런 신체적인 증상을 묵인하면서 생겨난 것이라는 말이다.

테레즈가 보았던 비전과 성흔이 그녀가 그렇게 오랫동안 고통받았던 히스테리 신경증과 아무 관련이 없다고 한다면 놀라운 일이다. 그 밖에 그녀에게 나타났던 또 다른 신비현상들, 예를 들어 그녀에게 나타났던 방언과 그녀가 다른 사람의 가슴에 '숨겨진' 생각을 직관적으로 파악했던 것은 유사심리학의 영역에서 다루어져야 하고, 히스테리와는 아무 관련이 없다. 그것에는 초자연적인 개입을 입증할 만한 것이 아무것도 없기 때문이다. 그런데 테레즈 노이만이 그녀에게 주어진 특별한 은사를 그녀에게 찾아온 종교수행자들을 돕는 데 신중하게 사용했다는 사실은 그녀의 종교적 확신이 아주 바른 것이었다는 사실을 증언해 준다. 게다가 그녀에게 연극을 하는 듯이 뽐내는 태도가 전혀 없었다는 사실은 그녀를 찾아왔던 사람들 가운데서 특히 회의적인 사람들을 놀라게 하였다. 그녀는 히스테리 환자로서 거짓말을 일삼거나 다른 사람들을 유혹하는 여자가 아니었던 것이다.

그러면 여기서 먼저 성흔이 나타나는 현상에 대해서 살펴보도록 하자. 영국의 예수회 신부였던 서스턴(H. Thurston)이 성흔에 대하여 연구한 훌륭한 저서에서 결론으로 내린 주제를 참고하도록 하겠다.[47] 그에 의하면 성흔이 나타나는 현상은 "내가 감히 말하자면 주체에게 '십자가 콤플렉스'가 발달한 결과 생기는 현상이라고 할 수 있다. 그의 내면에 있는 비정상적인 피암시성은 그에게 그전에 여러 가지 히스테리 증상들을 만들어 냈을 것이다." 그 '콤플렉스'

47) *Les Phénomènes physiques du mysticisme* (trad. fr.), Paris, Gallimard, 1961, p. 152.

는 아씨시의 성 프란치스코에게도 그런 예를 처음 만들어 냈다. “사실 그것은 그들에게 경건한 강박증처럼 되는데, 감수성이 매우 예민하게 발달한 사람들이 마음속에 그런 생각을 품으면 그 생각은 그들의 몸을 통해서 드러나게 된다.”[48] “성흔이 나타나기 전, 그들의 신경이 혼란에 빠지지 않았던 경우는 단 한 건도 없었다고 단언할 수 있다.”[49] 서스턴은 아씨시의 성 프란치스코의 경우만 빼고 다른 모든 사람들에게 그런 상황이 조성되었다고 주장했는데, 성 프란치스코는 그 후 다른 사람들에게 ‘자기암시적인’ 모방을 통한 동일시의 모델이 된다. 서스턴에 의하면 성흔을 받았던 수많은 사람들 가운데서 오직 두 사람만이 오상(五傷)을 외부에 드러나도록 받았다는 사실은 그것이 히스테리의 본성에 있는 자기암시적인 특성을 잘 설명해 주는 예다. “성흔이 나타나는 것은, 코라즈(J. Corraze)가 주장하듯이, 병리적인 현상이 절정에 도달하여 맨 마지막에 나타나는 현상인 듯하다.”[50] “성흔을 받은 사람들은 기독교에 내재한 피학대음란증적인 차원을 가장 생생하게 보이는 사람들이라는 말은 옳은 것인가?”[51] 물론 신경증적인 성흔현상에 피학대음란증적인 요소가 들어 있는 것은 틀림없다. 그러나 그것은 의도적인 것이 아니다. 더구나 그것이 신경증적인 것이라면, 우리는 그것의 특별한 의미와 기제를 파헤쳐야 한다. 신경증은 그리스도의 수난에 함께하려는 금욕과 더불어, 피학증적인 도착을 바로잡으려는 무익한 심리학적 담화이면서, 동시에 취하기 쉬운 담화이기도 하

48) *Ibid.*, p. 152.

49) *Ibid.*, p. 154.

50) J. Corraze, *De l'hystérie aux pathominies. Psychopathologie des simulateurs*, Paris, Dunod, 1976, p. 243.

51) *Ibid.*, p. 245.

다. 이렇게 어설프게 조정하려는 심리기제에 맞서서 우리는 성적 쾌락이 도착되어 나타난 피학증(가학증이 거꾸로 나온 모습)[52]과 초기의 피학증[53]이 승화라는 모습으로 변환되어 다시 나타나는 것 사이의 차이를 잠시 설명하려고 한다. 하지만 여기서 그것을 모두 본격적으로 살펴보려고 하기보다 사람들에게 성흔을 만들게 하고, 거기에 의미를 부여하게 하는 네 가지 요인만 지적하려고 한다. 첫째, 그들에게 수난당한 그리스도와 동일시하려는 욕망이 너무 컸기 때문에 그들은 그들이 사랑하고, 종교적인 사랑의 모델로 삼으려는 그리스도의 삶에 참여하려는 형태로 나타났다. 둘째, 그들은 성 베르나르가 표현했던 그 '공감에 가득 찬' 동일시를 통해서 그들이 물리치려는 욕망과 싸우려고 하였다. 그들은 자기 자신을 극복하고 사랑을 종교적으로 승화시키려고 했던 것이다. 셋째, 그들은 그렇게 함으로써 심리학적으로 올바른 길을 택하게 되었다. 그들은 정서적으로는 물론 상상 속에서도 수난이라는 동일시 모델과 하나가 되었다. 이러한 정서적이고 상상에 의한 동일시는 언제나 민중종교의 특성이 되었는데, 우리는 그것을 고뇌에 찬 동정녀에 대한 예배와 "이 사람을 보라"는 말에서도 찾아볼 수 있다. 아씨시의 성 프란치스코는 민중에 대한 선교를 처음 시작하였는데, 그는 민중들이 삶의 비참한 현실 때문에 그리스도가 당한 고난을 민감하게 느낄 수 있었으며, 그들을 너무 사랑하여 돌아가신 그리스도의 행적을 즉시 알아차릴 수 있었다고 생각하였다. 넷째, 이와 같은 영적 분위기 속에서 히스테리적인 동일시는 그리스도의 신비한

52) S. Freud, "Les Pulsions et leurs vicissitudes", *Métapsychologie*.

53) S. Freud, GW XIII, 371-383; trad. fr. *Névrose, Psychose et perversion,* Paris, PUF, 1973, pp. 287-297.

상처를 그들의 몸으로까지 드러나게 할 수 있었다. 그들이 특별히 공식적으로 선택되었다고 느끼고 싶은 자기애적인 욕망이 대부분의 경우에 있지 않았다고 할 수는 없을 것이다. 그러나 그것만으로 그들에게 신비한 상처가 생겼을 것이라고는 생각하지 않는다. 그들이 바라마지 않았던 수난의 징표가 그들의 몸에 드러나려면, 그 대상과 정서적으로는 물론 상상 속에서 훨씬 더 깊은 동일시가 필요했던 것이다. 아씨시의 성 프란치스코에게 성흔이 나타난 이래, 그것은 다른 사람들에게도 많이 나타났다. 그리스도와 동일시하려는 욕망과 함께 경건주의에서 제시하는 인간의 전형(典型)이 과감하게 등장했던 것이다. 우리는 여기서 서스턴이 '십자가 콤플렉스'라고 불렀던 것의 의미를 찾아볼 수 있다. 성흔을 받은 사람의 명성이 알려지자, 즉시 현대인들 가운데서 몇몇 사람에게 성흔이 다시 나타났다는 사실은 그것이 일종의 전염력을 가지고 그들에게 나타났다는 사실을 보여 준다. 칭송받는 모범을 상상 속에서 정서적으로 재현하려는 것은 히스테리 구조가 가진 전형적인 특성이다. 그러므로 히스테리에서 자기암시의 과정은 서스턴이 생각했던 것보다 훨씬 더 복합적이다. 그래서 어떤 것을 바라는 사람은 그것을 단순히 자기암시만으로 그칠 수 없는 것이다. 성흔은 모든 히스테리 증상이 그렇듯이 몸을 통한 언어적 표현이다. 더구나 그것은 무엇인가를 나타내는 증상인 만큼, 그것을 감추고 무의식에서 억압된 것을 품고 있지 않을까? 성흔을 체험했던 사람들에 대한 깊은 치료적 분석 사례보고서가 없기 때문에, 우리는 히스테리적인 환상을 보았던 사람들에 대한 정보를 토대로 하여 가설을 제시할 수밖에 없다. 그런데 그 환상은 여성적인 무의식을 드러낸다. 또한 그 환상은 히스테리 신경증에서 그들의 관계에 개입하고, 특히 성적인 관계에서 문제를 많이 왜곡시킨다. 그런 환상 가운데 가장 기본적인 것은 어떤 사람이 사랑에 실패했는데 그의 몸에 상처가 났고, 그것이 그에게 하나의 징표처럼 느껴지고, 그가 특별한 사람이라는 생각이 들게 했던 것이다. 그것이 그가 완전히 희생하는 선물일 수 있다는 생각은 그 환상을 더 확장시킬 수 있다. 그것은 앞에서 살펴보았던 입문식(initiation)에서의 상처처럼 그의 욕망의 대상이 되는 사람과의 관계 속에 있는 그의 성기를 상징하는 것이라고 할 수 있다. 히스테리를 불러일으키는 것은 그 환상을 만들어 내는 환자의 색정적인 환상과 그것을 거부하게 하는 불안과 혐오감 사이에서의 동요다. 그래서 '성기에 난 상처'에는 그러한 희생적인 장면이 전개될까 봐 두려워하는 주체의 공포가 응축되어 있다. 우리는 여기서 성흔을 받으려는 욕망에는 사랑이 그의 몸에 어떤 표지(標識)를 남겼으면 좋겠다는 욕망이 들어 있지 않을까 하고 생각한다. 그러므로 신비한 상처는 그 자체로서 주체가 가진 여성적인 욕망의 표지(signe)인 입문에서의 상처(종교적인 용어로 말하자면)와 같은 것이라고 할 수 있을 것이다. 또한 그리스도인의 몸에 상처가 전이되는 것은 여성적인 환상을 히스테리적으로 억압했기 때문에 생긴 것이라고 생각할 수도 있다. 그러므로 주체의 상상계에 대한 깊은 인식과 그것이 그의 성욕에 어떤 관계를 맺고 있는가 하는 데 대한 이해가 있어야 이 문제에 대해서 더 잘 알 수 있을 것이다. 어쨌든 성흔이 나타나는 현상은 전환 반응이라는 증상에 불과한 것이 아니다. 왜냐하면 거기에는 상처의 상징적 의미에 대한 의식적 표상이 너무 지배적이기 때문이다. 우리는 이 현상에 있는 다원결정론적 특성이 그것을 사람에 따라 여러 가지로 다르게 나타나게 한다는 사실을 의심할 수 없다. 그런데 상상력과 정서적인 특성이 두드러졌던 아빌라의 테레사가 그리스도의 고통에는 그렇게 영적으로 깊이 참여했지만, 성흔 체험을 가진 적이 없었던 것은 주목할 만한 일이다. 그것은 아마도 그녀가 신비적으로 승화시켰기 때문이 아닌가 한다.

이와 같은 관찰은 앞에서 말했던 테레즈 노이만의 신체 증상이 히스테리적인 것이라는 사실을 확증해 준다. 그러면 이제 그녀가 보았던 엑스터시적인 비전을 더 살펴보자. 그녀는 성탄절, 부활절 및 그 밖에 기독교의 명절을 제외한 모든 주간의 목요일 밤부터 금요일 오후 한 시까지 엑스터시 상태에 들어갔다. 그때 그녀는 10~15분 동안 계속되는 비전과 그다음에 따라오는 '엑스터시에서의 휴식' 이 번갈아가면서 나타나는 것을 보았다. 그녀는 비전을 보는 동안 침대에 앉아서 두 팔을 뻗어 그녀가 보는 것을 커다란 동작으로 연기하는 것 같았다. 그녀는 때때로 멀리서 벌어지는 장면에 완전히 몰입되어 그리스도가 수난받는 일련의 장면을 보았다. 그리고 기진맥진하여 마치 꿈에서라도 깨어나는 듯이 하품을 하고, 기지개를 펴며 그녀의 베게 위에 쓰러져 '엑스터시적인' 휴식에 들어가 아주 평안하게 그리스도와 하나가 되곤 하였다. 그때 그녀는 정신적으로 정지 상태에 있는 듯하였다. 그녀는 곁에 있는 사람들이 하는 질문에 대답했는데, 어린아이와 같은 말투로 그 장면을 마치 처음 보는 것처럼 설명했다. 더구나 그녀는 엑스터시 상태에서 그 사건이 어떻게 진행되었는지 완전히 잊어버린 것 같았다. 예를 들어, 그녀는 가룟 유다가 감람동산에서 예수님에게 입을 맞추는 장면에서 유다가 예수님을 배반했다는 사실을 믿지 않으려고 했다. 또한 그녀는 십자가를 진 예수님 곁에 있으면서, 예수님이 그에게 다가온 운명을 피하기를 간절하게 바랐다…. 더구나 그녀는 그녀가 예수님의 거룩한 전지성(全知性)을 함께 나누고 있다고 믿었지만, 예수님의 제자들인 베드로와 요한을 알아보지 못했으며, '교황' 이라는 단어의 뜻도 알지 못하였다. 그녀는 축성된 것을 구분할 수 있다고 하였다. 그러나 그 마을의 사제는 그녀가 제대로 구분하지 못하자, 더 이상 그녀를 시험해 볼 필요가 없다고 생각하였다. 그럼에도 불구하고 그녀는 그리스도의 수난과 관계되는 구절을 반복해서 읊조렸는데, 전문가들은 그것을 아람어라고 인정하였다. 평상적인 상태에 돌아왔을 때, 그녀는 그녀가 들었던 '계시'나 대화에 관해서는 아무것도 기억하지 못하였다. 그녀는 기독교 축일에 엑스터시 상태에 있었는데, 눈물을 흘리지 않았다. 그때는 그리스도의 수난에 관계되는 것을 보지 않았고, 예수님이나 성모나 다른 성인들의 이야기를 보았기 때문이다.

테레즈 노이만에게 나타난 성흔이 거짓된 것이었거나 사기였다는 말은 근본적으로 잘못된 말이다. 또한 그것은 연극적인 것(histrionisme)도 아니었는데, 연극적인 것이라는 말은 고대 정신의학에서 어떤 것을 과학적으로 설명하려고 할 때 좀 과장해서 말했던 방식이다. 하지만 그녀가 보여 준 것은 그녀가 거기에 지칠 정도로 몰두하여 심도 있게 본 것을 그녀의 몸으로 재연(再演)한 것이다. 우리는 그녀의 비전에서 엿볼 수 있는 영매적 특성에서 그 신적 기원(l'origine divine)이 가진 영감의 능력을 볼 수 있지 않을까? 우리는 그녀에게 나타난 성령을 마치 다섯 살짜리 아이의 어머니로서 그리스도의 수난이 그려진 그림책을 한 장 한 장 넘기면서 설명하는 것으로 잘못 상상하기 쉽다. 그녀가 체험했던 엑스터시의 양태나 효과를 볼 때, 거기에는 틀림없이 히스테리적인 특성이 들어 있는 것이다. 어쨌든 그 상상력이나 리듬은 우리를 뒤흔들어 놓는다. 우리는 그녀에게서 종교적인 표상이 그녀에게 찾아온 위기를 재구성하고, 그것들을 이끌어 가고 정돈하여, 그녀가 하나의 목표를 향해서 나아가게 하지 않았나 하는 인상을 받는다. 그 목표는 그녀처럼 진지한 그리스도인이라면 당연히 체험해야 하는 의미를 주는 것인데, 종교적인 표상이 아니라면 그런 일을 전혀 할 수도 없다. 그러면 그것을 확인하도록 하자.

먼저 그녀에게서 비전에 대한 전조는 그녀에게 신경증이 재발할 것이라는 사실을 알려 주었다. 그녀는 사순절이 시작될 무렵, 그녀와 동명이인이었던 리지외의 성녀 테레즈(테레사)에 의해서 병이 나은 다음, 다시 약해지고 힘들어져서 자리에 눕게 되었는데, 의사는 그녀의 병이 무엇인지 진단할 수 없었다. 그녀는 고난주간이 가까워 오면서 더 쇠약해졌는데, 그녀가 비전을 최초로 보았던 것은 그때였다. 그녀의 고통은 그전에 있었던 히스테리적인 마비증상이 재발한 것이었다. 그러나 성녀 테레즈로부터 기적적으로 치유받았던 그녀는 자연히 그 성녀의 명성을 훼손시키지 않으려고 그녀의 병이 재발했나는 사실을 무의식적으로라도 공표하지 않으려고 하였다. 그때 그리스도의 수난을 재연시키는 기적적인 고통이 또 다른 기적으로 변환되면서 나타나 그녀의 신경증적인 요청을 만족시켜주었는데, 그것은 그녀가 그렇게 찬양했던 그녀의 주된 싱인 리지외의 테레즈의 삶과 어울리는 것이었다. 하지만 여기에서 테레즈 노이만이 이 모든 기제를 만들어 냈다고 생각해서는 안 된다. 오히려 무의식만이 서로 충돌하는 다양한 이해관계를 조화시킬 수 있도록 용이주도하게 작용할 수 있다고 생각해야 한다.

일련의 비전과 휴식 기간으로 이루어진 테레즈의 엑스터시는 발작 국면과 회복 국면이 이어지면서 계속되는 히스테리 증상과 비교될 수 있을 것이다. 우리는 그리스도의 수난 삽화로 이루어진 그녀의 히스테리를 전형적인 히스테리라고 부를 수는 없다. 그렇다면 어떤 히스테리가 전형적인 히스테리인가?[54] 하지만 우리는 여기에서 히스테리의 특징인 경직된 국면과 완화된 국면이 번갈아 가면서 나타나는 것을 찾아볼 수 있었으며, 다른 비종교적인 히스테리의 경우에서와 마찬가지로 주체는 의식이 반쯤 각성된 상태에서 그가 겪는 엑스터시나 놀라운 장면을 이야기하려고 하였다. 또한 그는 좀 더 가벼운 상태에서 주위에 있는 사람들의 개인적인 사실들도 이야기했는데, 그 경우 가끔은 그들의 삶의 비밀스러운 부분까지 언급하였다.

그녀는 연속적으로 돌아가는 비전을 보면서, 그 장면에 완전히 사로잡혔다. 그때 그녀는 그 비전의 영웅이 하는 일에 참여하면서 배역을 맡아 했던 관객이면서 동시에 출연자였다. 그녀는 성극(聖劇)에 처음 출연하는 어린 소녀처럼 그 영웅의 상황 안에 완전히 들어갔고, 그녀에게 보이는 장면을 철저히 외재화시키면서 그녀의 감정과 유아적인 욕망을 그리스도에게 전이시켰다. 예를 들어, 유다가 키스하는 장면에서 그녀는 진정한 감정을 나타냈고, 십자가를 지고 가는 장면에서 예수는 그를 박해하는 형리(刑吏)들을 따돌릴 정도로 영리하게 나타났던 것이다. 그녀에게서 예수와의 상상적인 동일시는 두 가지 방향에서의 투사로 나타났는데, 하나는 그녀를 다른 사람에게 투사시키는 것(hétéroprojection)이고, 다른 하나는 그녀를 다른 사람과 완전히 동일시하는 것(autoidentification)이었다. 그때 그녀에게 심리적으로 퇴행이 일어났다. 그것은 그녀

54) L. Istaël, *L'Hystérique, le Sexe et le Médecin,* Paris, Masson, 1977, p. 20s.

가 히스테리 기간 동안 보였던 이상한 행동이나, 그 기간 동안 있었던 것을 '신기할 정도로 기억하지 못하는 것' 에서 잘 드러난다.

우리는 그녀가 히스테리 상태 속에서 보았던 비전, 퇴행, 그 비전의 내용, 그 증상 이전에 있었던 일을 모두 한 묶음으로 다루어야 한다. 그것들 사이에 은밀하게 얽혀 있는 관계를 통해서 비전의 속성에 대해서 잘 알 수 있기 때문이다. 그렇다면 그 비전이 사람들에게 가져다주는 이득은 과연 무엇인가? 하지만 여기서 그녀가 무의식적으로라도 추구했을 이차적인 이득은 제외시켜야 한다. 왜냐하면 그것은 히스테리의 근본적인 속성에 대한 이해를 방해하는 부차적인 사항이기 때문이다. 그러므로 우리는 그 비전에 어떤 외상적인 표상과 기억이 억압되어 있었는지를 밝혀내야 한다. 그렇다면 억압의 기능, 한편으로는 방어를 하고 다른 한편으로는 무의식적인 은전을 베푸는 억압의 기능은 과연 무엇인가? 이런 질문은 우리의 해석을 이끌어 가고, 그 답변들이 모아지는 곳에 우리의 수수께끼를 풀 수 있는 열쇠가 있을 수 있다.

형리들에게 학대받고 고문당한 그리스도에 대한 테레즈의 연민은 그녀 자신을 몹시 괴롭혔다. 하지만 그녀는 고통 속에서 어떤 깊은 향락을 느꼈을 것이라는 점은 의심할 수 없는 사실이다. 여기서 피학대음란증이라는 단어를 생각한다면, 그것은 과학적인 용어를 끌어들여서 우리의 논의를 너무 일찍 닫는 꼴이 될 것이다. 그 대신 위에서 살펴보았던 성흔 현상과 아빌라의 테레사가 했던 승화에 대해서 생각해 보자. 그녀에게 있어서 그리스도와 고통을 함께한다는 것은 그녀를 선과 악 사이의 투쟁이라는 우주적인 신비로까지 고양시킬 수 있었다. 이 경우 신비주의의 목적은 그녀에게 다가온 위기를 승화 작업으로 변환시킨 것이다. 그러므로 우리는 아빌라의 테레사가 세속 사회에서 영적인 삶을 살려고 했던 눈에 띄는 노력을 깊이 살펴보지 않는다면, 그녀에게서 일어났던 모든 정신기제에 대해서 설명하지 못할 것이다. 왜냐하면 그녀에게 나타났던 신비적인 감정 폭발은 종종 퇴행적인 것으로서 신경증적인 특성이었다고 할 수 있기 때문이다. 그녀에게 그 고통과 향락은 서로 결합하여 잘못된 색정적 쾌락을 주지 않았고, 그것이 반복되면서 응축(condensation)되고, 전위(déplacement)되어 외상적인 체험을 그보다 더 고상한 모습으로 나타내게 하였을 것이다. 그러나 그 고통과 향락은 그 안에서 서로 관계를 맺고 있었을 것이다. 정신 현상 가운데 비전이 사람들에게 주는 심리학적 이득은 그것이 두 가지 과제를 수행하면서 하나의 장면을 보여 준다는 점이다. 하나는 그것이 언젠가 느꼈던 정서적인 외상 체험을 계속해서 드러내는 것이고, 다른 하나는 그것을 계속해서 드러냄으로써 그 체험을 억압하는 것이다.

우리는 억압된 외상 체험이 히스테리 신경증을 유발한 심한 충격 안에 스스로 드러나 있음을 잘 알고 있다. 그 사실은 잘 알려져 있는 것이다. 테레즈는 가난한 가정의 아이였는데, 어느 농부의 집에서 일을 했고, 그 옆집에 불이 났다. "나는 짚단과 기둥에 불이 붙어 우지끈 하고 떨어지는 모습을 보면서 마치 성 니콜라를 만난 아이들처럼 두려움에 싸여 몸이 덜덜 떨렸다."[55] 그녀는 두려움과 당황을 극복하고, 있는 힘을 다해서 가축들을 돌보고, 불을 끄려고 했지만 그녀의 주인은 그녀가 열심히 하지 않는다고 야단쳤다. 그녀가 그렇게 힘든 일들을 해야 했고, 주인에게 가혹한 대우를 받았으며, 필요한 것이 그렇게도 많았던 어린 시절을 지낸 다음, 그녀

55) Gerlich, o. c., vol. I, p. 18.

는 불 앞에서 한편으로는 매혹을 느꼈고 다른 한편으로는 두려움을 느꼈다. 그녀는 그 불을 끄려다가 탈진했는데, 그 일련의 사건들은 하나의 복합적인 형상에 담겨서 그녀의 마음속에서 그녀를 잡아끌면서 동시에 두렵게 하는 공격적인 기억으로 각인되었다. 그녀는 불을 한참 끌 때, 손에 들고 있던 양동이를 떨어뜨려서 발판에서 미끄러져 뒤로 넘어진 적이 있었다. 그 후 그녀에게 히스테리의 고전적인 증상이 나타나는 동안, 그녀는 여러 차례 뒤로 넘어졌고 머리를 심하게 찧곤 하였다. 우리는 여기서 이 모든 사실이 히스테리적인 간질발작이라는 핵을 중심으로 하여 히스테리 신경증의 전형적인 모습을 갖추어 가는 것을 지켜볼 수 있다. 그녀는 그녀가 겪은 것들, 즉 불과 주인의 가혹한 행위라는 폭력성에 대해서 한편으로는 몹시 두려워하면서 다른 한편으로는 매혹을 느꼈던 과거를 어떤 형태로든지 재현(再現)시켜 가면서 살았던 것이다. 불이 났던 외상적인 경험은 그녀에게 어린 시절의 기억을 되살려냈을 가능성이 매우 크다. 왜냐하면 그녀는 그 외상적인 장면과 그녀가 어린 시설 성 니콜라의 얼굴을 보고 한편으로는 매우 두려워하면서 다른 한편으로는 매혹당했던 기억을 연상시켰기 때문이다.

테레즈의 개인적 체험과 그리스도의 수난 사이에서 보이는 주제의 유사성은 그녀의 외상적 체험과 그리스도의 수난을 연결시키는 다리를 놓아 주었다. 그 두 사건에는 무시무시한 폭력성과 가혹한 공격과 거부가 공통적으로 들어 있었던 것이다. 그리하여 그녀의 몸에는 마비와 경련이 생기면서 히스테리 증상이 나타났는데, 그것은 그녀의 내면에 있던 공격성과 동시에 방어적인 후퇴(뒤로 넘어지는 것)로 드러났다. 예수의 고난을 비전을 통해서 본 것은 그녀에게 수동성과 능동성을 이어주었던 것이다. 그녀는 그 장면을 깊이 묵상하면서 그 공격성을 적극적으로 재현하였고, 그녀가 당했던 거부를 수동적으로 체험했다. 임상적인 경험이 있는 사람이라면 누구든지 이와 비슷한 외상의 적극적 재현이 부분적으로 치유의 효과가 있음을 알 것이다.

지금 살펴본 유아적이고 만성적인 퇴행에 또 다른 전형적인 퇴행을 대비시키면, 만성적인 퇴행을 좀 더 깊이 알게 된다. 여기서는 다른 모든 퇴행의 경우에서와 마찬가지로 주체가 정말로 어린아이가 되는 것은 아니다. 그래서 테레즈의 곁에 있던 사람들은 그녀가 어린아이처럼 말하면서 동시에 그녀의 정상적인 지적 능력을 가지고 대화하는 것을 보고 깜짝 놀랐을 것이다. 그들에게서 퇴행은 전체적으로 일어나는 것이 아니라 선택적으로 일어나, 그들의 무의식에 있는 특별한 요소를 연상시키는 과거의 사건과만 관계되는 것이다. 그녀의 목소리가 어린아이처럼 나왔던 것, 그녀의 주위에 있던 사람들의 숫자를 계속해서 헤아렸던 것("여기 하나, 둘, 셋 … 세 사람이 있습니다"), 그리스도가 수난당한 모든 장면에서 깜짝 놀라면서 사로잡혔던 것 등은 모두 무엇인가를 나타내려는 것이 있었던 것이다. 그녀의 무의식으로부터 어린 시절의 기억이 그녀도 모르는 사이에 표면으로 떠올라서, 그녀는 마치 영매처럼 행동했던 것이다. 그래서 그때 그녀는 두 사람이 되었다. 하나는 어른이고, 다른 하나는 어린아이인데, 어른 테레즈는 아이 테레즈로 말하는 것이다. 그래서 그녀는 그녀의 곁에 있던 사람이 그녀에게 질문을 하자, "당신은 라레즈에게 말을 할 수 없어요. 라레즈는 지금 자고 있어요."라고 대답하였다.[56] 그래서 좀 배우지 못했지만 경건

56) De Poray, o. c., p. 89.

했던 그 당시 사람들은 테레즈가 하는 말을 마치 그리스도가 그들에게 하는 말처럼 생각하였다. 임상적인 관점에서 살펴보면, 우리는 이 만성적이고 전형적인 퇴행이 어떤 것인지 규명해 볼 수 있다. 성인의 신경증은 언제나 짧게 지나갔거나 그 자신도 알아채지 못한 채 지나갔던 유아신경증을 새롭게 재현하는 경우를 수도 없이 많이 볼 수 있다. 앞에서도 이미 언급했듯이, 비전이 사람들에게 카타르시스를 일으키고 치유적인 효과를 나타낸다면, 그것은 비전이 전이적인 퇴행 때문에 주체가 어린 시절 경험한 외상 체험을 다시 하게 하기 때문이다. 여기서 테레즈가 어린 시절 성 니콜라[57]를 보고 깜짝 놀랐다는 사실은 그녀가 보았던 비전과 어떤 연결고리를 마련해 주는 듯하다. 왜냐하면 그녀는 이미 아무것도 모르는 어린 시절 무시무시한 장면 앞에서 공포를 느꼈고, 곧 그에 복종하면서 그것을 이상화하였기 때문이다. 그 다음에 똑같이 양가적인 특성을 가졌고, 반향이 더 컸던 체험이 그녀에게 주어졌다. 그녀가 스무 살 되었을 무렵, 어느 날 불이 났을 때 그녀는 두려움과 동시에 매혹을 느끼면서 그리스도의 비전을 보았던 것이다. 신경증이란 이렇게 몸을 통해서 억압된 체험이 바깥으로 드러나는 체험이다. 히스테리 환자들은 비전을 보면서 카타르시스를 느끼고, 그때 억압된 것이 회귀(le retour du refoulé)되면서 치유 효과가 부분적으로 나타난다.

우리는 무의식의 표상들이 어떻게 그토록 미묘하게 작용하는지 잘 알기 때문에 테레즈가 그녀와 이름이 같았던 리지외의 성녀 테

57) 성 니콜라는 스위스에서 살았던 성인인데, 삼위일체 하나님의 모습을 보고 너무 놀라서 얼굴이 흉측하게 일그러졌는데, 아이들이 그의 얼굴을 보면 깜짝 놀랐다고 한다. 그는 삼위일체 하나님의 누멘적인 모습을 보았던 것이다(역자 주).

레즈와 동일시한 것이 몇 차례 새로운 길을 내 주면서 그녀를 어떻게 이상한 운명으로 이끌어 갔는지 짐작할 수 있다. 리지외의 테레즈는 그 당시 그녀에게 찾아왔던 고통과 병과 너무 일찍 찾아온 죽음을 묵묵히 받아들였기 때문에, 그녀의 거룩성은 그 당시 이상적인 모습으로 추앙되고 있었다. 사람들이 그리스도의 고통과 죽음에 참여하면서 그리스도로부터 이적(異蹟)을 받을 때, 그들은 그리스도처럼 거룩하게 된다. 그런데 리지외의 성녀 테레즈의 어린아이 같은 영성에 대한 강조는 테레즈에게 반향을 불러일으키지 않을 수 없었을 것이다. 다른 한편, 우리가 히스테리적인 성향이 본래 어떤 것을 이상화한다는 사실을 안다면—이 경우에서는 어린아이 같은 모습—여기서 모든 요소들이 그녀에게 나타났던 '엑스터시적인 휴식' 으로 모여드는 것을 보고 놀라지 않을 것이다. 또한 그녀가 예수님과 평화스럽게 하나가 되고, 그의 전지성에 참여하고 있다는 느낌은 이상적인 동반자인 아버지 곁에 있는 이상적인 아이에 대한 꿈을 통해서 실현되었다.

우리의 분석은 히스테리의 심리학이 반드시 고려해야 하는 질문들을 제기하지 않을 수 없는데, 그것은 히스테리와 성욕과의 관계에 관한 것이다. 하지만 우리가 가진 테레즈의 자료 가운데 그 어느 것도 그 문제에 관해서 보여 주지 않는다. 그럼에도 불구하고, 우리는 일반적으로 신경증은 성욕으로부터 도망가려는 기제임을 알고 있다. 사실이 그렇다면, 테레즈의 히스테리적인 신비 증상에도 색정적 향락을 충족시키려는 무의식적인 의도가 있다고 해야 할 것이다. 그녀가 황홀경 속에서 내뱉었던 몇몇 언급들 가운데는 그렇게 해석될 수 있는 것도 있다. 예를 들어, 그녀의 가슴에 성심(聖心)과 관계되는 이미지가 놓였을 때, 그녀는 "사랑하는 나의 주님, 당신께서 나를 이렇게 들어 올리시니, 나는 불타오르는 것 같습니다."[58]라고 한 적이 있다. 그녀에게 그리스도의 수난 장면은 화재 장면과 연계되면서 그리스도에 의해서 점화된 내면의 불이 타오르게 했던 것이다.

이제 결론을 내릴 때가 되었다. 교회가 테레즈 노이만의 '신비' 체험의 초자연적 성격을 인정하지 않는 것은 심리학적인 교육보다 신학교육을 더 많이 받은 사람들이 그녀의 행동과 계시 체험에서 바로크적인 환각을 더 짙게 보았기 때문이다. 또한 그녀의 엑스터시 체험뿐만 아니라, 무엇이라고 내세울 것이 없는 단순하고, 우직하며, 상냥하지만 그저 일만 하는 좀 어리숙한 기독교인이었기 때문이다. 그녀는 신경증을 앓고 있을 때, 우울하고, 고집이 셌으며, 그녀의 가족들이 감당하기 힘들었는데, 엑스터시 체험을 한 다음에는 솔직하고 다른 사람들에게 호감을 사게 되었다. 그녀가 겪은 위기가 그녀에게 치유의 효과를 가져왔던 것이다. 신화력(神話曆)을 따라서 행해지는 디오니소스적인 광란이 그리스 도시에 주기적으로 정돈된 삶을 영위할 수 있도록 했던 것처럼, 히스테리적인 환상이 승화된 형태로 제의적인 방식을 따라 분출됨으로써 테레즈는 주기적으로 평안한 상태에 있을 수 있었다. 그러나 비종교적인 표상 역시 이와 똑같이 상징적인 효과를 가져올 수 있으리라고 생각하기는 어렵다. 사실 그리스도의 수난상(受難像)은 사람들이 그 위에 그들의 억압되고 상처받은 사건을 담을 수 있고, 보다 높은 차원에서 그들의 수난에 보편적인 의미를 부여하는 장면을 제공해 준다. 그렇게 함으로써 그리스도의 수난상은 사람들을 해방시키게

58) *Ibid.*, p. 102.

된다. 왜냐하면 테레즈 노이만은 성 바울이 말했듯이 그녀 자신과 인류를 위해서 그리스도의 수난이 미처 다 완수하지 못한 신비적인 생각을 따라 살았기 때문이다. 하지만 그녀가 그 신비적인 생각을 살았던 환각적인 방식은 다음 세 가지 요소를 동시에 함축하고 있다. 그것은 외상적 체험이 반복되는 것이었으며, 그녀에게 억압된 욕망을 정화시키는 기쁨을 주었고, 그녀의 히스테리를 승화시키는 계속적인 작업이었던 것이다.

환자 자신이 스스로를 마들렌느의 염소라고 의미심장한 이름을 붙인 사례 역시 같은 방식으로 분석될 수 있다. 피에르 자네는 그 사례를 가지고 연구를 했는데, 거기서 자네는 좀 빈약한 방식으로 해석했지만 그가 모은 자료가 방대했고 기술(記述)도 치밀하여 그 빈약성이 어느 정도 상쇄되었다.[59] 우리는 개인적으로 그 사례는 정신병적인 히스테리로 진단할 수 있지 않을까 하고 생각한다. 이 사례에서 '신비주의적 엑스터시'라는 정신병과 매우 헌신적인 신앙태도가 유비적으로 혼합되어 있는 모습을 볼 수 있는데, 이 경우 종교적 히스테리의 병리적 특성은 매우 과장되게 나타났다. 그런데 우리는 이 사례에서도 종교적인 부분은 그녀가 병의 지배를 받고 있을 때에는 왜곡되어 나타났지만, 그러는 동안에도 상징적인 공간을 만들어 어느 정도 병을 고치게 하는 효과도 있지 않았나 하는 점을 주목해야 한다.

하나의 사례를 분석한 것을 가지고 다른 모든 비전의 경우에도 같은 해석을 할 수 있을까? 그렇게 생각할 수는 없을 것이다. 왜냐

59) P. Janet, *De l'angoisse à l'extase,* Paris, F. Alcan, 1926. 또한 더 자세한 것을 보려면 간행되지 않은 편지와 증언들을 참고할 것. *Études carmélitaines,* XVI, 1(avril, 1931), pp. 20-61.

하면 위대한 신비가들이 보았던 비전은 다른 질서에 속한 것이기 때문이다. 그 가운데서도 잔 다르크의 경우는 더욱 특별하였다. 그래서 수많은 사람들은 수세기 동안 그 당시의 역사적 상황이 변하는 것에 따라서 그녀의 사례를 해석해 보려고 하였다. 그렇다면 우리는 비전 속에서 하나님의 특별한 말씀을 들었다거나, 예수님이나 성모 마리아나 어느 성인 곁에 같이 있었다고 하는 수많은 경건한 사람들의 보고에 대해서는 어떻게 생각해야 할 것인가? 앞에서 민중종교는 이와 비슷한 환각 체험을 위한 매우 좋은 토양을 가지고 있다는 사실을 강조한 적이 있다. 하지만 그런 현상은, 항상 그런 것은 아니겠지만, 일반적으로 그전까지 잘못되어 있던 사람들이 그들의 증상을 다소 신비주의적인 관심이나 목표에 의탁하여 그들의 고통에서 어느 정도 벗어나게 하는 효과를 가지고 있지 않은가 하는 생각을 한다. 지금 예를 들어서 살펴보았던 사례에서도 종교적인 욕망과 히스테리 증상은 명백하다. 그러나 우리는 또 다른 비전이 있을 수 있다고 생각하는데, 그것을 유사심리학적으로 설명하는 경우들 배제하고, 거기에서는 어떤 편집증적 성격의 사람이 예언적인 내용을 가진 비전을 볼 수도 있다.

4) 신성의 출현

여기서 신성(神聖)의 출현을 보고하는 엄청난 분량의 자료들을 다 파헤칠 수도 없고, 그것들이 제기하는 심리학적이고 임상적인 문제들을 다 규명할 수도 없다. 프랑스의 루르드(Lourdes)에서 성모가 출현했다는 보고가 있은 다음, 세계 도처에서 신성의 출현에 대한 보고가 줄을 이었다. 그러나 교황청에서는 비오 12세(Pie XII

세)가 그 현상 가운데 파티마(Fatima)의 성모 하나만 인정하였다. 가톨릭교회에서는 교황의 권위를 가지고 그곳에서 신성한 것이 출현했다는 사실과 그곳에서 예배를 드릴 수 있다는 사실을, 오류가 있을 수 있지만, 인정하였던 것이다. 그러나 교황청에서는 보랭(Beauraing)과 벨기에에 있는 바뇌(Banneux)에서의 신성의 출현은 인정하지 않고, 다만 그곳의 주교가 거기에서 예배를 드릴 수 있는 것만 인정하였다. 가톨릭교회가 이렇게 신성의 출현을 예외적으로만 인정하면서 신중하게 접근하는 것은 그곳에서 정말 회심 체험이 일어났고, 기적이라고 할 만한 현상이 있었는지 하는 것을 가지고 판단했기 때문이다. 그 현상에 대한 교회의 심리학적 검토는 그 현상을 접한 사람이 얼마나 심리적으로 안정되어 있고, 정직하며, 도덕적이고, 올바른 신앙을 가지고 있는가 하는 것에 대한 정신감정을 통해서다. 거기 관계되는 사람들의 신앙심은 흔히 너무 성급하게 잘못된 판단으로 이끌기 때문이다. 그래서 우리는 보랭과 바뇌에서 신성이 출현했다는 보고는 그런 경우에 속한 것이나 아닐까 하고 생각한다.[60)]

그러므로 이 문제에 있어서 명백하다는 말은 그것이 정신감정을 거쳤느냐 거치지 않았느냐 하는 것에 대한 의미로 쓰여야 한다. 그 말은 그 비전을 본 사람들이 자기가 보고 들은 것에 관한 현실성에 대해서 의심했던 모든 것을 담고 있기 때문이다. 그 현상 가운데서 의식적으로 거짓말을 하는 경우는 쉽게 추적할 수 있다. 그럴 경우 교회는 그것을 곧 부인하고 취소한다. 그럼에도 불구하고 어떤 것

60) 이 문제에 관해서는 다음을 참고하라. Brino de Jésus-Marie, P. Van Gehuchten, E. De Greeff & A. Janssen, *Études carmélitaines,* XVIII, I(avril, 1933) 및 그 책의 *Supplément.*

은 많은 사람들을 불러 모으는데, 그것은 그 사람의 내적 동경에 무엇인가 응답하는 것이 있기 때문이다. 겉으로 보기에 거짓이라는 증거가 하나도 없을 경우, 심리학적인 검사는 매우 미묘해지는데, 그때 모든 결론은 가설적으로 내려진다. 신성의 출현을 감지한 사람들이 그것을 너무 진지하게 믿어서 그들이 지각한 것이 비현실적일 수 있다는 생각을 하지 못할 경우 그들이 말한 것과 징표가 서로 다를 수도 있다. 우리는 여기서 유아적이고 망상적인 환각 속에서 신앙과 불신이 그렇게 자주 동요하는 현상을 볼 수 있다.

이와 같은 관점에서 볼 때, 전체적이고 순박한 신앙은, 베르나데트 루르드가 뚜렷하게 보여 주듯이 어떠한 시련 속에서도 변하지 않으면서 사람들의 삶에 커다란 영향을 끼친다. 그러나 아무리 심리검사를 할지라도 환각이라고 할 만한 지표는 발견되지 않는다. 루르드에서 신성이 출현한 것과 그의 메시지가 가져온 종교적인 효과를 검토해 볼 때, 신앙인들은 신성의 출현은 충분히 있을 수 있는 일이며, 진정한 것이 아닐까 하는 결론을 내리게 된다. 그래서 우리는 그런 일은 신앙의 원리에 의해서가 아니라 신학적 확신에 의해서 뒷받침되지 않는가 하고 추정하게 된다. 그렇다면 신앙인들은 그리스도나 성모가 왜 그들에게 눈에 보이게 나타나거나 귀에 들을 수 있도록 메시지를 전해 주지 않는가 하는 질문을 하게 된다. 그렇게 해야 그 메시지가 그들의 신앙에 새로운 빛을 던져 주고, 현대사회에서 그 신앙을 적용시킬 수 있지 않은가? 하지만 그 어떤 심리학적 분석도 신성의 출현에 관한 진정성을 입증하거나 그것이 절대 아니라고 판정할 수 없다. 심리학은 다만 잔 다르크가 들었던 음성에 관해서 고찰했던 것과 같은 방식으로 우리의 가설을 전개시킬 수 있을 뿐이다. 이러한 견해는 다른 그리스도인들에게서 많은 지지를 얻을 수 있을 것이다. 아빌라의 테레사 역시 그리스도는 승천한 다음 그의 몸으로 이 세상에 나타난 적이 없다고 주장하지 않았는가? 우리는 이와 같은 주장을 십자가의 성 요한에게서도 똑같이 확인할 수 있다. 그에 의하면 하나님은 그를 찾는 사람들의 용기를 북돋워 주려고 그들의 내적이고 영적인 눈에 여러 가지 비전을 보여 주신다. 한 걸음 더 나아가 십자가의 성 요한은 그리스도은 몸은 비전을 통해서도 나타나지 않는다고 강조하였다. 왜냐하면 그것이 아무리 하나님으로부터 오는 것이라고 생각할지라도, 그것은 사람들의 신앙에 걸림돌이 되기 때문이다. 그런 십자가의 성 요한에게 심리학자들은 이렇게 대답할 수 있을 것이다. 어떤 아이가 눈에 보이지 않지만 그에게 매우 놀라운 작용을 하는 신적인 존재를 너무 보고 싶어한다면, 그 아이는 그의 신앙의 작용으로 신적인 존재를 내적으로 보고서 내적 비전과 몸으로 나타난 비전을 구별할 수 없을 것이다.

서구 가톨릭교회에서 신성의 출현에 대한 보고가 폭발적으로 늘어나고, 순례자의 행렬이 길게 늘어서는 것은 그러한 사실을 무시하지 말고 주의를 깊이 기울일 것을 촉구한다. 그것은 현대사회에서 경이로운 사실에 대한 갈증이 깊다는 것을 증언한다. 그것은 또한 기독교가 문화의 변환기 앞에서 우리의 일상성 가운데 구멍이 뚫려서 드러나려고 하는 초자연성을 나타내는 데 적합한 상징계를 찾기 어려워한다는 사실을 나타낸다. "대중매체는 우리에게 끊임없이 변화하는 이미지로 우리의 상상계를 보여 준다. 중세에 우리 상상계는 그렇게 번잡하지 않았을 것이다. 중세 시대에 중세인들의 종교적인 이미지가 교회 안에 모여 있었다고 한다면, 우리 이미지는 집이나 신문이나 텔레비전 안에 등장할 것이다. 그들의 거대한 성당과 순례자들이 찾는 성지와 비교해 볼 때, 거대한 영사막에 비치는 눈부신 영화 장면은 너무 유아적이다. 그것은 단지 하나의 여흥이며, 시간을 죽이는 수단이기 때문이다.[61)]

종교적 상상력은 신성의 출현을 통해서 하나님의 가시적인 모습을 외적인 지표로 창조해 낸다. 여기서 사람들은 사람들에게 있는 우화산출 능력을 들먹일 수 있다. 하나님은 단순히 인형놀이의 공연자가 아니라는 것이다…. 그러므로 우리는 기독교 신앙의 엄격성을 생각해 보아야 한다. 기독교 신앙은 언제나 시간적으로 더 멀리 나아가는 거룩한 계시를 참조했다. 그러나 현대의 기술문명사회에서 신앙은 상징적으로 자연과 공명(résonance)하지 못하게 되면서, 상상력에 있어서는 물론 감정적으로도 빈약하게 되었다. 그 결과 고대세계에서 우주와 현실을 매개해 주던 형상은 이제 교양 있는 관광객을 위한 박물관으로 대체되었다. 그러므로 현대사회에서 우리는 또다시 델포이 신전의 무녀들의 입에서 나오는 하나님의 음성을 듣고, 그 의미를 파악하려고 해야 된다는 사실을 접하게 되는데, 그것은 놀라운 사실이 아닐 수 없다. 또한 우리는 동방교회의 예배에서 쓰이는 이콘[62)] 속에서 현대인들이 얼마나 눈에 보이고 우리를 하나님과 이어 주는 형상을 필요로 하고 있는가 하는 사실을 볼 수 있는데, 그것은 결코 우리가 심리학적인 착각에 빠지는 것이 아니라 진정으로 기독교적인 길을 따르는 것이다.[63)]

---

61) A. Malraux, *L'Homme précaire et la Littérature,* Paris, Gallimard, 1977, p. 22.

62) 동방정교회의 성화(聖畵). 동방정교회에서는 여러 가지 종교의식에서 성화를 사용한다(역자 주).

63) P. Evdokimov, *L'Art de l'icône, Théologie de la beauté,* Paris, Desclée de Brower, 1970.

09
악마의 형상

사람들이 악마를 상상력의 산물로 생각하거나 초자연적인 실재로 생각하는 것은 우리의 연구에서 그렇게 중요한 문제가 아니다. 하지만 악마가 기독교 신앙에서 당연하게 생각되기 때문에, 악마는 어떤 사람들에게 어떤 경우에서든지 심리적 실재에 속해 있다고 해야 한다. 수많은 종교와 사건에 대한 경험을 통해서 볼 때, 악마와 관련된 수많은 전설이 있었다는 사실에서 악마는 실제로 무엇인가를 하고 있으며, 무엇인가를 상징하고 있다고 생각하지 않을 수 없다. 악마에게 사로잡히는 것은 그에 대한 예증이고, 가장 곤란한 일이다. 그래서 그 현상은 특별히 우리의 주의를 끈다.

악마에게 사로잡혔다는 생각이 있다는 사실은 여러 종교에서 황홀경에 사로잡혔다든지, 기독교에서 귀신 들렸다는 것 사이에 어떤 관계가 있지 않을까 하는 생각을 불러일으킨다. 그래서 우리는 그 현상에 관한 심리학에 대해서 살펴보려고 한다. 정신병리학은 종교에서 취급했던 '귀신 들림' 현상을 신경증적 발작으로 설명하려고 하는데, 악마의 존재에 대한 믿음이 없는 상황에서는 그렇게 설명할 수도 있기 때문이다. '귀신 들림' 현상에 대한 연구는 언젠가 '심리적으로 사로잡히는 현상'에 관한 특징을 낱낱이 파헤쳐서 이에 대해서 더 잘 설명해 줄지도 모른다. 그러나 우리는 당분간 사람들에게 '귀신 들림' 현상을 야기하는 종교적 신앙의 특성이 어떤 것인지 더 깊이 살펴보려고 한다. 엑스터시 현상에 대한 관심이 높은 현대사회에서 다양하게 나타나는 사로잡힘 현상과 신비주의를 비교하는 것은 매우 중요한 일이다. 많은 종교에서는 '사로잡힘' 현상과 신비주의 사이에 유사한 점이 많다고 주장하지만, 다른 한편으로 신비가들은 그 둘 사이에는 겉으로 보기에만 비슷한 것이 있을 뿐이지, 그 뒤에 들어가면 그들은 악마와 극한적으로 싸워서 이겼다는 확신을 가지고 있다. 그들은 그 과정에서 종종 정신이상으로 취급될 수도 있는 심연으로부터 돌아왔기 때문이다.

1. 신비적이고 엑스터시적인 사로잡힘과 악마에게 사로잡힘

많은 종교에서 사람들은 어떤 영(靈)이나 신에게 사로잡히는 현상을 긍정적으로 바라보는데, 기독교에서는 하나님이 사람에게 '내리지' 않는다고 설명한다. 하나님은 자신이 선택한 사람들에게 머물며, 자신을 따르는 사람 안에 성령으로 자신의 집을 짓는 것이다. 그래서 어떤 사람이 무엇엔가 사로잡힌다면 그들은 결국 하나님과 반대되는 존재에 의해서 '사로잡히는' 것이다. 그래서 사람들은 성령과 함께 해야만 이 '사로잡힘'에서 벗어날 수 있으며, 거기서 벗어나 올바로 살게 된다. 여기서 우리는 흔히 말하는 것처럼 신비주의가 악마에게 사로잡히는 것과 정반대되는 현상이라고 만은 말할 수 없게 된다. 하지만 우리는 어쨌든 신비주의에서는 물론 악마에게 사로잡히는 현상에서도 주체가 분리되고 또 다른 세계에서 어떤 음성이 들려오는 것을 들을 수 있다. 그러나 신비주의에서는 중심을 다시 잡기 위해서 잠시 중심이 흐트러지는 것인 반면에, 악마에게 사로잡히는 사람들은 단어 자체가 표현하는 것처럼, 자신의 안에 있지만 자신을 향해 있지 않은 힘, 자신을 통해서 말을 하지만 자신에게 말을 걸지 않는 힘에 의해서 자아를 빼앗기는 것이다. 성경에서 말하는 '유일신' 이 사라지는 것이다. 유일신 하나님은 지하계적인 힘이 아니기 때문에 사람들을 태초의 벼랑으로 몰아내지 않으며, 사람들의 의식을 지워 버리면서 사로잡지도 않는다. 사람들에게 커다란 희열을 가져다주는, 신비가들에게서 볼 수 있는 엑스터시적인 사로잡힘 역시 사로잡는 것이 아니다. 왜냐하면 사람들에게는 하나님과 하나가 되려는 욕망과 하나님께 자유롭게 동의하려는 욕망이 있기 때문이다. 하나님은 그들을 폭력으로 강압하고, 찢어버리지 않고 그들은 자발적으로 하나님에게 참여하는 것이다.

엑스터시와 함께 이루어지는 전위(轉位) 현상이 매우 다양하고 서로 다른 모습을 하고 있기 때문에 기독교는 우리에게 사로잡힘이란 과연 무엇인가 하는 생각을 다시금 하게 한다. 사람들에게 음성을 들려주는 존재가 다른 종교에서는 신이나 조상(祖上)의 모습으로 나타난다면, 기독교에서는 이 존재가 있는 곳이 하나님과 대립되는 존재가 다스리는 곳이라고 한다. 그러므로 엑스터시의 의미와 양태를 특징짓는 기독교는 이런 '들림' 의 의미와 경험을 결정한다. 기독교에는 처음부터 귀신 들림이라는 현상이 있었고, 귀신 들린 사람은 다른 사람들에게 호소하고, 다른 사람들은 그에게 응답해 왔다. 기독교에서 '귀신 들린' 사람은 소외의 포로가 된 사람이었고, 하나님에게 해방의 힘을 간청하는 사람들이었다. 기독교인들은 자신을 악마를 믿는 신비가들과 분명히 구분하면서, 그리스도가 악의 힘을 정복하였다고 선포하였다. 왜냐하면 하나님이 그리스도를 '모든 계급, 권능, 능력, 힘, 주권 및 모든 것들 위에'[1] 들어 올리셨기 때문이다.

먼저 우리의 시각을 뚜렷하게 하자. 우리는 여기서 악마에 대한 신앙에 관해서는 논의하지 않으려고 한다. 심리학에는 신앙고백에서 언급하지 않는 악마에 대한 신앙이 기독교 신앙에서 절대적으로 필요한 것인지, 아니면 기독교 사상이 구원사를 전개하기 위해서 만든 신화적 도식에 불과한 것인지에 관해서 판정할 권한은 없다.[2] 옛날에, 특히 르네상스 시대에 구마(驅魔) 의식은 다른 것들과 더불어서 기독교 교리를 변증하는 기능 가운데 하나로 생각되었다. 그래서 사람들은 귀신들이 공개된 장소에서 그의 편벽성과 궁극적인 패배를 고백하도록 강요하였다. 그 후 정신병리학의 발달은 악마를 인간적인 모습으로 나타나게 하였다. 그리하여 신학적인 이유 때문에 악마를 믿는 교육받은 관찰자는 악마의 모습을 하고 나타나는 병리만을 보게 된다. 사람들을 사로잡는 악마는 정신병 뒤에 숨어서 사람들의 눈에 띄지 않으려고 하는 것이다. 눈에 띄게 악마의 소행이라고 생각되는 자료들을 보고, 신학에 바탕을

1) 엡 1:21.

2) 예수 그리스도에 의해서 이루어진 구원에 관한 여러 가지 표상에 대해서는 *Mort pour nos péchés,* Facultés universitaires Saint-Louis, Bruxelles, 1976(4). 참고. 이 책은 기독교의 문화인류학적인 주제, 정신분석학적인 주제, 교의학적인 주제들을 성서주석학이라는 관점 아래서 살펴보고 있다.

둔 신앙을 가진 사람들은 베르나노스(Bernanos)가 그랬듯이 악마의 술책이란 사람들에게 망각을 가져다주는 것이라고 말할 것이다. 악마가 한 짓이라고 명백하게 규정할 수 없는 현상 앞에서 사람들은 그것은 이 세상에서 숨겨진 힘, 정신적인 힘이나 사상적인 힘 때문에 그런 것이라고 주장할 것이다. 그래서 악마의 소행은 이렇게 임상심리학에서 '악마에게 사로잡힌 것 같음' 이나 '악마에 사로잡힌 듯한 정신병' 이라고 규정하는 증상 뒤에 숨어 있을 수 있다.[3] 이러한 해석은 사탄은 사람의 안에서 활동하는 악한 힘이라는 고대 유태 전통과도 상통한다. 그래서 탈무드는 다양한 종류의 악마들이나 영혼이 없는 육체, 하나님으로부터 벌을 받은 악인처럼 바깥에서부터 힘을 행사하는 존재들과 사탄을 구분하였다.[4]

융의 심리학은 신학적 관점과 심리적 관점을 나란히 놓는 것을 좋아하지 않는다. 그의 심리학은 처음에는 신학적 관점을 사용하지만, 신학이 말하려고 했던 것을 그가 더 잘 말할 수 있다고 믿으면서 신학을 지배하려고 한다. 그래서 그는 악마에 대한 믿음을 중심적인 위치로까지 밀고 가서, 결국 악마를 하나님 안에 놓으면서 하나님의 네 번째 자리를 차지하게 하였다. 그러면서 그는 그가 기독교 교의가 궁극적으로 발달되려는 것을 먼저 이루게 하였다고 믿으면서 삼위일체를 사위일체로 바꾸어 버렸다.[5] 그는 기독교 전

---

3) J. Gayral, *Les Délires de possession diabolique,* Toulouse, publ, univ., 1944; J. de Tonquédec, *Quelques aspects de l'action de Satan en ce monde, Satan, Études carmélitaines,* Paris, Desclée de Brouwer, 1948, pp. 493-506.

4) N. & H. W. Schnaper, *A few kind Words for the Devil, J. of Religion and Mental Health,* VIII (1969, 2), pp. 107-122.

5) 이와 같은 사상은 그의 책, *Réponse à Job,* Paris, Buchet-Chastel, 1964에서 대체로 광범위하게 개진되었다.

통으로는 도저히 설명할 수 없는 '인간 타락의 신비'를 거기에서 모두 설명할 수 있다고 생각하였다. 이렇게 심리학과 신학이라는 두 가지 관점을 나란히 놓지 않으려는 융의 태도는 결국 심리학과 신학을 재신화화하는 길로 나아갈 수밖에 없다. 그렇게 할 경우 심리학은 신비주의 신학으로 변하고, 신앙은 어설픈 영지(gnose)로 되고 만다. 물론 융 학파 사람들이 모두 그의 이런 궁극적인 사변을 따르지는 않는다. 그들은 악마에 대한 신학적 위상에 관해서 유보적인 태도를 취하고, 악마를 하나의 원형상으로 취급하면서, 인간의 내면에 있는 '영적' 실재라고 생각하는 데 전적으로 동의하지 않는 것이다.[6)]

우리는 여기서 융이 말한 원형이라는 개념이 사로잡힘 현상을 심리학적으로 어떻게 설명할 것인가 하는 문제에 대해서는 논의하지 않고, 사로잡힘 현상의 심리학적 측면에만 초점을 맞추려고 한다.

심리학이 아무리 귀신의 실재와 작용을 유보적으로 생각한다고 해도 귀신이라는 기표(signifiant)를 완전히 배제시키는 것은 아니다. 심리학은 종종 그 두 가지를 혼동하면서 귀신을 이론적으로만 설명하면서 스스로의 입지까지 잃어버린다. 예를 들어, 사람들은 악마에 대한 믿음을 투사라는 뚜렷하지 않은 개념을 가지고 설명하려고 하면서, 세상에 있는 수많은 형태의 귀신에 대한 믿음을 개인의 심리에서 나온 기초적인 기제의 영향이라고 주장하는 것이

6) G. Zacharias, *Satanskult und schwarze Messe, Ein Beitrag zur Phäenomenologie der Religion,* Wiesbaden, Limes Verlag, 1964; R. S. Scharf-Kluger, *Satan in the Old Testament,* Evanston; Northwestern Univ., Press, 1967.

다. 우리는 우리의 입장을 좀 더 제한하려고 한다. 귀신에 대한 믿음을 우리가 앞에서 종교적인 정신병리나 신비주의에 대한 심리학을 다루었던 것과 비슷하게 다루게 될 것이다. 주체의 믿음을 그 현상이 나타나는 문화적인 참조의 틀 안에 넣어서 생각하고 이해한다는 말이다. 주체의 믿음과 주체가 사는 사회의 믿음체계는 정신병리 현상으로 읽힐 수 있는 '악마에 사로잡힌 듯한 정신병'에 결정적인 영향을 미친다. 개인의 성향과 문화적 상황 역시 그러한 믿음을 고취시키는데, 그 믿음이 어떤 역사적 상황에서 나타나는지 그 의미를 살펴보는 것은 심리학, 사회학, 역사학의 임무다. 그러한 믿음이 마치 실제로 존재하는 것처럼 여겨지는 것은 각각의 종교 전통 속에 그것을 가능하게 하는 기표가 있기 때문인데, 그 기표는 그에게 여러 가지 의미를 주고 있다.

엑스터시 상태에 사로잡히는 종교의 대표적인 예인 샤머니즘의 사로잡힘을 생각하면, 그것은 기독교에서 말하는 사로잡힘이나 기독교의 신비주의와 정반대되는 것을 알 수 있을 것이다. 그러므로 우리가 사로잡히는 현상과 엑스터시와 신비주의에서 발견되는 여러 가지 다양한 형태를 모두 똑같은 초월의 체험이라는 관점에서 본다면, 그것은 우리가 모든 것을 너무 빨리 비교문화적으로 보편화하려는 낭만적인 신화에 빠지는 태도가 될 것이다.[7]

우리는 이제 그 분야에서 가장 좋은 연구를 했던 루이스(I. M.

7) 우리는 프리오(Priault)와 사기(Saghy)의 연구에서 서부 아프리카의 전통 종교에서 여러 가지 정령에게 사로잡히는 믿음을 가졌던 사람들이 기독교가 들어오자 어떻게 악마에게 사로잡히는 믿음으로 변화되게 되었는지 알 수 있다. C. Priault & L. Saghy, "Les Confessions diaboliques", *Prophétisme et Thérapeutique,* Paris, Hermann, 1975, pp. 121-152.

Lewis)의 연구를 참고하려고 한다.[8] 그에 의하면 샤먼들은 입무(入巫) 의례를 거치는 동안 사로잡히는 위기와 정신적인 혼란을 거쳐 간다. 저승을 지나는 무시무시한 여행은 그들이 비인격적인 상태에 빠지고, 정신병적인 망상에 빠지는 것을 알려 준다. 서양의 많은 관찰자들은 샤먼은 인격에 커다란 장애가 있어서 대단히 히스테리적이고, 간질이 있거나, 정신병적인 사람이라고 생각한다.[9] 그래서 P. 라댕(P. Radin), G. 드브뢰(G. Devereux), N. 콘(N. Cohn), L. 로네스(L. Laugness), J. 실베르만(J. Silvermann), M. 미드(M. Mead), G. 베이트슨(G. Bateson) 등은 샤먼은 정신분열증적인 사람들인데, 서양 사회에서는 적응하지 못하지만 다른 문화권에서는 제대로 적응하고, 사회에 잘 통합되어 사는 사람들이라고 주장하였다. 문화의 다양한 유형에 대해서 더 많이 연구하고, 더 주의깊게 관찰했던 다른 학자들은 더 깊은 연구를 통해서, 샤먼들 가운데 혹시 정신이 온전하지 못한 사람이 있을지라도, 대부분의 샤먼들은 정신 상태가 온전하다고 주장하였다(Scirokogoroff). A. 메트로(A. Métraux) 역시 아이티의 부두교를 정신병리 현상과 동일시하는 것은 부당하다고 강조했으며, E. 스탐브룩(E. Stambrook) 역시 바하이교에서 볼 수 있는 수습기간은 그것이 정신병적이라는 사실을 이미 배제한다고 주장하였다. "그러므로 우리는 영에게 사로잡히는 것을 종종 병든 상태라고 생각하지만, 어떤 형태의 정신

8) I. M. Lewis, *Ecstatia Religion, An Anthropological Study of Spirit Possession and Shamanism,* Harmondsworth, Penguin, 1971.

9) 우리는 여기서 주로 위에서 말한 루이스의 책 제7장을 주로 참고하였다. cf. I. M. Lewis, "Possession and Psychiatry", *Ecstatia Religion, An Anthropological Study of Spirit Possession and Shamanism,* Harmondsworth, Penguin, 1971.

착란이나 간질증상 역시 영에게 사로잡히는 현상으로 간주될 수 있다는 사실이 그 사람이 다른 형태로 영에게 사로잡히는 것과 거기 사로잡힌 사람들과 구분할 수 없다는 사실을 의미하는 것이라고 생각하지는 않는다."[10] 루이스는 샤먼으로의 부름에 어떤 정신적 소질(pré-disposition)이 관여하지 않는다고 주장하지는 않는다. 그는 그런 심리학적이고 정신의학적 설명을 벗어나려고 하는 것이다. 엘리아데(Eliade)는 샤머니즘에 대한 여러 가지 상반되는 주장을 화해시키려고 하면서, 샤먼들은 일종의 무의(巫醫)로서 정신적인 고통을 겪으면서 그들에게 다가온 소명을 감당하고 극복한 사람들이라고 주장하였다. 같은 맥락에서 스존디(L. Szondi)는 그들이 그렇게 되돌아오는 것을 일종의 승화나 사회화라고 불렀는데, 루이스는 그런 해석을 썩 만족스럽게 생각하지 않았다. 왜냐하면 샤머니즘을 단순히 정신병리적으로 해석될 수 있는 샤먼의 개인적인 체험으로만 환원시킬 수 없기 때문이다. 그에 의하면 샤머니즘에서 볼 수 있는 모든 상징체계는 그들이 속해 있는 문화의 세례를 받은 공적 체계이고, 정신적으로 심하게 착란된 사람들은 제의의 규칙을 제대로 따를 수 없으며, 정화 작용을 일으키는 입문식을 제대로 치를 수도 없기 때문이다. 입문자들은 입문식이 진행되는 동안 생겨나는 모든 무질서한 체험들을 견디어 낼 수 있을 만큼 강해야 하는 것이다. 사로잡힘의 현상이 두드러지게 나타나는 샤머니즘의 공식적인 예배 속에서, 샤먼들은 그 자신을 우주의 위험한 세력에게 노출시켜야 한다. 그는 잘 정돈되어 있는 세상의 한계를 뛰어넘고, 일상적인 사회적 실존의 보호에서 벗어나야 하는 것이다.

---

10) *Ibid.*, p. 183.

그렇게 하면서 그들은 사회 질서의 기본이 되고 그들을 위협하려는 어두운 힘을 제어하는 방법을 배운다. 그들에게 질서와 무질서의 중재자로서 신의 권력이 임했음을 보여 주는 이 상징적인 상처는 샤먼들에게 그들의 부름을 입증해 줄 수 있는, 필요하기는 하지만 충분하지는 않는 상처다…. 샤먼들은 혼돈과 비정상성의 노예가 아니라 주인인 것이다. 그들의 고통과 고뇌, 영혼이 거쳐가는 어두운 밤으로부터 문자 그대로 영의 승리를 의미하는 엑스터시가 솟아오른다…. 그래서 샤먼들은 우주에 대한 그의 제어력을 확인할 수 있고, 그들이 운명과 숙명을 통제할 수 있음을 주장할 수 있다." "그가 영을 육화시킴으로써 인간의 사회 속에 신들이 가장 깊숙이 개입하게 할 수 있다면, 그는 그 힘을 지배하는 것을 통하여 인간이 영적 환경을 통제하고, 신과 어느 정도 비슷하게 되었다는 사실을 극적으로 보여 주는 것이다."[11] 샤머니즘에 나타나는 결혼의 은유는 샤먼들과 신과의 관계를 잘 보여 준다. "샤먼이 계약에 의해서 불사의 존재로서의 신성과 반려자로 연결되어 있다면, 신성 역시 그의 배우자인 인간과 연결되어 있지 않을 수 없다. 그 둘은 떼려야 뗄 수 없도록 하나가 되어 있는 것이다. 그리하여 그 둘은 서로가 서로를 점유하고 있다."[12]

샤머니즘과 기독교 전통에서 나타나는 엑스터시 현상과 사로잡힘 현상을 구조적으로 분석해 보면, 그 둘 사이에 주제에 있어서 비슷한 부문과 변이된 부분이 적지 않음을 알게 된다. 정신적 혼란에 의한 시련, 무엇엔가 사로잡혀 있는 듯한 현상, 영적 승리, 신적

11) *Ibid.*, pp. 188-189.

12) *Ibid.*, pp. 190.

존재와의 부부와 같은 연합 등 형식적인 주제에 있어서 공통되는 관념이 양자에게서 발견되며, 그것은 샤머니즘과 기독교가 똑같은 문제를 다루고 있음을 보여 주는 것이다. 기독교적인 것 가운데 주제는 같지만 내용이 달라져 의미에 변화가 생겼다면, 그것은 기독교 정신이 그것을 달라지게 했음을 의미한다.

기독교 전통에서 샤머니즘에 해당되는 현상 가운데서 두 가지 크게 다른 것이 있는데, 그것은 신비주의와 구마사(驅魔師)다. 그 가운데 샤먼과 비슷한 기능을 수행하는 구마사를 먼저 살펴보자.

어떤 사람이 악마에 대한 강박관념에 시달리고 있을 때, 그가 마술사인지 아니면 악마에 사로잡힌 것인지 그 경계가 잘 구분되지 않지만, 그 두 현상은 서로 다른 것으로 보아야 한다. 우리는 역사적으로 15세기와 16세기 사탄주의에 대한 공포가 집단 히스테리를 일으켜 수천 명을 화형에 처하게 만든 것을 알고 있다. 사람들은 그때 악마와 연관된 사람들을 태운 불로 사회를 정화시키려고 했는데, 그들은 은밀하게 또는 고약한 악의를 드러내면서 그들의 주위에 있는 사람들을 괴롭히거나 기독교와 사회의 질서를 무너뜨리려고 했다고 의심받았다. 그들은 악마에게 사로잡혔다고 생각되지 않고, 악마와 연합하여 악마의 힘으로 모든 것을 뒤엎으려는 마술사나 마녀로 생각되었던 것이다. 악마는 그에게 사로잡힌 사람들에게 은밀하게 불길한 힘을 불어넣지만, 악마와 연합했던 그들은 여러 가지 소동을 일으켰다. 사회적 고립으로 인한 무례함, 마비상태, 무감동, 자폐증, 사회적 일탈로 보이는 정신병리적인 행동은 모두 악마와의 은밀한 거래에서 나오는 증상이다. 왜냐하면 사탄의 하수인이 그의 영혼을 병들게 하는 계약은 그 대가로 간음이라는 악마적인 쾌락을 주기 때문이다. 게다가 마술사나 마녀는 사탄의 입문식을 거친 다음 마력을 얻고 환각 속에서 악마와 함께 바카스적인 광란의 축제에 참여한다는 상상을 가지기도 한다.[13] 악마적인 현상이 이렇게 마술과 사로잡힘으로 양분되어 나타나는 것은 악마의 특성이 둘로 나누어져서 악마의 세계에서 두 가지 작용을 하기 때문이다. 그런데 악마적인 것의 분출은 이 세상을 사회적, 종교적, 정신적 분열에서 오는 파열음과 분노로 가득 채운다. 그러나 사탄은 세상을 뒤엎는 작업을 하는 데 사람들을 필요로 하기 때문에, 그의 교활한 음모 뒤에 몸을 숨기면서 여전히 그 작업의 주인이 된다.

마술사나 마녀는 겉으로는 정신적으로 건강해 보이지만, 신체적으로 정상이 아니거나, 사회적으로 주변부에 있거나, 사람들에게 특이한 영향력을 미치기 때문에 사람들에게 불신 받고 있다. 그들이 그렇게 광기를 보이지 않기 때문에 사람들은 그들에게서 '악마' 인 사탄 자신의 사악함을 보는데, 그 두드러진 특징은 불길함과 교활성이다. 그러나 사로잡힌 사람들에게서 나타나는 위기의 양상은 그들을 사로잡고 있는 것이 악마라는 사실을 보여 준다. 그 미친 남자나 여자는 그들 존재의 주인이 아니라, 어떤 영에게 사로잡혀 있는 것이다. 그들이 인간의 본성에 반하는 추잡함과 독신(瀆神)을 보이는 것은 그들이 더러운 영에 사로잡혔기 때문인데, 구마의식을 할 때 쫓아내는 것은 이 영이다. 루댕 수도원(프랑스, 17세기)에서 실제로 있었던 유명한 이야기는 이 점을 잘 보여 준다.[14] 명성

13) "Procès d'Anne de Chartraine" (1620–1625) in *Satan*, pp. 380–385. 그 공판에서는 안 드 샤르트렌을 분명히 '마법을 행한 죄' 로 고소하는데, J. 레르미트(Jean Lhermitte)는 그 공판을 인용하면서 마술사와 사로잡힌 현상을 혼동하고 있다.

14) M. de Certeau, *La Possession de Loudun,* Paris, Julliard, 1970; *L'Écriture de l'histoire,* Paris, Gallimard, 1975, ch. VI.

이 높고 매력적인 교구 사제인 위르뱅 그랑디에(U. Grandier)는 영향력 있고 정통적인 설교자였는데, 잔느 데 장즈 수녀를 유혹하였고, 그녀에게 색정적인 환상을 불러일으켰다. 그러자 그녀는 온 수도원을 귀신 들린 듯한 광기로 몰고 갔다. 재판이 열렸을 때, 그녀는 그랑디에 신부를 고소했는데, 판사들은 그 수도원을 외설적이고 신성모독적인 기괴함으로 몰고 갔던 것은 악마의 소행이라고 확신하였다. 그러면서 그들은 그것이 그 사제가 가진 불길한 힘으로부터 나왔다고 생각하여, 그를 마법사라고 규정하면서 즉시 화형에 처하였다. 그 후 피해자였던 잔느 수녀에게는 구마(驅魔) 의식이 행해졌고, 프랑스 전국 각지에서 많은 사람들이 초대되어 그녀가 악마로부터 풀려나는 모습을 지켜보았다. 그다음 그녀는 왕, 귀족, 주교 및 고관들에게 안내되어 그들을 만났고, 그녀가 살던 시대에 가장 영향력 있는 장상(長上)이 되었다.

구마사는 악의 힘을 통제할 수 있는 그의 능력 덕분에 악마에게 사로잡힌 사람들을 고친다. 샤먼과 구마사와 정신분석가의 기능과 자격 사이에는 일종의 유비적인 관계가 있다. 그 세 사람은 그들 나름대로 입문식을 거쳐서 그들을 사로잡고 있는 어두운 힘으로부터 그 희생자들을 해방시킬 수 있다. 그러나 그들을 사로잡고 있는 힘에 대한 설명체계와 그들이 어떻게 해서 그렇게 되었으며, 어떻게 해야 풀려날 수 있을 것인가 하는 데 대한 것은 근본적으로 다르다. 샤먼과 구마사에게 있어서, 어떤 정신적인 문제는 해로운 영 때문에 생긴다. 따라서 그들은 그 영을 제어할 수 있는 능력을 가지고 있으며, 그들 자신이 그 영으로부터 영향을 받지 않도록 면역되어 있다고 여겨진다. 그래서 사회는 그들의 자격을 인정하고, 공식적으로 그들에게 치유의 능력을 부여한다. 물론 그것에 대한 문화적이고 종교적인 준거체계가 모든 지역에서 똑같은 것은 아니다. 예를 들어, 샤먼들이 모시는 신은 사람들에게 질서를 가져다주기도 하지만 혼란에 빠뜨리기도 한다. 반면에, 구마사는 그와 그의 '환자'가 사는 우주에는 두 개의 서로 반대되는 축이 있으며, 그는 그 둘 사이의 종말론적인 투쟁에 들어가 같이 싸운다고 생각한다. 그래서 구마사는 사로잡힘의 징표를 그의 신앙과 신학적 전통을 따라 해석하는 반면, 샤먼은 입무 의례를 통하여 그의 신화의 도움을 받아서 그 자신이 사로잡혔던 체험을 통해서 샤먼이 된다. 샤먼들은 그런 체험을 통해서 영에 대해서 개인적인 능력을 얻게 된다. 그러나 구마사는 악마를 쫓는 능력을 가졌던 창시자가 교회에 전해준 신적인 능력을 전수받는다.

샤먼과 구마사는 환자에게 영이 씌워졌다는 징표를 해석함으로써 정신병리학 작업을 시행하고, 정신치료를 위한 말씀을 통해서 해방의 역사를 일으킨다. G. 페르디에르(G. Ferdière) 박사가 구마의식에 관한 소책자 제1장에서 말했듯이, 교회는 정신병을 악마에게 사로잡힌 것으로 보기 때문에 정신병자를 교회 공동체에서 쫓아내지 않고, 그들에게 성사(聖事)를 금지시키지도 않는다. 그래서 페르디에르는 정신과 의사도 교회의 그와 같은 태도를 따라야 한다고 강조하였다. 한 걸음 더 나아가, 그는 자신이 기독교인이 아니라고 밝히면서도 정신병을 임상적으로 진단할 때, 정신과 의사들은 정신병에 영적인 차원이 있음을 무시하지 말아야 한다고 덧붙였다. 따라서 목회자나 신학자가 정신병자에게 위로와 도움을 줄 수 있다는 사실을 간과해서는 안 된다.

정신의학이나 정신분석의 용어로 악마에게 사로잡힌 상태를 해석하는 것은 샤머니즘이나 구마의식에서 시행하는 것을 이해하고 더 잘 알도록 해 준다. 사실 구마의식에 관한 소책자는 임상적인 것을 목표로 한다. 그 소책자는 여러 가지 다양한 신체 증상과 심리 증상을 살펴보면서 이런 저런 진단을 하는 것이다. 구마사들이 개인적으로 얻은 특징은 치료에 여러 형태로 도움을 줄 것이다. 우리는 레비스트로스가 그랬듯이 샤머니즘에서 나타나는 치료 효과를 '상징적인 것' 이라고 부르려고 한다.[15] 그런 의미에서 구마의식의 상당한 부분 그 희생자들을 사로잡고 있는 영을 알아보고 이름붙이는 데 달려 있다.[16] 구마사와 악마에 사로잡힌 사람은 고통당하는 사람의 입을 통해서 신앙의 언어로 외쳐지는 이름과 그들의 몸에서 움직이고 그 몸을 굴복시키는 힘의 정체를 밝히려고 한다. 우리는 악마에게 사로잡히는 현상의 의미를 분석하면서 다시 이 해방의 작업으로 돌아오게 된다. 그런데 구마의식은 단순히 언어적인 과정이 아니다. 거기서 시행되는 명령적인 언어와 동작이 드러내듯이 그것은 두 세력 사이에서 투쟁이 벌어지는 제의다. 따라서 구마사와 악마에게 사로잡힌 사람에게 그 투쟁은 격렬하지 않을 수 없다. 또한 그들은 구마사가 금욕과 기도 속에서 하나님 능력의 도움을 받으려고 할 때, 하나님의 능력이 궁극적으로 승리하리라는 사실을 안다. 악마에게 사로잡힌 사람 역시 스스로 변화되려는 노력을 한다면, 그는 악한 힘으로부터 더 잘 해방될 수 있다. 악마에게 사로잡히는 현상을 인문과학의 언어로 해석하는 것은 그 현상에서 어떤 의미를 찾아보려고 하며, 구마의식에서 어떤 것들이 일어나는지 합리적으로 살펴보려는 작업이다. 그러나 그렇게

15) Claude Lévi-Strauss, *Anthropologie structurale,* Paris, Plon, 1958, pp. 205-226.
16) M. 세르토(M. de Certeau)는 그 점에 관해서 *Écriture de l'histoire*에서 잘 설명하고 있다.

함으로써 그것을 비신화화하며, 거기 있는 모든 상징적 차원을 지워 버리는 모순에 빠지기도 한다. 악마에게 사로잡히는 현상과 구마의식에서 작동하는 종교적 전거는 정신병을 단순히 은유적으로만 나타내는 것이 아니다. 병의 증상 역시 그것이 영적 투쟁이라는 사실을 깊이 드러낸다. 그러나 사람들은 악마에게 사로잡히는 현상을 심리학의 언어로 설명하면서 그 상태에서 오는 고통의 실존적이고 종교적인 차원을 벗기게 된다. 그 현상을 심리학 언어로만 설명한다면, 때때로 악마에게 사로잡히는 현상에서 그것이 야기된 심리적인 원인론만 피상적으로 살필 뿐, 거기에 내포되어 있는 종교적이고 윤리적인 차원은 보지 못하는 위험에 빠지게 된다. 그렇게 될 경우, 상징적인 해석은 살아있는 모든 상징을 단순히 하나의 심리적인 현상으로 환원시킴으로써 그 상징에서 나타나는 심리적인 차원까지 제거하게 된다. 그 현상을 비상징화하는 것이다. 그런 작업은 M.푸코(M. Foucault)가 광기(folie)를 과학적으로 분석하면서 그렇게 했듯이 악마에 사로잡히는 현상을 너무 환원시키는 것이 되고 만다. "어떤 개념이나 무엇을 알았다고 하는 주장은 그것에 대한 초기의 피상적 진술이 될 수 있다(광기에 관한 것도 마찬가지다). 예를 들어, 다음과 같은 것이 있다. 현대사회에서 '미쳤다'는 것을 좀 더 온건하고 객관적인 용어로 '정신질환'이라고 부르려는 노력이다. 그런데 그것은 병리현상이라는 단어에 포함된 모든 다양한 병리들을 희미하게 하거나, 인도주의와 섞으려는 시도를 나타낸다."[17] 그러나 우리는 상징적으로 모호하게 만드는 이런 경향

17) M. Fouchault, *Histoire de la folie à l'âge classique,* Paris, Gallimard, 1972. pp. 181-182.

에 대항하여, 정신의학과 정신분석학이 그 신화를 완전히 극복했다고 믿는 현대사회에서 다시 어떤 정신병들은 악마에게 사로잡히는 현상으로 설명하려고 한다. 우리는 그런 믿음을 판단하려는 것은 아니다. 다만 악마에게 사로잡히는 현상을 현대 심리학이 해석하는 것이 더 밝게 조명되라고 그러는 것이다. 그렇게 함으로써 우리는 악마에게 사로잡히는 현상을 심리학적 언어로 번역하는 데서 사라져 버리는 다양한 뉘앙스에 좀 더 관심을 기울일 수 있게 된다. 심리학의 과제는 그 현상이 드러내는 상상계의 차원을 분석하여 그 병리현상이 상징적으로 무엇을 겨누고 있는가를 밝히는 것이기 때문이다.

2. 악마에게 사로잡혔다고 생각되는 현상

우리는 자신의 혼란이 악마 때문에 생긴 것이라고 믿으면서 사는 사람들이 정말 악한 영에게 사로잡힌 것인지 아닌지 하는 문제에 대해서는 잠시 판단을 유보하겠다. 하지만 정신병리학을 통해서 악마에게 사로잡힌 현상에서 나타나는 이상한 힘의 작용과 그것이 출현하는 양태를 살펴볼 수 있으며, 임상심리학에서는 그 현상을 분석한다. 그러나 우리가 아무리 병의 원인을 분석할 수 있을지라도, 그 사람의 운명이 왜 그렇게 병적으로 되었는지에 대해서는 알 수가 없다. 하지만 우리는 반(反)정신의학이 정신병리에 관해서 모든 것을 객관적이고 투명하게 알 수 있다고 믿었던 사람들이 미망(迷妄)에서 벗어나도록 도와주었다는 사실은 인정해야 한다. 그렇다고 해서 우리가 과거에 횡행했던 미신으로 되돌아가려는 것은 결코 아니다. 임상심리학이 정신질환을 악마에 사로잡히는 것으로 설명하는 것을 비신화화하기는 하지만, 그것이 이 세상에 속해 있지 않으면서도 이 세상에 끈질기게 달라붙어서 작용하는 해로운 세력에 대한 믿음의 여지는 남겨 놓았던 것이다. 어쨌든 프로이트는 정신병리에 대한 객관적인 인식이 깊어짐에 따라 적어도 그것을 제어할 수 있다고 생각하였다. 왜냐하면 거기에서 뭐라고 명확하게 말할 수 없고, 오직 신화적 용어로만 표현할 수 있는 초인격적 갈등이 담긴 고대의 드라마가 다시 드러나는 것을 지각했기 때문이다. 정신분석학이 가져다준 것은 그 위에서 종교의식이 펼쳐지는 초자연적이고 궁극적인 힘은 심리적인 힘과 병치(倂置)되는 것이 아니라, 오히려 물처럼 흐르는 인간의 삶 속에서 작용한다는 인식이었다. 악마론에서 인간의 본성에 반하는 초자연적인 본성에 대해서 말할 때, 임상심리학은 그것이 인간의 정신적인 본성이 드러나는 것이라고 설명한다. 임상심리학은 그 현상을 고대 제의를 가지고 설명하지 않고, 그보다 목가적(牧歌的)이지는 않지만, 더 설득력 있게 설명하는 것이다. 말하자면 임상심리학은 악마에게 사로잡히는 것에 대한 믿음을 비신화화하지만, 악마의 작용에 대한 믿음을 열어 놓으면서, 그것이 눈에 드러나 보일 수 있다고 말하지 않는 것뿐이다. 그것은 마치 프로이트에게 있어서 죽음의 본능이 우리 눈에 보이게 나타나지 않지만, 에로스의 힘이 나타나는 곳에 숨어 있으면서 에로스를 왜곡시킨다고 하는 것과 같은 맥락이다. 악마 역시 사람들을 두렵게 하고 공포에 질리게 한다고 생각되지만, 우리 눈에 띌 정도로 그 모습을 드러내지 않는 것이다. 임상심리학은 하나의 과학으로서 그것을 침묵으로밖에 말할 수 없는 것이다. 병리적인 현상이 전혀 설명될 수 없을 정도로 남아 있을 수 없듯이, 그 어떤 초자연적인 힘도 임상심리학의 갈피에 있으면서 작용할 수 없는 것이다. 그러므로 그 어떤 원칙으로도 그것이 악마에게 사로잡힌 것이냐 아니면 그와 비슷한 것이냐를 구별할 수는 없다.[18] 그런 인위적인 구분은 그 관점이 좀 잘못되지 않았나 하는 생각이 들고, 그 결과 역시 받아들이기 힘들다. 정신병리학이 악마의 소행에 의한 성격의 왜곡이 정신의 구조와 과정이 잘못됐기 때문에 생긴 것이라는 사실을 보여 주었다면, 정신병과 '정말 악마에 사로잡힌 것' 은 하나의 같은 체제(體制)에서 나온 것으로, 악마적인 원인과 정신적인 원인 사이를 구분하기는 사실상 불가능하다. 그러므로 구마의식을 '정말 악마에 사로잡힌 사람' 을 해방시키려는 특별한 제의로 견지하는 것은 전(前)심리학적인 고대 문화의 유물이라고 할 수밖에 없다.

악마에 사로잡히는 현상에 대한 심리학적 해석은 악마에 대한 신앙으로까지 가지는 않는다. 정신병리를 악마의 소행으로 해석하던 것을 정신병리학으로 설명하는 것은 고대의 신화를 심리학적 인식을 최종적인 것으로 생각하면서 대체시켜 놓은 것밖에 되지 않는다. 그렇게 될 때 정신분석학의 개념은 부풀어 올라서 정신분석이 모든 것을 설명할 수 있다고 주장하는 하나의 수사학으로 되지만, 실제로 분석하는 것은 아무것도 없게 된다. 우리의 경험은 그것을 비참할 정도로 잘 가르쳐 준다. 악마에게 사로잡힌 현상을 끝까지 분석하다 보면, 더 이상 넘어갈 수 없는 경지에까지 이르게 되는데, 거기서 우리는 민중신앙에서 악마를 생각할 수밖에 없었

18) 그러나 레르미트는 어느 정도 그것을 구별하였다. cf. J. Lhermitte, "Les Pseudo-Possessions diabolique", *Satan*, pp. 472-492.

음을 알게 된다. 우리가 현실에서 벗어나 정신병리학에서 말하는 것들만 믿으려고 할 때, 어쩔 수 없이 종교에서 악을 왜 그렇게 말해 왔는가 하는 것을 받아들일 수밖에 없는 것이다. 따라서 악마에게 사로잡히는 현상을 정신병리학으로 설명하는 것은 부분적으로 정신병리를 신앙의 담론으로 설명하려는 것이 된다.

악마에게 사로잡히는 현상을 임상적으로 설명하는 것은 서로가 서로를 구속하는 두 지점의 끄트머리에 서는 것을 의미한다. 하나는 문화적인 좌표이고, 다른 하나는 문화적인 좌표와 비슷하지만 그 좌표를 받아들이는 정신적인 실재가 그것이다. 사실 악마의 이미지와 정신병리에 잠재되어 있는 의미 사이에는 놀라울 만큼 유사성이 많다. 악마는 언제나 주체의 그림자, 즉 그에게 낯설고 이질적인 그 자신의 모습을 보여 주는 것이다. 악마에게 사로잡혔다는 생각은 그 자신에게 있는 낯선 부분에 대한 방어 과정이 사람들에게 분열을 일으키는 지점을 파고들었다. 그때 그 낯선 부분은 그에게 안에 있으면서도 동시에 바깥에 있는 것으로 느껴진다. 히스테리와 정신증적 분열은 이 조건에 잘 들어맞는다.

악마의 이미지와 악마의 소행이라고 생각되는 증상 사이에는 세 가지 예외가 있다. 유대 기독교 전승에서 사탄은 교만의 왕자이고 거짓의 아비이며, 하나님 앞에서 참소하는 자다.[19] 그런데 사탄의 그런 역할은 그의 본질적인 왜곡성과 모든 것을 전복시키려는 그의 기능을 잘 설명해 주지만, 다른 한편으로는 정신이 명료한 상태에서 나오는 것으로서 악마에게 사로잡힌 상태에서 나오는 깊은

19) A. Frank-Duquesne, "Réflexions sur Satan en marge de la tradition judéo-chrétienne", *Satan*, pp. 179-314.

병증에서는 제대로 수행될 수 없는 것이다. 근본적인 악성의 실현과 잘못된 힘에 사로잡혀서 정신이상이 된 상태에 놓여 있는 것과 모순되는 것이다. 고대 유대교에 의하면 악마에게 넘어가 그의 몸을 악마에게 넘겨 준 상태에서 행하는 죄와 실수는 유혹자의 매혹에 빠져서 이미 쇠약해진 상태에서 행하는 것으로 설명한다. 그때 그는 사탄과 같아져서 사탄의 이미지를 하고 하나님과 맞서게 된다. 사람들은 하나님의 형상대로 창조된 사람들이 그렇게 잘못되는 것을 마법사의 작용으로 생각했던 것이다.

정신분석적인 견지에서 볼 때, 악마에게 사로잡히는 현상은 억압된 욕망이 환각의 형태로 나타나는 것이라고 생각할 수 있다. 악마에게 사로잡히는 현상 속에서 억압된 욕망이 광기를 통해서 폭발하는 것이다. 여기서 우리는 욕망의 난폭성과 악마에 대한 믿음이 서로 만나서 환각으로 나타나는 것이라는 가설을 세울 수 있다. 이때 주체가 그의 욕망에 저항하는 것은 그가 그의 욕망을 그의 내면에 있는 타자인 악마의 소행으로 생각하면서 그 욕망을 억압하는 것으로 간주할 수 있다. 우리가 앞에서 구분했던 두 가지 종류의 정신 구조와 저항은 두 가지로 나타나는 악마의 사로잡음-환각의 양태를 보여 준다. 악마에게 사로잡힌 사람은 그의 욕망을 그의 무의식적 자아인 타자에게 전가시키는데, 그 경우는 히스테리로 나타난다. 다른 한편, 주체는 그의 욕망을 무의식으로부터 몰아내는데, 그때 그것은 악마가 공격하는 것처럼 외부로부터 돌아와 정신병에서 인격이 분열되어 악마의 소행인 듯한 망상이 생기게 된다. 어떤 이들은 우리가 죄책신경증을 악마에게 사로잡힌 현상으로 설명하지 않는 것을 보고 의아하게 생각할지도 모른다. 왜냐하면 많은 학자들이 악마에게 사로잡힌 현상을 죄책 콤플렉스로 보기 때문이다.[20] 사실 죄의식은 떳떳하게 밝힐 수 없는 욕망의 소산이다. 그러나 악마에게 사로잡히는 현상은 현존하는 죄의식에 대한 방어에서 나온 것이 아니다. 그것은 오히려 죄책신경증에게 아무 자리도 마련해 주지 않는 환각적인 전략에서 나온 것이다. 그러므로 죄의식은 무의식적 표상으로 나타나는 잘못을 복구시키려는 시도인데, 그것은 자신의 잘못을 계속해서 고백하거나, 겉으로 보기에는 아무 의미도 없지만 그 명령에 충실히 따르는 행동을 하는 것으로 나타난다. 주체가 잘못했다고 생각하는 것이 억압되어 무의식에 있는 의미를 따라서 복종과 고백으로 전위(轉位)되어 멀리 떨어진 토양에서 나타나기 때문에, 복구시키려는 시도는 그 어느 것도 다치게 하지 않는다. 반면에 악마에게 사로잡힌 현상에는 주체의 무의식에 잘못했다는 생각이 없기 때문에 잘못한 것에 대하여 방어하려는 것이 전혀 없다. 오히려 거기에는 주체와 다른 타자의 모습에 그의 잘못된 충동적인 행동을 투사시키는 것 같다. 악마적인 타자는 그가 떠맡은 주체의 비밀스러운 욕망을 가지고 주체를 통제하면서 그 욕망과 다른 정신적인 힘으로 나타나는 것이다.

1) 히스테리에 의해 사로잡힘과 반신비주의

이 문제에 관해서 다루는 문헌은 많이 있다. 우리는 교구나 도시의 고문서 창고에서 현대 정신과 의사들이 접하는 것과 같은 사례들을 수도 없이 많이 볼 수 있다. 물론 오늘날에는 과거에 비해서 그 숫자가 현저하게 줄어든 것은 사실이다. 과거에는 정신질환이

20) E. a. J. Lhermitte, *op. cit.*; H. Ey, *Traité des hallucinations.*

악마에게 사로잡혀서 생기는 것이라는 믿음이 보편적이었고, 구마사에 의해서 악마가 쫓겨났다는 '놀라운 이야기' 들이 널리 퍼져서 히스테리에 대한 바로크적인 처치의 좋은 모델이 되었던 것이다. 그 후 여성에게서 육체적인 것을 엄격하게 배제시키고, 여성을 가정의 영역에 유폐시킨 빅토리아 시대는 여성들에게 전형적인 위기를 만들어 냈다. 그 결과 여성들은 신경증적인 문제로 고통받게 되었다. 그러므로 우리는 히스테리를 억압된 욕망이 환상적으로 드러나는 문화적인 현상으로 이해해야 한다.

마술사들이 주로 여성이었다는 사실에서 볼 수 있듯이, 사로잡히는 현상은 본질적으로 여성적인 특성이다. 거기에는 두 가지 이유가 있는데, 하나는 사회적인 것이고 다른 하나는 심리학적인 것이다. 사회-문화적인 억압은 남성보다는 여성에게 더 부과되었고, 악마를 통제하는 제의적인 능력은 남성들에게만 특권적으로 주어졌다. 그래서 우리는 "주변적이고 은밀한 구마의식이 약하고 억압당하는 사람들, 특히 남성들에게 지배받는 사회에서 사는 여성들로부터 요청되는 것을 어렵지 않게 볼 수 있다."[21] 심리적인 이유가 사회적인 이유와 합쳐지는 것이다. 그런데 사로잡힌다는 생각은 사람들에게 위기를 불러일으키는 어떤 넘침을 연상시킨다. 그리고 넘치고 폭발하는 것은 본질적으로 유혹당했거나 좌절된 신체에 리비도가 흘러넘치는 것을 의미한다. 그런데 여성의 리비도에는 그것을 눈에 보이거나 상상 속에서 집중시키는 기관이 없기 때문에 남성에게서와 달리 리비도가 몸의 내면적 체험으로 흩어진다. 우리는 그 사실을 반박할 수가 없다. 그래서 리비도는 그 표상을

21) I. M. Lewis, *op. cit.*, p. 112.

가진 신체의 표면에서 드러나게 되고, 옛날에는 히스테리가 자궁이 온몸으로 돌아다녀서 생기는 것이라고 상상하였다. 그리고 정신분석은 나중에 왜 그런 말이 나오게 되었는지 이유를 밝혀냈다.

우리는 악마에게 사로잡힌 임상 예를 정신분석적으로 연구한 자료를 알지 못하기 때문에 그 문제에 관해서 비교적 잘 묘사한 사례를 살펴보려고 한다. 그 사례는 "에노의 몽스에서 있었던 놀랍지만 실제로 일어났던 사건에 대한 이야기로서, 악마에게 사로잡혔다가 풀려난 수녀의 사례다."(*Discours admirable et véritable, des choses advenues en la ville de Mons en Hainaut, à l'endroit d'une Religieuse possédée, et depuis délivrée*) 그 책은 잔 드 페리(Jeanne de Ferry, 1602년에 죽음) 수녀가 1584년부터 1585년까지 악마에게 사로잡혀서 여러 가지 고통을 겪은 다음 해인 1586년 루뱅에서 출판되었는데, 거기에는 잔 수녀 자신이 겪었던 일들을 진솔하고 변증적으로 고백하는 기사가 실려 있다.[22] 잔의 아버지는 난폭하고 술주정뱅이였는데, 그녀는 네 살 무렵 주막에서 돌아온 아버지에 의해서 '악마의 세력에게 넘겨졌다'. "나는 아름답고 젊은 모습으로 나타나, 나의 아버지가 되어 주겠다는 악마의 제안에 매혹당했는데, 그는 나에게 사과 몇 알과 하얀 빵을 주었습니다." 그 후 악마들은 점점 더 늘어났고, 잔에게 맛있는 것과 그녀가 먹고 싶어 하는 것을 모두 다 주었다. 악마들은 잔에게 여러 차례 계약서를 쓰게 하였고, 잔은 그 가운데서 어떤 것은 오렌지와 함께 삼켜야만 하였다. 악마들은 계약서의 사본을 지니고 있었는데, 잔

22) 그 책은 장 보가르(Jean Bogart)에 의해서 루뱅에서 출판되었고, 샤르코의 제자였던 부르느빌(Bourneville)에 의해서 『지옥과 같은 일들의 기록들』의 일부로 다시 출판되었다. *Bibliothèque infernale*, Paris, 1880년경.

은 구마의식이 벌어질 때 그것을 보여 주었다. 그 다음 악마들은 그녀가 세상의 쾌락에 자신을 내 맡기도록 하였다. 악마들은 점점 더 강압적으로 되어 갔는데, 그녀가 그들에게 복종하지 않으면 심하게 괴롭혔다. 그러다가 그들은 그녀가 성찬을 받지 못하게 하였고, 성찬의 빵에 저주를 퍼붓게 하려고 몹시 괴롭혔다. 또한 그들은 그녀가 '범죄자처럼 십자가에 매달린 … 거짓된 신'을 믿는 그 종교에 대해서 두려워하게 만들려고 하였다. 하지만 그녀는 열네 살에 몽스에 있는 누아르 수녀회(Les Soeurs Noires)에 들어갔고, 곧이어 수련 수녀로 받아들여졌으며, 열여섯 살에 종신서원을 하였다. 어느 누구도 "내가 나의 영혼과 나의 몸을 그들(악마들)의 힘과 권위에 맡겼는지 몰랐습니다." 그녀는 성찬의 빵을 저주하였고, 함부로 대했으며, '내가 하고 싶은 대로, 밤이나 낮이나' 마술사 악마(le démon Art Magique)에게 이끌려 다녔다. 그녀에게는 악마들이 쓰는 말귀들이 가득 차게 되었다. 고약한 배신자, 이교도, 터키 사람들, 사라센 사람들, 신성모독자들… 악마들은 그녀의 몸 어느 곳이나 또 그녀의 감각기관 어느 곳이나 지배하고 있었고, "나는 악마에게 온통 사로잡힌 존재로 되었습니다." 악마들은 그녀가 수녀복을 벗고, '매우 좋은 기름'을 온몸에 바르게 하였다. 그녀는 금식일에 고기를 먹을 수밖에 없었으며, 축제날에는 그것을 내뱉을 수밖에 없었다. 그녀는 그녀와 악마들 사이에서 두드러지게 색정적인 일들이 있었다고 고백하지는 않았다. 그러나 어느 날 피에 굶주린 악마(Sanguinaire)가 "아주 날카로운 칼날을 들고 그녀의 몸 속으로 들어와 그녀를 책상 위에 누이고, 두려움과 고통에 떠는 그녀의 바깥에서부터 그녀를 베었습니다."라고 말한 적이 있다. 그런 일은 그 다음에도 세 번이나 더 있었는데, 피에 굶주린 악마가 벤

곳은 그녀 몸의 귀중한 부분이었다. 악마의 성질은 점점 더 고약해졌다. 그들은 그녀를 절망에 빠뜨렸으며, 죽이려고까지 하였다. 그녀는 결국 신체적으로 탈진하게 되었고, 오만과 불안 사이를 오가며 위기 상태에 빠져들어서 그녀가 속해 있던 공동체에까지 알려졌다. 그래서 사제들은 그녀에 대해서 살펴보았고, 그녀의 비밀스러웠던 행적이 드러나 일 년 반 동안이나 여러 차례 그녀에 대해서 구마의식이 시행되었다. 그러나 악마들의 저항은 엄청났다. 그녀는 여러 차례 병이 나았다가 재발하였고, 근육이 경련되는가 하면, 비명을 지르고, 호흡이 막히기도 하였다. 또한 간질발작을 일으켜 온몸이 뻣뻣해지기도 했으며, 한밤중에 도망치기도 하였고, 자살을 기도하기까지 하였다. 잔은 그녀를 처음 유혹했던 아비-악마 코르노(Cornau)가 쫓겨나자, 그녀의 구마사였던 참사회원을 아버지로 삼으면서 그의 말에 동의하였고, 안정을 찾게 되었다. 구마사들은 그녀의 건망증과 실어증을 보고 상당히 놀랐다. 그것은 그녀가 악마에게 사로잡혀 있다는 사실을 보여 주는 초자연적 특성이 두드러지게 나타나는 표징이었기 때문이다. 그녀는 그 참사회원을 아버지로 삼고 난 다음 놀랍게 변하여, 사람들은 정말 깜짝 놀랐다. "그녀는 다시 어린아이 같은 단순한 모습으로 돌아왔고, 장(Jean) 아버지(그 참사회원), 마리(마들렌) 아주머니라는 말밖에 할 줄 몰랐다." 잔은 성(聖) 마리-마들렌을 새로운 대모(代母)로 삼은 다음, 마리-마들렌의 그림을 마치 인형을 가지고 놀듯이 놀았다. "(그녀는) 그 그림을 그녀의 가슴에 품고, 마치 그녀가 마리-마들렌에게 젖을 먹이는 것같이 하면서 놀았다." 그러던 어느 날 그녀는 주교를 '할아버지' 라고 불렀다. 그러나 그녀는 다시 경련발작을 일으켰고, 식욕부진에 빠져서 그 '할아버지' 가 그녀를 주교관에 불러서 그녀의 신체적, 영적 건강 상태를 살펴보아야 하였다. 그러는 동안 잔은 엑스터시 상태에 빠진 적이 있었는데, 그 속에서 성 마리-마들렌은 눈부신 빛과 함께 그녀에게 나타나 그녀를 결정적으로 구원하는 가르침을 주었다. 그 무렵 주교관 주위를 떠도는 소문 때문에 마리-마들렌은 그녀가 주교관을 떠나 수녀원으로 다시 가는 것이 좋겠다고 하여, 다시 수녀원으로 돌아갔다. 몽스 마을 사람들은 잔이 그렇게 놀랍게 변화된 것을 기억하면서, 그 주교에게 '검은 수녀들(des noires soeurs)의 좋은 악마' 라는 별명을 붙여 주었다.[23)]

잔 수녀의 '놀라운' 이야기는 드보니(P. Debongnie)를 당황하게 했는데, 그는 결론을 삼아서 다음과 같은 질문을 하였다. "이 이야기에서 승자는 어느 쪽인가? 악마의 교활한 신비인가? 아니면 여성 심리학의 신비인가? 어쩌면 그 둘 모두가 아닐까?"[24)] 악마에게 사로잡힌 사람으로서 그에게 나타나는 히스테리 신경증적 증상을 이렇게 솔직하게 고백했던 사람은 거의 없다. 악마에게 사로잡힌 사람들에게서 볼 수 있는 유아적 증상은 본질적으로 다음과 같은 두 가지다. 하나는 그들이 환각 속에서 바람직하지 못한 아버지를 이상적인 아버지로 대치시키는 것이고, 다른 하나는 오이디푸스기에 도달한 소녀들이 상상 속에서 유혹당하는 것이다. 그런 기억은 보통 나중에 재조직된 개인적인 신화다. 그러나 그것이 히스테리적인 환상으로 분명하게 드러났기 때문에 우리는 그것이 그녀의 무

---

23) '검은 수녀들' 이란 잔이 속해 있던 수녀회의 이름이 검은(moir) 수녀회(soeurs)이기 때문이다(역자 주).

24) P. Debongnie, "Les Confessions d'une possédée. Jeanne de Ferry", *Satan*, pp. 386-419.

의식적 표상을 그렇게 담아 놓은 것이라고 해야만 한다. 또한 우리는 잔이 그녀의 유아시절의 이야기를 그녀가 들었던 요정담을 가지고 그렇게 만든 것이라고 가정할 수 있다. 그런데 그 이야기는 그녀의 뇌리 속에 아주 생생하게 박혀 있는 이야기임에 틀림이 없다. 그것은 마치 자기 사진이 아닌 다른 사람의 어린 시절 사진을 들여다보면서 그 속에서 자기의 어린 시절을 읽을 수 있다고 주장하는 것과 같은 현상이다. 그때 그 사진은 어느 정도 그의 과거를 보여 주기 때문에 그 사람은 희미하지만 그 속에 들어가서 자신의 과거를 재구성하려고 한다.

근본적으로 여성적인 환상을 상상계적인 수준에서 드러내고 있는 이 초기의 환상은 서로 합쳐져서 나중에 악마에게 사로잡힌 현상의 신화를 낳게 되는데, 그 신화에는 신비주의적인 그림자가 들어 있다. 잔이 수녀의 길과 악마의 길을 동시에 가고 있었다는 사실은 그 길들이 어떤 점에서는 비슷한 부분이 있고, 그것은 사람들이 가진 같은 욕망을 충족시킨다는 사실을 보여 준다. 반면에 그 길이 서로 다른 것은 악마에게 사로잡히는 현상은 사람들이 그들의 욕망을 고태적인 상상계의 길을 감으로써 직접적으로 충족시키려고 하는 데 반해서, 종교인들은 그것을 승화를 통해서 변환시키려고 한다는 점에 있다.

잔이 환각 속에서 보았던 최초의 악마는 이상적인 아버지이면서 동시에 매혹적인 젊은 남자였는데, 그녀는 그를 보면서 그에게 유혹당하여 그 자신을 수동적으로 넘겨 주어 그녀의 몸과 영혼이 사로잡혀서 대단한 존재로 변할 수 있었으면 하는 욕망을 느꼈다. 그와 같은 매혹적인 환상과 비교해 볼 때, 겸손하고 십자가에 달려서 상처를 받은 그리스도를 경배하는 기독교, 소위 거세된 기독교는 그녀의 젊은 나이에 구역질나는 듯이 느껴졌을 것이다. 하지만 기독교는 그녀를 잡아끌기도 하였다. 그것은 기독교의 신비적인 부분으로서, 하얀 빵으로 주어지는 그리스도의 몸으로 놀라운 광채에 덮여 있었다. 그러므로 높은 것을 향해 나아가려는 살아있는 영(靈)을 가진 잔이 사춘기 무렵부터 성찬식에 관해서 깊은 흥미를 느꼈던 것은 우연한 일이 아니었다. 또한 악마가 그녀에게 성찬식을 제멋대로 하고, 성찬의 빵을 저주하라고 유혹한 것도 놀라운 일이 아니다. 그녀에게 나타났던 최초의 유혹자는 그녀에게 이미 하얀 빵을 주지 않았던가? 악마가 나중에 그녀의 입에 달아 준 그 신성모독적인 말들은 그녀의 구순성(l'oralité)을 충족시켜 주었을 것이다. 그녀는 '어린아이와 같은 아주 단순한 상태' 에 빠져 있을 때, 그녀의 대모였던 마리-마들렌의 그림에 젖을 주었는데, 마리-마들렌은 거울 이미지로서 그녀의 이중적인 이미지였을 것이다. 그녀는 구마의식을 통해서 악마로부터 벗어난 다음, 다시 악화되었는데, 그때 그녀는 특히 식욕부진에 시달려서 그녀의 '할아버지' 였던 주교는 그녀를 그의 집으로 데리고 가서 돌보아주며 양육자로서의 역할을 하였다. 그녀가 수도원에서 악마에게 사로잡혀 있었을 때, 그녀의 구순성은 그녀에게 신비의 길과 악마적인 길 사이에서 전도된 모습을 보이게 하였다. 그녀는 축제날에는 금식을 하였고, 고행을 해야 하는 날에는 고기를 먹었던 것이다. 이렇게 볼 때, 그녀에게 입술 주변의 자리는 항상 우세하였고, 그 자리가 그녀의 두 길을 결정하게 하였다는 사실에는 의심의 여지가 없다. 그녀는 절대적인 것의 도움을 받아서 그 두 길을 통하여 충만함을 얻으려고 했던 것이다. 더구나 그녀는 그녀에게 모든 종류의 마술적 기쁨을 가져다주는 존재와 그녀를 연관시켜 주는 계약서까지 먹어

치웠다. 그렇게 함으로써 그녀는 "생명의 책을 먹어야 한다."는 계시록에 기록된 명령을 비록 도치된 방식이기는 하지만 완수하였다. 구순(口脣)의 영역을 생각해 볼 때, 우리는 악마에게 사로잡힌다는 것은 결국 악마가 사로잡는 것이라는 생각을 하게 된다. 그녀의 오이디푸스적인 유혹은 그녀에게 지배적이었던 구순성에 이끌려 퇴행하면서 그녀를 유혹하였던 것이다. 악마가 정말 사람들을 사로잡을 때, 악마는 언제나 그 사람의 몸 안에 있다. 악마는 사람들을 안에서 사로잡는 것이다. 그래서 악마의 이미지는 다른 존재와 협력하는 것과 같은 환상을 가져다준다. "악마에게 사로잡힌 사람은 언제나 악마를 그의 내면에서 사는 그보다 조금 작은 존재로 그리는 것이다."[25] 이런 생각은 성당의 벽에 악마가 작게 조각된 모습에서도 확인된다. 이러한 사실은 악마에게 사로잡히는 현상과 신비주의 사이의 유사성과 차이점에 대해서 설명해 준다. 신비주의에서 하나님은 그 주체에게 하나의 손님처럼 거하시는 데 반해서, 악마는 주체가 바라고 있지만 그 주체를 사로잡는 무시무시한 폭군처럼 거하는 것이다. 그러므로 사람들은 악마와 함께 얼굴과 얼굴을 맞대고 무엇인가 교환할 수도 없고, 대화할 수도 없다. 악마가 아무리 주체의 입으로 비명을 지르며 나올지라도, 주체는 그 소리가 무엇인지 알지 못한다. 복화술 같은 이 소리는 그것이 무엇으로부터 나오는 소리인지 정체를 밝히지 않기 때문에 악마에게 사로잡힌 사람은 그가 누구인지 알도록 노력해야 하지만, 그가 그 자신에 대해서 알게 되는 것은 구마의식을 통한 치유를 통해서밖

25) J. Vinchon, "Les Aspects du diable à travers divers états de possssion", *Satan*, p. 465.

에 다른 방법이 없다.

이제 우리의 논의를 좀 더 멀리까지 밀고 나가 잔의 경우를 분석하도록 하자. 잔의 속에서 살았던 악마들은 점점 늘어나서 그녀에게 경련발작을 불러일으켰고, 소리를 지르게 하거나, 또 때로는 그녀가 아무 말도 하지 못하게 하였다. 또한 악마들은 그녀에게 구역질이 나게 하였고, 토하게 하였으며, 그녀를 타오르게 하거나, 고통당하게도 하였다. 이와 같은 사실 속에서 우리는 상상계적인 남근의 환상을 보지 않을 수 없다. 옛날 사람들이 히스테리를 자궁이 사람들 몸 속을 돌아다니는 것으로 생각했던 이미지를 오늘날의 이미지로 그려 본다면, 그것은 상상계적인 남근의 작용으로 생각할 수 있다. 악마에게 사로잡힌 사람들을 괴롭히는 것은 이 남근인데, 그것은 이상화된 오이디푸스적인 아버지의 위험하고 매혹적인 힘이 형상화된 것이 아닌가 하는 것이다. 그러므로 잔에게 처음 나타났던 악마인 매혹적인 아버지가 사실은 그녀가 나중에 여러 차례의 구마의식을 통해서 분리될 수 있었던 마지막 아버지였던 코르노인 것은 우연한 일이 아니다. 악마의 이 음흉한 기표(signifiant)는 그 이름 속에 그녀가 악마에게 사로잡혀 있을 때 보았던 수많은 환상들을 응축시키고 있는 것이다. 코르노(Cornau)라는 이름은 '뿔이 난(cornu)' 이라는 뜻과 아름다운(beau)이라는 말의 조합인데, 뿔이 난 악마 아버지(le pére-diable-cornu)는 아름다운 젊은이(beau jeune homme)로 나타나는 것이다. 그녀에게 들어왔던 수많은 악마 가운데서 코르노라는 이름의 뜻만이 그것이 무엇을 가리키는지 금방 알 수 없는 이름이라는 사실에 주목해야 한다. 잔에게 들어왔던 두 번째 악마의 이름은 가르가(Garga)였는데, 그 이름은 고딕 성당에 조각한 석루조(石漏槽, gargouille)에서 나온 것임을 금방 알 수 있다. 그런데 우리는 석루조에는 흔히 악마의 모양이 조각되어 있는 것을 잘 알고 있다. 잔은 그녀를 사로잡았던 처음 두 악마의 이름인 코르노와 가르가의 의미를 구마의식이 끝날 무렵에야 알 수 있었다. 가르가가 그녀가 보았던 환각의 이미지들을 불러일으켰다면, 코르노는 나중에 그녀가 그에게 사로잡혔다는 것이 얼마나 의미심장한 일이었는지에 대해서 알게 하였다.

그녀가 악마에게 사로잡혀 있을 때, 그녀에게는 구순기적 환상 이외에 더 많은 환상이 떠올랐다는 사실은 별로 놀랄 만한 일이 아니다. 그녀 속에 있던 악마는 그녀에게 수많은 신체적인 욕망을 불러일으켰던 것이다. 그래서 그녀의 몸 속에 있던 부성적 남근 악마(diable-phallus)는 그가 거기 있었음을 입증하였고, 성적 침투로 강화되어 나타났다. 또한 피에 굶주린 악마(Sanguinaire)는 그녀가 오랫 동안 마술적인 황홀에 빠져 있다가, 그 다음에 칼날로 무장을 하고 나타나 그녀를 책상 위에 길게 누이고 그녀의 '소중한 부분'을 뚫고 들어와 세 차례에 걸쳐서 그녀로부터 피범벅이 된 부분을 떼어냈다. 여성의 거세를 연상시키는 이 침투를 통해서 그녀는 한편으로 공포에 떨었지만, 다른 한편으로 성기에 상처를 입었으면 하는 히스테리적 욕망을 이룰 수 있었다. 그때 그녀의 몸이 열렸고, 그녀의 살에는 인장이 찍혔다. 거세는 더 이상 상상에 의한 것이 아니었던 것이다. 악마는 그녀에게 남근 대신에 피비린내 나는 폭력적인 방법으로 살 한 파운드를 취해 갔다. 마지막 단계에서 악마들은 피에 굶주린 악마로 되어서 그녀에게 더 이상 퇴행되지 않게 하였고, 오이디푸스적인 환상으로 돌아가게 하였다. 그래서 잔은 그녀에게 카타르시스가 행해지기 전까지 다른 환상에 시달리지 않았고, 그녀에게 엄습해 오는 오이디푸스적 환상에만 시달렸다.

악마에게 사로잡힌 다른 모든 사람들과 마찬가지로 잔 수녀의 고백은 그녀의 죄에 관한 것이었다. 자연히 그녀에 대한 구마의식은 그녀가 은밀하게 즐겼던 죄에 대한 것을 중심으로 행해졌다. 그런데 그녀의 고백에는 그녀가 가졌던 악에 대한 의식이 뚜렷하게 드러난다. 그것이 모순적으로 표현되었기 때문에 그녀의 악에 대한 의식을 모두 정확하게 파악하기는 대단히 어렵다. 그녀를 괴롭혔던 악마들에게 붙여졌던 최초의 두 가지 이름과 마지막 이름 이외에 다른 이름은 일반 민중들이 그리스도의 적이라고 생각했던 존재들을 나타낸다. 고약한 배신자(가롯 유다), 이단자, 이교도, 마술사, 터키 사람들, 사라센 사람들, 신성모독자들. 어떤 점에서 보면, 그녀는 그녀의 몸주를 제대로 선택해서 기독교에 대한 그녀의 항거를 그 몸주들을 통해서 실현했다고 할 수 있다. 그렇다면 우리는 그녀가 이 몸주들을 시켜서 욕설을 퍼붓게 하거나, 신성모독적인 행동을 하도록 했던 것을 그녀의 죄의식에서 비롯된 것이라고 생각할 수 있을까? 어쨌든 우리는 여기서 히스테리 환자들이 전형적으로 나타내는 모순을 보게 된다. 그들은 무의식적으로 그들 속에서 생긴 열성에 몸을 맡김으로써 죄의식에 직면하지 않으려고 하는 것이다.[26] 잔은 그 사실을 명확하게 알지 못하고 어렴풋한 상태에서 세익스피어의 헨리 4세에 나오는 글렌도우처럼 '깊은 동굴의 저 밑바닥으로부터 영을 불렀던 것' 이다.[27] 다른 경우, 죄의식은 피에르 자네가 아쉴(Achille)의 사례에서 이야기하듯이 환각의

26) 앞에서 말했던 제VI장 2절을 참고하라.

27) 『헨리 4세』, 제1장, III, 1, 51.

형태로 나타난다.[28] 그러나 그 경우 악마에게 사로잡히는 현상은 죄의식이 만드는 거리를 제거하고, 상상계적인 동일시 속에서 이중적으로 되면서 내면에 있는 욕망과 항거와 하나가 되려는 책략이다. 그때 그 욕망과 항거는 처음에는 주체에게서 쫓겨났지만, 나중에는 그들의 속을 파고들어 온다.

앞에서 분석했던 환각 현상과 마찬가지로, 잔이 보았던 환상은 악마에게 사로잡힐 수 있다는 보편적인 믿음 때문에 생긴다. 그때 사로잡는 자로서 악마는 사로잡힌 사람들에게 어리석은 꿈이나 마술과 같은 상상력을 만들어 낸다. 그런데 악마는 요정이 아니다. 하나님의 적대자로서 그는 억압된 욕망에 신비적이지 않은 절대적인 차원을 제공한다. 사로잡히는 현상은 히스테리 신경증의 한 양태이기는 하지만 그 나름대로 특별한 목표를 가지고 있는데, 그것은 히스테리가 비록 여러 가지 다른 모습으로 나타나지만 언제나 같은 모습을 가진 병이라고 오해받지 않도록 하는 것이다. 여러 가지 다양한 문화적 상황은 다른 정신적 현상에도 그렇게 하듯이, 히스테리에도 그 나름대로 독특한 차원을 새겨 놓는다. 물론 히스테리적 무의식의 근본적이고 보편적인 골조(骨組)는 구순성과 체내화(體內化)된 부성적 남근의 환상이다. 그러나 여러 가지 다양한 문화적 자료들은 무의식에 있는 이 상징체계에 그 나름대로 실존적인 내용을 채워 넣는다.

악마에게 사로잡힌 사람들에게 멀쩡한 환상이 나타나기도 하지만, 그 환상은 결코 그들이 꿈꾸는 좀 거친 듯한 욕망의 정원을 즐겁게 걷게 하지 않는다. 그들의 분노에는 억압된 욕망이 담겨 있기

---

28) *Névrose et Idées fixes*, pp. 375-406.

때문이다. 따라서 악마에게 사로잡히는 현상이 소망을 충족시키는 꿈처럼 욕망을 환각 속에서 실현시키는 것이라고 생각하는 것은 너무 순진한 생각이다. 악마에게 사로잡힌 사람들은 신경증 환자의 꿈이 그렇듯이 악몽으로 가득 차 있는 것이다. 그들이 때때로 터뜨리는 분노는 히스테리 환자들이 겪은 외상이 바깥으로 터져 나오는 것이다. 그들은 환상 속에서 수동적으로 유혹을 받았다가, 계속해서 상상계 속에서 폭력의 피해자가 되는 것이다. 그들은 사랑만큼 강한 미움의 부정적인 열정 때문에 거기 사로잡혀 있다. 그러나 히스테리에서 모든 기쁨이나 즐거움은 마조히즘(masochism) 속으로 들어가면서 왜곡되는데, 그 이유는 마조히즘에는 기쁨이 없기 때문이다. 이러한 사실은 히스테리 환자들의 특징인 체내화된 남근의 환상과 반대되지 않는다. 왜냐하면 여기서 체내화된 남근은 피범벅이 된 폭력을 나타내기 때문이다. 히스테리 환자들이 일단 남근을 체내화시키면, 그들은 곧 거기 사로잡히고, 그들을 갈갈이 찢고 고통스럽게 하는 잔인한 폭력성에 내적으로 괴롭힘당한다. 그녀를 사로잡는 이 남근은 그와 똑같이 파괴적인 폭력성으로 그들을 내모는 것이다. 남근은 그들 속에 마치 성교하는 것처럼 들어가서 그들에게 폭력을 휘두르는 것이다. 그 자신을 궁극적으로 희생적인 행위에 내줌으로써 남근적인 분노를 누그러뜨리는 많은 히스테리 환자들의 환상은 파괴적이고 폭발적인 환상과 교대로 나타난다. 그런데 우리는 히스테리와 정신증적 간질 사이의 유사성이 악마에게 사로잡힌 현상에서 뚜렷하게 드러나는 것을 볼 수 있다. 그 둘 사이의 관계는 그들이 모두 같은 종류의 환상을 보는데, 그것은 그들이 모두 부성적 남근에서 비롯되는 놀라운 매혹을 보여 주는 것이다. 그러나 그들의 욕망은 입술 언저리에 강하게 고착되어 있다. 그래서 체내화에 대한 환상은 구순성에 의해서 그들에게 다시 매혹적으로 다가온다. 그때 그 환상은 그들의 내면에 있는 사로잡히려는 욕망만 충족시키지 않는다. 거기에는 그들이 과거에 당했던 외상적 폭력을 적극적으로 반복시키려는 측면도 함께 가지고 있다.

프랑스와즈 돌토(F. Dolto)는 어린이들에게 있어서 악마의 이미지는 어떤 점에서 악마에게 사로잡히는 현상을 연상시킨다고 주장하였다.[29] 악마는 도덕적인 규제는 없지만 자신이 먹기 위해서 다른 동물을 죽이는 야생동물과 달리, 비도덕적(amoral)이라기보다 부도덕(immoral)하다. "어린아이에게 있어서 악마는 그가 사회적인 존재로부터 사라지는 것을 의미한다. 그가 악마와 같이 간다면, 그는 아무 사회적 규범도 없는 세상에 들어가고, 그 세상은 모든 규칙을 벗어난 사회다." 악마는 살아있는 모든 것을 위협하는 무질서를 형상화하는 것이다. 그래서 그는 '형이상학적 초월'과 반대된다.

악마에게 사로잡히는 것은 디오니소스적인 광란과 비교할 수도 있다. 그런데 이 둘 사이에는 샤머니즘에서 혼령들에게 사로잡히는 것과는 조금 다른 어떤 공통점이 있다. 디오니소스가 그의 모습을 드러낼 때, 그 신도들은 다음과 같이 느낀다. "그의 도래는 일종의 분출이고, 그의 행동은 열정이다. 신(神)이 거기 있을 때, 그의 추종자들은 더 이상 거기 있지 않다. 그 신처럼 그는 그의 바깥에 있다. 사람들이 신의 현존에 함께할 때, 그는 신을 잡는 것이 아니라 신에게 사로잡힌다." "신에게 사로잡히는 것은 갈갈이 찢어지

29) F. Dolto, "Le Diable chez l'enfant", *Satan*, pp. 429-441.

는 것을 의미한다. 신은 어느 곳에나 그의 속성인 모순을 가져오기 때문이다."[30] 신의 돌입은 그 신도들을 자폐증 속으로 들어가게 하면서 얼어붙게 하는데, 그것은 그들이 갑자기 어떤 야성적인 잔인성에 사로잡혔기 때문이다. 그렇다면 거기서 어떤 일이 생긴 것일까? 그들을 지배하고 있는 디오니소스 신화는 그들에게 그것을 설명하는 상징적인 내용을 제공해 준다. 디오니소스는 내적인 모순을 형상화하는데, 그것은 형상의 출현과 그 모든 창조를 뛰어넘는 어두운 바다를 향해서 나아가려는 동경을 동시에 담고 있다. 디오니소스와 달리 성서에 나오는 악마는 유일신의 메시지에 의해서 만들어진 상징적 질서를 전복시키는 자다. 여러 가지 문화적인 상황 가운데서 특정한 기표(記票)들은 무의식에 있는 서로 다른 역동적인 구조를 나타내 왔다. 디오니소스에게 사로잡힌 사람들은 그들의 감정이 팽창했을 때에도 제의에 참여하였고, 수축되었을 때에도 사회적인 삶의 리듬에 통합되어 악마에게 사로잡힌 사람들처럼 인격이 해리되는 경우를 찾아볼 수 없었다.

2) 정신병적 분열 속에서 나타나는 악마에게 사로잡힌 듯한 정신병리

우리는 여기서 이런 종류의 정신병리를 앞에서 살펴보았던 형태의 정신병리와 잠시 구별하려고 한다. 우리가 살펴보려는 것은 망상적 정신병인데, 그것을 깊이 연구하면 여러 가지 형태로 나타나는 종교적 망상과도 비교할 수 있을 것이다.

30) H. Maldiney, *Aîtres de la langue et Demeures de la pensée,* Lausanne, L'Age d'homme, 1975, p. 249, 250.

레르미트(J. Lhermitte)는 그 경우에 관해서 연구하였고, 체계적으로 기술하였는데, 그것은 매우 좋은 사례를 제공해 준다.[31] 우리는 그의 연구를 우리 나름대로 요약하려고 한다. 그의 연구 대상이 되었던 사람은 "어릴 때부터 성적인 문제에 강박적으로 시달렸던 남자다…. 나중에 그에게 동성애적인 성향이 나타났는데, 그는 주로 혼자서 지냈다." 그는 결혼한 다음 "강박적인 사고가 끊임없이 엄습해 왔고, 그 때문에 고통받았다. 그래서 그는 점점 더 기도 속으로 도피해 들어가 그런 생각을 하지 않으려고 하였고, 회한을 달래려고 하였다. 그에게는 내적인 기도(oraison)를 하려는 생각이 점점 더 강하게 들어서, 어느 날에는 그가 달라진 것 같았다. 그의 주위에서 일어나는 것은 좋은 영인지 좋지 않은 영인지 분별하는 하나의 상징이 되었다." 우리는 이런 강렬한 상징화 작업 속에서 그로덱(Groddeck)이 말한 상징화에의 충동을 볼 수 있다. 그것은 지각의 끄트머리까지 거의 다가온 강력한 무의식적 표상을 나타내는 것이다. 이 사람이 악마에게 사로잡힌 현상은 환각임이 분명한 삽화 속에서 나타나게 되었다. 어느 날 그는 파리의 불로뉴 숲을 걸을 때, '누가 그를 부르는 것 같았고, 무슨 소리를 들었다.' 여기에 대해서 레르미트는 다시 생각하려고 하지 않았다. 그러나 그가 동성애에 대해서 두려워하였고, 그 장소가 어떤 곳인지 생각해 볼 때, 우리는 그 내용을 짐작할 수 있다. 그는 두려워하였고, 그의 아내에게 이렇게 말했다. "그때 나는 악마와 같이 있었고, 악마에게 사로잡혔소." 그때 이래 "그는 시도 때도 없이 악마의 현존을 느꼈고, 그럴 때는 언제나 악마에게 말하고, 가장 더러운 욕설을 퍼부

31) J. Lhermitte, *op., cit.*, pp. 485-486.

었으며, 외설스러운 말을 하였다… 또한 매우 자주 악마는 그에게 지나간 잘못을 생각나게 하였다… 악령은 그에게 온갖 더러운 것을 가지고 엄습해 왔고, 그를 괴롭히기 위하여 그런 생각을 계속하게 했을 뿐만 아니라, 그에게 가장 무시무시한 장면을 보여 주었다…. 인간의 아들 가운데서 가장 아름다운 모습이 나오는 음란한 장면은 동성애의 가장 뻔뻔한 특성 때문에 더 생생하게 나타났다." 희미한 빛이 이 망상과 함께 나타났는데, 그는 위의 글을 쓴 다음 '저절로 생각나는 것이라고 하는 생각' 은 악마가 그 사람의 마음에 어떻게 작용해야 효과적인가 하는 것을 알려 주었다. 레르미트는 불행하게도 그 사람의 내면에서 어떤 작업이 이루어졌는지 보고하지 않았다. 그러나 우리는 그가 가졌던 망상은 '광인 페르스발(Perceval le fou)' 에게 생겼던 망상과 비슷한 것이 아닌가 추측할 수 있다.[32] 페르스발은 회복된 다음, 생각 한쪽 구석에서 망상이 생기는 것을 의식하였다고 말한 적이 있다. 우리는 여기서도 다시 의식의 역설, 즉 자기 정신이 온전하지 않다는 것을 알지만 그의 망상에 집착하는 것을 보는 것이다. 그렇기 때문에 이런 종류의 사로잡힘은 히스테리에 의한 사로잡힘보다 더 깊이 스며들지만, 사람들을 덜 사로잡는다. 주체와 악마 사이의 거리는 전혀 없으면서도 무한한 것이다. 이때 악마는 사람들의 몸에 거하지 않고, 주제와 함께하는 듯이 주체를 사로잡는다. 악마는 주체를 바깥으로부터 공격하고, 그를 매혹시키면서 유혹하며, 그가 자극해서 하게 한 잘못을 고발한다.

32) G. Bateson(éd.), *Perceval le fou, Autobiographie d'un schizophrène* (1830-1832), Paris, Payot, 1975.

쉬랭(P. Surin)의 이상한 운명은 이와 비슷한 인격의 분열상을 잘 보여 준다. 쉬랭은 어떤 수녀를 사로잡고 있는 악마와 싸우기 위해서 루댕에 파견되었는데, 그는 그 당시에 위대한 신비가였다. 그래서 그는 그 수녀에게 강압적으로 구마의식을 하기보다 그녀에게 확신을 주려고 했지만, 감염력이 강한 악이 그를 덮쳤다. 악마는 때때로 그 수녀를 떠나서 그에게 들어갔고, 그에게 두통을 일으키는가 하면, 벌벌 떨게 하였다. 또한 부분적으로 그를 마비시켰고, 막연한 허탈감을 가져다주는 환각 상태로 몰고 갔다. 그리하여 그가 돌보았던 잔 데 장즈 수녀의 상태가 개선되면서 쉬랭은 나빠져 갔다. 그는 오랜 친구인 제수이트 신부에게 이런 편지를 보냈다. "지나간 석 달 반 이래 내 곁에서 악마가 한시라도 떠난 적이 없습니다…. 악마는 수녀의 몸을 지나서 나를 덮쳤습니다. 그래서 몇 시간 동안 나를 사로잡아서 나는 미친 사람처럼 되어 쓰러졌고, 여러 가지 작용이 일어났습니다. 그때 나에게 어떤 일이 일어났는지 나는 당신에게 어떻게 설명해야 할지 모르겠습니다. 그 영은 나에게서 인식을 빼앗아가지도 않았고, 나의 영혼에서 자유를 빼앗아가지도 않았지만, 나의 영과 하나가 되었습니다. 그러나 그것은 나에게 또 다른 내가 되어 작용한 듯 하였습니다. 나에게는 두 개의 영혼이 있는 것 같았는데, 하나는 나의 몸을 떠나서 나에게서 무슨 일이 일어나는지 보는 것 같았습니다. 그 두 영은 내 몸 안에서 싸웠습니다. 그의 영혼은 분열된 것 같아서, 그의 한쪽 부분에서 그는 하나님이 그에게 주신 그 자신의 활동을 했는데, 다른 쪽에서는 그가 악마가 된 것 같았습니다."[33] 쉬랭은 공포와 낙담을 심하게

33) *Jean-Joseph Surin. Correspondance,* éd. par M. de Certeau, Paris, Desclée de Brower, 1966, pp. 263-264.

느껴서 자살을 심각하게 기도하였다.

우리는 쉬랭이 체험한 것을 앞에서 살펴보았던 망상과 비슷하다고 말하려고 하지는 않는다. 쉬랭을 고통으로 몰고 갔던 히스테리의 특징인 감염성은 악마에게 사로잡히는 현상이 정신의 또 다른 결함으로부터 온다는 사실을 보여 준다. 쉬랭은 자신의 경우를 레르미트의 연구와 비교해 보았다. 그 결과 그의 인격이 분열되어 악마에게 사로잡힌 현상이 환각 증상이 있는 사람들의 악몽보다 더 심하게 나타났다는 사실을 알 수 있었다. 그에게서 악마에게 사로잡힌 현상은 무의식의 분출을 뛰어넘는 현상이었던 것이다.

정신병리를 악마의 작용으로 설명하는 레르미트의 주장은 그 현상의 기원과 본성에 대해서 이미 잘 설명하고 있다. 사람들의 성생활에 대한 비난이 환청으로 들리는 것, 그들의 몸과 정신을 파고 들어오는 영향력, 그들의 생각을 자꾸 재잘거리면서 떠드는 소리, 흉측한 얼굴을 한 무리들이 떠돌아다니는 것 등이 그것이다.[34] 악마는 그에게 상상력을 자극시켜서 동성애를 하는 가장 생생하고 음란한 장면을 보여 주었는데, 그것은 의미심장한 일이었다. 우리는 여기서 악마가 그에게 던졌던 가장 추잡한 욕설과 그의 귀에 대고 속삭였던 가장 아팠던 비난이 인간의 같은 정신 영역에 속한 것이 아닌가 하고 생각한다. 어쨌든 여기에서 악마는 주체가 넌시는 모든 더러운 표상을 떠맡는 대변인이나 대리인 역할을 하고 있는 것이다. 그런데 그것은 악마가 그의 바깥에 있기 때문에 바깥으로부터 오는 것으로 그려지고 있다. 동성애의 주제가, 주체가 외부에 투사시키는 모든 것들의 핵(核)이 된다는 사실은 편집증에 대한 프

34) A. De Waelhens, *La Psychose*.

로이트의 이론과 일치한다. 하지만 여기서 편집증적 투사는 다음과 같은 언어 공식에서의 세 가지 전도(顚倒) 가능성에 근거하고 있지는 않다. "나는 그(남자)를 사랑한다."[35] 악마의 작용에 의한 편집증은 색정망상이나 질투망상이나 피해망상과 달리, 억압된 동성애를 외부세계에 옮겨놓기 위하여 종교적인 기표를 취한다. 이 사례에서도 그 문제를 직접적으로 고백할 수 없는 정신병리가 나타날 수 있도록 해 준 것은 종교적인 기표였다. 그때 악마의 작용으로 정신병리를 설명하는 체계는 그의 더 심각하고 돌이킬 수 없는 편집증을 좀 완화된 방식으로 느끼게 해 주었을 것이다.

3. 버려진 상태의 경험

지나간 두 세기 동안 사람들이 미신을 물리쳤다고 기세등등하게 생각했던 시간이 지난 다음, 서구 세계에서는 다시 신비술(l'occultisme)의 물결이 일렁이고 있다. 신비술에 관한 책들이 베스트셀러가 되었으며, 현대사회라는 이성의 세기에 점성술, 카드점, 심령술 등이 대도시에서 행해지고 있는 것이다. 그들은 불안해하는 현대인들을 대상으로 돈벌이를 하고 있다. 그런데 이상한 것은 그 고객들이 대부분 중산층이나 지식인들이라는 사실이다. 영국의 타임즈는 비신화화된 이성이 현대사회에서 주도적인 위치를 차지해야 한다고 거만하게 주장하는 과학자들까지 남들 모르게 카드점

35) 프로이트가 편집증에 대해서 분석한 것은 다음 책의 마지막 장에 있다. S. Freud, *Président Schreber, Cinq Psychanalyses,* Paris, Gallimard, 1954, pp. 309-310.

을 치러 간다는 사실을 '신비술' 이라는 제목 아래 대서특필하였다.[36]

그런 현상 가운데서 가장 놀라운 사실은 사탄의 어두운 귀환(歸還)이다. 미국에서는 블래터가 쓴 『구마사(Exorciste)』라는 소설은 52주 동안이나 가장 많이 팔린 책 가운데 하나였으며, 그 소설을 각색해서 만든 영화는 미국과 유럽의 여러 나라에서 사탄주의의 광풍을 일으키며 지나갔다. 그 영화가 공포라는 강렬한 정동에 목말라 있던 현대인들의 욕구를 채워 주었던 것일까? 그것은 틀림없는 사실일 것이다. 그런 의미에서 그 영화는 현대인들의 상상계의 한쪽 구석을 차지하고 있는 포르노 물(物)의 반대편 짝이다. 인간 이성의 아래쪽에 자리 잡은 어두운 악몽과 같은 불안과 이성의 바깥에 있으면서 어리석은 쾌락을 즐기려는 순진한 나무꾼[樵夫] 같은 태도는 서로 만날 수 있는 것이다. 그런 현상은 놀랍게도 우리에게 제롬 보쉬(Jérôme Bosch)의 모순적인 이미지로 구성된 그림을 생각나게 한다. 그런 현상을 단순히 현대 기술문명 사회의 강압에 굴복한 단조로운 삶과 별다른 노움도 주지 않는 이성(理性)의 환멸로부터 도망치려는 정서적 동요로 보는 것은 심리학적으로 궤변을 늘어놓는 일이 될 것이다. 우리는 그런 현상 속에서 인간의 실존에나 있는 균열을 볼 수 있으며, 그것이 다소 희화화된 모습으로 드러나는 것을 보게 된다. 인간의 동기(動機)에 관해서 연구하는 심리학과 억압적인 힘에 대한 항거를 연구하는 사회학은 사탄의 귀환으로 왜곡된 이성의 나태를 다시 회복시키려고 했지만, 별다른

36) "The Occult: "A Substitute for Faith", *Times,* vol. 99, no. 25(1972, June 19), pp. 38-48.

성과를 보지 못하였다.

우리는 앞에서 정신병리를 악마의 작용으로 설명하는 것이 사람들에게 감추어져 있던 욕망과 파묻혀 있던 외상을 수많은 증상들로 나타내는 기표로 사용되게 했음을 살펴보았다. 그러나 우리는 악마에 사로잡힌 듯한 현상이—정신병리적인 증상으로 나타나지 않는 경우도 있는데—왜 악마라는 이름을 가진 존재의 작용처럼 느껴지는지를 명확하게 규명되지 않는 한 그 현상이 정말 어떤 것인지 알 수 없다. 여기에서 다시 한 번 강조할 것은 우리는 악마의 실재에 대해서 결코 긍정하지도 부정하지도 않는다는 점이다. 다만 명확한 사실을 알고 싶을 뿐이다. 그러나 우리는 사람들 사이에서 현재 악마에 대한 믿음이 통용되고 있으며, 그것은 인간의 삶에 있는 어둠의 심연 위에 근거하고 있다는 사실을 알게 되었다. 그러한 믿음은 민중의 미신이지만, 사람들은 비웃음을 받을까봐 두려워하기도 한다. 정신병리를 악마의 작용으로 설명하려는 것이 썩 유쾌한 것은 아니지만, 사람들은 인간의 실존에 심연이 있다는 기억 때문에 그것을 잊으려고 하면서도 그렇게 설명한다. 인간의 정신병리 모두가 치료하려고 했지만 치료되지 않은 것이기 때문이다.

이제 악마의 작용인 듯한 정신병리의 오래되고, 다소 단순한 이야기와 구마의식에 대해서 살펴보자. 이 이야기는 17세기에 살았던 화가 하이츠만(Haitzmann)의 이야기인데, 프로이트는 그것을 '17세기 악마의 작용이라고 여겨졌던 신경증' 이라는 제목으로 분석하였다.[37] 프로이트가 '중세의 암흑기' 라고 부른 시기에는 신경증 환자가 많이 있었다. 프로이트는 유아신경증이나 그 시대의 신

37) GW XIII, 215-353.

경증이나 모두 신경증이란 '원시적인 환경'에서 생기는 것이기 때문에 그 시대에 많이 있었을 것이라고 생각하였다. 프로이트는 그것에 그의 정신분석학 이론을 적용시키면서 심심풀이삼아 가면서 분석하곤 하였다. 그는 악마의 작용인 듯한 신경증을 살펴보면서, 계몽주의의 빛으로 중세의 어둠을 흩어버리려고 했던 것이다. 하이츠만의 이야기는 단순하다. 그는 그의 아버지가 돌아가시자, 그는 우울증에 빠졌고, 삶이 곤궁해졌다. 그래서 그는 존경받을 만한 중산층의 모습을 하고 나타난 악마와의 계약에 서명을 하였다. 그가 맺었던 두 가지 계약에 대해서 자세한 것은 밝히지 않으려고 한다. 계약에서 본질적인 내용은 그가 피로 쓴 계약서에 보증되고 있다. "나는 내가 9년 후 이 사탄의 아들이 되고, 나의 몸과 영혼을 그에게 바칠 것을 맹세한다." 모든 사정은 이 가련한 화가에게 별로 좋게 진행되지 않았다. 그는 경련발작에 시달리는가 하면, 두 다리에 마비가 찾아왔는데, 그것은 악마에게 사로잡힌 듯한 사람들에게서 일반적으로 나타나는 현상이다. 하여간 그에게는 여러 가지 고통이 끊이지 않고 일어났다. 그러나 계약했던 기간이 다가오자, 이 화가는 구마의식을 받았고, 그 계약을 무효화시키려고 하였다. 그는 '자비의 형제회'에 들어가서 평안하게 살면서, 그가 '포도주를 너무 많이 마셨을 때'만 악마와 다시 계약을 맺었던 것이다. 프로이트는 이 대목에서 악마는 그에게 있어서 '아버지의 대체적 존재'(Vaterersatz), 아버지의 복사적 존재(Nach-bild)임에 틀림없다고 주장하였다. 그 후 그 수도회는 그에게 '돌보아 주는 아버지'가 되었고, 아무 원조도 받지 못했던 화가의 삶을 책임져 주었던 것이다. 그는 그전에 그가 악마에게 '약속'을 했듯이, 이제 그 수도회와 '약속'을 하였다. 그의 이런 '손재주'는 그에게 치료적 효과를 가져왔다. 그는 이제 더 이상 환각이나 경련에 시달리지 않아도 되었던 것이다.

그 화가에게 하나의 아버지의 대체적 존재가 다른 대체적 존재로 바뀌었을 뿐인데, 왜 그런 치료적 효과가 생긴 것일까? 그 이유는 나중의 아버지가 그에게 좀 엄격한 생활을 요구하기는 했지만, 그에게 필요한 모든 것을 제공해 주었기 때문이 아닌가 한다. 그렇지 않으면 그가 악마와 계약하는 것보다 사회적으로 더 정당하게 수도회에 들어갔기 때문일 것이다. 프로이트는 그의 환자들에게 삶의 조건이 개선되거나 그 밖의 이차적인 것들이 나아질 것이라는 희망 때문에 병이 나았다고는 설명하지 않았다. 하지만 이 사례는 프로이트가 그다음에 하게 될 좀 더 깊은 연구의 시작을 알리는 이야기다. 이 사례는 전(前)오이디푸스 단계에서 어머니, 아버지의 모습이 성기와 가슴이 달린 악마의 모습으로 나타날 수 있고, 하나님-악마라는 양가적인 존재가 나타날 수 있음을 보여 주는 것이다. 그러나 이 연구는 그 화가의 리비도에 의한 정신병리가 생활에 필요한 것들이 주어짐으로써 풀리게 된다는 코메디 같은 이야기로 끝나서 분석상 오해의 소지를 남기고 있다. 분석가는 여기에서 가난한 화가에게 나타난 악마라는 대중가요에 음조를 맞추는 것이다.

그럼에도 불구하고 우리는 이 이야기에서 프로이트의 중심 주제인 아버지에 대한 향수가 그 밑에 깔린 것을 볼 수 있다. 비록 그의 예리한 논지가 "아무리 아름다운 소도 밤에 보면 모두 검게 보인다."는 말이 있듯이, 모든 아버지는 똑같다는 개념론적인 안개에 묻혀 버렸다는 한계가 있지만 말이다. 모든 아버지들이 다른 아버지로 무조건적으로 대체될 수 있다면, 어떻게 해서 그런 대체가 신경증을 치유하는 효과를 나타낼 수 있는가? 우리는 이 지점에서 정신분석학의 이론적 공식에 내재해 있는 근본적 난점을 만나게 된다. 그것은 정신분석의 개념을 아무 때나 손쉽게 들이대려는 것이 허용될 수 있는 것인가 하는 것이다.

우리는 그전에 악마에게 사로잡혔었지만 나중에 평안을 찾았던 하이츠만에 대해서 많은 것은 알고 있지 않다. 하지만 그가 절망적인 상태에 있을 때, 그의 욕망을 모두 실현시켜 주고, 9년이 지나면 그의 아버지가 되겠다고 약속한 악마에게 그의 몸과 영혼을 모두 맡겼다는 사실은 안다. 그런데 이 이야기는 우리가 앞에서 살펴보았던 잔 드 페리의 이야기, 아름답고 매혹적인 젊은 남자와 계약을 했던 이야기와 이상하리만큼 닮았다. 그런데 하이츠만에게 나타난 뿔이 달린 악마가 그의 가슴을 내미는 것을 보고, 우리는 그가 원초적인 집착에서부터 출현한 것이라는 사실을 보게 된다. 그에게 있어서는 가난보다 버려졌다는 느낌이 더 큰 절망감을 자아냈던 것이다. 그는 아버지가 돌아가셨을 때, 외로움과 무력감에 빠져 들어갔다. 그때 그가 느꼈던 비참함은 원인이라기보다 결과였다. 그가 맹세를 한 악마는 단순히 돌아가신 아버지의 대체적 존재가 아니었다. 부르주아적인 악마의 이미지는 그의 아버지를 연상시키는데, 악마의 전통적인 이미지는 그의 깊은 욕망을 충족시켜 줄 수 있는 듯하다. 하이츠만은 그 이미지들에 이끌려서 인간으로서의 아버지가 충족시켜 주지 못한 고태적인 환상을 가지면서 마술적으로 강력한 아버지에게 맹세하였다. 분석은 우리에게 그와 같은 사실을 잘 보여 준다. 아버지가 돌아가셔서 사람들에게 강력하고 불멸할 것 같은 아버지의 표상이 무너질 때 그들은 비탄에 잠기는데, 그들에게 아버지의 상은 나르시시즘을 지탱시켜 주는 이상적인 아버지다. 우리는 그 점을 다른 논문에서 지적했는데, 그때 우울증은 이상적인 아버지와의 동일시에 의해서 형성된 자기애가 와해되는 바람에 생기는 것이다.[38] 우리는 이런 유형의 동일시를 구순기적 자리의 최초의 원천으로까지 이끌고 갈 수 있다. 우리는 사람들에게 그것을 추구하게 하는 절대적인 욕구가 있음을 이미 언급한 바 있다. 또한 그 점에 관해서 강박적인 탐욕 안에 내재해 있는 구순성은 사람들에게 어떤 것들을 강렬하게 추구하게 한다고 지적하였다. 그것은 약물이나 깊은 비전에 대한 체험을 강력하게 추구하는 것을 통해서 나타날 수 있다. 그들은 눈에 보이는 것이나 초자연적인 색깔을 띤 것과 아무 거리가 느껴지지 않을 정도로 가깝게 느끼려고 하는 것이다. 오늘날 약물을 복용하여 경이로움을 체험하는 것이 옛날에 악마와 계약하여 이상한 체험을 하는 것과 비교되지 않을까?

유아시절에 버려지는 체험을 한 사람들은 흔히 삶이나 세상에 대해서 증오하게 된다. 가까운 사람이 죽었을 때 우울증에 빠지거나 비명을 내지르는 것은 망자(亡者)가 사라짐으로써 그를 저버렸다고 비난을 퍼붓는 것 이외에 다른 것이 아니다. 그가 그의 부모에게 가졌던 과도한 기대에서 비롯된 그 자신에 대한 실망은 결국 그에게 사랑에 대하여 냉소적으로 만드는데, 사랑이란 부모들이 그에게 생명을 내주면서까지 주었지만, 이제 그를 거부하는 것으로 끝났기 때문이다. 우리는 여기서 사람들이 침묵하는 가운데서 창조주에게 품고 있는 증오를 상기할 수 있다. 왜냐하면 사람들은 그를 실존의 근원이며 모든 궁극적인 희망의 중심이라고 생각하면서 아버지라고 부르며 찬양하지만 그에게 실망하기 때문이다. 악

38) "La Névrose dépressive", *Topique,* no. 17, Paris, Épi, 1976, pp. 97-126.

마의 형상은 이런 근본적인 미움을 담고 있다.

악마에 대한 우스꽝스러운 생각도 역설적이기는 하지만 사람들이 유아시절 경험했던 유기(遺棄)에서 나온 것이 아닌가 한다. 그때 사람들은 굉장한 공포에 떨기 때문이다. 그것은 또한 사람들의 내면에 깊이 묻혀 있는 어두운 하나님에 대한 이미지의 원천이 되는데, 그 하나님은 이 세상의 갈라진 틈 사이로 그 모습을 드러내지만 사람들은 서둘러서 그것을 감추려고 한다. 그때 기독교에서 말하는 사랑과 영광의 하나님은 끔찍한 사기가 되고 만다. 말라르메(Mallarmé)가 주장했으며, 그가 거기서 벗어나려고 했던 우주의 신적인 원리는 종교적인 증오의 본질적인 속성을 잘 드러내준다. "이 고약하고 오래된 깃털 하나가 다행스럽게도 하나님을 거꾸러뜨렸구나."[39] 그때 종교적인 서정주의는 어두운 의지로서 하나의 환상에 불과한 것으로 느껴진다. 어떤 이들은 비신화화 작업에 분노를 표시하면서 사탄을 환상적인 형상으로 그린다. 하지만 그것은 아직 사탄에 대한 믿음을 표시하는 것은 아니다. 기독교인이 아닌 사람으로서 비신화화에 대한 분노를 표시하면서 사탄을 이 세상의 지배적인 원리로까지 밀고 나가는 사람은 거의 없다.

우리는 부모로부터 버림받았다는 생각과 그로 인한 증오가 정신병리를 악마의 작용으로 설명하려는 시도의 기저(基底)를 이룬다고 생각한다. 그런데 그 밑바닥에는 얼굴이 일그러지고, 몸이 뒤틀리며, 저주의 소리가 나는 분노와 환상적인 매혹이 교대로 나타난다. 하나님-악마의 이런 복합적인 형상은 하나님이 이상(理想) 부

39) *Correspondances, 1862-1871*, éd., H. Mondor et J.-P. Richard, Paris, Gallimard, 1959, p. 241.

모의 모습을 담고 있으며, 사람들의 투사를 무한히 받고 있는 한 그 본래적인 모습이 왜곡되지 않을 수 없다. 현실적인 삶이 사람들에게 부과하는 상처는 하나님을 분열시켜서 양가적인 힘 속으로 집어넣는 것이다. 그래서 성경에 나오는 어떤 기표(signifiant)는 하나님의 모습을 해체시킨다. 악마에게는 구순적 자리의 고태적 환상과 그 뒤를 따라오는 삼킴에 대한 공포가 전이되어 나타나는 것이다. 또한 하나님이 약속했던 것이 이루어지지 않았을 때 느껴지는 무력하고 잔혹한 하나님에 대한 미움은 악마의 형상으로 그려지지 않을 수 없다. 그래서 악마의 모습은 하나님의 모습보다 훨씬 더 복합적으로 그려진다. 악마는 모든 모순을 본질적으로 나타내는 것이다. 그래서 악마는 종교적인 신비로 느껴지는 것의 반대편에 있는 무(無)의 본체처럼 느껴진다. 그러나 악마는 사람들이 상상계 속에서 그들의 실존의 비참함을 변환시키려고 집착하는 마술적인 힘을 나타내기도 한다. 그러다가 사람들은 실망하여 하나님에게 걸고 있던 마음을 미움으로 변화시켜서 삶의 무의미성을 부르짖으며 온갖 파괴적인 행동을 하게 된다. 증오는 세상을 경멸하게 한다. 증오는 야수처럼 사람들의 몸에 달라붙어서 몸을 쏠아 먹고, 괴롭히는 것이다.

그와 같은 생각은 사람들의 마음에 수많은 자살 충동이 번쩍이는 빛처럼 지나가게 한다. 그 생각은 좀 더 냉철한 상태에서 합리적으로 따져 보고, 철학적 논쟁을 통해 정당화된 굳은 관념처럼 나타날 수도 있다. 그것은 강박적인 사고처럼 단단해서 그 어떤 고려에 의해서도 깨지지 않을 것 같다. 그 아찔한 충동이 사람들을 사로잡지 않으면, 그들은 결정적인 행동을 실행하지 않고, 겉으로 보기에 별로 해롭지 않은 일을 하면서 그 행동을 미룰 것이다. 사람들은 그를 붙들고 있는 다른 과업을 먼저 해야 하는 것이다. 그러나 버림받았다는 느낌이 다시 들면, 그는 양가적인 세계 속으로 다시 들어가는데, 그곳에는 낮과 밤, 미움과 절대적인 화해에 대한 갈망, 잔혹한 파괴와 태어난 곳으로 귀환하려는 꿈이 같이 들어있다. 히스테리적 간질발작과 비슷한 자살 충동은 악마의 작용에 의한 병리적 신경증과 비슷한 구조를 가지고 있다. 여기에서 한 가지 주목할 만한 사실은 악마에게 사로잡힌 사람들이 자살할 확률이 제일 많은 때는 그들이 구마의식을 통해서 악마로부터 풀려났을 때라는 점이다. 마찬가지로 신비가들이 자살 충동에 가장 많이 시달리는 때는 그들의 신비 과정에서 그들이 어떤 결정적인 선택을 해야 하는 중요한 때다.

신비주의(la mystique)에서도 사탄은 우리가 방금 분석한 것과 같은 특성을 가지고 있다고 생각한다. 그러나 그 지위는 전혀 다르다. 신비가들에게 있어서 악마는 본질적으로 하나의 실재로 여겨진다. 왜냐하면 악마는 사람들이 흔히 생각하는 것처럼 환상적인 존재로서가 아니라 궁극적으로 어떤 작용을 하게 하는 존재로 여겨지기 때문이다. 신비술(l'occultisme)에서 사탄이 자아내는 매혹은 상징적인 것이다. 그는 악의 일반적인 원리를 나타내는 흐릿한 준거체세를 나타낼 뿐이다. 마찬가지로 신경증을 악마의 작용인 듯이 설명하는 체계에서도 악마는 주체가 그의 환상에 귀속시키고 있는 기표다. 하지만 신비가에게 있어서 사탄은 그의 반대편에 있는 신비를 자아내는 하나님처럼 실재적이다. 그러므로 하나님을 가장 뚜렷한 실재로 생각하는 신비가들에게 있어서 악마에 대한 믿음은 그에 못지 않게 실재적이다.

십자가의 성 요한에게 있어서 악마는 본질적으로 사람들을 현혹시키는 존재였다.[40] 우리는 여기에서 잠시 심리학적 고찰은 하지 않을 것이다. 십자가의 성 요한의 글에서 악마는 우리가 인간 정신의 안이나 바깥에 있는 힘으로 체험할 수 있는 존재가 아니었다. 앞에서도 살펴보았듯이, 악마에게 사로잡히는 현상에서 악마는 내적이고, 감정적이며, 병리적인 특성을 동시에 가진 심리적 실재였다. 또한 악마는 모호하고 소동을 일으키는 존재로서 외부로부터 침입하여 사람들을 사로잡는 힘으로 느껴진다. 십자가의 성 요한은 그 자신이 체험했던 것을 바탕으로 인류학적인 분석을 하고, 비판적인 지성으로 신앙을 검토하여 사탄이 하나님처럼 작용하면서 그를 현혹하려는 기도들을 모두 파헤쳤다. 그의 인류학은 그의 신앙과 잘 통합되어 '거짓의 아비' (악마)가 그의 하나님을 향한 성향을 부추겨서 잘못된 방향으로 사로잡으려는 두 가지 기본 영역을 판별하는 데 일관된 이론을 제공해 주었다. 우선 악마는 무엇보다도 먼저 '성령이 나아가는 방향의 길목에 매복해 있을 수 있다.' 그래서 우리의 내적 감각인 상상력과 기억은 악마가 우리와 거래하려는 '시장(市場)바닥' 이 될 수 있다. 악마는 우리 상상력을 자극하면서 '거짓된 것을 참된 것처럼 생각되게 하고, 참된 것을 거짓된 것처럼 생각되게 하는 것' 이다. 십자가의 성 요한은 수많은 예를 들어 가면서 악마가 사람들을 꼬여서 무작정 거짓된 길로 들어가게 하거나, 스스로를 악마의 꼬임에 빠지면서 자기 기만을 하게 하는 은밀한 감언이설을 분석하였다. 그는 악마가 어떻게 하나님이 그 자신의 모습을 숨기고 계신 비전과 정동 속에서 사람들과 관

---

40) P. Lucien-Marie de Saint-Joseph, "Le Démon dans l'œuvre de saint Jean de la Croix", *Satan*, pp. 86-97.

계 맺고 있는 곳에 몰래 숨어 들어올 수 있는지를 밝히는 것이다. 그의 결론은 이렇다. 종교적인 교만이 하나님을 향해 나아가는 데 가장 위험한 함정이 될 수 있다. 그 위험한 동물인 악마는 신앙의 업적이 마련한 그림자 속에 숨어서 스스로에게 도취되기 쉬운 인간의 성향을 이용하는 것이다. 왜냐하면 사람들은 스스로를 과대하게 생각하려는 성향이 있기 때문이다. 그는 하나님을 찾아나아가려는 사람들을 현혹시키고, 그 사람들이 그의 내면에서 속삭이는 꼬임에 빠져들게 하는 것이다. 중세기 말의 정신성을 가지고 살았던 십자가의 성 요한의 생각에 의하면, 악마는 사람들을 유혹하고 파멸시키는 광기(la folie)의 이미지와 상당히 많이 닮았다. 그런데 광기에는 아무런 도덕적 감각이 없다. 그것은 신앙의 견지에서 볼 때 비본질적인 것, 무(無)에 굴종하는 것이기 때문이다. 사람들이 그 질곡에 빠지지 않고, 이 세상을 하나님의 은유로서 '아름답다' 고 다시 느낄 수 있는 것은 그들의 영이 그전까지 집착하던 것에서 해방되어 변화될 때다.

우리는 현대 심리학이나 정신분석학이 악마에 대한 십자가의 성 요한의 신앙에서 취할 것이 있으리라고 생각하지는 않는다. 그러나 정신분석학은 사람들을 사로잡고 있던 것에서 벗어나 새로운 의미를 찾아 해방되고, 미망(迷妄)에서 깨어나는 과정이기 때문에 그의 신앙과 좋은 동맹관계를 맺을 수 있으리라고 생각한다. 십자가의 성 요한에게 있어서 하나님의 적대자로서의 악마라는 개념은 하나의 기호(記號)였다. 그는 우리가 하나님에게 나아가는 길목에서 언제나 만나면서, 우리로 하여금 어렴풋한 이중성에서 벗어나게 해주는 존재였던 것이다. 자크 라캉의 공식으로 말하자면, 악마는 존재의 부재(dés-être)나 무질서로서 인간의 실존을 그의 상상계적인 것들로 가득 채웠다가 뒤엎어 버리는 존재인 것이다. 그러나 정신분석학과 신비주의 사이에는 미망에서 깨어나는 데 있어서—악마의 계교를 물리치는 데 있어서—근본적으로 다른 차이가 있다. 십자가의 성 요한은 사람들이 자기 내면에 궁극적으로 들어가는 태도는 자기를 비어 하나님께 사로잡히게 하고, 그렇게 함으로써 기쁨을 찾으려는 태도가 아니라고 생각하였다. 그런데 정신분석학은 신앙의 의미에 대해서는 아무것도 할 말이 없다. 신앙인들이 분석 작업 바깥에서 하나의 방편으로 신앙을 택하는 것에 대해서도 마찬가지다. 기독교 신앙과 정신분석학은 다른 분야인 것이다.

십자가의 성 요한과 마찬가지로 아빌라의 테레사도 '거짓을 말하는 자' '위선자' '어둠의 주관자'가 교묘하게 속이는 상상계적 도치(倒置)들을 내쫓았다.[41] 그러나 그녀는 좀 더 상상력을 따르고, 마음에서 올라오는 즉각적인 정감을 경험한 다음에 사람들에게는 그들의 상상력이나 기분, 특히 우울한 기분에서 올라오는 것을 악마에게 돌리려는 성향이 있음을 알게 되었다. 그래서 그녀는 그렇게 하지 않으려고 경계하였다. 그러다가 그녀는 정말 악마의 속임수라고 생각되는 사례 두 가지를 체험하였다. 만약 어떤 생각(예를 들어, '외부에서부터 들려진 말씀'의 경우)이 좋아 보이는데, "원인을 찾을 수 없는 근심이 몰려온다면, … 나는 그 영이 그 말씀을 들려준 영과 다른 영이 아닌가 하고 자문해 본다." 그녀는 지금까지의 경험과 신앙에 의해서 하나님은 빛이시고 평안을 가져다주신다는 사실을 확신하였기 때문에, 마음이 혼란한 것은 그것이 하나님으로부터 오는 것이 아니라는 경고라고 생각하였다. 인간의 정신은

41) M. Lépée, "Sainte Thérèse de Jésus et le Démon", *Satan*, pp. 98-106.

사람들에게 잘못된 판단을 내리게 하는 경우도 있지만, 어떤 것이 진리이고 어떤 것이 오류인지 구분하게 하는 직관을 하게 한다. 정감에 바탕을 둔 사고를 하게 하는 것이다. 여기에서 악마의 탁월한 사악성이 발휘되는데, 악마는 정신을 현혹시켜서 그가 하는 추론의 확실성을 믿지 못하게 하는 것이다. 그러므로 그 모든 판단에서 가장 신뢰할 수 있는 근거는 그가 얼만큼 내적으로 자유로운 가운데 판단을 내리느냐 하는 것이 된다.

위에서 말한 마음의 불편함보다 더 유해한 것이 있는데, 그것은 죄의식이다. 사람들은 회심을 한 다음에도 그의 신앙을 신뢰하지 못하는 것이다. 여기서 악마가 뒤흔드는 것은 단순한 의심이 아니다. 사람들은 모든 것을 비신화화한 다음에도 신비를 향해서 날아오르려고 하는 것이다. 아발라의 테레사 역시 언젠가 하나님 자신의 이름으로 회의하였던 적이 있다. 그때 그녀의 욕망은 매우 교만해졌고, 한동안 망상 속에서 깊은 우울증에 시달린 적이 있었다. 그래서 그녀는 이 세상의 모든 불행이 그녀의 잘못 때문에 생기는 것이라는 느낌에 시달렸다. 하지만 그녀는 절망 가운데서도 그런 느낌은 그녀의 하나님을 신뢰하려는 그녀의 믿음을 파괴하려는 악마의 작업임을 깨달았다. 그리고 악마보다 더 강한 하나님이 그녀로 하여금 그것을 이기게 하실 것이라는 믿음 을 다시 확고하게 하였다.

이상한 것은 이렇게 악마에게 사로잡힌 듯한 현상과 신비주의에서, 서로 다르기는 하지만 악마의 형상이 작용하는 것이다. 그 둘은 문화적으로 같은 시기에 공존하였고, 같은 모습으로 나타났던 것이다. 악마는 기독교에서 사람들의 상상계와 욕망 안에 들어가 안으로부터 사람들을 속이고 소외시키는 유혹자로 작용한다. 그와 마찬가지로 악마는 악마에게 사로잡힌 듯한 정신병리에서 주체와의 계약이나 방조에 의해서 주체를 사로잡는다. 그러므로 기독교에서 악마는 하나님의 반대편에서 진실을 해체시키고 허위를 퍼뜨리도록 허락된 준거체계로 나타난다. 그러므로 주체는 이 두 가지 준거체계 앞에서 어떤 것을 택할 것인지 분명하게 알아야 한다. 그를 소외시키는 욕망의 착란에 빠질 것인지, 아니면 그를 자유롭게 하는 진리를 따를 것인지 알아야 하는 것이다. 이 두 가지 준거체계는 사람들에게 그들의 삶이 한시적이며 불안정하다는 사실을 명심하게 함으로써 사람들이 때때로 느끼는 버려졌다는 감정으로부터 벗어나게 한다. 삶이란 본래 영원하지 않기 때문이다. 우리는 여기서 사탄주의의 잘못된 매혹과 기독교 신앙의 근본적인 차이를 찾아볼 수 있다. 그런데 사탄은 현대사회에서 모든 인간적인 노력에 내재한 무의미성, 사기, 폭력의 상징적 형상으로서 거의 형이상학적인 실재로 되었다. 이렇게 사탄을 재신화화하는 것에는 사람들이 본래 그들에게 가지고 있던 신뢰의 의미를 왜곡시킨다. 그런데 기독교에는 이 세상을 악한 영의 지배 아래 놓고 보는 깊은 비관주의를 정당화하는 전통이 있다. 그래서 루터는 사람을 악마에 의해서 만들어진 잡동사니로 보기도 하였다. 그러나 루터는 또한 우리가 악마의 노예가 돼서 우울증에 빠져서는 안 된다고 경계하였다.[42] 그는 그의 믿음을 굳게 하면서, 우울증은 악마에게 충성하려는 것이라고 주장하고, 그가 무력하다는 느낌을 신앙을 바탕으로 한 희망으로 변화시키려고 했던 것이다.

우울증을 악마의 술책이라고 기독교 신앙으로 해석하려는 똑같

---

42) *Letters of Spiritual Counsel,* éd. trad. by Theodore G. Tappert, London, SCM, 1955, p. 85, 95.

은 시도가 '오순절 운동' 이라고 불리기도 하는 '성령은사주의 집단' 의 신비주의 운동에서 다시 나타난 것은 의미 깊은 일이다.[43) 오순절 운동에 대한 우리의 조사에 의하면 이 집단에서 악마의 실재에 대하여 그렇게 강조하는 것은 사람들이 신앙에 관한 문제에 빠져 있을 때, 신앙에 대한 회의가 들고, 사람들이 때때로 버려졌다는 느낌을 가지는데, 그 감정들로부터 그들을 해방시키려는 데 목적이 있다.[44) 우리가 수집한 증언들에 의하면, 사람들에게 악한 영의 문제가 아주 분명하게 실재하는 것으로 생각되는 것은 뜨겁지 않았지만 문제도 없었던, 조용하고 조금 나태한 듯한 신앙의 태도가 흔들릴 때다. 그때 그들의 신앙은 지적인 회의나 환멸 때문이 아니라, '회심 체험' 과 같은 새로운 신앙의 부름에 의해서 흔들리는 것이다. 그전까지 부끄러운 미신이라고 생각했던 악마에 대한 믿음이 새로워지는 데는 두 가지 동기가 있을 수 있다. 하나는 어떤 사람에 대한 미움을 극복하지 못하고 그를 용서하지 못하는 것이고, 다른 하나는 그 자신을 완전히 포기하고 믿음에 의한 신뢰관계에 들어가지 못하고 불안해하는 것이다. 이 두 가지 동기는 하나로 모아지고, 사람들에게 버려졌다는 느낌이 들게 한다. 그 자신이나 다른 이를 용서하지 못하는 사람은 악의 부름을 받고, 거기 굴복하며, 상상 속에서는 물론 정서적으로도 그 자신을 공격하고, 자

43) 이 운동에 대한 심리학적 분석은 앙드레 고댕에 의해서 깊이 있게 행해졌다. cf. A. Godin, "Moi perdu ou moi retrouvé dans l'expérience charismatique. Perplexité des psychologues", *Archives de Sciences Sociales des religions,* no. 40, 1975, pp. 31-52.

44) D. M. McKeon, *Deliverance. A Study of the Personal Response within the Contemporary Pentecostal Movement to the Experience of Personal Demonic Evil,* ms. Master of Arts in Moral and Religious Science, Leuven, 1973.

신을 죽음과 같은 증오 속으로 몰아넣는다. 루터가 악한 영에 대한 믿음의 기반 위에 서서 악마의 작용을 지적하듯이, 은사주의자들은 전통적인 신앙에 입각하여 악마는 사람들이 하나님을 믿지 못하게 하고, 다른 사람을 용서하지 못하게 하는 실체의 기표라고 주장한다.

자기를 포기하고 하나님을 신뢰하지 못하는 두 번째 이유는 하나님의 말씀이 눈에 보이는 이 세상에 빛과 어둠이 너무 뚜렷하게 나뉘어 있음을 보여 주기 때문이다. 그때 사람들은 믿음으로부터 위로받지 못하고, 안심하지 못한다. 현대인들 가운데 이렇게 믿음이 뒷걸음질하는 것은 정신분석을 통하여 어느 정도 치료가 되었을 때 환자들에게서도 일어난다. 그때 그들은 그전까지 가지고 있던 근거 없는 희망을 버리게 되고, 그들을 나태하게 했던 갈등에서 벗어나 스스로에게 다음과 같은 질문을 던진다. '내가 병에서 낫고, 삶에 의미를 부여하고, 삶을 감당하려는 것은 나를 기만하려는 것이 아닐까?' 왜냐하면 그들의 어두운 기억의 중심에는 그들이 그렇게 분리되기 어려웠던 버려짐의 세계가 적나라하게 들어 있기 때문이다. 그러나 은사주의 운동에서는 악한 영에 대한 고대로부터의 믿음과 해방의 제의가 한데 어울려서 사람들이 두려움 때문에 꼼짝하지 못하게 하지 않는다. 은사주의자들은 어쩌면 정신분석이 그렇게 신통한 효과를 내지 못하게 한다고 생각할 수도 있다. 그러나 우리는 그들이 그렇게 생각하지 않도록 할 수도 없다. 다만 그들과 끝까지 길을 함께 가면서 악마에 대한 믿음이 인간의 신앙과 정신병리에 어떻게 작용하는지를 보여 줄 수 있을 따름이다.

고대로부터 내려온 악마에게 사로잡혔다는 생각은 악마에 대한 성서적 사고 속으로 미끄러져 들어갔다. 사람들에게 있는 악의 힘에 대한 생각이 무의식의 상상계에 옮겨져서 그것을 나타내는 기표(signifiant)를 받은 것이다. 그에 따라서 악마에게 사로잡힌 사람은 비록 소외시키는 힘에 의한 희생자라고 생각되지만, 옛날처럼 공동체의 바깥으로 쫓겨나지 않는다. 그런데 악마에게 사로잡히는 현상은 결코 그 희생자의 바깥에서만 이루어지지 않는다. 그래서 구마의식에서는 악마에게 사로잡혔다고 생각되는 사람이 그를 정신이상의 상태로 몰고 가는 존재가 누구인지 확인하게 하고 그 이름을 대야 한다고 촉구한다. 또한 반복적인 제의가 그렇게 오랫동안 계속되는 것 역시 그를 사로잡고 있는 환상과 불안과 증오로부터 그를 떼어내려고 하는 시도다. 결국 악마에게 사로잡히는 현상과 그 치료는 신비가들이 깨어 있는 의식을 가지고 그들의 영적인 여정을 통해서 드러내고 규명했던 것을 무의식의 상상계에서 실현시키는 것이다. 오늘날 악마에게 사로잡혔다는 상상은 이제 탄화된 기억과 같아졌기 때문에 신경증은 다른 형태로 나타나고, 그 치유도 구마의식과 다른 것으로 대체되었다. 그럼에도 불구하고 무의식의 언어가 악마에게 사로잡혔다고 하는 것에 관한 고대세계의 언어를 하나도 남기는 것 없이 다 담을 수 있을까 하는 질문은 여전히 남아 있다. 그러나 악에 대한 체험과 버림받았다는 체험의 의미를 종교적인 담론 이외의 것으로 남기는 매우 어렵다. 그렇다면 인간의 실존과 화해하겠다는 것은 환상적인 바람인가? 또한 죽고 싶다는 바람은 사람들이 환상에서 깨어날 때 으레 제기하는 질문인가? 그러나 신앙에 대한 물음은 신앙에 관한 질문이기도 하다. 신앙이란 그런 질문 속에 깊이 들어가고, 신앙은 진리를 발해야 하는 시간에 그 질문으로부터 다시 생기기 때문이다.

결론: 유보와 반복

우리가 지금까지 했던 분석을 통해서 살펴볼 때, 신앙은 그것이 아무리 확신의 형태로 존재할지라도 실천적인 면에 있어서는 불연속적임을 알 수 있다. 신앙은 살아있고, 그 나름대로의 생명을 가지고 있으며, 살아있는 생명처럼 변하는 것이다. 인간의 이성을 뛰어넘는 하나님과, 인간의 의식적 의도를 뛰어넘는 정신적 삶 사이에서 태어난 신앙은 인간이 인식할 수 있는 우주의 한계를 벗어나려고 하는데, 그 행보에는 확실하지 않은 것이 많다. 그런데 신적 징표는 우리가 그 깊이를 알 수 없는 심연(深淵)으로 내려오고, 우리는 그곳으로부터 본능적인 충동을 느낀다. 이론적으로 볼 때, 종교언어의 기표는 잘 정돈된 것으로 이루어져 있으며, 여러 가지 성좌로 이루어진 하늘처럼 영원하신 분의 확고부동함을 닮아 있다. 그러나 신앙은 우리의 육적 실체를 벗어나 있는 이론적 진리를 명상하는 것으로 그치지 않는다. 성서에서 '안다' 라는 말의 의미는 남자와 여자 사이에서 몸과 마음을 섞는 것과 같은 매우 친밀한 관계를 나타낸다. 그것은 우리가 하나님을 안다고 할 때도 마찬가지다. 살아있는 하나님을 따르는 것으로서, 신앙은 하나님을 인간의 정신적 실재 안으로 들어오게 하고, 정신적 실재를 신적 징표를 향해서 나아가게 하는 것이다. 그러한 만남을 통해서 인간의 운명은 서로 얽히고, 인간과 하나님의 생각과 욕망은 거기서 서로 나누어진다. 그리하여 그 둘은 서로를 찾으며, 때때로 충돌하기도 한다.

신앙은 인간으로 하여금 그의 명료한 이성을 뛰어넘게 하면서 무엇인지 알 수 없는 힘과 정신적인 것들로 둘러싸인 말씀으로 가득 채운다. 인간의 정신과 신앙에서 일어날 수 있는 돌발적인 사건들이 서로 만나게 되는 것은 여기서다. 신앙은 인간의 삶의 여러 가지 정신적 사건들을 거친 다음 명료하게 이해되어야 하며, 신앙은 인간 정신의 여러 가지 법칙과 사건을 규명해야 하는 것이다.

지금까지 우리의 분석을 통해서 그런 이중적인 작업을 해 왔고, 그것은 우리에게 종교적인 삶을 위협하는 중대한 왜곡상을 검토하게 하였다. 눈에 보이는 증상에 대한 연구는 우리 삶에 잘못된 길이 어디 있는가 하는 사실을 알려 주기는 한다. 그러나 종교적 신경증을 확인하는 것만으로는 어떤 길이 올바른 길인지 알 수 없다. 더구나 그 잘못은 우리 주변에 있지 않고, 우리 존재의 중심에 있다. 그러므로 정신의 건강과 올바른 신앙의 길은 우리 안에 잘못되어 있는 것을 시정하면서 시행되어야 한다. 아무 문제도 없는 건강한 정신과 아무 그림자도 없는 진실한 신앙을 얻으려는 생각은 환상 속에서 전능하신 하나님처럼 되려는 것과 같다. 신경증 상태에서 우리 에너지는 고갈되고, 흐르지 않는다. 그에 따라서 종교적인 삶은 손상될 수밖에 없다. 그때 인간을 구원하고, 그의 온전성을 증진시키며, 그의 본래적인 자원을 해방시켜서 더 고양된 삶을 살도록 해야 하는 종교는 변질되고 만다. 그때 사람들은 신경증에 빠져서 스스로를 해치게 된다. 물론 종교는 사람들에게 활기를 가져다주고, 정신적으로 고통받는 사람들에게 버틸 수 있는 힘을 제공하고, 우리는 그 점에 관해서 강조하였다.

그러나 우리가 살펴보았던 것은 주로 종교적인 특성을 띠고 있는 신경증에서 인간의 정신적 현실에 있는 보편적인 법칙을 끄집어내고, 거기에 있는 내적 긴장을 규명하여 갈등의 원천을 밝히려는 것이었다. 그렇게 될 때, 우리는 그것이 아무리 다양한 모습으로 나타나도 그 갈등이나 잘못된 상상에 대해서 더 잘 알 수 있을 것이다. 또한 종교생활을 새롭게 해 줄 수 있는 힘을 더 잘 인식할 수도 있다. 우리의 종교생활을 여러 가지 우여곡절 속에 빠뜨리는 무의식적 표상과 긴장을 분석하면, 종교적 기표가 어떻게 상징적으로 드러나고, 어떻게 해방의 힘이 더 잘 풀릴 수 있는지 알 수 있을 것이다. 물론 분석이라는 말에는 풀다, 응고된 것을 제대로 흐르게 한다는 의미가 들어 있기는 하다.

사실 신경증의 작용 메커니즘에 대해서 잘 알면 건강한 상태와 병적인 상태 사이의 경계를 좀 더 유연하게 생각하게 된다. 종교적 신경증에 대한 분석을 어느 정도 마친 다음, 어떤 이들은 무엇인가 유보되어 있고, 분명하지 않은 느낌을 가질지도 모른다. 무엇인가 알 것 같았는데 갑자기 흐릿해지고, 빛과 어둠이 교대로 나타나며, 한낮의 밝은 빛 아래 있다가 무엇인지 알 수 없는 뿌연 빛으로 던져진 듯한 느낌을 가질지도 모르는 것이다. 사람들은 그렇게 중요하지도 않은 것을 가지고 이것을 해야 한다거나 저것을 해야 한다는 생각에 사로잡혔다가, 나중에는 그것의 가장 본질적인 형태는 어떤 것이고, 가장 분명한 윤곽은 어떤 것인지 묻게 된다. 그렇다면 우리는 어떻게 해야 잘못된 죄의식을 가지지 않을 수 있을까? 또한 우리가 자기애에 빠져서 완전하다고 생각하는데, 갑자기 우리에게 무엇인가 잘못되어 있는지도 모른다는 불안이 치밀어오는 것은 언제인가? 낙천적인 의식과 모든 것을 초탈하여 고요 속으로 들어가는 것의 차이는 무엇인가? 실제의 삶 속에서 어떻게 하나님의 욕망과 그것을 현혹시키는 상상계가 뒤섞이는가? 이 욕망은 어떻게 과거의 욕망이 그 뒤에 길게 남겨 놓은 흔적을 더 늘리지 않을 것이라고 확신할 수 있는가? 누가 종교적인 기쁨이 정서적인 환상으로 변질되지 않을 것이라고 보장할 것인가?

이러한 모든 질문은 매우 다급한 것들인데, 지금까지 한 번도 제대로 된 대답을 들을 수 없었다. 또한 이 질문에 손쉽게 주어지는 대답은 그 질문을 제기한 사람들이 듣고 싶어 하는 대답도 아닐 터이고, "나는 길이요, 진리요, 생명"이라고 하신 분의 자리를 빼앗는 신성모독적인 찬탈이 될 것이다.

우리는 여기서 단테를 떠올리게 된다. '거룩한 얼굴을 찾아 떠난 순례자'[1]는 인생의 중반기에 어두컴컴하고 거친 숲에 도달했는데, '거기서 태양은 말이 없었다.' 그가 숲을 나와서 언덕을 돌아갈 때 어떤 존재가 나타났는데, 그는 '하도 조용해서' 누구인지 알 수 없었다. 그 모습은 그림자라고 하기에는 너무 분명했지만, 사람이라고 하기에는 무엇인가 부족한 것 같았다. 그것은 단테의 길을 돕도록 안내자로 보내진 버질(Virgil)이었는데, 그는 '공중에 떠 있었다' (en suspens). 그는 이성의 확실함과 그가 보는 것의 한계를 뛰

1) 드라고네티의 저서 제목. R. Dragonetti, *Dante Pèlerin de la sainte Face,* Romanica Gandensia XI, Gent, 1968.

어넘지 못하는 무력함 사이에 매달려 있었던 것이다.

그가 아무리 정신분석가이든지, 철학자이든지, 신학자라고 할지라도 그 사람을 안내자라고 생각하고 어떤 사람이 정말로 개인적인 질문을 하게 되면, 그는 그 질문을 한 사람이 그것을 최종적인 답변이라고 생각할 수 있는 권위 있는 대답을 하지 못한다. 이 세상에 있는 수많은 학문이나 학자들이 한 사람의 경험을 분석할 때 결코 다 담아낼 수 없는 수많은 우여곡절을 보여 주듯이, 수많은 길을 제시하는 것이다. 그러나 그 모델들은 흉내 내는 것이 아닌 한 다시 공연될 수 없으며, 사람들은 아무리 노력을 할지라도 다른 사람이 이미 살았던 방식대로 살지 못한다. "어느 누구도 그대 혼자 건너가야 하는 인생의 다리를 놓아 줄 수 없다. 그대 혼자 다리를 놓고, 그대 혼자 다리를 건너가야 하는 것이다…. 이 세상에는 오직 하나의 길이 있는데, 그 길은 그대 혼자서 가야 하는 길이다. 그 길이 어디로 이끌 것인가? 그것을 묻지 말고, 그저 가기만 하라."[2] 모든 사람들은 니체가 말한 이 명령을 그의 것으로 삼아야 한다. 그것은 그리스도인들도 마찬가지다. 새 사람은 하나님이 매 순간, 매 발걸음마다 그를 인도해 주십사고 '자비의 빛'을 위해서 기도하지 않는다. 그는 그의 앞날을 보살펴 달라고도 하지 않는다. 오히려 그가 홀로 걸어가야 할 걸음마다 자비의 빛이 비칠 것이라는 신뢰를 가지고 있다.

그 자신만의 독특한 삶에서 그는 앞으로 여러 가지 미로들과 막다른 길들을 만날 테지만, 그 길을 혼자서 개척해야 한다. 그때 그에게 베일에 싸인 열정이 과도하거나, 그를 유혹하는 것에 대해서 알

2) *Considérations intempestives,* III, 1. Aubier, Paris, 1966.

지 못하면 그는 위험에 처하게 된다. 그 길은 하나님의 현존에 대한 징표에 열려 있어서, 그는 그 길을 가면서 매 순간 그가 취해야 하는 길을 어렴풋하게 예감하고 있다. 그는 그 길을 알고 있지만, 언제나 같은 방식으로 주어지지 않는다. 하나님의 현존의 징표는 그것이 더욱 분명하게 드러나도록 은밀하게 숨겨져 있다. 그래서 사람들은 헤맬 각오를 하고 앞으로 나아가야 한다. 우리 신앙은 기꺼이 그런 모험을 하려고 한다. 왜냐하면 하나님은 진실한 사람을 부르며, 그가 길을 잃게 내버려 두지 않는다는 확신이 있기 때문이다.

신앙 안에서 모든 사람이 사는 독특한 길과 궁극적인 운명의 지평은 하나가 된다. 신앙인들의 실존이 길을 가는 것과 같은 이유는 거기에 있다. 하나님의 현존의 징표가 우리에게 의미를 주지 못하고, 우리를 앞으로 나아가지 못하게 하면, 우리의 길은 혼돈의 어둠에 휩싸이게 되고, 그 어떤 움직임도 다른 것보다 더 큰 의미를 지니지 못하게 된다. 따라서 그 어떤 것도 무의미하게 되고, 모든 것은 무차별적인 밤에 빠져서 해체된다.

모든 신앙인들은 그의 운명을 결정해야 한다. 하지만 신앙을 가지거나 사랑을 하는 것은 그의 행위가 아니다. 하나님의 현존도 그가 만드는 것이 아니다. 모든 것은 선물로 거저 주어진다. 하나님의 현존의 징표는 바깥으로부터 다가와 그를 후려치고, 그가 웅크리고 있던 것에서 벗어나 길을 열어 준다. 하나님의 현존은 그의 앞에서 다가오면서 그의 미래가 된다. 하나님의 현존은 현재적인 것이 아니다. 그래서 현존의 징표는 사람과 절대타자 사이에 다름을 설정하고, 사람들에게 확실한 것들을 빼앗는다. 또한 사람들에게 하나님을 만나러 가라고 초대하고, 하나님에게 다가갈 길을 열어 준다.

죄의식과 욕망은 그 안에 함정을 품고 있어서 어느 누구도 그것들로부터 불안을 없애지 못한다. 하지만 그것은 진리와 현존에 대한 약속을 지니고 있는데, 특별히 하나님의 현존이 어디에서 발견되는지 서둘러서 단정하지 않고, 계속해서 찾을 경우에는 하나님의 현존과 진리를 보여 줄 수 있다. 더구나 병적인 죄의식에 대한 분석은 우리에게 불안을 없애려는 끈질긴 노력은 사람들을 못쓰게 만들고, 허구 속으로 몰아넣는다고 가르쳐 준다. 반면에 죄의식을 받아들이면, 사람들은 인간적인 결함을 벗어나는 하나님의 현존에 다가설 수 있다. 다른 한편, 그 어떤 환상에서도 벗어나려는 욕망은 그것을 자극하는 열정을 부추기지 않는데, 거기서 어두운 뿌리와 빛의 표지 및 과거의 소리와 하나님의 부름이 만난다. 너무 엄격하게 조심하려고만 하고, 그의 내면에 있는 병적인 것이 가진 불확실한 부분을 신뢰하지 않으려는 욕망은 사람들에게 사랑하지 못하게 하고, 기쁨을 누리지 못하게 한다.

죄의식과 욕망이 불러일으키는 불안은 사람들에게 하나님의 징표가 어디 있는지 찾게 한다. 그때 사람들은 새삼스럽게 그들의 삶의 의미를 찾으며, 그 의미는 그들이 우주 속으로 밀어 버린 흔적으로부터 솟아오른다. 그들의 삶에 확실한 것이 유보되어 있을 때, 그것은 사람들에게 중대한 결핍을 낳고, 그들로 하여금 과거에는 그렇게 논의되고, 시끄럽게 외쳐졌다가, 이제는 조용해진 타자의 징표를 다시 찾게 한다. 그러나 우리는 여기서 '다시 찾게 한다' 는 말의 의미를 그 어원을 따라 살펴야 한다. 왜냐하면 그 징표를 다시 찾는다는 말은 그들의 인도자와 예언자가 되는 목소리가 말을 하도록 그것을 새롭게 찾는다는 의미이기 때문이다. 그래서 계속해서 외쳐지는 메시지를 다시 떠올리면, 우리는 우리의 현재를 변환시키려고 그분이 오시는 것을 보게 된다.

| 찾아 보기 |

인 명

Alacoque, M. 339, 353
Aristotle 53, 141
Austin, J. L. 186

Bergson, H. 111, 251, 321
Bernanos 413
Blannbekin, A. 335
Bosch, J. 228, 238, 451
Brown, N. 30

Caruso, I. A. 75
Claudel, P. 217
Corraze, J. 387

Daim, W. 74
de Ferry, J. 432
De Greeff, E. 181
de Loyola, I. 355
Deleuze, G. 122
Dolto, F. 444
Durkheim, É. 66

Eliade, M 223
Evans, D. D. 186
Ey, H. 346

Ferdière, G. 422
Foucault, M. 132, 424
Frankl, V. 75
Freud, S. 23, 26, 33, 39, 41, 71, 143, 149, 204, 223, 268, 298, 345

Gebsattel, E. 137
Godin, A. 214
Grandier, U. 421
Green, A. 301

Hegel, F. 93
Hesnard, A. 177
Hippocrates 23

James, W. 42
Janet, P. 99, 276, 313, 441
Jeanne d'Arc 374
Jung, C. G. 29, 74, 269, 324, 363, 413

Kant, I. 178
Kierkegaard, S. 29
Klossowski 157

Lacan, J. 95, 160
Lawrence, D. H. 142
Lemesle, H. 314
Lewis, I. M. 415
Lhermitte, J. 446

Malraux, A. 247
Maslow, A. 31

Montaigne, M. 336
Montrelay, M. 327

Neumann, T. 384
Nietzsche, F. 120

Pascal, B. 282
Perrier, F. 284
Piaget, J. 213
Plato 50, 149, 269

Rouseau, J. 111

Saint Bernard 315
Soubirous, B. 373
Spinoza, B. 315

Strauss, E. 137
Surin, P. 448
Szasz 44
Szondi, L. 126, 263

Thurson, H. 386

Valéry, P. 316
von Gebsattel, V. 219

Winty, D. 336

리지외의 성녀 테레사 134

아빌라의 테레사 276, 309

내 용

강박관념 106
강박신경증 26, 100, 143, 215, 220
객관적 측정 37
거울 단계 160, 306
결핍 108
공감 181
공격성 123, 149, 210, 264
공포증 178
구마(驅魔) 21, 412
구마사 419
구속 92
구순성 259, 290, 437
금기 229
기표 56, 82, 84, 101, 258, 264, 341, 414

남근 287
니사의 그레고리 162

대상애 125
동일시 284, 295, 305, 387

르네상스기 309
리비도 271

마조히즘 443
망상 101
민중종교 222, 374

반복 강박 331
비신비화 23
비신화화 88, 426
빗진 감정 130

사물-표상 361
상상계 277, 327, 472
상징 73

상징화의 강박 330
생명의 약동 181
샤머니즘 345
성도착증 120
성욕 148
성혼 301
승화 76, 151, 279, 293, 320, 436
신경증 25, 33, 196, 305
신비주의 28, 251, 289, 304, 344, 410
신비주의자 168, 313
신성혼 332
신앙 469
신플라톤주의 162
실재계 277

악령 19
악마 19, 409
양가성 289
엑스터시 255, 314, 343, 376, 410
영 19, 42, 47
완벽주의 154, 170, 187
완벽주의자 159
욕망 29, 47, 96, 215, 254, 281
우울증 57, 302, 318
율법주의 163
의례주의 106, 133, 168
의미 107, 108, 112, 195, 207, 221
이상화 174, 241, 284, 292
이상화 과정 288
이콘 407
임상심리학 351, 426
입문식 417

자기상해 67, 85, 241
자기애 114, 160, 173, 185, 262, 290, 345, 472
자기애착 295
자아이상 158, 185, 294
자유 55
정감 295
정신병 23
정신병리 19, 24, 32, 39, 55
정신병리학 33, 44, 46
정신분석 24, 45
정신분석학 25, 284
정신분열병 32
정신원인론 73
정신적 외상 355
정화 182, 201, 225, 237, 417
제의 197, 221, 266
제의주의 197, 221
제의주의자 204
종교의 양가성 119
종교적 신경증 470
죄의식 25, 91, 143, 166, 441
지체 243
집단신경증 35, 152

충동 145

쾌락 53, 54, 76, 240, 258, 281

통과제의 231
투사 237

피암시성 296
피학대음란증 120, 172, 297, 387
피학증 388

할례 244
향락 96, 304
환각 291, 343
회심 154
희생 211, 225
히스테리 32, 281

저자 소개

앙투안 베르고트(Antoine Vergote)

앙투안 베르고트는 가톨릭 사제이자 신학자이면서 프로이트 학파의 정신분석가다. 그는 벨기에 가톨릭 루뱅 대학교에서 철학, 심리학, 종교학을 가르쳤고, 지금은 명예교수로 있다. 그는 교수로 있으면서 정신분석 임상에 종사하였다. 현대사회의 종교적 현상을 정신분석학적으로 고찰한 주목할 만한 책들을 썼는데, 이 책과 더불어 『종교언어의 해석』(1974), 『종교, 신앙, 불신앙』(1984), 『정신분석학과 승화』(1997) 등이 대표작이다.

역자 소개

김성민

김성민은 고려대학교와 감리교신학대학교 대학원을 졸업하고 프랑스 스트라스부르 II 대학교에서 박사학위를 받았으며, 미국 뉴욕의 College of Pastoral Supervision and Psychotherapy를 수료하였다. 현재 국제분석심리학회(I.A.A.P.) 정회원이며, C. G. 융 학파 공인 국제정신분석가로서 정신분석을 통한 정신치료에 종사하는 한편 협성대학교 신학부 교수로도 활동하고 있다. 종교현상, 정신병리, 분석심리학에 관심을 가지고 있으며, 『융의 심리학과 종교』(동명사, 1997), 『분석심리학과 기독교』(학지사, 2001), 『종교체험』(동명사, 2001), 『생명의 의미와 새로운 그리스도』(다산글방, 2004) 등을 저술하였고, 그에 관한 많은 책들도 번역하였다.

email: souyou67@uhs.ac.kr.

죄의식과 욕망

- 강박신경증과 히스테리의 근원 -

Dette et Désir

2009년 9월 15일 1판 1쇄 인쇄
2009년 9월 20일 1판 1쇄 발행

지은이 • Antoine Vergote
옮긴이 • 김성민
펴낸이 • 김진환
펴낸곳 • (주) 학지사
121-837 서울특별시 마포구 서교동 352-29 마인드월드빌딩 5층
대표전화 • 02)330-5114 팩스 • 02)324-2345
등록번호 • 제313-2006-000265호

홈페이지 • http://www.hakjisa.co.kr
커뮤니티 • http://cafe.naver.com/hakjisa

ISBN 978-89-6330-179-2 93180

정가 17,000원